건륭 ——

63년 4개월의 절대 권력

건륭 ——

63년 4개월의 절대 권력

장훙제 張宏傑 지음
조유리 옮김

글항아리

乾
隆

건륭의 이력서

乾隆

청淸나라 6대 황제 건륭乾隆(재위 1735~1795)은 일반에 매우 익숙한 황제 중 한 명이다. 드라마와 소설 등으로 이미 여러 차례 소개되었다. 하지만 텔레비전과 문학작품에 등장하는 건륭과 진짜 건륭의 모습은 차이가 크다. 예를 들어 야사野史에 따르면 건륭제는 술과 여자에 심취해 매일 노래를 부르고 연회를 열었다고 한다. 하지만 사실 건륭은 술을 좋아하지 않았다. 몇몇 큰 행사에서 의례적으로 한 잔 마시는 것 외에 평소에는 매우 절제된 생활을 했으며 기본적으로 술을 입에 대지 않았다. 이를 뒷받침하는 증거로 평생 수만 편에 달하는 시를 쓰면서 단 한 번도 '주酒'자를 사용한 적이 없다는 점을 들 수 있다. 내 말을 못 믿겠다면 건륭의 시집을 한번 살펴보라. '주酒'자는 한 글자도 찾을 수 없을 것이다.

또한 드라마에서 건륭은 주로 잠행 나가길 좋아하는 황제로 그려졌다. 시간이 나면 골목길을 돌아다니며 백성의 생활을 체험해보는 것이다. 이런 일화도 전해진다. 건륭이 음력 섣달 그믐밤에 미복微服을 하고 잠행을 나갔다가 퉁저우-베이징의 동쪽 구역를 거쳐 돌아오는 길에 몹시 허기가 졌다. 그런데 날이 이미 저물어 문을 연 주막이 보이지 않았다. 겨우 불을 밝힌 주막을 한 곳 찾았는데 '왕기주포王記酒鋪'라는 곳이었다. 건륭은 무사들과 함께 그곳으로 들어가 백주와 만두를 시켜 아주 맛있게 먹었다. 그리고 기분이 좋아지자 종이를 펼치고 붓을 들어 '도일처都一處'라는 세 글자를 써서 선물로 주었다. 그 후 '도일처'라는 이름이 널리 퍼져 베이징에서 가장 유명한 주막이 되었다는 것이다.

하지만 이 역시 불가능한 일이다. 청나라 황제들은 황실의 법도를 특히 중요하게 여겼기 때문에 궁 밖에서는 반드시 엄격하게 보안을 지켰다. 게다가 그 시대에 만일 황제가 미복을 하고 궁을 나섰다가 정체가 탄로나기라도 한다면 조심성 없는 행동으로 입방아에 오르내렸을 것이 분명하다. 건륭은 체면과 규칙을 아주 중시했던 황제로 스스로에 대한 기준이 매우 높았으며 자신의 일거수일투족이 모두 후세 제왕들의 본보기가 되길 바랐다. 따라서 건륭은 자주 잠행을 나가지 않았을 것이다. 설령 한두 번 잠행을 나갔다 하더라도 아무 데서나 글을 써서 자기 신분을 드러냈을 리가 없다.

그 밖에도 사람들이 자주 언급하는 청나라 재상 유용劉墉 '유라과劉羅鍋'에 관한 이야기도 있다. 유용은 황태후의 수양아들로 건륭과는 형제간인데 그가 자주 건륭을 찾아와 담소를 나눴으며 가끔은 황제를 놀리기까지 했다는 것이다. 사실 이런 이야기는 건륭제 시대와 전혀 어울리지 않는다. 왜냐하면 건륭은 중국 역사상 대신들에게 가장 엄격했던 황제 중 하나이기 때문이다. 그는 군주와 신하 사이에는 분명한 구별이 있어야 한다고 생각했다. 건륭제 시대의 대신들은 대학사大學士처럼 높은 지위에 있다 하더라도 황제를 알현할 때 마치 고양이 앞의 쥐처럼 전혀 기를 펴지 못했다. 황제 세 명을 모신 대신 장정옥張廷玉은 건륭의 사부였는데도 말 한마디를 잘못했다가 파직당하고 고향으로 돌아가야 했다. 일생에 걸쳐 이룬 지위와 명예를 한순간에 잃어버린 것이다. 그래서 건륭의 신하들은 절대 황제 앞에서 함부로 입을 놀리지 않았다. 결론적으로 우리가 텔레비전과 문학작품에서 마주한 건륭의 이미지는 대부분 허구라 할 수 있다.

나는 이 책에서 진짜 건륭의 모습을 이야기하고 싶다. 건륭의 성격과 운명을 분석하는 데 중점을 두고 이를 바탕으로 그가 이룬 성공과 실패를 정리할 것이다.

기업의 인사과에서 사람을 채용할 때 지원자의 기본 정보를 파악하기 위해 이력서를 요구한다. 기본 정보란 무엇인가? 첫째는 이름, 둘째는 생김새를 보기 위한 사진, 셋째는 출생연월일과 집안 배경, 넷째는 어떤 일을 했고 어떤 성과를 이루었는지에 대한 경력 등이다. 그렇다면 건륭의 기본 정보를 파악하기 위해 우리도 그의 이력서를 한번 만들어보자.

이력서의 제1면에는 이름과 생일이 있다. 건륭제의 성은 청나라 황실의 성씨인 애신각라愛新覺羅이며 본명은 홍력弘曆이다. 우리는 이 이름에서 몇 가지 사실을 알 수 있다. 청나라 초기에는 황족 이름을 짓는 데 특별한 규칙이 없었다. 그래서 황족 이름을 아무렇게나 지었다. 순서에 따라 짓는 경우에는, 예를 들어 청나라 태조太祖 누르하치努爾哈赤, Nurhachi의 막내아들 이름은 '비양고費揚古'인데 이는 만주어로 '막둥이'라는 뜻이다. 동물 이름을 빌리기도 해서 '황부섭정왕皇父攝政王'이라는 이름으로 유명한 도르곤多爾袞, Dorgon의 이름은 '오소리'라는 뜻이다. 누르하치 손자의 이름인 박락博洛은 물건 이름을 따서 '여름모자'라는 뜻이다. 신체 특징을 이름으로 삼기도 했다. 패자貝子, 청대 귀족 작위의 하나 부라탑傅喇塔의 이름은 '짓무른 눈가' 또는 '짓무른 눈꺼풀'이라는 뜻이다.

이렇듯 입관入關, 만주족이 만리장성의 동쪽 끝 관문인 산하이관을 넘어 중국 본토로 들어가 베이징을 수도로 정한 것 전까지 만주족은 별다른 고민 없이 되는대로 이름을 지었다. 하지만 시간이 지날수록 한족 문화의 영향을 많이 받으면서 강희제康熙帝는 황자皇子와 황손皇孫들의 이름을 짓는 규칙을 마련했다. 이제 황자들은 이름 첫 글자는 반드시 윤胤 자로 쓰고, 두 번째 글자는 보일 시示 변이 있는 자를 써야 했다. 그래서 윤진胤禛, 강희의 뒤를 이어 황위에 오른 옹정제雍正帝의 이름 등의 이름이 나온 것이다. 황손들은 이름의 첫 번째 글자는 반드시 홍弘, 두 번째 글자는 날 일日 변이 있는 글자를 써야 했다. 건륭의 이름인 홍력의 '역'은 중국 간체자로는 '历'이지만 번체자로는 '曆'이다.

여기서 한 가지 이야기할 부분이 있다. 만주족은 한족과 달리 이름을 말할 때 성은 붙이지 않는다. 예를 들어 나는 성이 장, 이름이 홍제로 소개를 할 때 '저는 장홍제입니다'라고 말한다. 하지만 만주족은 이렇게 말하지 않는다. 만일 건륭이라면 자기소개를 할 때나 주변 사람이 그를 부를 때 모두 그냥 '홍력'이라고만 하지 '애신각라 홍력'이라고 부르지 않는다. 만주족 역사상 한 번도 없었던 일이다. 믿을 수 없다면 역사서와 관련 문서를 찾아보라. 모두 이름만 있을 것이다. 그런데 요즘에는 변화가 생겼다. 나에게 만주족 친구가 있는데 그들에게서 받은 명함에는 '아이신줴뤄 아이궈愛新覺羅 愛國' 또는 '예허나라 메이리葉赫那拉 美麗'라고 적혀 있다. 이는 만주족 전통이 아니다. 다시 본론으로 돌아와, 홍력은 황제가 된 뒤 연호를 건륭이라 지었고, 사후에 묘호는 고종高宗, 시호는 순황제純皇帝로 불렸다. 그래서 윗세대는 그를 홍력이라 불렀고 백성은 건륭제라 했으며 후대 자손들은 고종 순황제라 불렀다.

건륭의 생일은 강희 50년인 1711년 음력 8월 13일이다. 띠는

토끼띠이고 별자리는 천칭자리다. 태어난 곳은 베이징 옹화궁雍和宮으로 알려졌지만 이를 두고는 이론이 분분한데 나중에 다시 이야기하겠다. 여기까지가 그의 이름과 생년월일에 대한 소개다.

제2면은 집안 배경 또는 혈통에 관한 것이다. 건륭의 아버지는 알려진 대로 옹정제고, 어머니는 만주족 유호록鈕祜祿 씨다. 혈통으로 보면 건륭제는 만주족 피 81.25퍼센트와 몽골족 피 6.25퍼센트, 한족 피가 12.5퍼센트 섞인 사람이라 할 수 있다. 어떻게 이런 계산이 나왔을까? 청나라의 1대, 2대 황제인 누르하치와 홍타이지皇太極는 둘 다 순수한 만주족 혈통이고, 제3대 황제인 순치제順治帝의 생모는 장비莊妃라는 이름으로 유명한 몽골족 출신의 박이재결특博爾濟吉特 씨다. 그렇다면 순치제는 만주족과 몽골족의 피가 반반씩 섞인 꼴이 된다. 강희제 어머니인 동가佟佳 씨는 한족으로, 강희제 몸에는 한족 피 50퍼센트와 만주족, 몽골족 피 25퍼센트씩이 있었다. 옹정제를 거쳐 건륭제 때가 되면 두 사람의 생모는 모두 순수한 만주족이기 때문에 만주 혈통의 비중이 높아진다. 즉 건륭제는 청나라 황제들 중 만주 혈통이 비교적 강한 편에 속하는 제왕이었다.

이력서 제3면에는 건륭의 사진이 있다. 건륭의 외모가 어땠는지 함께 살펴보자. 황제란 참으로 신비한 동물이다. 어떻게 생김새가 하나같이 비슷할 수 있을까? 한나라 때부터 청나라 때까지 역사서에 기록된 황제의 모습은 하나같이 '기품 있는 외모'에 '용과 봉황의 눈'을 하고 '이마가 볼록하니 얼굴에서 빛이 난다'고 쓰여 있다. 황제 얼굴에는 결코 곰보자국이나 여드름, 검버섯이 없다.

그 이유가 무엇일까? 황제의 외모를 묘사한다는 것은 정말 어려운 일이다. 비록 이론상으로 황제는 반드시 외모가 준수해야 하지만 실제는 대부분 평범한 인물이었다. 그래서 역사를 기록하는 사관史官들은 실수를 범하지 않기 위해 일부러 격식화된 표현을 사용했다. 예를 들어 '천일지표天日之表, 천하를 군림할 인상' 같은 말로 생김새 부분을 자연스럽게 넘기는 것이다.

『청사고淸史稿』에는 건륭의 외모에 대해 네 글자만 기록되어 있다. '융준기신隆准頎身.' 이 말은 번역하면 오뚝한 콧대에 큰 키라는 뜻이다. 다른 역사서인 『청고종실록淸高宗實錄』에는 조금 더 길게 묘사되어 있지만 지나치게 추상적이다.[1] 현실적인 부분이 없어 별 도움은 되지 않는다. 어쨌든 중국 역사에서 모든 황제는 반드시 콧대가 오뚝하고 키가 훤칠해야 했지만 사실 건륭은 키가 별로 크지 않았다.

건륭제 말년에 영국의 사신 매카트니George Macartney가 청나라를 방문했을 때 그는 눈짐작으로 건륭제의 키가 약 5.2피트 정도 된다고 말했다. 이는 미터로 환산하면 160센티미터 정도다. 그런데 당시 건륭의 나이는 이미 여든셋이었다. 알다시피 사람은 나이가 들면 체구가 줄어들게 마련이다. 그래서 건륭이 젊었을 때는 이보다 키가 조금 더 컸을 것이라 추정한다. 자금성에는 건륭이 여름에 입었던 십이장十二章, 중국 황제의 예복에 붙어 있던 열두 가지 장식 조포朝袍가 남아 있는데 이 옷을 근거로 했을 때 그의 키는 166센티미터 정도 였을 거라고 본다. 나보다 약간 작은 정도이니 결코 크다고는 할 수 없다.

그렇다면 실제 외모는 어떠했을까? 건륭제는 자신의 초상화를 그리는 것을 무척 좋아했다. 현재 자금성에 남아 있는 건륭제의 초상화만 해도 100점이 넘는다. 게다가 건륭제 시대에는 이미 서양화법이 중국으로 전해진 후라 인물 표현이 상당히 사실적이었다. 그림에서 볼 수 있듯이, 건륭의 얼굴은 타원형 또는 기다란 형이다. 피부는 희고 약간 홍조가 있으며, 눈은 크지 않지만 눈동자가 검고 영롱하며 기백이 넘친다. 코끝은 살짝 휘었고 점잖은 태도에 차분한 인상이다. 청년 시절에는 준수한 외모에 풍류가 넘치는 귀공자였다면 노년에는 위엄이 있으면서도 자상한 모습이 된다. 이것이 건륭의 생김새다.

제4면은 마지막이자 가장 중요한 부분이라 할 수 있다. 바로 평생 어떤 일을 했고 어떤 성과를 얻었는지, 바꿔 말하면 건륭제의 주요 업적과 역사적 지위에 관한 것이다. 건륭제가 중국 역사에서 이렇게 주목을 받는 것은 모두 그가 통치하는 동안 이룬 빛나는 정치적 업적 덕분이다. 그 업적들은 역사적 기록과 관련이 있다.

첫째, 인구수가 폭발적으로 증가했다.

청나라 이전 중국의 역대 왕조에서 기록한 바에 따르면 인구수는 아무리 많아도 7000만 명을 넘지 않았다. 물론 역사학자들은 일정 시점에는 중국의 인구수가 잠시 1억을 돌파한 때도 있을 것이라 추측한다. 그런데 건륭제 초기인 건륭 6년에 실시한 인구조사에서 중국의 인구수는 이미 1억4000만 명에 달했다. 건륭 60년에 실시한 조사에서는 얼마나 나왔을까? 3억에 가까웠다. 건륭제가 나라를 다스린 50여 년 동안 중국의 인구수가 몇 배나 늘어난 것이다. 이는 대단한 성과라 할 수 있다.

둘째, 경제 규모가 세계 제일을 차지했다.

현대인은 국내총생산Gross Domestic Product: GDP에 특히 관심이 많다. 건륭제 시기 중국의 GDP는 전 세계의 3분의 1을 차지했다. 이는 오늘날 미국이 세계 경제에서 차지하는 위상보다 더 높은 것이다. 당시 중국 제조업의 총 생산량은 영국의 여덟 배, 러시아의 여섯 배였다. 그렇다면 미국은 어땠을까? 당시 미국은 건국 초기였기 때문에 이렇다 할 제조업 기반이 없었다. 1990년대에 독일의 유명한 경제학자인 안드레 귄터 프랑크Andre Gunder Frank는 『리오리엔트』에서 당시 중국은 동아시아 국제 무역의 중심지였을 뿐만 아니라 세계 경제에서도 막강한 위치를 차지했다고 밝혔다.

셋째, 청나라 영토를 최대로 넓혔다.

건륭 24년 중가르准噶爾, Jungar, 17세기 초에 일어나 18세기 중반까지 존속한 몽골 오이라트족의 부족집단과 그 국가를 평정한 뒤 청나라 영토는 1450만 제곱킬로미터에 달했다. 현재 중국의 면적이 960만 제곱킬로미터인 것과 비교하면 엄청난 크기다. 또한 중국의 역대 왕조와 황제들이 회유하거나 느슨한 제도로 변방을 거느렸던 것과 달리 건륭은 변방을 정치적 관할구역에 포함시키고 군사적으로 엄격하게 다스렸다. 역대 다른 황제들은 전혀 미치지 못하는 부분이다.

넷째, 누구와도 비교할 수 없는 문화적 기록을 남겼다.

건륭제 때 만들어진 『사고전서四庫全書』는 중국 역사상 글자 수가 가장 많은 책이다. 책은 약 8만 권으로 구성되어 있으며, 글자는 9억 9600만 자에 달한다. 중국에서 가장 방대한 규모의 총서라 할 수 있다. 이 네 가지 기록은 건륭제가 중국 역사에서 위대한 업적을 이룬 황제 중 하나라는 사실을 확실히 증명한다. 경제와 정치뿐만 아니라 군사와 문화 방면에서도 그는 역사의 정점을 찍었다. 이 정도면 그의 역사적 지위도 충분히 짐작해볼 수 있다.

물론 우리가 건륭제를 주목하는 이유가 그의 뛰어난 정치적 업적 때문만은 아니다. 이 외에도 건륭은 몇 가지 특별한 역사적 기록을 만들어냈다.

우선, 그는 전 세계에서 실질적으로 권력을 장악했던 기간이 가장 긴 군주였다. 건륭제는 60년 동안 황제 자리에 있었고, 그 후 3년간 태상황太上皇, 자리를 물려준 뒤 살아 있는 황제의 부친 자리에 올라서도 최고 권력을 행사했다. 정리하자면 건륭이 실질적으로 권력을 잡고 청나라를 통치한 기간은 63년 4개월로, 이는 전 세계 통치자들 중 가장 긴 기간이다.

독자들 중에는 건륭의 연호가 그의 할아버지인 강희만큼 길지 않으니 강희제의 통치 기간이 더 긴 것이 아니냐며 고개를 갸우뚱하는 사람이 있을 것이다. 맞다. 연호가 강희는 61년, 건륭은 60년까지였다. 하지만 강희는 태상황에 오르지 않았고, 또 황제 자리에 올랐을 때 겨우 여덟 살이었기 때문에 직접 정치를 할 수 없었다. 그래서 그가 실질적으로 통치한 기간은 55년에 그친다.

프랑스의 루이 14세가 72년 동안 왕의 자리에 있었지만, 그의 상황 역시 강희제와 비슷했다. 왕위에 올랐을 때가 겨우 다섯 살로 '정치'라는 것이 무엇인지 전혀 모르는 어린아이에 불과했다. 그는 스물두 살이 되어서야 직접 나라를 다스리기 시작했기 때문에 실제 통치 기간은 50년에 불과하다.

이란의 국왕 샤푸르 2세Shapur II는 이란 사산왕조 시대의 유명한 왕으로 309년에서 379년까지 총 70년간 왕위에 있었다. 하지만 그가 왕의 자리를 물려받았을 때는 앞의 두 군주보다 나이가 더 어렸다. 몇 살이었을까? 안타깝게도 나이를 셀 수 없다. 그가 세상에 태어나기도 전에 국왕인 아버지가 세상을 뜨자 귀족들은 왕위를 아직 어머니 배 속에 있는 태아에게 물려주었다. 그는 이런 방식으로 왕에 올랐기 때문에 통치 기간은 70년으로 기록되어 있지만 실제 정치에 참여한 기간은 60년이다.

그렇다면 영국의 엘리자베스 여왕은 어떨까? 재위기간이 64년으로 건륭제보다 많지 않은가? 지금 이야기하는 대상은 실질적인 권력을 가지고 있었던 군주다. 엘리자베스 시대에 영국은 이미 군주입헌제를 택했기 때문에 그는 전통적인 의미의 군주일 뿐 권력은 중국 황제와 비교되지 않는다. 따라서 동서고금을 막론하고 누구와 비교해도 건륭의 실질적인 통치 기간이 전 세계에서 가장 길다고 할 수 있다.

건륭은 또 세계에서 장수한 왕들 중 하나다. 중국 역사상 나이를 고증할 수 있는 황제는 500여 명인데, 그중 일흔 이상 살았던 왕은 아홉 명, 여든 이상 왕은 네 명이다. 바로 양나라 무제武帝, 무측천武則天, 중국 유일의 여자 황제. 당나라 제3대 왕인 고종의 아내로 남편 사후 왕위에 올라 15년간 집권하면서 한나라 이후 제2기 황금시대를 구가한 인물. 측천무후則天武后라고도 함, 송나라 고종, 건륭이다. 건륭은 여든아홉까지 살았으니 네 명 중 가장 장수했다. 그래서 중국 역사상 가장 장수한 황제는 의심할 바 없이 건륭이다.

하지만 전 세계로 범위를 확대해보면 그는 두 번째가 된다. 고대 이집트의 파라오 람세스 2세Ramesses II가 건륭보다 한 살 많은 아흔까지 살았기 때문이다.

마지막으로 건륭은 중국 역사상 유일하게 '신친 7대身親7代'를 경험한 황제다.

'신친 7대'란 자신을 포함한 7대를 모두 직접 만났다는 의미다. 위로는 할아버지와 아버지, 아래로는 아들, 손자, 증손자, 고손자까지 보았고, 거기에 건륭 자신을 합치면 7대가 된다. 이 기록은 역대 제왕들 중 유일무이하며 누구도 이를 뛰어넘은 적이 없다. 황실에서 유일할 뿐만 아니라 민간에서도 거의 찾아볼 수 없는 일이다. 중국 역사 기록을 조사해보니 수천 년 동안 당나라 시인 전기錢起에서 명나라 화가 문징명文徵明까지 겨우 여섯 명만이 신친 7대를 이루었다.

만일 누군가 건륭제를 찾아가 행복하냐고 물어봤다면 그는 분명 행복하다고 대답했을 것이다. 장수했고 오랫동안 권력을 누렸으며 자손도 번성했으니 행복하지 않을 이유가 무엇이 있겠는가? 사실 이런 몇 가지 기록을 제외하고도 건륭에게는 사람들이 부러워할 만한 부분이 또 있었다.

그중 하나는 선천적으로 타고난 능력이 많았다는 것이다. '무武' 방면에서 건륭은 기초체력이 아주 뛰어났다. 평생 건강한 신체와 체력을 유지했으며 말을 타고 활을 쏘는 능력도 매우 뛰어났다. '문文' 방면에서는 아이큐가 높아 한 번 읽은 책의 내용을 잊어버리지 않았고 만주어, 한어漢語, 한족의 언어로 지금은 중국어를 뜻함, 몽골어, 위구르어, 티베트어 다섯 가지 언어를 구사했다. 여기서 그가 세운 소소한 역사적 기록을 하나 더 소개하겠다. 그는 중국 역사상 시를 가장 많이 쓴 시인이었다. 평생 시를 몇 수 남겼을까? 총 4만3630수나 된다.『전당시全唐詩』에는 당나라 시대에 활동했던 2000명이 넘는 시인의 작품이 실려 있는데 모두 합쳐도 4만8000수가 채 되지 않는다. 건륭 한 사람이 당나라 시인 2000명의 시 선집만큼 시를 지은 것이다. 이 역시 흥미로운 기록이다.

또한 운이 좋았다. 건륭제는 즉위 과정이 순조로웠는데, 옹정제가 비밀리에 태자를 세우는 제도를 마련해놓은 덕분에 그는 황위를 두고 다른 황자들과 경쟁할 필요가 없었다. 게다가 옹정제가 건륭을 후계자로 정한 뒤 일찍 세상을 떠나 건륭은 젊고 혈기왕성한 스물다섯에 황제 자리에 올랐다. 즉위했을 때는 정치적 기초도 아주 잘 다져져 있었다. 강희제와 옹정제가 70년 동안 나라를 다스리면서 정치적·경제적으로 아주 안정된 상태였고, 나라 안팎으로 특별한 우환도 없었다. 말하자면 정치라는 무대 위의 모든 세트가 완벽하게 준비되어 있으니 그곳에 올라 마음껏 연기만 펼치면 되었다. 정말 운이 좋았다.

마무리도 완벽했다. 인생의 행복을 결정하는 요소 중 중요한 것이 자기 일을 잘 마무리하는 것이다. 특히 정치인은 아무 탈 없이 명예롭게 은퇴하는 것을 최고 행복이라 여길 정도다. 하지만 유종의 미를 거둔 황제는 많지 않다. 내가『피곤한 황제坐天下很累』라는 책에서 조사한 결과에 따르면 중국 황제가 횡사橫死, 즉 정상적이지 않은 갑작스러운 죽음을 맞을 확률은 44퍼센트나 되었다. 정말이지 고위험군에 속하는 직업이다. 이에 반해 건륭은 60년 동안 나라

를 다스린 뒤 성공적으로 의식을 거행해 자신이 고른 후계자 가경
嘉慶에게 자리를 물려주었고, 그 후에도 여전히 실질적인 권력을 행
사했다.

중국인에게는 오래전부터 행복 정도를 가늠하는 명확한 기준
이 있었다. 그 기준은 바로 『상서尙書』(『서경書經』) 「홍범洪范」 편에 기
록된 '오복五福'이다. 오복이란 무엇일까? 수壽, 복福, 강녕康寧, 유호덕
攸好德, 고종명考終命이다. '수'는 장수로, 어느 정도 나이까지는 생존해
야 인생의 여러 행복을 경험할 수 있다는 것이고, '복'은 돈을 뜻해서
최소한의 경제적 여건이 갖춰진 것을 말한다. '강녕'은 평생 큰 사고
나 재난을 겪지 않는 것이고, '유호덕'은 도덕적 품성을 갖추는 것이
다. '깨끗한 양심이야말로 가장 따뜻한 베개'라는 말이 있다. 건륭에
대한 후세의 평가는 다른 문제이고, 스스로는 꽤 도덕적이라 생각
했을 것이다. '고종명'은 죽음을 편안히 맞는 것이다. 건륭은 기본적
으로 이 다섯 가지를 모두 누렸다. 이쯤 되면 역사상 가장 행복한 황
제였다고 할 수 있지 않을까?

지금까지 건륭의 업적과 뛰어난 능력을 살펴보았다. 이제 그의
부족한 점을 이야기해보자. 사람을 평가할 때는 '시비是非'와 '공과功
過'를 모두 따져야 한다고 하지 않는가. 건륭제의 '잘못'을 이야기해
야만 이력서를 완벽하게 채울 수 있다.

건륭의 첫 번째 잘못은 말년에 태평성세에 취해 탐욕을 부리
며 부패를 만들어내고 청나라를 쇠락의 길로 내몬 것이다. 그는 화
신和珅을 중용해서 황실 수입을 늘리도록 했고 대신들에게 자신이
원하는 물품을 공물로 바치라고 강요했다. 이 바람에 청나라 정계

에는 횡령과 부패가 성행했고, 결국 백련교白蓮敎, 송·원·명·청나라에 걸쳐 유행했던 신흥종교로 청나라 가경제 때 가장 큰 반란을 일으킴의 난까지 일어나고 말았다. 언제까지 계속될 것만 같았던 성세가 기울기 시작한 것이다. 이것이 첫 번째 잘못이다.

두 번째 잘못 역시 사람들에게 많이 알려진 것이다. 바로 '문자옥文字獄'이다.

건륭은 훌륭한 일을 역사적 기록으로 많이 남겼지만 일부 잘못도 역시 기록으로 남았다. 그는 중국 역사상 문자옥을 가장 많이 일으킨 황제다. 청나라 이전에는 중국에서 이런 일이 벌어진 예가 거의 없었다. 하지만 청나라 강희제, 옹정제, 건륭제 삼대에 걸쳐 폭발적인 증가세를 보였다. 그래도 강희제는 열 차례에 그쳤지만 옹정제는 스무 차례에 달했다. 그렇다면 건륭제는 얼마나 되었을까? 130여 차례나 되었다.

건륭의 또 한 가지 불명예스러운 기록은 바로 폐기한 책의 권수다. 앞에서 말했듯이 그는 『사고전서』를 만들며 문화적으로 위대한 업적을 쌓았다. 그런데 실상은 그 기회를 틈타 청나라 왕조에 불리한 내용을 담은 책을 모두 불살랐는데, 역사서의 기록에 따르면 그 양이 적어도 6~7만 권에 이르렀다고 한다. 즉 『사고전서』를 만들면서 또 다른 '사고전서'를 불태운 셈이다. 이는 중국 역사에서 일어난 가장 큰 문화적 재앙의 하나다.

가장 중요한 것은 세 번째 잘못이다. 바로 시대의 흐름과 변화를 제대로 파악하지 못하고 잘못된 외교방식을 택한 점이다. 건륭이 살던 시대는 인류 역사상 가장 급격한 변화가 일어나던 때였다.

건륭_63년 4개월의 절대 권력

물질적으로는 건륭이 즉위한 이듬해인 1733년 영국인 케이John Kay 가 플라잉셔틀flying shuttle, 직조기계의 씨실을 넣는 장치로 직물 생산을 능률화한 발명품을 발명하며 산업혁명의 서막이 올랐고, 건륭 34년(1769)에는 와트가 증기기관을 발명해 기계를 이용한 대량생산이 가능해졌다. 문화적으로는 건륭의 나이 마흔넷이 되던 건륭 19년(1754) 루소가 『인간 불평등 기원론』이라는 명작을 발표했고, 말년인 건륭 54년(1789)에는 프랑스대혁명이 일어났다. 프랑스 시민들은 「인권선언」을 발표하고 '주권은 국민에게 있다'고 주장했다. 인류의 정신문화가 비약적으로 발전하는 획기적 사건이었다. 여든다섯이 된 건륭이 아들 가경에게 황제 자리를 물려주고 태상황에 오른 이듬해인 1796년, 미국의 워싱턴 대통령은 대통령직을 연임하지 않겠다며 은퇴를 선언했다. 이후 미국 대통령은 연임할 수 없다는 관례가 생겼다. 이 두 역사적 거물이 보인 권력에 대한 태도에서 당시 청나라와 서양 정치문명 사이의 차이를 발견할 수 있다.

하지만 건륭은 서양 문명에 대해 아무것도 몰랐고 기본적으로 알고 싶어하지도 않았다. 그는 '청나라는 위대하며 우리는 아무것도 부족한 것이 없다'고 자신했다. 그래서 세상이 빠르게 변화하던 때에 오히려 문을 닫고 나라를 봉쇄했다. 청나라가 외국 상인들에게 개방한 항구는 원래 총 네 곳이었는데 이 역시 광저우 한 곳으로 줄였다. 건륭제 말년에 영국의 사신 매카트니가 청나라를 찾아와 평등한 외교관계를 맺고 싶다는 뜻을 전했지만 건륭은 거들떠보지도 않았다.

"우리 천조天朝, 외국을 대할 때 쓰는 중국 왕조의 자칭에는 부족한 것이 없으니 너희가 원한다면 와서 장사를 하고, 오지 않아도 상관없다. 우리는 너희 물건이 필요하지 않다.”

그래서 학자들은 건륭의 이런 뒤처진 외교적 사고가 청나라 몰락과 관련이 깊다고 말한다. 만일 건륭을 중국 역사 안에서 다른 황제들과 비교한다면 그는 위대한 통치자임이 분명하다. 하지만 한 발 뒤로 물러서 세계 역사라는 범위에서 판단한다면 그가 이룬 정치적 업적만큼 어두운 그림자도 함께 존재한다는 사실을 발견할 수 있다. 왜냐하면 그가 살던 시대는 진秦나라 시황제始皇帝, 한나라 무제, 당나라 고종, 송나라 태조가 살던 때와는 다르기 때문이다. 역사는 그에게 새로운 변화를 요구했지만 그는 만족스러운 답을 내놓지 못했다.

자, 이제 건륭의 이력서는 모두 완성되었다. 앞에서 언급한 대로 나는 건륭의 성격과 운명을 분석하는 데 중점을 둘 예정이다. 그렇다면 마지막으로 건륭의 성격을 간략하게 이야기해보자.

만일 한 단어로 건륭의 성격을 표현해야 한다면 나는 '복잡'을 고르겠다. 그는 다양한 성격을 갖고 있는 복잡하고 변덕스러운 사람이었다.

예를 하나 들면, 그에게는 인자하고 선량한 면이 있었다. 옹정은 임종 전 남긴 조서에서 건륭을 '천성이 인자하다'고 말했다. 어렸을 때 집에서 기르던 고양이나 개가 죽으면 반나절을 울곤 했다는 것이다. 또한 건륭은 나라의 재난 현장을 보고도 여러 차례 눈물을 흘렸다고 전해진다.

어느 해에는 안후이성 타이후현에 심한 기근이 닥치자 먹을 것이 없어진 백성이 들로 나가 '흑미黑米'라는 것을 파먹으며 허기를 달랬다고 한다. 흑미란 오래되어 검게 변한 곡식을 말하는 것으로 추측한다. 건륭은 이 소식을 듣고 관리들을 시켜 흑미를 가져오도록 했다. 도대체 무엇을 먹는지 직접 보려고 한 것이다. 흑미가 오자 그는 맛을 보았다. 그런데 입안에 넣자마자 눈시울을 붉혔다. 그것은 사람이 먹을 수 없는 것이었기 때문이다. 그는 남은 흑미를 황자들에게 나눠주며 백성의 힘든 생활을 가슴에 새기도록 했다.

그래서 모든 일에 정확한 것을 좋아한 건륭은 유독 재난 복구 과정에서만큼은 '낭비'를 허락해주었다. 설령 관리들이 일부러 상황을 부풀려 보고하는 한이 있어도 모든 백성이 구제받을 수 있도록 한 것이다. 이렇게만 본다면 그는 매우 인자한 황제다.

하지만 그에게는 폭력적인 면도 있었다. 『청대문자옥당淸代文字獄檔』을 살펴보면, 건륭 18년에 정문빈丁文彬이라는 자가 저장성에서 산둥성 취푸에 있는 공부孔府, 공자의 직계 장자와 장손이 사는 저택로 찾아와 문을 두드리더니 며칠 전 이상한 꿈을 꾸었는데 하늘에서 자신에게 공부의 두 딸을 주시겠다고 했으니 이 집 사위가 되겠다고 소리쳤다. 사람들은 그가 제정신이 아니라고 생각해서 바로 관아로 끌고 갔다. 관리들이 몸을 수색하니 책이 한 권 나왔는데 표지에 알 수 없는 연호가 적혀 있었다. 그는 관리에게 자신의 귓가에서 천자가 될 운명이라는 말이 자꾸 들린다며, 그 목소리를 따라 이 연호를 적었다고 말했다. 관리들은 이 사실을 바로 건륭에게 보고했다. 건륭은 그가 그저 정신 나간 사람에 지나지 않는다는 사실을 알았다. 하지만 그 '미치광이'를 거리로 끌고 나와 백성이 보는 앞에서 능지처참하고 산 채로 몸을 3600번 베게 했다.

건륭이 이런 처벌을 내린 까닭은 공포 분위기를 만들어 '우민愚民, 어리석은 백성'에게 겁을 주기 위해서였다. 천자가 되고 싶다는 미치광이의 말 한마디에도 이렇게 엄격한 처벌을 내린다면 더 많은 백성에게 경각심을 심어주는 효과가 있지 않겠는가.

따라서 건륭은 인자함과 잔인함이 공존하는 모순적인 성격을 갖고 있었다. 이 외에도 그에게는 모순되는 부분이 많다. 사교적이고 기품 있으며 주변 사람이 '봄바람과 따뜻한 기운'을 느낄 만큼 온화했지만, 매우 오만해서 다른 사람을 인정하지 않고 깔보았으며 정책을 시행할 때는 엄격하고 냉정했다. 또 절제되고 규칙적인 생활 습관을 지키며 평생 술은 거의 입에 대지 않았지만 극도로 사치스러워서 여섯 차례나 남쪽지방을 순행하며 엄청난 경비를 지출했다. 젊어서는 총명하고 겸손하며 신중한 성격으로 청나라를 태평성세에 올려놓았지만 말년에는 고집불통에 기고만장해서 누구의 의견도 듣지 않고 스스로 그 성세를 무너뜨리고 말았다.

우리는 종종 성격이 운명을 결정한다고 말한다. 그렇다면 건륭의 이런 독특한 성격은 어떻게 만들어졌을까? 어떤 선천적 요인과 후천적 요인이 있었을까? 건륭의 아버지와 어머니는 과연 아들에게 어떤 남다른 유전자를 물려주었을까?

2강

―――

남다른 사주팔자

강희 61년인 1722년 음력 3월 12일은 청나라 왕조 역사상 가장 특별한 날이다. 한 황제를 파악하는 데 가장 중요한 역사적 자료로는 그의 실록을 꼽는다. 실록이란 그 시대 사관들이 기본 자료를 바탕으로 황제의 일생을 전문적으로 기록한 것이다. 그렇다면 건륭에 대한 가장 권위 있는 기록 역시 『청고종실록』이라 할 수 있다. 이 책에 따르면 바로 이날 청나라의 유명한 세 황제인 강희, 옹정, 건륭이 머리를 맞대고 한자리에 모였다. 물론 당시에 옹정과 건륭은 아직 황제에 오르지 않았으니 윤진과 홍력이라 해야겠다.

역사적인 날이었다. 강희의 뒤를 이을 태자 자리를 놓고 벌인 경쟁에서 승자의 윤곽이 드러나며 이후 중국 역사상 가장 오랜 기간 이어진 태평성대의 막이 올랐기 때문이다. 즉 3월 12일은 강희, 옹정, 건륭의 태평성세에 복선이 된 셈이다.

홍력에게는 더욱이 그의 운명을 결정한 중요한 날이었다. 한 사람의 운명은 수많은 요소의 영향을 받는다. 그중 중요한 네 가지는 출신, 타고난 재능, 노력, 기회다. 잘 알려진 대로 강희제에게는 손자가 수십 명 있었다. 그 많은 손자 중 왜 그는 마지막에 홍력을 선택했을까? 가장 중요한 이유는 바로 그날 당시 열두 살이던 홍력이 일생일대의 기회를 잡았기 때문이다.

'3월 12일'이 만들어진 배경은 이렇다. 강희제는 나이가 들수록 마음이 편치 않았다. 잠을 이루지 못하는 날이 많았고 깨어난 후에도 줄곧 한숨과 탄식을 달고 살았다. 현대의 용어로 말하면 그는 심한 우울증을 앓고 있었다. 무슨 이유였을까? 태자 자리를 두고 황자들 사이의 경쟁이 갈수록 치열해진 탓에 나이 든 황제의 마음이 편할 날이 없었던 것이다. 그래서 그해 봄, 넷째 아들 윤진은 황제에게 자신이 하사받은 정원인 원명원圓明園, 베이징 근교에 위치한 청나라 황실의 정원에 희귀한 품종의 모란 수백 그루가 활짝 피었으니 꽃을 보면서 잠시 휴식을 취하시는 게 어떠하겠냐고 물었다. 베이징의 원명원은 매우 유명한 장소지만 초기에는 강희가 옹친왕雍親王 윤진에게 하사한 작은 화원에 불과했다. 그 이후 원명원은 지금 모습으로 발전했다.

강희제는 꽃을 본다는 말에 기분이 조금 나아져 그러겠다고 대답했다. 하지만 그는 꿈에도 생각지 못했다. 이것이 윤진이 황위를 이어받기 위해 계획한 일이라는 것을 말이다.

옹친왕 윤진은 도통 속을 알 수 없는 사람이었다. 겉으로는 황위에 아무런 욕심이 없는 사람처럼 보였다. 평소 서법 익히기와 불경 읽기를 좋아해서 다른 여덟 형제가 황위를 물려받기 위해 살벌한 경쟁을 벌일 때 홀로 집 안에 앉아 서예와 독서에 매진했다. 밖에서 일어나는 일에는 귀를 닫고 성현들의 가르침에만 몰두하는 모습이 마치 구름 사이를 노니는 한 마리 고고한 학 같았다. 그래서 강희제는 윤진을 신임했고 말년에는 그의 화원에 자주 발걸음을 했다. 『청성조실록淸聖祖實錄』의 통계에 따르면 강희는 말년에 총 열 차례 윤진의 원명원을 찾았다고 한다. 이는 다른 아들들에게는 한 번 있을까 말까 한 영광스러운 일이었다. 윤진이 겉으로 어떤 야심도 표출하지 않았으니 강희제가 편하게 느끼고 다가갈 수 있었던 것은 당연하다. 물론 실상은 자나 깨나 황위만 생각했지만 말이다.

강희제에게는 아들이 서른다섯 명 있었는데, 자라서 성인이 된 아들 스무 명 중 윤진을 포함한 아홉 명이 태자 자리를 차지하려 경쟁하고 있었다. 사실 이 경쟁에서 윤진은 가능성이 가장 낮은 인물이었다. 최고 연장자가 아니니 나이로 우세할 것도 없고, 워낙 내성적인 성격에 스스로를 잘 드러내지 않아 재능을 발휘할 기회도 적었다. 성격 역시 다른 사람과 교류하는 것을 좋아하지 않고 집에 틀어박혀 좀처럼 밖에 나가지 않으며 홀로 있길 좋아했다. 즉 윤진은 사교적이지도 인간적인 매력을 풍기지도 않는 사람이었다.

그렇다면 윤진은 어떻게 최후의 승자가 되었을까? 내가 볼 때, 윤진에게는 남들보다 우세한 세 가지가 있었다.

첫째, 마음을 숨길 줄 알았다. 윤진은 황위를 얻으려면 먼저 야심을 숨겨 강희가 눈치채지 못해야 한다는 사실을 잘 알고 있었다. 이유는 간단했다. 황제가 가장 불편하게 여기는 사람이 바로 자리를 물려받을 계승자였기 때문이다. 일단 조금이라도 태자 자리에 관심이 있는 것 같은 낌새가 보이면 늙은 황제는 혹시 자신을 해하거나 자리를 빼앗으려 들까봐 경계할 게 뻔했다. 그래서 윤진은 매일 불경을 읽고 서예를 하며 욕심이 없는 것처럼 행동했다.

둘째, 자기 재능을 드러내야 할 때를 알았다. 재능이 부족한 아들은 당연히 황위를 물려받을 수 없다. 그래서 윤진은 평소에는 직접 나서서 자신을 표현하거나 능력을 뽐내지 않았지만 가끔 강희가 임무를 맡기면 혼신의 힘을 다했다. 예를 들어, 강희제의 황태후가 세상을 떠나자 강희는 윤진에게 장례절차를 맡겼다. 윤진은 처음부터 끝까지 모든 일을 완벽하게 처리했고 이를 본 강희는 넷째 아들의 새로운 모습에 꽤 깊은 인상을 받았다.

마지막 셋째는 바로 지금 이야기하려는 윤진의 '계획'과 관련이 있다. 그는 특별한 저울추를 이용해 강희제의 마음을 흔들어놓았다. 그 저울추가 바로 홍력이다.

강희제가 원명원에 도착하자 윤진은 황제를 모시고 목단대라는 큰 정자로 향했다. 그곳에서 부자는 함께 활짝 핀 목련을 앞에 두고 술잔을 기울이며 정치와는 무관한 소소한 이야기로 화기애애한 시간을 보냈다.

이야기를 나누던 중 윤진은 마치 갑자기 생각났다는 듯 이런 말을 던졌다.

"그러고 보니 폐하의 두 손자는 태어나서 한 번도 폐하를 뵌 적이 없습니다. 벌써 열 살이 넘었는데 오신 김에 한 번 보시겠습니까?"

이 부분에서 고개를 갸우뚱하는 독자들이 있을 것이다. 손자가 벌써 열 살이 넘었는데 어떻게 아직 할아버지 얼굴도 보지 못했다는 말인가? 사실 강희제 시대에는 조금도 이상할 게 없는 일이었다. 그에게는 손자가 너무 많았기 때문이다. 손자가 총 97명 있었는데 손녀까지 합하면 200명이 넘었다. 그래서 매일같이 정무에 시달리는 강희는 그들을 전부 만날 수 없었고, 생전에 겨우 20~30명 정도만 보았을 뿐이다.

윤진이 이렇게 말하자 강희도 자연스럽게 이를 받아들였다.

"그래! 네 두 아들을 데려와보거라."

윤진은 강희의 말을 듣고 안쪽을 향해 손짓을 했다. 곧 안쪽에서 두 아이가 걸어나왔다. 윤진의 넷째 아들인 홍력과 다섯째 아들인 홍주弘晝였다. 두 아이는 모두 열두 살로 다른 생모에게서 두 달

간격으로 태어났다.

두 아이 모습을 본 순간 강희제는 자신도 모르게 손에 들고 있던 술잔을 내려놓았다.

동생인 홍주는 별다른 특징이 없었지만 형인 홍력은 『청고종실록』의 기록에 따르면 강희가 '견즉경애見卽驚愛'했다고 하는데, 첫눈에 호감을 느꼈다는 뜻이다. 강희는 홍력이 여느 아이와 다르다는 것을 알아챘다. 몸이 늘씬하고 피부는 백옥처럼 하얘며 외모도 아주 준수했다. 고전소설 속 표현을 빌리면 '눈은 가을 시냇물처럼 맑고 얼굴은 보름달처럼 빛났다'고 할 수 있겠다. 특히 강희가 주목했던 것은 홍력의 눈에서 느껴지는 남다른 총기와 차분함이었다.

두 아이는 다가와 할아버지께 예를 올렸다. 예를 올리는 순간에도 강희는 홍력의 일거수일투족을 모두 살폈다. 민첩하고 깔끔하며 꾸밈없고 대범한 것이 또래 아이들에게서 보이는 긴장감이나 어색함은 전혀 찾아볼 수 없었다. 상대적으로 동생 홍주의 몸짓은 너무 부자연스러워 보였다.

홍력은 강희제에게 매우 좋은 첫인상을 남겼다. 강희제는 평생에 걸쳐 수많은 사람을 만나왔기 때문에 사람을 보는 눈이 정확하고 날카로웠다. 『청고종실록』에 기록된 당시 상황을 풀이하면, 늙은 황제가 홍력에게 손짓을 하며 가까이 오라고 말했다. 그다음 요즘 무엇을 공부하는지 물었다. 홍력은 송나라 시대 유학자 주돈이周敦頤, 중국 북송 시대 유학자로 성리학의 기초를 닦은 인물로 평가됨의 「애련설愛蓮說」군자의 덕을 연꽃에 빗대어 노래한 산문을 배운다고 대답했다. 외울 수 있겠냐고 묻자 그렇다고 대답한 뒤 막힘없이 술술 문장을 외웠는데 한 자도 틀리지 않았다. 강희는 매우 기뻐하며 지금 외운 문장이 무슨 뜻인지 아느냐고 물었다. 그러자 홍력은 이번에도 처음부터 끝까지 정확하게 문장의 뜻을 풀어냈다.[2]

강희는 깜짝 놀랐다. 참으로 총명한 아이가 아닌가! 열두 살밖에 되지 않은 아이가 이런 명문을 해석해낸다는 것은 극히 드문 일이었다.

'내게 이렇게 똑똑한 손자가 있었다니……'

그가 만난 손자 수십 명 중 홍력은 단연 최고였다! 이야기를 조금 더 나눈 뒤 강희는 아이들에게 저녁도 함께 먹도록 했다. 궁으로 돌아온 그는 밤새 잠을 이룰 수 없었다. 머릿속에 끊임없이 홍력이 떠올랐다. 애신각라 가문에 이런 아이가 태어났다는 사실을 믿을 수 없었다. 이튿날 날이 밝자마자 강희는 태감太監, 중국 명나라와 청나라 때 환관의 우두머리를 가리킴을 원명원으로 보냈다. 무엇 때문이었을까? 그는 옹친왕 윤진에게 홍력의 사주를 써서 보내도록 했다. 자기 눈으로 직접 확인해보고 싶었던 것이다.

옹친왕 윤진은 황제가 홍력의 사주를 궁금해한다는 말을 듣고 뛸 듯이 기뻤다. 그래서 바로 붓을 들고 글자를 써서 태감에게 건네주었다. 태감이 떠난 뒤 그는 마음속으로 환호를 질렀다.

'아! 성공했구나!'

윤진의 계획은 강희제에게 자기 아들을 소개할 자리를 마련해서 둘 사이에 좋은 관계를 맺어주는 것이었다. 홍력은 윤진이 황위를 이어받기 위해 없어서는 안 될 중요한 무기였다. 왜냐하면 위대한 정치가들은 마치 바둑의 고수와 같아서 바둑알 하나를 둘 때

다음에 이어질 수까지 미리 계산하기 때문이다. 그래서 강희가 만일 자리를 물려줄 아들을 정한다면 반드시 그 아들의 아들까지 염두에 둘 것이 분명했다. 이는 강희를 포함한 3대 모두에게 영향을 미치는 문제였다. 강희는 말년에 이미 태자로 봉해졌던 윤잉胤礽을 폐하고 다시 세우길 두 번이나 반복했다. 이런 일을 반복한 이유는 윤잉에 대한 확신은 시들해진 데 반해 윤잉의 맏아들 홍석弘晳은 무척 마음에 들었기 때문이다. 그래서 태자를 정하는 문제를 두고 강희는 깊은 고민에 빠졌다. 비록 윤잉에 대한 애정은 사라졌다 해도 홍석만큼은 황제 자리를 이어받을 능력이 충분했다. 윤잉에게 자리를 물려주지 않는다면 윤잉의 아들은 당연히 황제 자리에 오를 수 없었다.

당시 이웃 나라였던 조선에도 『조선왕조실록朝鮮王朝實錄』이라는 역사서가 존재하는데, 그 안에는 조선과 청나라 사이의 외교기록이 다수 남아 있다. 그 기록을 살펴보면, 강희제 말년에 청나라를 방문했던 조선의 사신이 본국으로 돌아간 뒤 '황제의 장손이 무척 총명하여 태자를 폐위하기 쉽지 않겠다'라는 보고를 올렸다고 한다. 황제의 장손이라면 윤잉의 아들인 홍석을 말하는 것이다. 그리고 강희가 장손이 장래에 황위에 오르길 바라기 때문에 태자를 폐위하는 문제를 두고 고심하고 있다는 내용을 덧붙였다.[3] 즉 어떤 아들을 두었는지가 태자 자리에 오르는 데 결정적 영향을 미쳤다고 할 수 있다.

강희는 한 번도 이런 고민을 밖으로 드러낸 적이 없었지만 영리한 윤진은 이미 아버지 마음을 알고 있었다. 그래서 일부러 강희에게 홍력을 소개했다. 하지만 윤진은 어떻게 강희가 홍력을 좋아할 것이라고 확신했을까? 만일 호감을 얻지 못한다면 이는 오히려 스스로에게 감점이 되는 일이 아닌가?

이는 우리가 앞서 이야기한 운명을 결정하는 여러 요소 중 하나와 관련이 있다. 바로 타고난 재능이다. 재능이란 성공에 반드시 필요한 밑바탕이다. 홍력이 윤진의 여섯 아들 중 강희에게 소개할 아들로 뽑힌 것은 바로 그가 가진 특별한 재능 때문이었다. 윤진은 홍력이 분명 이 재능을 바탕으로 황제의 마음을 얻을 것이라고 확신했다.

홍력에게는 확실히 어렸을 때부터 남다른 면이 있었다. 글을 배울 때 그의 타고난 재능이 빛을 발했다. 건륭은 황위에 있는 동안 시집을 한 권 만들었다. 그중 한 수에 해설이 달려 있는데 그 의미는 이러하다. 그와 동생 홍주가 함께 학문을 익히기 시작했는데 글을 배울 때마다 그는 한 번 보면 잊어버리는 법이 없었지만 동생은 늘 우물거리며 잘 외우지 못했다. 홍력이 글 세 편을 외울 동안 홍주는 한 편도 제대로 외우지 못하다보니 형제를 가르치는 스승이 홍력에게 세 배 더 많은 과제를 내주었다.[4] 이는 형제 사이에 차이가 컸음을 말해준다.

글을 배우는 것 외에 홍력은 운동신경이 뛰어나고 체력도 좋았다. 어려서 활을 가르치면 얼마 지나지 않아 곧 과녁 중앙에 활을 꽂았다. 처음 말 타는 법을 가르치던 날에도 어린 홍력은 전혀 두려워하지 않았다. 예부터 만주족은 무예와 승마, 궁술을 매우 중시했다. 홍력은 말을 타고 활을 쏘는 솜씨가 좋고 공부도 잘했으니

'문무를 겸비한' 인재였다고 할 수 있다. 이 밖에도 어려서부터 사교성이 좋고 눈치가 빠르며 인기가 많았다. 차분한 성격에 말썽을 피우는 일도 없었다. 그래서 윤진은 홍력이라면 반드시 황제 마음을 얻을 수 있다고 굳게 믿었다.

그렇다면 윤진은 왜 꼭 홍력이 열두 살 되던 해에 황제에게 아들을 소개했을까? 여기에도 그만한 이유가 있다. 황제가 된 뒤 건륭은 『어제시전집御制詩全集』에서 당시를 이렇게 회상했다. "강희 60년, 윤진은 홍력을 데리고 산장으로 피서를 갔다. 그는 무료한 마음에 홍력이 얼마나 공부를 했는지 확인해보려고 요즘 배우는 글이 있으면 외워보라고 말했다. 그러자 홍력은 꽤 긴 글(약 5000자)을 한 글자도 틀리지 않고 완벽하게 외웠다. 윤진은 깜짝 놀랐다. 때마침 곁에는 강희제의 시중을 드는 태감들이 있었는데 홍력을 보고 지금까지 본 황손들 중 가장 총명한 것 같다고 말했다."5 그 말 한마디가 윤진의 머릿속에 박혔다. 그래서 건륭은 이렇게 덧붙였다. '皇考始有心奏皇祖令予隨時學習.' 그때부터 윤진이 생각을 바꿔 강희에게 홍력을 소개할 계획을 짰다는 뜻이다. 그리고 윤진의 이 결심 덕분에 홍력은 열두 살 때 청나라 정치무대에 오르게 되었다.

사람들은 성공하기 위해 첫째로 필요한 것은 기회라고 말한다. 하지만 기회란 타고난 재능 또는 갈고닦은 실력이 밑바탕이 되어야만 잡을 수 있다. 홍력은 타고난 재능을 발판삼아 윤진의 눈에 들었고, 중국 역사에서 절대적인 존재감을 자랑하는 황제가 되었다.

그런데 홍력에게는 이 외에 타고난 부분이 한 가지 더 있었다. 전통사회라는 배경에서 한 사람의 운명에 막대한 영향을 미치는 그것은 바로 사주팔자였다. 그래서 강희는 직접 홍력의 사주팔자를 확인하려 했다.

강희제는 중국 역사에서 처음으로 서양의 과학기술에 관심을 보였던 황제로 알려져 있지만 그것은 일부분에 불과하다. 그는 평소에 사주와 점괘에 아주 푹 빠져 있었다. 청나라 시대 기록을 살펴보면 다음과 같은 일이 있었다. 강희 60년 6월, 쓰촨 총독 연갱요年羹堯가 도성으로 들어오자 강희는 그에게 유명한 맹인 점쟁이 나羅씨를 찾아가 하려는 일을 물어보라고 명했다. 그런데 연갱요는 이 점쟁이가 허풍이 심하고 병까지 있다는 말을 듣고 찾아가지 않았다. 강희는 이를 알고 화를 내며 이렇게 말했다.

"그 점쟁이가 진술하지 못한 면이 있기는 하지만 점보는 솜씨만큼은 괜찮다."6

황제는 이미 그 점쟁이를 잘 알고 있었던 것이다. 이쯤 되면 강희가 이 점쟁이의 단골손님이자 대단한 팬이었을 것이라 추측해볼 수 있다.

사주팔자를 풀이한다는 것은 한 사람이 태어난 출생연월일과 시간을 토대로 앞으로 인생 발전 방향과 결과를 예측하는 것이다. 현대의 시각에서 보면 근거 없는 말로 들릴 수 있지만 과거에는 종종 사주팔자가 역사의 수레바퀴가 굴러갈 방향을 조정하기도 했다. 건륭의 사주팔자는 그가 훗날 황제 자리에 오르는 데 큰 영향을 미쳤다.

1929년 고궁박물원자금성의 정식 명칭에서 서고에 있는 자료들을 외부에 공개했는데, 그중에는 오래된 문건이 하나 있었다. 바로 건릉의 사주를 적은 것이었다. 상단에는 강희 61년이라고 적혀 있었다. 홍력의 사주팔자는 아래와 같다.

신묘辛卯(강희 50년)

정유丁酉(8월)

경오庚午(13일)

병자丙子(자시)

이 사주팔자를 풀었더니 이렇게 나왔다.

이 사주는 부귀를 타고났다……. 총명하고 출중하며 효심이 깊고 문과 무에 모두 뛰어나다. 어려서 뜻밖의 사고를 겪겠으나 큰 해가 되진 않는다. 열여섯 이후로 운을 얻어 몸이 건강하며 모든 일이 마음먹은 대로 행해진다……. 현명하고 유능한 아내를 얻고 자식 복도 많으며 명이 길다……. 다른 것은 더 물을 필요가 없다.

위의 내용으로 볼 때 건륭의 팔자는 '화련추금火煉秋金'이라 할 수 있는데 타고난 재능이 많은 강인한 운명을 뜻하는 말이다. 이 팔자를 타고난 사람은 상당히 총명하고 효심이 깊으며 문무를 모두 겸비한다. 현명하고 어진 처를 얻고 자손을 두루 보게 된다. 어려서 예기치 못한 사고를 겪겠지만 전혀 해를 입지 않고 열여섯 후로 모든 일이 순조롭다. 말년에는 건강하게 장수하니 이보다 더 귀한 운명이 없다.

이렇게 풀이가 좋다보니 혹시 윤진이 사주를 조작한 것이 아닐까 의심이 들 수도 있겠다. 하지만 그것은 불가능했다. 왜냐하면 황손이 태어나면 황실의 사무를 맡아 담당하는 관리들이 바로 날짜와 시를 기록해두었기 때문에 조작한다면 쉽게 들통 날 게 뻔했다. 그렇다면 사주를 풀이하는 사람을 미리 매수해둔 것이 아니냐고도 할 수 있겠지만 이 역시 불가능했다. 고대의 사주풀이에는 정해진 이론과 방법이 있었다. 그래서 어디에 가서 누구에게 물어도 같은 사주일 경우 비슷한 결과가 나왔다. 건륭의 팔자는 당시 사주풀이에서도 쉽게 찾아볼 수 없는 부유하고 귀한 것이었다.

이 사주팔자가 건륭의 일생에 미친 영향은 엄청나다. 『청고종실록』에 따르면 강희가 이 풀이를 본 뒤 바로 이런 결정을 내렸기 때문이다. 홍력을 '궁에서 키우겠다.'

궁에서 키운다는 것은 어떤 의미일까? 홍력을 황궁으로 데려와 강희제와 함께 생활하도록 한다는 것이다. 이는 다른 손자들에게는 꿈도 꾸기 힘든 영광이었다. 홍력이 들어가기 전에 손자 97명 중 단 한 명만이 이런 특별한 영광을 누렸다. 바로 폐위된 윤잉의 맏아들 홍석이었다. 강희는 훗날 황위에 오르게 될 손자를 자신이 직접 가르치고 싶어했다. 그래서 '궁에서 키우겠다'고 한 것이다. 이는 바꿔 말하면 강희의 눈에 황위를 이어받을 후계자로 뽑힌 사람만이 궁으로 들어갈 수 있다는 뜻이기도 했다.

상황이 이렇게 되었으니 윤진이 애초에 세운 계획은 거의 성공했다고 볼 수 있다. 이제 중요한 것은 궁에서 생활하는 동안 홍력이 할아버지에게 인정을 받고 후대 황제로 확신을 줄 수 있을지였다.

홍력은 과연 자신에게 주어진 이 엄청난 기회를 잡았을까?

강희 61년, 홍력은 여름부터 가을까지 총 다섯 달 동안 할아버지와 함께 산장에서 피서를 했다. 두 사람은 하루도 떨어져 있는 날이 없었다. 건륭은 나중에 당시 모습을 회상했는데 그 내용은 이렇다. 책을 읽을 때면 강희가 직접 한 구절씩 가르쳐주었고, 밥을 먹을 때면 한 식탁에 앉아 계속해서 손자의 숟가락 위에 반찬을 올려주었다. 심지어 대신들과 국가 정책을 의논할 때도 강희는 홍력을 자기 곁에 두었다. 그러면 홍력은 조용히 숨을 죽이고 앉아서 할아버지가 나랏일을 처리하는 모습을 살폈다. 가끔 강희는 주변 사람들에게 글을 써주곤 했는데, 그때마다 홍력은 요리조리 종종 걸음을 하며 할아버지를 위해 종이를 깔고 먹을 갈았다. 귀여운 손자와 함께하는 시간이 강희에게는 노년에 큰 기쁨이 되었다.[7] 다섯 달뿐이었지만 두 사람 사이에는 깊은 정이 쌓였다.

『청고종실록』에는 이런 일화도 기록되어 있다. 강희 61년 어느 여름날 오후, 강희는 산장의 호수에서 배를 띄우고 뱃놀이를 했다. 홍력은 근처 산에서 놀다가 때마침 멀리서 배가 뭍으로 오는 것을 발견하고는 할아버지에게 가기 위해 내리막길을 내달렸다. 강희는 배에서 그 모습을 보고 손자가 넘어질까 걱정되어 벌떡 일어나 홍력을 향해 넘어지지 않게 천천히 오라고 소리쳤다.[8]

할아버지의 다급한 목소리는 오래도록 어린 홍력의 기억에 남아 60년이 지난 후에도 여전히 귓가를 맴돌았다. 그는 자신이 지은 시에서 이렇게 적었다.

"내가 산에서 뛰어내려오는 모습을 보고 혹시라도 넘어질까 조부께서는 급한 마음이 드셨나보다. 그 시절 조부께서는 정말로 나를 많이 아끼셨네."9

반년에 가까운 시간 동안 홍력은 총명한 머리와 의젓한 모습으로 강희의 사랑을 듬뿍 받았고 뛰어난 운동신경 역시 깊은 인상을 남겼다. 건륭제는 말년에 한 글에서 강희가 직접 홍력에게 활을 가르쳤는데 홍력이 단번에 다섯 발이나 명중하자 크게 기뻐하며 황색 마고자를 하사했다10며 그때 일을 언급했다. 당시 피서산장으로 이용했던 '담박경성澹泊敬誠, 욕심을 버리고 정성과 공경을 다한다는 의미'전의 대문 벽에는 아직까지도 건륭이 쓴 시가 남아 있는데, 시의 두 구절11이 바로 이 일을 가리키는 것이다.

그래서 강희는 사냥을 나갈 때 늘 홍력을 데리고 갔다. 홍력이 어린아이답지 않게 담이 큰 것이 매우 마음에 들었다. 그런데 하루는 생각지도 못한 일이 일어났다.『청고종실록』에는 이런 내용이 있다.12 8월 어느 날 강희는 홍력과 함께 사냥터로 나섰다. 그곳에서 큰 곰을 만나자 그는 바로 총을 들어 곰의 복부를 쏘았다. 중상을 입은 곰은 그대로 쓰러져 미동도 하지 않았다. 강희는 이제 곰이 아무런 위협도 되지 않는다고 판단해 홍력에게 가서 한 발을 더 쏘아보라고 시켰다. 손자의 담력을 시험해보려 했던 것이다. 그런데 무슨 이유에서인지 평소 같았으면 할아버지 말이 떨어지기 무섭게 바로 몸을 움직였을 홍력이 잠을 자는 것처럼 말 위에 앉아 눈을 감고는 움직이지 않았다. 강희는 기분이 조금 언짢아졌다. 원래 담이 큰 아이인데 오늘은 왜 갑자기 두려운 기색을 보일까? 그는 언성을 높였다.

"홍력, 어째서 가만히 있는 게냐?"

할아버지 목소리를 들은 홍력은 그제야 잠에서 깨어난 듯이 눈을 뜨고 말에서 내려 앞으로 걸어갔다. 바로 그때 가만히 쓰러져 있던 곰이 갑자기 몸을 일으켜 마치 사람처럼 두 발로 우뚝 서서 큰 소리로 포효하며 달려오기 시작했다. 모두 그 광경에 놀라 어쩔 줄 모르고 서 있을 때 강희가 재빨리 총을 들어 다시 방아쇠를 당겼다. 총알을 곰의 귀를 지나 머리에 박혔고, 그제야 곰은 완전히 바닥으로 쓰러졌다. 일행 전체가 식은땀을 흘린 순간이었다.

강희는 이 일에 적지 않은 충격을 받았다. 홍력이 그날 바로 명령을 듣지 않았기에 망정이지 만일 그대로 곰에게 뛰어가 총을 쏘려 했다면 아마 산 채로 제물이 되었을 것이다. 그런데 평소에 용감했던 홍력이 왜 그날만은 막 잠에서 깨어난 것처럼 굼뜨게 움직였을까? 미신을 좋아했던 강희는 이를 하늘의 뜻이라 여겼다. 하늘이 이 아이를 보호해준다는 것이었다. 그래서 『청고종실록』에는 뒤이어 이런 기록이 나온다.[13] 강희는 사냥이 끝난 뒤 장막으로 돌아와 곁에서 시중을 들던 첩에게 이렇게 말했다.

"이 아이는 정말로 귀한 운명을 타고난 듯하오. 아마 과인보다도 더 복이 많은 것 같소."

강희의 말은 어떤 의미였을까? 강희는 60년이 넘게 황제 자리에 있었다. 그런 자신보다 복이 많다고 한 것은 그가 이미 홍력을 미래의 황제로 인정했다는 뜻이라고도 볼 수 있다.

그 일이 있고 일주일 뒤 강희는 청더허베이성 동북부에 위치한 도시를 찾았다. 청더는 강희가 황자들에게 하사한 화원이 있는 곳으로 황제가 먼저 나서서 아들의 화원을 찾는 경우는 극히 드물었다. 윤진의 사자원獅子園에 도착한 강희제는 의외의 이야기를 꺼냈다. 건륭의 생모를 보고 싶다고 한 것이다. 『청고종실록』 1권에는 강희가 사자원에 와서 홍력의 생모를 보고 싶다고 말했다[14]는 내용이 나온다.

당시 그곳에 있던 사람들은 모두 의아해했다. 왜 갑자기 며느리 얼굴을 보자고 하는지 이유를 알 수 없었다. 강희가 건륭의 생모를 찾은 이유는 무엇이었을까? 강희는 평소 점괘와 관상을 좋아해서 직접 관상을 연구하기도 했다. 자기 아들과 손자에 대해서는 이미 잘 아니 이제 며느리는 어떤 사람인지 알고 싶었던 것이다. 건륭이 황위에 오르게 되면 며느리는 자연히 황태후가 되는데, 태후는 정국에 상당한 영향을 미치는 인물이었다. 그래서 반드시 며느리 얼굴을 미리 봐두어야 했다.

그렇다면 강희는 홍력의 생모를 보고 어떤 인상을 받았을까?

3강
——
——
미리 물려받은 황위

건륭은 훌륭한 유전자를 가지고 태어났다. 그리고 그 유전자는 건륭이 황제 자리에 오르는 과정에서 중추적인 역할을 했다.

그렇다면 건륭은 누구에게서 이렇게 훌륭한 유전자를 물려받았을까? 한 사람의 유전자는 아버지와 어머니에게서 각각 반반씩 물려받는다고 알려져 있다. 우선 건륭의 머리가 좋은 것은 옹정을 닮았다. 하지만 옹정에게는 한 가지 부족한 부분이 있었는데 바로 운동신경이 부족하다는 것이었다. 청나라 초기의 황제 넷은 모두 '무' 방면에서 매우 뛰어난 모습을 보였는데 옹정제 때에 와서는 그런 모습을 볼 수 없었다. 승마와 사냥 모두 실력이 썩 좋지 않았고 동적인 것보다 정적인 것을 좋아해 밖으로 잘 나가지도 않았다. 강희는 여섯 차례나 남쪽지방을 순행했는데 옹정은 한 번도 가지 않았다. 그뿐만 아니라 『청세종실록淸世宗實錄』의 기록에 따르면 천단에서 하늘에 제사를 지내는 일에도 대리인을 보낼 정도였다고 한다. 그렇다면 건륭은 어떠했을까? 평생 건강한 몸을 유지했고 무예와 승마, 궁술에 능했다. 정적인 것보다 동적인 것을 좋아해 '마상천자馬上天子', 즉 말을 타는 천자라 불렀다. 그는 신체와 관련한 부분에서는 옹정이 아닌 모친의 영향을 더 많이 받았다고 할 수 있다. 그렇다면 건륭의 모친은 과연 어떤 사람이었을까?

건륭의 출생을 다시 한번 살펴보자. 『청고종실록』과 청나라 황실의 족보인 『옥첩玉牒』의 기록을 살펴보면 건륭은 강희 50년인 1711년 8월 13일에 당시 옹친왕의 집으로 쓰였던 베이징의 옹화궁에서 태어났다. 모친은 만주족 출신의 유호록 씨라고 적혀 있다.

물론 이는 사서 기록을 토대로 한 사실이다. 그런데 민간에서는 건륭의 출생을 두고 별난 속설이 수없이 떠돌았다. 그중 가장 많이 알려진 것은 두 가지다. 하나는 건륭이 만주족이 아니라 한족 출신인 각로閣老 진세관陳世倌의 아들이라는 것이고, 또 하나는 건륭의 출생지가 옹화궁이 아닌 피서산장이고 그의 어머니 역시 한족 출신 궁녀라는 것이다.

긴륭의 출신에 관해서는 중국의 학자 옌충녠閻崇年이 『청나라 궁의 미스터리를 파헤치다揭秘淸宮懸案』에서 이미 이야기한 바 있으니 여기서 더 자세히 설명하지는 않겠다. 그 대신 왜 이 두 가지 속설이 설득력을 얻지 못했는지 이유를 분석해보려 한다.

첫째 속설부터 살펴보자. 옹정제가 옹친왕일 때 딸을 낳았는데 같은 날 각로 진세관 집에서 사내아이가 태어났다. 옹정은 진세관과 가까운 사이였기 때문에 사내아이를 한 번 보고 싶다고 말해 집으로 데리고 왔다. 그런데 돌려받은 아이를 본 순간 진세관은 깜짝 놀랐다. 사내아이가 계집아이로 바뀌어 있었기 때문이다. 그 아이가 옹친왕 집에 남아 훗날 건륭제가 되었다는 것이다.

이는 정말 말도 안 되는 이야기다. 당시 옹정제에게는 아들이 10명 있었는데 건륭이 태어나기 전에 이미 아들이 셋 있었다. 아직 혈기왕성한 나이에(서른넷) 첩도 많이 두었으니 낳고 싶으면 스스로 만들면 될 일이지 일부러 한족 아이를 데려다가 자기 뒤를 잇게 할 이유가 어디 있단 말인가?

둘째 속설을 살펴보자. 옹정이 일 년간 피서산장에서 강희제를 모신 적이 있는데 그곳에서 한족 출신 궁녀와 눈이 맞아 밤을 보내고 건륭을 낳았다는 것이다. 이 역시 불가능하다. 건륭은 8월

13일에 태어났다. 아이를 낳기 전에 열 달이라는 시간이 필요하니 궁녀는 그 전해 음력 11월 중순에는 아이를 가졌어야 한다. 여기서 문제가 생긴다. 청나라 황제가 피서산장에 가는 이유가 무엇인가? 더위를 피하기 위해서다. 음력 11월 중순이면 양력으로는 12월이 되기 때문에 산장에는 한기가 돌고 물이 얼어붙을 때다. 이런 곳에서 강희제가 지냈을 리가 없다.

그렇다면 건륭의 출생을 두고 이런 속설이 만들어진 이유는 무엇일까? 당시 사회에 건륭과 황실에 불만이 있는 사람이 그만큼 많았기 때문이라고 해석해볼 수 있다. 중국 역사에는 황제에 대한 다양한 속설이 존재한다. 예를 들어 진나라 시황제는 여불위呂不韋, 진나라의 정치가로 재상에 해당하는 상국相國 자리에까지 올랐으며 『여씨춘추呂氏春秋』를 편찬했음의 사생아고, 수나라 양제는 스스로 아버지 문제를 죽였으며, 옹정의 경우 강희를 독살했다는 것 등이다. 이런 속설은 모두 거짓으로 밝혀졌지만 중요한 것은 이 배후에 매우 정치적인 이유가 있었다는 점이다. 위에서 말한 황제들이 취한 정책이나 행동은 다른 사람들의 이익에 손해를 입히는 경우가 많았다. 건륭의 경우 두 가지 속설의 공통점은 생모를 한족이라고 했다는 것이다. 이는 무엇을 의미할까? 청나라 시대에 한족은 다른 민족의 지배를 받는다는 사실을 인정하기 힘들었다. 그래서 건륭의 출신을 바꾸는 방법으로 자신들의 불만을 해소하려 했을 것이다.

이제 이 문제에 대한 답을 정확히 말할 때가 되었다. 앞서 이야기했듯이 건륭의 '진짜' 생모는 유호록 씨다. 유호록이라는 세 글자는 청나라 시대를 배경으로 한 사극을 본 적이 있는 독자라면 꽤 익숙한 성일 것이다. 그만큼 자주 등장하기 때문이다. 대표적인 예가 바로 대탐관大貪官 화신이며, 청나라 역대 황후들 중에서도 그 성을 가진 인물이 여럿이었다. 당시 '유호록 씨'는 청나라 '8대 가문'으로 불렸으니 두말할 것 없는 명문가였음이 틀림없다.

그래서 많은 사람이 건륭의 생모 유호록 씨를 명문가 출신의 여인으로 생각한다. 하지만 이는 틀렸다. 위에서 말한 '유호록 씨'는 청나라 '8대 가문' 중 하나로 개국공신인 액역도額亦都의 후손들이다. 하지만 건륭의 모친은 액역도의 후손이 아니었다. 당나라 때를 예로 들면 황제의 성이 이 씨라고 해서 모든 이 씨가 다 황제와 같은 집안이 아닌 것과 마찬가지다. 건륭제 모친의 집안인 유호록 씨는 일반 가문으로 유명한 인물이 한 번도 나온 적이 없었다. 청나라 시대 『옥첩』을 살펴보면 건륭제 모친의 집안이 사회적 지위가 매우 낮았다는 사실을 알 수 있다. 그녀의 조부는 평민이었고 평생 관직에 있은 적이 없었다. 그의 부친이자 건륭의 외조부인 능주凌柱는 『청열조후비전고淸列朝後妃傳稿』에 '4품 전의를 맡았다原任四品典儀'라고 적혀 있다. 상당한 관직을 맡았던 것처럼 보이지만 자세히 분석해보면 '전의典儀'란 왕가에서 열리는 각종 행사에서 첩의 가족을 부를 때 쓰는 일종의 명예호칭에 불과했다. 이 역시 스스로 얻은 이름이 아니라 딸이 옹친왕의 비가 되면서 붙은 것이었다. 즉 건륭의 외가는 청나라의 일반 백성이었다.

옹친왕과 같은 황자들은 첩을 들일 때 가문과 형편을 매우 중시했다. 그렇다면 옹정은 어떻게 일반 백성의 딸을 첩으로 얻었을까? 사실 건륭의 모친은 옹친왕과 혼인해서 집으로 들어간 것이 아니었다. 그녀는 그 집에서 시중을 들던 종이었다. 청나라의 『옥첩』에는 열세 살 되던 해에 강희제가 허드렛일을 하는 종으로 그녀를 옹정의 집에 보냈다[15]는 기록이 있다.

유호록 씨는 과연 어떻게 나중에 옹정의 비가 되었을까? 그녀가 열세 살에 허드렛일을 하는 종으로 들어가 스물에 건륭을 낳기까지 칠 년 동안 어떤 일이 있었는지는 전혀 기록이 남아 있지 않다. 그저 추측만 할 뿐이다. 시간이 흘러 강희 49년 어느 날, 집에 있는 시간이 많았던 옹친왕 윤진은 어린 꼬마였던 유호록 씨가 훌쩍 자라 아가씨가 되어 있는 모습을 보았을 것이다. 당시 서른셋이던 옹정은 순간적인 감정에 이끌려 유호록 씨와 밤을 함께 보냈고 그 결과 건륭이 태어났을 것이다.

떳떳하지 못한 행동이었기에 건륭이 태어나고 몇 년 동안 유호록 씨에게는 아무런 지위도 이름도 내려지지 않았다. 『옥첩』과 『실록』에도 줄곧 '격격格格'으로 기록되었다. 중국인이라면 '격격'이라는 두 글자를 '공주'라는 의미로 이해할 것이다. 사실 '격격'은 만주어에서 자신보다 나이가 많거나 지위가 높은 여자를 가리키는 말로 꼭 공주를 일컫는 것은 아니다. 청나라 시대에 황제의 명을 받아 편찬한 만주어 사전인 『청문감淸文鑒』에서는 '격격'의 의미를 이렇게 풀이했다. 언니 또는 누나. 그래서 '격격'은 공주를 지칭하기도 했고 시녀이자 첩인 여자를 부르는 말로 쓰이기도 했다. 유호록 씨는 건륭을 낳은 뒤 하급 시녀에서 상급 시녀가 되었을 뿐 아무런 대접도 받지 못했다. 옹정이 황제 자리에 오르고 난 후인 옹정 원년에야 희비熹妃로 봉해졌다.

생모가 일반 백성 출신이라는 사실이 건륭제에게는 평생 콤플렉스였다. 전통사회에서는 적자와 서자의 구별이 분명했기 때문이다. 『홍루몽紅樓夢』의 매환買環 역시 생모인 조이랑趙姨娘이 첩이라는 이유로 늘 주변의 무시를 받았다. 그래서 건륭제는 모친의 출신을 말하기를 극도로 꺼렸다. 하지만 건륭은 자신이 누리는 복이 생모의 비천한 출신과 얼마나 관계가 깊은지 알지 못했다.

우선 건륭이 장수한 것은 어머니 덕분이다. 건륭 이전에 청나라 황제들의 평균 수명은 길지 않았다. 누르하치에서 옹정제까지 다섯 황제의 평균 수명은 쉰넷이었지만 건륭은 여든아홉까지 살았으니 평균보다 35년이나 더 산 셈이다. 건륭은 형제들 중에서도 가장 장수했다. 형제 열 명 중 그를 제외한 아홉 명은 건륭과 생모가 다르다. 여섯 명은 이른 나이에 목숨을 잃었고 나머지 넷이 남았는데 그중 셋은 모두 예순을 넘기지 못했다. 건륭만큼 건강한 몸으로 장수한 황제는 중국 역사에서 따로 찾아볼 수 없을 정도다. 이는 건륭이 모친에게서 장수 유전자를 물려받았다는 것을 의미한다. 건륭의 모친은 여든여섯까지 살았는데 나이가 들어서도 몸이 건강하고 활동적인 것을 좋아했다. 특히 여행을 매우 좋아해서 건륭은 황제 자리에 오른 뒤 궁을 나설 일이 있으면 늘 어머니를 모시고 함께 갔다. 태후 생전에 건륭은 네 차례 남쪽지방을 순행했다. 그때마다 그녀는 한 번도 빠지지 않고 함께 나섰다. 또한 건륭을 따라 우타이산과 타이산산을 세 번이나 오르고 피서산장에도 해마다 발걸음을 했다. 세상을 떠나기 일 년 전에는 여든다섯의 나이로 건륭과 함께 타이산산 정상에 올랐는데 발걸음에 힘이 넘치고 가지런했다.

건륭은 그 모습을 시에서 이렇게 적었다.

"내 나이 예순여섯, 머리는 이미 백발이 되었구나. 태후께서는 여든다섯에 나보다도 더 건강하셔 걸음마다 힘이 넘치네."16

이 부분에서 독자들은 분명 궁금할 것이다. 건륭의 모친은 어떻게 그렇게 나이가 들어서도 건강했을까? 이는 그녀가 평민 출신이었기 때문이라 할 수 있다. 원래 만주족은 중국 동북지방의 산과 강에서 생활하여 체력이 상당히 좋았다. 말에서 내려오면 농사를 짓고 말을 타면 전쟁을 하며 일 년 내내 감기에 걸리는 일이 없었다. 하지만 베이징으로 들어온 뒤 만주족의 생활에는 큰 변화가 생겼다. 귀족들은 손을 뻗으면 옷을 입혀주고 입을 벌리면 음식을 먹여주는 호사스러운 생활을 누렸고, 그런 생활에 익숙해지면서 체력이 고갈되고 말았다. 옹정의 다른 비들은 모두 명문가 출신으로 어려서부터 온실 속의 화초로만 자라 몸이 튼튼하질 못했다. 그런 엄마에게서 태어난 자식 역시 건강하지 못했고 바람만 한 번 불어도 감기에 걸리고 감기 때문에 목숨을 잃기도 했다. 하지만 하층민들은 귀족들과 전혀 다른 생활을 했다. 그 덕분에 산과 강을 누비며 다져진 강인한 신체를 계속 유지할 수 있었다. 건륭의 생모 유호록 씨 역시 출신이 비천하여 어려서부터 온갖 노동을 했기 때문에 기초체력이 튼튼해서 평생 특별한 병치레를 하지 않았다.

따라서 건륭의 튼튼한 신체는 모두 모친에게서 물려받은 것이라 할 수 있다. 건륭은 운동신경이 매우 좋았는데 민첩성과 평형감각이 아주 뛰어났고 무기를 다루는 솜씨가 일품이었다. 무예로는 청나라 황제들 중 으뜸이라 할 수 있다. 활력이 넘쳐서 매일 온갖

정사를 처리하면서도 거의 피로감을 느끼지 않았다. 이 모든 것이 어머니 덕분이었다.

이외에도 건륭의 성격 역시 모친을 닮은 부분이 많았다. 옹정은 내성적인 성격에 친화력을 찾아볼 수 없었지만 건륭은 명랑하고 활발하며 사람을 잘 사귀었다. 이 역시 모친의 영향을 받은 것이다.

건륭은 자신의 세 가지 장점으로 할아버지의 사랑을 독차지했다. 첫째가 비상한 머리, 둘째가 뛰어난 운동능력, 셋째가 활발한 성격이다. 세 가지 중 최소한 두 가지는 모친에게서 물려받았으니 건륭은 어머니 덕을 많이 보았다고 할 수 있다.

현대인뿐만 아니라 옛날 사람들도 유전의 중요성을 잘 알고 있었다. 부정모혈父精母血, 아버지의 정기와 어머니의 피라는 뜻으로, 자식은 부모에게서 정신과 육체를 물려받았음을 이르는 말이라는 말도 있지 않은가. 부모는 자식의 뿌리였다. 그래서 강희는 홍력을 훗날 황위를 이어받을 재목으로 확정한 뒤 직접 옹친왕 집으로 와서 건륭의 생모를 보고 싶다고 말한 것이다. 그렇다면 강희는 건륭의 생모를 본 뒤 어떤 평가를 내렸을까?

『청고종실록』의 기록을 보면, 강희가 명을 내리자 옹친왕이 바로 안으로 들어가 유호록 씨를 데리고 나왔다. 그녀는 한 번도 황제 얼굴을 본 적이 없었다. 집안에 중요한 행사가 있을 때면 옹친왕의 정실부인이 나가고 그녀는 그저 주방에서 일만 할 뿐이었다. 황제가 자신을 찾는다는 말을 들은 유호록 씨는 영문을 몰라 어리둥절해하며 재빨리 단장을 마쳤다. 그리고 강희제 앞으로 가서 무릎을 꿇었다. 가슴이 쿵쾅거렸다. 황제께서 왜 나를 찾으실까? 황제는 그녀에게 고개를 들라고 말했다. 그리고 위아래와 좌우를 모두 꼼꼼히 살핀 뒤 이렇게 말했다.

"과연 복을 타고났구나. 복이 있는 사람이야!"

유호록 씨 생김새는 과연 어떠했을까? 강희가 왜 그녀 얼굴을 보고 복이 있는 사람이라며 연거푸 칭찬했을까? 현재 고궁박물원에는 「자녕연희도慈寧燕喜圖」라는 그림이 남아 있는데 건륭이 모친에게 장수를 기원하는 풍경을 담은 것이다. 그림 속 황태후는 네모난 얼굴에 귀가 크고 예쁜 얼굴은 아니지만 다부진 체격에 매우 건강해 보인다. 시아버지를 만나기 전까지 유호록 씨 얼굴에서 이렇다 할 특징을 찾아낸 사람은 아무도 없었다. 오직 강희만이 며느리 얼굴이 '귀한 상'임을 알아보았다. 왜냐하면 네모난 얼굴에 귀가 크고 콧대가 곧으며 입이 반듯하여 전체적으로 화색이 도는 얼굴은 중국에서 전통적으로 이어져온 관상 중 '복상福相'의 기준에 부합하기 때문이다.

강희는 며느리 얼굴을 본 뒤 매우 만족하며 피서산장으로 돌아갔다. 옹친왕 윤진 역시 매우 기뻤다. 이제 황위에 가장 가까이 있는 황자는 누가 뭐래도 자신이었다.

이렇게 홍력을 평가하는 마지막 관문 역시 끝이 났다. 윤진은 홍력이라는 무기를 이용해 황제 자리를 얻겠다는 목적을 순조롭게 달성했다. 강희 61년 가을, 강희제는 피서산장에서 베이징으로 돌아와 창춘원에 머물렀다. 그리고 한 달 후인 11월 13일 갑자기 병에 걸려 세상을 뜨고 말았다. 윤진은 다른 경쟁자들 사이에서 다크호스처럼 나타나 강희가 임종 직전 남긴 명에 따라 황제가 되었다.

지금까지 우리는 건륭이 모친에게서 받은 영향을 이야기했다. 그렇다면 부친 옹정은 건륭에게 어떤 영향을 미쳤을까?

강희 61년 11월 20일, 옹정제는 정식으로 즉위식을 거행했다. 국가의 최고 원수가 정해지고 나면 그다음 해야 할 일은 그를 대신할 '조수'를 두는 것이다. 예를 들어 미국에서는 대통령선거를 할 때 부통령도 함께 뽑는다. 대통령에게 일이 생기면 부통령이 바로 업무를 이어받을 수 있도록 하기 위해서다. 중국 전통사회에서도 태자를 세워 황제에게 불상사가 생길 경우 황위를 비워두지 않도록 대비했다. 그래서 당시 사람들은 태자를 '저군儲君'이라고도 불렀는데 만일을 위해 준비해둔 예비 군주라는 뜻이다.

따라서 옹정 원년 8월 17일, 옹정은 자기 뒤를 이어 황제 자리에 오를 아들의 이름을 직접 써서 조서를 만들었다. 하지만 이전과는 다르게 그 조서를 쓴 뒤 공표하지 않고 작은 함에 넣어 밀봉했다. 그리고 태감을 불러 건청궁 안 '정대광명正大光明'이라고 쓰인 편액扁額 뒤에 놓으라고 명했다. 중국 역사상 가장 참신한 형태의 '비밀 태자 책봉'이 이루어진 것이다.

옹정은 왜 조서를 바로 발표하지 않고 비밀에 부쳤을까? 이유는 간단하다. 스스로 경쟁을 겪으며 한 가지 교훈을 얻었기 때문이다. 어떤 황자가 태자에 오를지 미리 공표하면 그는 바로 공공의 적이 되어 다른 사람들의 공격과 음모에 휘말리곤 했다. 그래서 태자를 보호하기 위해 옹정은 이 방법을 택한 것이다. 사람들은 대부분 옹정이 처음으로 이런 방법을 사용했다고 말하는데, 맞다. 중국 역사에서는 옹정이 첫 번째다. 하지만 다른 나라에서는 이미 선례가 있었다. 『구당서舊唐書』 「파사전波斯傳」파사는 페르시아를 가리킴에는 페르시아에서는 국왕이 즉위하자마자 아들 중 능력 있는 아이를 골라 이름을 쓰고 그 종이를 단단히 봉하면 국왕이 죽은 뒤 대신과 왕자들이 모여 같이 종이를 펼쳐서 다음 왕을 발표했다[17]는 기록이 있다. 중국의 당나라와 같은 시기에 존재했던 페르시아에 이미 이런 제도가 있었음을 말해주는 대목이다. 옹정은 이십사사二十四史, 중국에서 정사正史로 인정받는 역사서 스물네 종의 통칭에 모두 정통했으니 아마 이 부분에서 실마리를 얻었을 것이라 추측해볼 수 있다.

옹정의 '비밀 태자 책봉'은 청나라의 모든 백성에게 내린 수수께끼와 같았다. 그런데 이 수수께끼의 정답은 맞히기가 어려운 일이 아니었다. 앞서 말했듯이 옹정에게는 아들이 총 열 명 있었는데 여섯 명은 요절했고 네 명만 자라 성인이 되었다. 홍시弘時와 홍력, 홍주, 홍첨弘瞻이다. 이들 중 가장 나이가 많은 자는 홍시로 홍력보다 일곱 살 위였다. 하지만 전해지는 기록에 따르면 옹정은 홍시를 좋아하지 않았다. 강희 59년, 강희제가 몇몇 황자의 장자를 뽑아 세자世子, 청나라 황실의 작위 중 제2등급을 가리킴로 봉했는데 홍시는 옹정의 장자이지만 세자가 되지 못했다. 옹정이 강희에게 자기 아들을 추천하지 않았기 때문이다. 옹정 5년이 되면 아예 '年少放縱, 行事不謹'(『청황실사보淸皇室四譜』)이라는 여덟 자를 이유로 홍시를 호적에서 지워버리기까지 했다. 며칠 뒤 홍시는 의문의 죽음을 당했는데 당시 나이 스물넷이었다.

홍시가 옹정의 사랑을 받지 못했으니 옹정이 즉위한 뒤 다음 황위를 이을 가능성이 있는 아들은 단 둘, 홍력과 홍주뿐이었다.

홍첨이라는 아이도 있지 않았나? 홍첨은 옹정 10년에 태어났으니 태자를 정할 때는 아직 세상에 나오지 않았다. 홍력과 홍주는 앞서 이야기한 것처럼 그 재능이 하늘과 땅 차이였다. 옹정이 누구를 선택하느냐는 어려운 문제가 아니었다.

두 번째 이유는 강희가 홍력을 매우 아꼈다는 사실을 이미 모든 사람이 알고 있었다는 점이다. 강희가 세상을 뜨자마자 홍력이 윤진의 뒤를 이어 황위에 오를 것이라는 소식이 순식간에 파다하게 퍼졌다.

『조선왕조실록』에는 강희가 서거하고 한 달 뒤쯤 중국에서 이 소식을 알리기 위해 사신을 보냈다는 기록이 있다. 당시 그 사신은 조선 관리에게 이런 이야기를 들려주었다. 강희제가 창춘원에서 병에 걸렸을 때 자신이 회복하기 어려울 것이라는 것을 미리 알았고, 그래서 각로 마제馬齊를 불러 아래와 같이 당부했다.

"넷째 아들 윤진이 가장 현명하니 짐이 죽으면 윤진을 다음 황제로 앉혀라. 윤진의 아들 홍력은 무예가 뛰어나고 패기를 갖추었으니 반드시 태자로 봉하라."

강희가 홍력을 다음 태자로 봉했다는 사실이 그가 서거한 그 해에 외국인 조선에까지 전해질 정도였다면 청나라 백성은 모두 이 사실을 알고 있었고 적어도 조정에서 이 문제를 의논한 적이 있다는 의미로 해석할 수 있다.

그래서 옹정이 황제 자리에 오르면서 열두 살이었던 홍력은 자연히 황태자가 된 것이나 다름없었다. 다만 아직 공개적으로 신분을 드러내지 않았을 뿐이었다. 옹정은 아들 홍력에게 귀한 선물을 많이 주었다.

첫째로 비상한 두뇌를 물려주었다. 둘째로 황위를 안정적으로 물려받을 수 있도록 했다. 비밀 책봉이라는 방법 덕분에 건륭은 황태자가 되고 황위에 오르는 과정에서 다른 형제들의 위협이나 모함을 받지 않았다. 이 두 가지 외에 옹정은 또 한 가지 귀한 선물을 건륭에게 주었는데 그것은 바로 '교육'이다. 옹정은 황제에 오른 그해부터 홍력을 후계자라 여기고 심혈을 기울여 아들을 가르쳤다.

중국 역사를 쭉 읽다보면 홍력이 중국의 역대 황제들 중 가장 훌륭한 교육을 받은 인물이었다는 점을 인정하지 않을 수 없다. 즉위 뒤 건륭이 보인 폭넓은 지식과 문화와 역사에 대한 깊은 이해는 일반 황제들이 감히 따라올 수 없을 정도였다. 어느 시대의 황제든 태자를 가르치는 데 정성을 쏟지 않은 이가 없었지만 왜 유독 홍력만이 이렇게 뛰어난 면모를 보이게 되었을까? 나는 세 가지 요소를 이유로 꼽는다.

첫 번째는 부친인 옹정제의 엄격한 기준이다.

역대 황제들은 모두 자신만의 방법으로 태자를 교육했다. 어떤 황제는 일찍부터 태자에게 정무를 처리하도록 했다. 예를 들어 명나라 태조 주원장朱元璋은 주표朱標를 태자로 세운 뒤 대신들에게 상소를 올릴 때 태자에게도 함께 올리라고 명했다. 그리고 태자에게 먼저 상소를 보고 의견을 말해보게 했다. 강희 역시 비슷한 방법을 썼다. 윤잉을 태자로 삼은 뒤 자신은 갈단噶爾丹, Galdan이 일으킨 반역 무리를 정벌하기 위해 출정하고 태자는 도성에 남아 정무를 처리하도록 했다. 이런 방법의 장점은 태자가 황위에 오르기 전에 미리 정치 경험을 쌓아 언제든 순조롭게 나라를 다스릴 수 있다는 것이다. 하지만 태자가 자신만의 정치세력을 만들어 황제의 권력을 위협할 수 있다는 단점도 있다.

일부 대신들은 황제의 건강이 좋지 않아 살날이 얼마 남지 않았다고 판단되면 바로 태자 주변으로 몰려들어 아비와 아들 사이를 이간질하기도 했다. 강희제 말년에도 이런 일이 벌어진 적이 있었다. 그래서 옹정은 그 일을 거울삼아 황자들의 행동을 엄격하게 관리하며 열심히 궁에서 공부만 하라고 요구했다. 특별한 일이 없으면 절대 밖으로 나가지 말고 신하나 관리를 따로 만나는 일은 더욱 금지했다. 홍력은 비밀리에 태자로 책봉된 상태였지만 그래도 옹정의 명령에 따라 열심히 공부해야 했다. 실질적인 정무에 대해 묻는 일은 결코 허락하지 않았다. 옹정은 교육에 대한 기준이 매우 높아서 업무가 끝난 뒤 종종 아들들을 찾아가 공부를 얼마나 했는지 직접 확인하기도 했다. 아버지가 이렇게까지 엄격하다면 자녀들이 공부를 하고 싶지 않다고 해도 벗어날 방법이 없다. 이것이 첫 번째 이유다.

두 번째는 청나라 황실의 체계적이고 과학적인 교육방법이다.

청나라가 세워진 뒤 황실에서는 황족 교육에 대한 규칙을 마련했다. 건륭제 시기에 군기처軍機處, 청나라 때 군사와 관련한 비밀 사무를 맡아보던 기관에서 일했던 사학자 조익趙翼은 자신의 수기手記인 『첨폭잡기檐曝雜記』에서 황자들이 공부하는 모습을 이렇게 적었다.

"청나라 황실의 교육은 역대 최고라 할 만큼 엄격했다. 내가 군기처에서 아침 근무를 맡고 있을 때 보통 새벽 네 시면 궁에 들어갔다. 다른 관리들은 아직 나오지 않았고, 하늘은 여전히 어두웠다. 나는 잠이 덜 깬 상태로 근무를 서며 기둥에 기대어 잠시 졸기도 했다. 그런데 그 시간이면 멀리서 하얀 등이 반짝이며 융종문隆宗門으로 걸어오는 모습이 보였다. 어디로 가는 것일까? 태감들이 황자들을 글공부하는 곳으로 모시고 가는 길이었다."18

요즘 아이들은 대부분 아침 일곱 시면 학교에 가는데 학부모들은 너무 이르다며 불만이 많다. 하지만 청나라 황자들은 아무리 늦어도 새벽 다섯 시면 공부를 시작했다.

다섯 시에 공부를 시작하면 몇 시에 끝날까? 오후 세 시가 넘어서 끝난다. 매일 열 시간 가까이 공부를 하는 것이다. 당시에도 지금의 학교처럼 매일 정해진 시간표가 있었다. 오전에는 두 과목을 배웠는데 역사와 문학이다. 역사시간에는 사서오경四書五經과 이십사사를 배웠다. 황자는 과거시험에 참가할 필요가 없었기 때문에 일반 선비들이 공부하는 시험의 형식이나 답안을 작성하는 방법은 배울 필요가 없었다. 그들이 받은 교육은 그보다 실용적이고 현실적인 것이었다. 그래서 공자와 맹자의 경전 외에도 수많은 역사서를 읽으며 각 나라의 흥망성쇠 과정에서 교훈을 얻도록 했다.

문학시간에는 당송팔대가唐宋八大家의 작품과 시詩·사詞·가歌·부賦 그리고 글과 시를 쓰는 법을 배웠다. 오후에도 두 과목을 배웠는데 체육과 언어다. 체육시간에는 무엇을 배웠을까? 활과 말은 기본이고 조총을 사용해 사격을 배웠으며 남권북퇴南拳北腿, 남쪽은 기후가 더워 열을 덜 발산하는 주먹 중심이고 북쪽은 추워서 열을 많이 발산하는 발차기에 능하다는 뜻으로 권법과 발차기를 가리킴와 부월구차斧鉞鉤叉, 도끼와 창 등 무술도 익혔다. 청나라 시대의 황자는 모두 무예를 익혔기 때문에 황제들 중에는 무술 고수가 많았다. 청나라의 8대 황제인 도광제道光帝는 아편전쟁에서 대패했기 때문에 별다른 능력이 없는 황제라 여길지 모르겠지만 실제로는 무공이 상당했다고 한다. 그는 직접 '이백연환도법二百連環刀法'이라는 총 200식이나 되는 검술을 만들었다.

체육수업이 끝나면 언어수업을 시작했다. 만주어와 몽골어를 배우는 시간이었다. 만주어는 청나라의 '국어'이기 때문에 당연히 누구보다 잘해야 했다. 청나라는 '만몽일가滿蒙一家'라 불리기도 했는데 그만큼 몽골족과 가까운 관계에 있었다. 그래서 황제는 반드시 몽골어를 할 줄 알아야 했다. 황자들의 시간표는 핵심적인 과목을 중심으로 문무가 모두 포함된 체계적인 형태를 갖추고 있었다.

황자들은 매일 이런 시간표에 따라 생활하며 열 시간 동안 이어지는 수업 중 두 차례 휴식했다. 어떤 때였을까? 처음 휴식시간은 오전으로 일곱 시 반에 아침밥을 먹었다. 오후에는 열두 시에 점심을 먹었다. 하지만 식사시간은 삼십 분을 넘기지 않았다. 만일 스승님이 외우라고 한 글을 다 외우지 못했다면 외울 때까지 밥을 먹지 못했다. 요즘 학생들은 겨울방학과 여름방학을 합쳐 석 달 정도 쉬는데, 이 외에도 매주 주말이 있어서 다 합치면 일 년에 여섯 달 가까이 학교에 가지 않는다. 황자들은 일 년에 엿새를 쉬었다. 언제였을까? 황제의 생일과 정월 초하루, 단오, 중추절 그리고 본인 생일이다. 그렇다면 닷새가 아닌가? 황제 생일에는 이틀을 쉬니 합하면 총 엿새다. 엿새를 제외하고는 나이가 서른이 되었다고 해도 매일 공부를 해야 했다. 따라서 청나라 황자들의 학업 스트레스는 요즘 학생들보다 훨씬 컸다고 할 수 있다.

이렇게 엄격한 교육을 받은 덕분에 청나라 황족들은 중국 내에서 소수민족임에도 전통문화에 대한 조예가 매우 깊었다. 청나라 황제들의 문화적 소양은 한나라와 당나라, 송나라, 명나라의 황제들을 훨씬 앞섰다.

세 번째는 홍력이 어려서부터 총명했고 매우 부지런했다는 점이다. 건륭이 평생 그렇게 많은 업적을 달성할 수 있었던 것은 그의 남다른 부지런함 덕분이었다. 그는 여섯 살 때부터 책을 보기 시작해 스물다섯에 황위에 오를 때까지 하루 평균 열 시간씩 19년을 오롯이 공부에 열중했다. 그는 자신이 후계자로 내정되었다는 사실을 잘 알았지만 옹정이 비밀에 부쳤기 때문에 온전한 지위를 갖췄다고 할 수 없었다. 만일 잘못된 행동을 하는 날엔 언제든 옹정이 후계자를 바꿀 가능성이 있었다. 새로운 이름을 써서 태감을 시켜 한밤중에 몰래 건청궁에 가서 상자를 바꿔놓으라고 명한다면 정말 낭패가 아닌가? 아버지가 아들에게 원하는 것은 오로지 공부뿐이었으니 홍력이 할 수 있는 일 역시 공부를 열심히 하는 것뿐이었다. 건륭은 자신이 사서오경과 정주이학程朱理學, 중국 송나라 때의 유학자 정호程顥·정이程頤 형제와 주희朱熹의 글, 『자치통감資治通鑑』, 이십사사, 당송 팔대가의 글을 모두 익혔다[19]는 말을 했다. 이렇게 장기간 엄격하고 체계적인 교육을 받은 경험은 건륭에게 초인적인 의지와 끈기를 심어줬다. 건륭은 언제나 규칙적이고 계획적인 생활을 했고 매우 부지런해서 일 분도 허투루 쓰지 않았다.

하지만 홍력이 황제 자리에 오르기까지는 한 가지 문제가 남아 있었다. 그것은 바로 언제 황위를 이어받느냐는 것이었다.

전통사회에는 정치인의 '임기'라는 것이 존재하지 않았다. 그래서 후계자가 언제 자리를 이어받을지는 오직 황제가 언제 죽는지에 따라 결정되었다.

홍력 역시 같은 문제를 마주하고 있었다. 그의 부친 옹정은 마흔다섯에 황위를 물려받았다. 옹정이 여든둘까지 산다고 가정한다면 홍력은 쉰이 되어서야 황위에 오를 테니 불만이 생기는 것이 당연했다. 강희제 생전의 태자였던 윤잉 역시 '고금을 막론하고 마흔까지 태자를 하는 경우가 어디 있는가?'라며 불편한 속내를 드러내기도 했다. 물론 그는 이 한마디 때문에 결국 강희의 의심을 사서 태자 자리에서 내쫓기고 말았다. 그래서 홍력은 모든 것을 운명에 맡길 수밖에 없었다.

다행히 운명은 홍력을 오래 기다리게 하지 않았다. 스물다섯이 된 그해 가을, 부친 옹정제가 네 번째 선물을 하사했다. 바로 홍력이 가장 왕성한 나이에 황위에 오를 수 있게 해준 것이다. 옹정의 죽음은 청나라 역사에서 유명한 미스터리로 남아 있다. 이 죽음에 대해서도 수많은 속설이 존재하는데 가장 유명한 것은 그가 여사랑呂四娘이라는 궁녀에게 암살당했다는 것이다. 이는 물론 전해지는 이야기일 뿐이다. 당시 청나라 황궁에서 황제를 호위하는 과정을 살펴보면 아무나 함부로 건청궁에 들어가서 황제를 암살한다는 것은 근본적으로 불가능했다. 이런 속설이 만들어진 이유는 옹정제의 죽음이 너무 갑작스러웠기 때문이다. 돌연사에 가까운 죽음을 맞았으니 백성 사이에 갖가지 추측이 난무한 것이 당연했다. 그렇다면 옹정제 죽음의 진실은 무엇일까?

나중에 옹정제 때 대학사를 맡았던 장정옥이 개인 수기에서 그날을 이렇게 회상했다. 장정옥은 강희제 때는 진사를 맡았고, 옹정제 때는 큰 신임을 받은 한족 출신 대신이었다. 그는 말년에 자신의 수기에 이렇게 적었다.[20] 그에게는 일찍 자고 일찍 일어나는 습관이 있었다. 대학사를 맡고 있어 매일 조회에 나가야 했기 때문이다. 옹정 13년 8월 22일 저녁 열 시 즈음, 그가 이미 잠에 들어 있을 때 갑자기 밖에서 북소리가 급하게 들려왔다. 소리에 잠을 깨서 나가보니 태감이 왕명을 전하러 왔다며 속히 원명원으로 가라고 말했다.

장정옥은 서둘러 옷을 갖춰 입고 원명원을 향해 걸음을 재촉했다. 가는 내내 심장이 쿵쾅거렸다. 오랫동안 관직에 있었지만 이번처럼 잠을 자다가 황제에게 불려간 적은 처음이었다. 무슨 큰일이 벌어진 게 아닐까? 옹정제의 침실에 도착한 장정옥은 크게 놀라 얼굴이 새하얗게 변했다. 옹정제가 두 눈을 감은 채 침대에 누워 있었는데 호흡도 약하고 사람을 전혀 알아보지도 못하는 상태였던 것이다.

장정옥은 기록에서 자신이 '너무 놀라 숨이 막혔다驚駭欲絶'고 했다. 당시 옹정의 나이 쉰일곱으로 아주 많은 나이라 할 수 없었고 평소 특별한 병치레도 하지 않았기 때문이다. 이틀 전인 8월 20일에 옹정은 몸이 조금 개운치 못하다고만 했을 뿐 평소와 다름없이 정무를 처리했다. 일이 벌어진 바로 그날도 예전과 똑같이 대신들을 만난 황제가 어떻게 밤새 갑자기 이렇게 될 수 있단 말인가?

사실 이는 '단약丹藥'도교에서 신선술을 수련하는 이들이 단사丹砂 등의 광물을 이용해 만든 약물로 수은이 포함되어 있어 부작용이 큰 **때문**이었다.

옹정제의 몸 상태는 줄곧 좋지 않았다. 그는 '일중독'이었기 때문에 매일 쉬지 않고 일에 매진했고, 그렇게 쉰을 넘긴 후에는 몸이 더는 버티지 못한다는 것을 스스로도 느꼈다. 도교道敎에 관심이 많았던 옹정은 후궁 중 몇 명을 도사로 만들었다. 도사의 임무는 옹정의 정력과 장수를 위해 '선단仙丹'을 추출하는 것이었다. 펑얼캉 馮爾康 등 중국의 유명 사학자들은 고증을 통해 평소 몸에 심각한 병이 전혀 없었던 옹정이 일찍 세상을 뜬 것은 독성이 있는 단약을 복용했기 때문이라고 밝혔다.

황제가 이렇게 갑자기 눈을 감았으니 조정에는 당연히 한바탕 혼란이 벌어졌다. 장정옥이 원명원으로 갔을 때 옹정의 두 아들인 홍력과 홍주는 먼저 도착해 아버지 곁을 지키고 있었다.

뜻을 거스른 후계자

乾隆

옹정이 갑자기 세상을 떠난 뒤 비록 다음 황제가 홍력이라는 사실은 모두 알고 있었지만, 그래도 옹정이 내린 조서를 찾아 정식으로 절차를 밟는 과정이 반드시 필요했다. 옹정은 밀서를 자금성의 '정대광명' 편액 뒤에 놓으라고 명령했다. 하지만 그는 자금성이 아닌 원명원에서 눈을 감았고 당시는 교통이 발달하지 않아 베이징까지 가려면 하루가 넘게 걸렸다. 황제 자리는 단 하루도 비워둘 수 없는 법인데 어떻게 하루가 넘게 공석으로 둘 수 있단 말인가? 이를 어떻게 해야 좋을까?

그때 장정옥에게 한 가지 생각이 떠올랐다. 그가 생각하기에 옹정제는 매사에 준비성이 철저하고 꼼꼼한 사람이었으니 분명 자신이 궁이 아닌 다른 곳에서 눈을 감을 수도 있다고 생각했을 것이다. 현대인이 생각하는 것과 달리 청나라 황제들은 일 년의 절반 이상을 자금성이 아닌 원명원이나 피서산장에서 보냈다. 따라서 분명 옹정은 조서를 하나 더 만들어두었을 게 분명했다. 『연보年譜』에서 장정옥은 이렇게 회상했다.[21]

장정옥이 그곳에 있던 사람들에게 말했다.

"대행황제(막 눈을 감은 옹정을 가리킴)께서 분명 또 다른 밀지를 만드셨을 겁니다. 지금 가장 시급한 일은 바로 그것을 찾는 것입니다."

그는 곧바로 총관태감에게 그것을 찾으라고 명했다. 그러자 태감이 대답했다.

"황상께서 저희에게 그런 말씀을 하신 적이 없습니다. 저희는 밀지를 어디에 두셨는지 알지 못합니다."

"조급해할 것 없네. 우선 대행황제가 머무시던 곳 주변에서부터 찾아보게나. 겉면이 황색 종이로 둘러싸여 있고 뒷면에 '봉'자가 쓰인 작은 함이 있다면 그것이 바로 밀지일 것이야."

얼마 뒤 태감이 장정옥의 예상대로 옹정제가 머물던 곳 주변에서 그런 함을 발견했다. 함을 열자 안에는 옹정이 직접 쓴 밀지가 들어 있었다. 모두 모여 밀지를 꺼내 등 아래서 받쳐 들고 읽기 시작했다.

옹정이 남긴 밀지에는 어떤 내용이 쓰여 있었을까? 『청세종실록』의 기록을 살펴보면 강희제가 홍력을 많이 아꼈고, 홍력 역시 재능이 많은 아이로 인자함과 효심까지 갖추었으니 자신이 죽으면 홍력을 황제로 세우라는 내용이 있었다.[22] 옹정은 조서에서 차분한 어조로 강희가 홍력을 돌보았던 때를 이야기하며 그것이 바로 홍력을 후계자로 정한 첫째 이유임을 밝혔다. 황위를 차지하기 위한 황자들의 경쟁에서 옹정이 승리를 거두는 데 홍력이 얼마나 큰 역할을 했는지 알 수 있는 부분이다. 그렇다면 홍력은 이 내용을 모두 읽고 난 뒤 어떤 반응을 보였을까?

장정옥의 『연보』에는 '상上'이라는 호칭이 나오는데 이는 옹정이 세상을 떠난 후 사실상 홍력이 다음 황제가 된 것이나 마찬가지였기 때문에 그를 이렇게 표현한 것이다.[23] 홍력은 조서 내용을 듣고 바로 바닥에 엎드려 대성통곡을 했다. 주변에서 아무리 달래도 소용이 없었다. 그렇게 한참을 운 후에야 겨우 일어나 모두에게 절을 받았다.

홍력의 통곡 속에는 감동과 흥분이 뒤섞여 있었다. 그는 자신이 청나라 제국의 후계자라는 사실을 진즉 알았지만 옹정이 이렇게 일찍, 갑자기 세상을 떠날 거라고는 전혀 예상치 못했다. 옹정은 아주 건강하진 않았어도 큰 병은 없었기 때문에 일흔까지는 충분히 살 것처럼 보였다. 그래서 홍력은 자신이 마흔다섯 정도는 되어야 황위를 이어받을 수 있으리라 생각했다. 하지만 예상과 달리 옹정이 쉰여덟에 세상을 떠나면서 건륭은 스물다섯에 황제 자리에 앉게 되었다.(여기서의 나이는 모두 정확한 것은 아니라는 점을 유념하길 바란다.)

홍력은 자신이 행운아라는 사실을 인정하지 않을 수 없었다. 왜냐하면 중국 역사에서 황위의 주인이 바뀔 때면 통상적으로 권력투쟁이 벌어졌기 때문이다. 예를 들어 청나라가 세워진 이래 건륭제가 즉위하기 전까지 어떤 황제도 순조롭게 자리에 앉지 못했다. 누르하치가 사망한 뒤 그의 아들 홍타이지와 다이샨代善이 황위를 놓고 다투었고, 홍타이지가 죽은 후에는 동생 도르곤과 장자 호격豪格이 서로 황위를 노렸는데 그 세력이 막상막하였다. 결국 당시 겨우 여섯 살에 불과했던 아들 복림福臨이 어느 쪽에도 치우치지 않는 중간 세력을 대표하여 황위에 올랐는데, 그가 바로 순치제였다.

순치제가 세상을 떠나자 여덟 살이었던 강희가 자리를 물려받았지만 직접 정치를 돌볼 수 없었기 때문에 또 혼란한 상황이 펼쳐졌다. 옹정이 즉위할 때도 형제들 사이에 경쟁이 치열했다는 것은 잘 알려진 사실이다. 청나라가 세워진 뒤 정당한 과정을 거쳐 물 흐르듯 자연스럽게 황제 자리에 오른 인물은 홍력이 유일했다. 게다가 홍력의 나이는 당시 스물다섯으로 황제 자리에 앉기에 딱 좋은 나이였다. 현재 스물다섯이면 막 대학을 졸업하고 일을 시작할 나이다. 청춘의 패기와 열정을 갖춘 나이에 홍력은 오랫동안 체계적인 교육까지 받았으니 이제 자기 재능을 펼치기만 하면 되었다. 홍력역시 운명이 자신에게 너무나도 관대하다는 사실을 느꼈을 것이다.

홍력은 격한 감동과 흥분을 느꼈지만 당장은 그런 모습을 겉으로 드러낼 수 없었다. 눈치가 빨랐던 그는 바로 '효자' 역할을 충실히 수행하는 데에만 정신을 집중했다. 옹정제가 자신에게 베풀었던 은혜를 생각하자 감격과 슬픔이 순식간에 몰려왔다. 그는 그날 밤부터 이튿날 해가 질 때까지 눈물을 흘리며 죽 한 입도 제대로 넘기지 못했다.[24]

중국은 전통적으로 예절을 매우 중시했다. 그래서 부모에게 어떻게 효도하는지, 장례를 치를 때 어떤 모습을 보이는지에 따라 그 사람의 됨됨이를 평가했다. 『청고종실록』에 따르면 건륭은 이 방면에서 조금도 흠 잡을 데가 없었다. 옹정의 시신을 수습해 관에 넣을 때 홍력은 큰 소리로 울며 '벽용襘踊'했다고 한다. '襘'은 가슴을 친다는 뜻이고, '踊'은 발을 구른다는 뜻이다. 즉 발버둥을 치며 관 뚜껑을 덮지 못하도록 막고 나섰다는 의미로 볼 수 있다. 그래서 대신들은 모두 새 황제가 효심이 깊다고 생각했다. 홍력은 이렇게 신하들 앞에서 좋은 첫인상을 남겼다.

옹정 13년 8월 22일 저녁부터 홍력은 황제가 되어 제왕으로서 삶을 시작했다. 건륭이라는 연호는 이듬해부터 사용하기 시작했지만 여기서는 이제부터 그를 건륭제라 부르겠다. 건륭이 옹정의 장례를 지내면서 보여준 모습을 보면 그는 엄청난 효자라 할 수 있다. 공자는 '삼 년은 아버지 뜻을 거스르지 않아야 효라고 할 수 있다'라고 했다. 이 말대로라면 새로운 효자 황제는 옹정이 실시했던 기본정책을 그대로 따라야 했고, 대신들도 모두 그렇게 생각했다. 하지만 실상은 이런 예상을 완전히 빗나갔다.

부친이 숨을 거둔 지 3일째 되던 8월 25일, 건륭은 지체 없이 옹정이 궁에서 돌보던 도사들을 모두 궁 밖으로 내쫓았다. 앞서 말했듯이 옹정은 궁에 수많은 도사를 두고 선단을 만들도록 했다. 건륭은 이렇게 썼다.

"부친께서 무료하던 차에 궁 밖에 연단술煉丹術, 선단을 추출해내는 기술을 아는 자가 있다는 말을 듣고 황당한 소리인 줄 알면서도 재미삼아 도사들을 불러 서원에서 선단을 만들도록 하셨다. 하지만 도사를 단지 기분전환을 위한 광대로 삼으셨을 뿐 그들 말을 새겨 듣거나 그들이 만든 약을 입에 댄 적은 결코 없으셨다."25

눈 가리고 아웅은 바로 이런 상황을 두고 하는 말일 것이다. 옹정이 죽은 이유를 정확히 아는 사람이 없는 상황에서 이 유지는 오히려 그 답을 제시한 꼴이 되었다. 건륭은 모두에게 옹정이 단약을 먹고 죽은 것이라 공표한 셈이다.

그렇다면 건륭은 왜 이렇게 서둘러 부친의 죽음을 언급했을까? 건륭은 어려서부터 정통 유가의 교육을 받으며 자랐다. 그래서 옹정이 행하는 불교와 도교의 행위에 강한 반감을 가졌다. 옹정은 불교와 도교를 숭배하며 비현실적인 행동을 자주 일삼았다. 직접 가사袈裟를 걸치고 스님인 척하며 궁중에서 법회를 열기도 했고, 『간마변이록揀魔辨異錄』을 편찬하여 승려들과 함께 종교문제를 의논하기도 했다. 이런 지지에 힘입어 옹정제가 통치하는 동안 불교와 도교가 매우 성행했고, 곳곳에 불교 사찰과 도교 사원이 들어섰다. 그래서 건륭은 도사들을 궁에서 내쫓는다는 말과 함께 새 정책을 한 가지 발표했다. 그것은 바로 지금 이후로 출가하고 싶은 자는 반드시 관아에서 '도첩度牒'이라는 출가 증명서를 받아야 하며 결코 자기 마음대로 출가할 수 없다는 것이다. 이런 정책을 발표한 이유는 무엇일까? 승려와 도사들의 수가 늘어나는 것을 막기 위해서였다.

이 소식을 전해들은 이들은 크게 놀랐다. 새 황제가 이렇게 직접적으로 돌아가신 아버지 뜻을 거스를 줄은 몰랐기 때문이다. 하지만 이는 시작에 불과했다. 뒤이어 건륭은 옹정과 정면으로 대립할 만한 일을 하나씩 펼쳐나갔다.

옹정제는 통치 기간 '상서祥瑞'에 특히 집착해서 원망을 많이 샀다. '상서'는 무슨 의미일까? 신기한 자연현상을 가리키는 것으로 예를 들어 땅에서 양쪽으로 이삭이 늘어진 벼가 자랐다거나 하늘에 한 줄로 이어진 별 다섯 개가 떴다거나 오색구름이 나타났다거나 하는 것 등이다. 백성은 이런 현상이 일어나면 황제가 나라를 잘 다스려 하늘에서 이런 방법으로 황제를 칭찬하는 것이라 말했다. 즉 상서는 하늘이 황제에게 내리는 상과 같았다. 옹정제는 자신이 황위를 이어받는 과정에서 떳떳하지 못한 일을 저질렀다는 의심을 받았기 때문에 더욱 이런 일을 만들어내기 위해 애를 썼다. 그 결과 『청세종실록』의 기록을 보면, 옹정제 재위 기간에 청나라에서는 중국 역사상 나타날 수 있는 모든 종류의 상서가 다 나타났다. 예를 들어 이삭이 많이 달린 벼와 톱풀, 영지버섯, 기린, 봉황, 상서로운 구름이 발견되고 황허강이 맑게 변했다는 등의 소식을 알리는 상소가 조정으로 물밀듯이 올라왔다. 옹정제는 이런 현상이 나타난 것이 하늘이 자신을 인정한 것이라고 말했다. 물론 이는 황제 자리를 빼앗은 자라는 부정적인 이미지를 바꾸기 위한 것이었다.

"만일 짐이 정말로 아버지를 독살했다면 하늘이 왜 나를 도와주겠느냐?"

하지만 황제를 제외한 모든 사람이 바보가 아니지 않은가? 영리한 사람들 눈에 옹정의 이런 행동은 유치하고 우습기 짝이 없었고 오히려 불안한 자기 마음을 더욱 드러내는 것으로 보였다. 그래서 건륭은 황위에 오른 지 얼마 되지 않아 자신은 이런 일을 하지 않을 테니 관리들도 따로 보고할 필요가 없다는 명령을 내렸다.[26] 부친인 옹정제에게 강력한 한 방을 날린 것이나 다름없었다. 물론 도사들을 내쫓고 상서를 금한 것은 모두 작은 움직임에 불과하다. 이보다 더 큰 행동은 이후에 일어났다. 옹정 13년 10월 8일, 옹정제가 사망한 지 채 두 달도 되지 않은 그날 건륭은 다시 한번 세상을 놀라게 할 명을 내렸다.

원래 윤사允禩는 강희의 여덟 번째 아들로 재능이 뛰어났고 적극적으로 황위 경쟁에 참여했다. 윤당允禟은 강희의 아홉 번째 아들로 윤사의 조력자 노릇을 했다. 이 두 사람은 경쟁과정에서 옹정과 사사건건 대립했기 때문에 옹정은 이들을 매우 증오했다. 그래서 황위에 오른 뒤 그들 이름을 돼지와 개라는 뜻의 '아기나阿其那'와 '색사흑塞思黑'으로 바꿔 부르고, 아예 감옥에 가두었다가 몰래 사형시켜버렸다. 그래도 화가 풀리지 않자 이 둘의 자손을 모두 족보에서 지운 뒤 황족 지위를 인정해주지 않았다. 이쯤 되면 독자들에게 궁금증이 하나 생길 것이다. 강희의 아들들은 이름 첫 글자를 무조건 윤胤으로 한다고 하지 않았던가? 그런데 왜 갑자기 윤允으로 바뀌었나? 이유는 간단하다. 옹정이 황제가 되었으므로 그의 이름인 '윤진' 두 글자는 본인을 제외하고는 누구도 쓸 수 없었다. 그래서 형제들도 원래 쓰던 한자 대신 윤允자를 쓰게 된 것이다. 그렇다면 건륭이 내린 명령은 어떤 내용이었을까?

"윤사와 윤당 등은 비록 큰 죄를 지어 옹정에게 벌을 받았지만 그의 자손들 몸에 애신각라 가문의 피가 흐른다는 사실만은 분명하다. 그러므로 그들을 족보에서 제외하여 일반 백성과 같은 삶을 살게 하는 것은 부당하다. 애초에 윤사와 윤당을 그렇게 엄하게 처벌한 것은 대신들이 벌인 일이지 결코 부친인 옹정제의 뜻이 아니었다. 이제 이 일을 어떻게 처리하면 좋을지 대신들이 제각기 의견을 내어 합당한 방법을 올리도록 하라."[27]

아버지의 정적들에게 명예를 회복할 기회를 준다는 것은 엄청난 일이었다. 옹정은 이 일로 황위에 오른 뒤 가장 큰 원망을 샀다. 강희의 손자들을 족보에서 지우고 먹을 음식도 입을 옷도 없이 살도록 한다면 애신각라 가문의 이미지에도 좋을 것이 없었다. 그래서 건륭은 이런 유지를 내려 아버지 잘못을 바로잡고자 한 것이다.

건륭의 명이 떨어졌으니 이제 대신들은 황제에게 그들의 지위를 회복해주자는 건의안을 올려야 했다. 얼마 지나지 않아 윤사와 윤당의 후손은 다시 황족이 되었고 왕가의 저택으로 돌아와 귀족

생활을 누리게 되었다. 같은 날 옹정의 열네 번째 형이자 또 다른 경쟁상대였던 윤제允禵 역시 옥살이에서 풀려났다. 그뿐만 아니라 건륭은 저택과 은자銀子까지 내려 말년을 편히 보낼 수 있도록 했다. 건륭이 이 유지로 옹정제에 대한 황족들의 원망을 한꺼번에 해결하자 조정 안팎에서는 새 황제의 대범함을 칭찬하는 목소리가 넘쳐났다.

얼마 뒤 건륭은 세 번째 새로운 정책을 시작했다. 옹정이 실시한 '주개간奏開墾' 정책을 폐지하는 것이었다. '주개간'이란 무엇일까? 각 지역 백성들에게 황무지를 개간해서 곡식 생산량을 늘리도록 격려하는 것이었다. 그는 개간한 땅의 면적을 관리들의 실적을 평가하는 기준으로 삼았는데, 이는 땅을 많이 개간한 지역의 관리가 승진할 수 있다는 말이기도 했다. 그 결과 관리들은 실적 부풀리기에 열을 올렸고, 1000묘畝, 중국식 토지면적 단위를 개간했으면 '0' 한 자리를 더 붙여 1만 묘를 개간했다고 보고를 올렸다. 관리들이 이런 방법으로 재물을 모으고 배를 채우는 동안 그 뒷감당은 모두 백성 몫이었다. 왜냐하면 새로운 땅을 개간한 만큼 나라에서 세금을 부과했기 때문이다. 원래 1000묘를 개간했는데 관리가 1만 묘로 보고한다면 백성이 그 세금을 어떻게 감당하겠는가? 건륭은 예전부터 민간에서 이를 두고 불만이 많다는 소리를 듣고 황제가 되자마자 바로 허위 보고 사례를 철저히 조사하고 바로잡아 백성의 부담을 덜어주라고 명을 내렸다.[28]

과거 전통사회에서는 정치에서도 '효'를 중요시했다. 그래서 황위에 오르자마자 바로 이렇게 아버지 뜻을 거스르는 예는 거의 찾아볼 수 없었다. 그렇다면 건륭은 왜 이런 행동을 했을까? 나는 그 이유로 세 가지를 꼽는다.

첫 번째, 건륭은 마음 깊숙한 곳에 아버지에 대한 강한 반항심을 품고 있었다. 사실 그는 아버지를 별로 좋아하지 않았다. 건륭이 존경한 대상은 할아버지였다. 할아버지인 강희제는 중국 역사상 가장 '인간미' 넘치는 황제였다. 정치수단이 뛰어났을 뿐만 아니라 도량이 크고 마음씨가 너그러웠다고 알려져 있다. 그래서 어린 홍력은 할아버지와 처음 만난 그 순간부터 마치 자주 만난 사이처럼 친근감을 느꼈다. 하지만 아버지인 옹정은 강희와 성격이 전혀 달랐다. 속이 좁고 쌀쌀맞았으며 사람들에게 각박했다. 건륭은 그런 아버지 앞에 서면 마치 『홍루몽』 속 가보옥賈寶玉이 가정賈政 앞에서 그러했듯이, 두려움만 느낄 뿐 따뜻함은 느낄 수 없었다.

또한 앞에서 밝혔듯이 건륭이 황제 자리에 오르는 데 가장 큰 힘을 실어준 사람은 바로 할아버지였다. 그래서 건륭은 강희제에게 특히 더 깊은 애정을 느꼈다. 할아버지를 무척 존경해서 그의 사람됨과 정치방식을 모두 본보기로 삼았고 황제 자리에 오른 후에는 더욱 일거수일투족을 따라 하려 했다. 예를 들어, 강희가 펼친 관대한 정치를 본받아 건륭 역시 관대한 정치를 추구했다. 또한 강희는 평생 여섯 차례 남쪽지방을 순행했고 말년에는 '천수연千叟宴'예순 이상의 대신, 관리, 군사, 일반 백성 및 장인 등의 노인들을 불러 연회를 베푸는 것을 열었으며 '박학홍사과博學鴻詞科'청나라 건국 초에 청의 중국 지배를 지지하지 않은 한인漢人 학자들을 회유하기 위해 실시했던 과거시험를 실행했는데, 건륭은 이를 모두 똑같이 실행했다……. 심지어 강희의 연호는 61년으로 끝났기 때문에 할아버지 연호를 넘을 수 없다며 건륭 60년에 아들에게 자리를 물려주기도 했다. 할아버지에 대한 건륭의 숭배는 조금 맹목적인 부분이 있었다. 더욱 놀라운 것은 건륭이 자신이 묻힐 곳을 정할 때 아버지가 묻힌 서릉이 아닌 강희제가 있는 동릉을 선택했다는 것이다. 죽은 후에도 할아버지 곁을 찾아가 잠이 들었으니 이 둘 사이의 애정이 얼마나 깊었는지 충분히 짐작할 수 있다.

이에 반해 건륭은 부친인 옹정제에게는 별다른 애정이 없었다. 장례를 치를 때는 '효자'의 모습으로 최선을 다했지만 마음속으로는 전혀 존경하지 않았다.

건륭은 즉위 전 40권에 달하는 글을 썼는데 이중 흥미로운 글이 한 편 있다. 「관즉득중론寬則得衆論」사람에게 관대하면 인심을 얻을 수 있다는 뜻. 『낙선당전집』에 실려 있음이라는 제목의 논설문으로 어떻게 해야 좋은 황제가 될 수 있는지를 논한 글이다. 건륭은 위대한 황제의 첫 번째 기준으로 관대함을 꼽았다. 신하들의 작은 잘못을 눈감아주어야 인심을 얻을 수 있지 그렇지 않고 매일 호통만 치며 트집을 잡고 눈살을 찌푸린다면 신하들 역시 황제를 존경하고 따르지 않는다는 것이다.[29]

건륭이 이로써 말하고자 한 것은 무엇이었을까? 그는 에둘러 옹정제를 비판했다. 부친 옹정이 형제들에게는 잔인하게, 관리들에게는 각박하게 대했던 것을 완곡한 어조로 지적한 것이다. 건륭은 조정에 대한 자기 생각을 직접적으로 적지는 않았지만 별다른 의견이 없어서 그런 것은 아니었다. 그는 자기 생각을 이런 글에서 우회적으로 표현하려 했다. 그가 황위에 오르자마자 옹정의 뜻을 거스르는 일을 시작한 것은 오랫동안 쌓인 아버지에 대한 불만의 표현이라고 할 수 있다. 이것이 첫 번째 이유다.

두 번째 이유는 건륭 스스로 역사상 가장 성공적이고 위대한 황제가 되고 싶어했기 때문이다.

건륭은 오랜 시간 학습하며 역대 모든 황제의 생애를 상세히 연구했고, 자기가 쓴 글에서 그들의 순위를 매겼다. 자신감이 하늘을 찔렀던 건륭은 대부분의 황제가 평범하다고 말하기도 했다.[30] 그가 황제 수백 명 중 성공한 황제로 꼽은 사람은 한나라 문제와 당나라 태종, 송나라 인종 세 사람이었다. 하지만 한나라 문제는 현명한 데 반해 인재를 고르는 안목이 부족했고, 송나라 인종은 인자했지만 정치적 능력이 떨어졌다. 그가 가장 존경했던 인물은 한 사람, 당 태종이었다. 그는 태종이 진나라 시황제가 '황제'라는 자리를 만들어낸 뒤 나타난 가장 위대한 황제라고 했다.[31] 또 태종을 겸허한 사람이라고 했다. 당 태종은 겸손하고 자제력이 강하며 인자했다. 자신과 다른 생각을 하는 이의 의견도 귀담아들을 줄 알고 신하들과 잘 어울려 정관성세貞觀盛世, 정관은 태종의 연호로 당시 태평성세를 일컫는 말, '정관의 치貞觀之治'라고 함를 열었다.[32] 그래서 건륭은 황제 자리에 오르기 전부터 당 태종을 '역할 모델'로 삼았다. 태종이 실시한 정책은 관대하고 개방적이라는 특징이 있었다. 그래서 건륭 역시 너그럽고 사고가 개방적인 황제가 되었다.

세 번째 이유는 가장 현실적이고 핵심적인 것으로, 인심을 얻기 위해서였다. 새 군주에게 가장 주요한 임무는 무엇이겠는가? 모두에게 지지를 받는 것이었다. 사람들의 마음을 얻고 지지를 받는 가장

손쉬운 방법은 바로 모두가 이득을 볼 수 있는 정책을 펴는 것이었다. 그래서 건륭은 각 계급별로 필요한 부분을 파악하여 도움을 줄 수 있는 정책을 펼쳤다.

첫 번째 목표는 황족이었다. 건륭은 옥에 갇혀 있던 황족을 풀어주고 황족의 신분을 회복해준 것을 계기로 손쉽게 황족 전체의 지지를 이끌어냈다.

두 번째 목표는 백성의 지지를 받는 것이었다. 백성은 나라의 근본이기 때문에 그들에게 사랑과 존경을 받는 군주가 되는 것이 무엇보다 중요했다. 위에서 말한 '주개간' 제도를 폐지한 것 외에도 건륭은 더욱 강력한 정책을 한 가지 더 만들어냈는데 바로 세금을 감면해주는 것이었다. 『청고종실록』의 기록을 살펴보면, 즉위한 뒤 나라의 재정 상태를 점검한 건륭은 국고에 엄청난 은자가 쌓여 있는 것을 발견하고 모든 백성에게 옹정 12년 전에 진 빚과 채무를 전부 탕감해주겠다고 선포했다. 이는 진정 백성을 위한 정책이었다. 빚을 갚지 못한 사람들이 누구였겠는가? 가난한 백성이었다. 건륭의 한마디 덕분에 이제 그들은 빚에 대한 부담을 덜게 되었다. 개간 제도를 폐지하고 빚을 탕감해줌으로써 건륭은 백성의 열렬한 지지를 받게 되었다.

황족과 백성 외에도 반드시 지지를 얻어야 할 중요한 계급이 하나 더 남아 있었다. 관리계급이었다. 황제와 관리는 떼려야 뗄 수 없는 관계이기 때문에 건륭은 너그럽고 인자한 정책으로 그들의 충성심을 이끌어내야 했다.

옹정 시기의 군신관계는 어떠했을까? 고양이와 쥐의 관계 같았다. 옹정은 대신들을 대할 때 늘 굳은 얼굴로 그들을 쏘아보았다. 그래서 대신들은 황제를 만나면 두려움부터 느꼈다. 하지만 새 황제 건륭은 온화하고 교양이 넘쳤으며, 언제나 얼굴에 미소를 띠고 예의를 갖춰 대신들을 대했다. 그는 옹정을 모신 오랜 신하들에게 특히 예를 갖추었는데 만날 때면 그들을 '선생' 또는 '애경愛卿'이라 부르며 결코 이름을 부르는 일이 없었다. 그리고 자신이 해결하기 힘든 일이 생기면 그들에게 허심탄회하게 도움을 구했다. 그는 자기 할아버지가 그러했던 것처럼 너그러운 마음으로 사람들을 대하며 관리들의 애로사항을 해결해주려 노력했다.

옹정제 때는 부정부패를 엄격하게 금지했기 때문에 먹물 몇 병 혹은 종이 몇 장만 가져가도 바로 횡령죄로 감옥에 갇혔고, 이런 일로 벌을 받아 재산을 전부 몰수당하는 일이 수도 없이 벌어졌다. 예를 들어 『홍루몽』을 지은 작가 조설근曹雪芹의 아버지 조부曹頫는 벌금을 내기 위해 빚을 지고 재산까지 모두 빼앗긴 채 감옥에 갇혔다. 건륭은 '관즉득중'이라는 원칙에 따라 부정부패로 감옥에 갇힌 사람들을 선별하여 각자 사정을 따져본 뒤 너그럽게 처리하여 풀어주고, 벌금을 낼 형편이 되지 않으면 내지 않아도 되며 집을 빼앗았다면 돌려주라고 했다.[33] 조설근의 부친인 조부 역시 옹정 13년 말에 건륭이 즉위한 뒤 감옥에서 풀려나며 벌금으로 남아 있던 은자 302냥을 모두 탕감받았다. 게다가 건륭은 특별히 머물 집까지 하사했다. 건륭이 즉위한 뒤 초기 몇 년 동안 어림잡아 2100명의 관리가 풀려났다.[34]

건륭의 이런 행보는 단시간에 관리들의 환심을 샀다. 옹정제가 통치하는 동안 관리들은 매일같이 눈치를 보며 일해야 했는데, 이제 그 힘들었던 13년 세월이 막을 내린 것이다.

옹정제 시기를 혹독한 겨울이라 한다면 건륭제가 즉위한 이후는 따뜻한 바람이 불어오는 봄과 같았다. 『소정잡록嘯亭雜錄』에는 건륭의 모든 행동이 관대함을 원칙으로 하여 천하의 모든 백성이 그를 좋아하고, 칭송이 끊이질 않았다는 내용이 나온다.[35] 창장강 중국 대륙 중앙부를 흐르는 중국에서 가장 긴 강으로 양쯔강이라고도 함 아래쪽을 뜻하는 장난지역에서는 건륭제가 다스리는 세상이 영원히 계속되었으면 좋겠다는 내용의 노래까지 등장했다.[36]

건륭의 천하는 이렇게 안정적으로 첫걸음을 떼었다. 위에서 말했듯이 사람들의 마음을 얻는 것은 새 황제가 새로운 정책을 실시하기 위해 다져야 할 가장 중요한 기초였다. 물론 이를 두고 건륭이 황제에 오르자마자 아버지 뜻을 부정하고 나선 것은 너무나 매몰차고 버릇없는 행동이 아니냐며 지적할 수도 있다. 만일 부자관계라는 범위에서만 본다면 이는 확실히 아버지에 대한 불효로 여길 수 있다. 하지만 국가와 역사라는 범위에서 평가한다면 건륭이 펼친 정책은 매우 일리 있는 것들이다. 나아가 후대 사람들은 여기서 한 가지 정치의 원칙을 발견했다. 바로 청나라 왕조가 강희에서 옹정, 건륭까지 이어지는 태평성대를 누릴 수 있었던 중요한 이유는 바로 그들이 전 황제의 뜻과 정책을 대범하게 부정하고 수정할 줄 알았기 때문이라는 것이다.

왜 이런 말이 나왔을까? 어떤 황제든 통치 기간이 너무 길어지면 반드시 문제점이 생길 수밖에 없기 때문이다. 중이 제 머리를 못 깎는다는 말이 있지 않은가? 개인이 자기 문제점을 객관적으로 분석하고 해결하기는 너무 어렵다. 그래서 반드시 이를 바로잡아줄 사람이 필요하다.

먼저 강희제를 살펴보자. 강희제는 앞서 말했듯이 너그러운 사람이었다. 하지만 모든 일에는 양면이 있어서 아무리 좋은 일도 계속되면 단점으로 변하게 마련이다. 말년으로 갈수록 강희제의 관대함은 점차 방임으로 변해갔다. 태자를 정하는 일에 너무 심혈을 기울인 나머지 관리들을 단속하는 일에는 신경을 쓰지 못한 것이다. 그러자 관리들 사이에서 부정부패와 횡령이 급속도로 번졌고 조정의 기강은 무너졌으며 사회적으로 혼란이 계속되었다. 그렇게 태평성세는 하향곡선을 그리기 시작했다.

만일 이런 상황에서 유약하고 대신들의 주목을 받지 못하는 태자가 황위를 물려받았다면 청나라는 분명 난세에 빠져 역사 속에서 수없이 되풀이된 과정을 똑같이 밟았을 것이다. 다행히 강희가 선택한 옹정은 철두철미한 성격에 강인한 사람이었다. 옹정은 즉위한 뒤 개혁의 칼을 빼들어 부정부패를 저지른 관리를 찾아 벌했다. 이렇게 조정의 문제점을 해결해나간 덕분에 태평성세는 계속 이어졌다.

그러나 옹정의 문제점은 바로 지나치게 엄격했다는 것이다. 지나침은 모자람만 못하다는 말이 있지 않은가? 옹정은 특히 부정부패를 저지른 관리에게 지나치게 가혹했다. 툭하면 재산을 몰수해서 집을 잃고 거지가 된 자가 한둘이 아닐 정도였다. 게다가 정치적 업적을 쌓는 데 너무 열중해서 '주개간' 같은 정책을 시행해 백성의 부담을 늘렸다. 당시 사회의 모든 계층이 옹정의 정책을 따르는 데 한계를 느낄 정도였다.

그래서 옹정이 죽은 뒤 건륭은 더욱 인자함과 관대함을 내세운 정책을 취했다. 건륭은 부친이 13년간 엄하게 나라를 다스린 덕분에 사회와 조정의 각종 폐단이 거의 사라졌다는 것을 잘 알았다. 따라서 가혹한 정책은 더 필요하지 않았다. 그 시점에서 어질고 관대한 정치를 펼친다면 정치적인 장악력도 키우면서 백성의 존경까지 한 몸에 받을 수 있으니 이보다 더 좋은 것이 어디 있겠는가?

실제로 건륭제 통치 기간에도 강희제 말년에 일어난 것과 같은 상황이 벌어졌다. 건륭제 역시 말년에 모든 것을 방임하다시피 하면서 나라 전체가 부정부패로 들끓었다. 그래서 황위를 물려받은 가경은 건륭이 세상을 떠난 지 3일 만에 건륭이 총애하던 신하 화신을 잡아들였고, 그 덕분에 조금 분위기가 호전되는 듯 보였다. 하지만 역사는 쉽게 반복되지 않았다. 가경은 화신을 잡아들인 뒤 계속해서 건륭의 다른 잘못을 밝히고 바로잡을 용기가 나질 않았다. 그래서 대부분 정책을 그대로 이어갔고 그렇게 청나라는 쇠락의 길을 걷게 되었다. 이 이야기는 뒤에 더 자세히 하겠다.

따라서 순조롭게 중도만 걸으며 발전하는 나라는 결코 존재하지 않는다. 오른쪽으로 치우치기도 하고 왼쪽으로 치우치기도 하는 것이 정상이다. 문제는 너무 한쪽으로 치우치면 반드시 그것을 바로잡아야 한다는 것이다. 청나라가 중기까지 태평성대를 유지할 수 있었던 것은 바로 이런 노력이 있었기 때문이다. 여기에는 통치자의 용기와 패기가 필요하다. 서양의 정치형태에서도 이런 이치를 찾아볼 수 있다. 선거로 정당을 바꿔가며 나라를 다스리는 것 역시 전 정권의 잘못을 바로잡는 과정이라 볼 수 있다. 그렇다면 부친의 뜻을 거스른 것 외에 건륭은 또 어떤 새로운 정책을 펼쳤을까?

5강
———
———
권력을 손에 쥐다

乾隆

건륭은 즉위 이후 어질고 너그러운 정치를 펼쳤다. 그러자 이를 두고 황제가 지나치게 인자한 것이 아니냐는 소리가 들려왔다. 예를 들어 당시 베이징에 있던 조선의 사신은 새로운 황제에게 특별한 문제는 없지만 너무 유약하고 곁을 잘 내어주는 것이 단점이라고 말했다.[37] 일인자가 되었으면 그에 걸맞은 패기를 보여야 하는데 이 황제에게서는 그런 모습을 찾아볼 수 없다는 것이다. 사실 조선의 사신은 건륭을 잘못 보았다. 건륭은 패기가 없었던 것이 아니다. 다만 그것을 인자한 겉모습 안에 숨겨놓았을 뿐이다. 겉으로는 언제나 예의바르고 웃는 얼굴을 했지만 실제로는 황위에 오른 그날부터 소리 없이 청나라 조정과 관련된 모든 기관을 장악해갔다.

우선 건륭은 태후가 정치에 관여하는 것을 엄격히 막았다. 앞서 이야기했듯이 강희는 건륭의 생모 유호록 씨를 처음 보았을 때 '복이 있는 사람'이라고 말했는데, 이 '예언'은 빠르게 현실이 되었다. 강희가 이 말을 한 이듬해 유호록 씨는 왕가의 시녀에서 황비가 되었다. 옹정이 황위에 오르며 희비에 봉해진 덕분이었다. 그리고 몇 년 뒤 다시 황귀비皇貴妃가 되어 후궁들 중 두 번째 서열에 올랐다. 일인지하一人之下 만인지상萬人之上이니 이제 더는 힘든 일을 할 필요가 없었다. 건륭이 황제가 된 후에는 황제의 생모로 태후 자리에 앉았고, '숭경황태후崇慶皇太后'라는 칭호까지 붙었다. 수십 년 만에 왕가에서 허드렛일을 하던 시녀가 청나라에서 가장 존귀하고 지위가 높은 여인이 되었으니 '복이 있는 사람'이라는 강희제의 예언이 딱 맞지 않은가?

과거 중국에서는 '효'로 나라를 다스린다는 '효치'를 매우 중시했다. 건륭은 어머니에게 세상에 둘도 없는 효자였고, 모자 사이도 매우 좋았다. 황제가 된 뒤 매일 정사를 처리하느라 눈코 뜰 새 없이 바빴지만 그래도 조금만 시간이 나면 바로 태후를 찾아가 문안을 여쭙고 함께 대화를 나누었으며, 밥을 먹고 산책을 했다. 그리고 순행을 나갈 때면 어디를 가든 꼭 어머니를 모시고 갔다.

사람들은 건륭을 사치스러운 황제로 기억하지만 집권 초기에는 절약을 강조하며 스스로에게는 특별히 돈을 쓰지 않았다. 하지만 어머니에게는 아낌없이 돈을 썼다. 건륭 6년, 황태후는 쉰번째 생일을 치르기 위해 가마를 타고 원명원에서 자금성으로 돌아올 계획이었다. 건륭은 어머니를 기쁘게 해드리기 위해 예순 이상 노인 수천 명을 모아 가마가 오는 길에 무릎을 꿇고 앉아 꽃을 손에 들고 '태후 만세, 태후 만세!'를 외치도록 했다.

물론 건륭은 이 사람들을 부르기 위해 선물을 내렸다. 『청고종실록』에 따르면 그날 하루를 위해 은자 10만8700냥과 비단 7만 필을 내렸다고 한다. 청나라 중기에는 은의 값이 매우 비싸서 은자한 냥이 지금의 300위안약 5만2470원에 달했으니 그날 쓴 돈과 비단을 모두 합하면 5300여 만 위안약 96억8000만 원을 쓴 것이다. 환영인파를 조직하는 데 이렇게 많은 돈을 썼으니 해마다 도대체 얼마나 막대한 돈을 쏟아 부었을까? 건륭은 돈을 쓰는 것만으로는 효심을 다 표현할 수 없다고 여겼다. 그래서 태후 생일 때마다 직접 그림을 그리고 글씨를 써서 모친에게 선물로 보냈다.

하지만 건륭은 여기서 그치지 않았다. 『청고종실록』을 살펴보면 해마다 생신 때 연회를 열어 태후와 함께 식사한 뒤 직접 춤을

건륭 _ 63년 4개월의 절대 권력

추었다는 구절이 나온다.38 어떤 춤을 추었는지는 기록된 바가 없다. 아마 황제가 태후 앞에서 춤을 추는 전례도 기록된 바가 거의 없을 것이다. 그래서 역사서에서는 건륭을 '순효純孝'라 칭한다. 이보다 더 효심이 깊을 수 없다는 뜻이다. 건륭은 천하제일의 효자 역할을 제대로 해냈다. 하지만 이는 그가 태후를 대하는 일면에 불과했다. 또 다른 면으로는 엄격하게 그녀의 내정간섭을 막았다. 옹정 13년 8월 26일, 즉위한 지 사흘째 되던 날 건륭은 아래와 같은 명을 발표했다. 어떤 내용이었을까? 이는 궁중의 태감과 궁녀에게 내리는 경고로 의미는 다음과 같다.

"짐은 황태후께 정성을 다하며 황궁 안에서 일어나는 모든 일을 태후 뜻에 따르지만 황궁 밖에서 일어나는 일, 자금성 밖에서 들려오는 일은 누구도 태후께 보고해서는 안 된다. 만일 보고를 해서 태후께서 짐에게 지시를 내려 어느 곳의 어떤 일을 어떻게 처리하라고 말씀하신다면 짐이 누구 말을 들어야 한단 말인가? 태후 말씀이 합리적이라면 당연히 그것을 따르지만 타당하지 못하다면 따를 방법이 없으니, 결과적으로 짐 역시 난처하고 태후 역시 기분이 상하실 것이다. 따라서 태감과 궁녀들은 누구도 황궁 밖에서 들려오는 이야기를 태후께 전해서는 안 되며, 짐이 알게 되면 반드시 엄하게 처벌하여 옥에 가두겠다."39

이로써 건륭은 황태후에게 들어가는 정보를 차단해서 황태후가 정치에 나서는 것을 막겠다는 의지를 분명히 내보였다. 그는 황태후에게 효도를 다함과 동시에 정치에 간섭할 여지를 조금도 남겨두지 않으려 했던 것이다. 따라서 정치가로서 건륭은 결코 단순한 효자가 아니었다.

그렇다면 건륭이 이런 조치를 취한 까닭은 무엇일까? 그는 중국 역사에서 수없이 되풀이되었던 정치적 폐단을 막고 싶었다. 그것은 바로 황태후와 황비의 내정간섭이었다. 중국 역사상 가장 정도가 심했던 '여인들'의 내정간섭으로는 세 경우를 들 수 있다. 첫 번째는 한나라 때다. 전한前漢 시대에 유방劉邦의 황후 여후呂后가 정치에 간섭하기 시작한 것이 발단이 되어 후한後漢 시대까지 태후 여섯이 앞 다퉈 정치에 뛰어들었고, 그 결과 조정은 쑥대밭이 되었다. 두 번째는 당나라 때로 독자들이 잘 아는 인물이 등장한다. 무측천과 위황후韋皇后, 당 중종의 황후로 직접 황위에 오르기 위해 중종을 독살하고 이중무李重茂를 황제로 옹립했지만 정변이 일어나 죽음을 맞음, 안락공주安樂公主, 중종의 막내딸로 황태녀가 되어 황위 계승을 꾀했으며, 어머니와 함께 중종을 독살함, 상관완아上官婉兒, 측천무후의 총애를 받던 궁인으로 권세를 누렸지만 위황후와 대립하며 정변에 가담했다가 후에 현종에게 죽임을 당함 모두 중국 역사에서 유명한 여인들이다. 물론 무측천을 제외한 나머지는 대부분 좋은 결말을 맞지 못했다.

『당사唐史』에 기록된 황후와 황비 36명 중 15명은 정치에 끼어들었다가 죽음을 맞았다. 마지막은 송나라 때로 역시 여인들의 입김이 매우 강했다. 『송사宋史』 「후비전后妃傳」에 등장하는 55명 중 11명이 폐위되거나 죽임을 당했는데 대부분 내정간섭 때문이었다. 따라서 무측천을 제외하면 내정간섭으로 성공한 사례는 드물다. 측천무후가 현대인 사이에 많이 알려지면서 여인이 황제가 되면 모두 측천무후처럼 나라를 다스릴 것이라 생각하는 사람들이 있는

데, 이는 오산이다. 그 이유는 무엇일까?

과거 여인들은 교육수준이 매우 낮아서 대부분 문맹이었고, 정치 경험이 적어 직급의 위아래조차 구분하지 못했다. 그러니 어떻게 나라를 관리할 수 있었겠는가? 그래서 당시 여인들은 정권을 잡으면 마음대로 정사를 처리하고 요직에는 친인척을 앉히기 일쑤였다. 그렇게 되면 친인척에게 재능이 있든 없든 조정은 순식간에 난장판이 되고 만다. 이를 두고 명나라 말, 청나라 초의 유명한 사상가인 왕부지는 여인이 조정에 나섰다가 혼란이 벌어지지 않은 경우가 없다는 결론을 내렸다.[40] 너무 단정적인 말이긴 하지만 실제로 그렇지 않은 예는 거의 찾아볼 수 없다.

건륭은 황제 자리에 오르기 전에 다양한 역사서를 공부하며 과거 정치에서 반복되어온 한 가지 문제점을 발견했다. 바로 황태후 본인에게는 정치에 간섭할 뜻이 없더라도 태후의 힘을 빌려 자기가 원하는 바를 이루려는 무리는 늘 존재한다는 사실이었다. 그리고 일단 그런 일이 벌어지고 나면 수습하기가 더욱 어렵다는 사실도 잘 알았다. 그래서 그는 초기에 이런 일을 방지하기 위해 애초에 태후와 정치 사이의 연결고리를 끊으려 했다.

건륭에게는 확실히 선견지명이 있었다. 이미 예방 조치를 취해놓은 상태였음에도 그가 우려한 일이 한 차례 벌어진 것이다. 하루는 건륭이 태후를 찾아가 문안을 드리고 함께 담소를 나누던 중 태후가 말했다.

"순천부順天府, 명나라와 청나라 두 왕조 시대에 베이징에 있던 최고 행정기관 동쪽에 한 사찰이 있는데 영험하기로 소문이 나서 백성이 자식을 바랄 때 찾아가 기도를 올리면 꼭 들어준다고 합니다. 그런데 지은 지 오래되어 곧 무너지게 생겼다고 하니 황제께서 그 사찰을 수리해주면 어떻겠습니까?"

건륭은 그 말을 듣고 환한 웃음을 지으며 대답했다.

"네, 알겠습니다. 사찰을 수리하라 명하겠습니다."

하지만 태후가 있는 궁의 문을 나서자마자 건륭은 바로 태후를 모시는 태감들을 모두 잡아오라 명했다. 그리고 그들의 무릎을 꿇리고 코를 비틀며 한바탕 화를 퍼부었다.

"누가 함부로 입을 놀렸느냐? 누가 그런 소식을 태후께 전하라 하였어! 너희가 전한 것이 아니라면 태후께서 그런 일을 어찌 알았겠느냐? 이후 한 번만 더 바깥소식을 전했다간 목을 벨 것이다!"

그 후 건륭은 이 일을 글로 남겨 문서로 보관하도록 했다. 글에서 건륭은 "강희제의 태후께서 언제 강희제께 사찰을 수리하라 말씀하신 적이 있더냐? 짐은 효심으로 황태후를 모시며 궁에서 일어나는 일은 전부 태후 뜻에 따랐는데 이것만으로는 부족한 것이더냐? 궁 바깥에서 일어나는 일은 절대 황태후께서 관여해서는 안 된다"[41]라고 말했다. 그리고 이후에 다시 한번 이런 일이 생기면 절대 용서치 않겠다고 덧붙였다.[42]

사실 낡은 사찰을 수리하는 일은 은자 몇 냥이면 충분한 소소한 일이다. 그렇다면 왜 건륭은 이 사소한 일을 이렇게 요란하게 처리했을까? 이 글은 표면적으로는 태감들에게 내린 경고처럼 보이지만 실은 황태후에게 보내는 분부와 같았다. 건륭이 전하려는 뜻은 이런 것이 아니었을까?

'어머니, 잘 기억해두십시오. 이후에 이런 일이 있어도 절대 나서시면 안 됩니다.'

앞서 말했듯이 건륭은 눈치가 빠른 사람이었는데, 그런 영민함은 모두 어머니를 닮은 것이었다. 총명한 태후는 단번에 아들의 뜻을 알아챘다. 그리고 이후로는 절대 건륭에게 바깥일을 지시하지 않았다. 그래서 건륭제 동안에는 태후의 내정간섭이 일어나지 않았다.

그런데 건륭은 어질고 너그러운 정치를 펼쳤다고 하지 않았던가? 건륭은 왜 생모에게까지 이렇게 엄격했을까? 혹시 권력에 대한 욕심이 너무 강했던 것은 아닐까? 아니다. 건륭에게는 두 가지 정치 원칙이 있었다. 하나는 관대함과 엄격함이 공존하는 '관엄상제寬嚴相濟'의 중도정치를 펴는 것이었고, 또 하나는 '권력을 독점하는 것'이었다.

중국의 고대 정치에는 서양의 그리스나 로마의 정치와 전혀 다른 특징이 있었다. 그중 첫 번째가 바로 고도의 중앙집권이다. 오직 한 사람만이 최고 권력을 가질 수 있었다. 동물 관련 프로그램에 자주 등장하는 고릴라 무리를 예로 들어보자. 만약 무리의 대장이 노쇠해서 힘이 약해지면 바로 도전자가 나타나고 새로운 대장이 탄생한다. 새로운 대장이 모든 고릴라 중 가장 힘이 세다면 바로 절대적 권위를 갖게 되고 무리는 다시 평화를 찾는다. 모두가 대장을 따라 먹이를 구하러 다니고 심심할 땐 서로 털을 골라주며 조화롭고 안정적인 생활을 이어간다. 하지만 만일 무리의 다른 고릴라들과 힘이 비등하다면 아무리 대장이 되었다고 해도 무리를 안정적으로 이끌어갈 수 없다. 그래서 중국의 전통사회는 여러 권력이 아닌 가장 강력한 하나의 권력만 인정했다. 만일 권력이 여기저기서 나타난다면 사람들은 누구 말을 들어야 할지 알 수 없고, 각종 세력이 뒤엉켜 나라를 혼란에 빠뜨릴 수 있기 때문이다. 건륭은 태후가 이런 '또 다른 권력'을 형성하지 않도록 방지하려 했다.

중국 고대 정치의 또 다른 특징은 계급 구분이 분명했다는 것이다. 사람들은 모두 각자 계급에 맞춰 살아가며, 절대 자신보다 지위가 높은 사람보다 먼저 나설 수 없었다. 이번엔 늑대 무리를 예로 들어보자. 늑대 무리의 생활은 계급사회와 비슷해서 고기를 먹을 때 어떤 늑대가 먼저 먹고 어떤 늑대가 늦게 먹는지 분명한 순서가 정해져 있다. 집권 정치 역시 이러했다. 군주와 신하, 아비와 아들 사이의 순서가 엄격하게 나뉘어서 만일 그 순서가 흐트러지면 사회에 혼란이 발생한다고 여겼다.

따라서 중국 전통사회에서 황제는 강력한 힘으로 다른 늑대들을 통제하는 늑대 무리의 대장과 같았다. 고깃덩어리를 보면 먼저 달려가 단단히 물고 절대 다른 늑대들이 함부로 입을 대지 못하도록 해야만 말썽 없이 모든 늑대가 순서에 따라 고기를 먹을 수 있었다.

그래서 고대 정치에서 통치자는 반드시 권력을 '독점'해야 했다. 문헌에서는 이를 '건강독단乾綱獨斷'이라 말하는데 최고 권력을 자기 손에 쥐고 절대 다른 사람과 나누지 않는다는 뜻이다. 건륭 역시 "권력은 반드시 윗사람 손에 있어야 하며 아랫사람에게 빼앗겨서는 안 된다"[43]고 말했다. 또 국가의 모든 일은 황제가 직접 결

정해야 하며 이것은 청나라 전통이라고 덧붙였다.[44]

하지만 권력을 독점한다는 것이 어디 그렇게 쉬운 일이겠는가? 세상 사람들이 가장 탐내는 것이 바로 권력 아니던가? 누구든 일단 권력의 맛을 보면 그것을 포기하려 하지 않았다. 당시 '황제 자리가 돌고 도는 것이라면 내년에는 우리 집안에도 오거라'라는 말이 유행했는데, 이렇듯 모든 사람이 황제가 되고 싶어했다. 역사에 정통했던 건륭은 이런 점을 걱정하며 황권에 가장 큰 위협이 되는 부류를 아래와 같이 정리했다.

첫째는 황비와 황태후 그리고 외척들이다. 황제 주변 여인들은 언제나 손쉽게 정치에 발을 들여놓았다.

둘째는 황족이다. 황제의 형제와 아들, 조카들로 그들 몸에는 모두 청나라를 세운 조상의 피가 흐르기 때문에 자신 역시 황제 자리에 오를 자격이 충분하다고 여겼다. 이 때문에 황족들 중에는 자기 위치에 만족하지 못하고 호시탐탐 자리를 노리는 자가 많았다.

셋째는 태감이다. 태감의 존재를 과소평가하는 사람들이 있는데 이들은 황제를 가장 가까이서 모시며 쉽게 그 힘을 이용해 이득을 챙겼다. 역대 거의 모든 왕조에서 태감들의 이런 권력욕으로 인한 사건이 일어났다.

넷째는 권신이다. 만일 황제가 연약한 데 비해 대신들의 능력이 출중하다면 대권은 쉽게 그들 손으로 넘어간다. 그러면 그들의 권력이 황제에게 위협이 된다. 명나라의 장거정張居正과 청나라의 오배鰲拜가 바로 이런 권신에 속한다.

마지막 부류는 붕당이다. 관리들이 각자 세력을 만들어 당쟁을 벌이면 아무도 황제 말을 듣지 않는다. 이는 정말 골치 아픈 일이다. 명나라 때 동림당東林黨, 사대부와 관료들의 당과 엄당閹黨, 환관들의 당이 역사적으로 유명한 붕당전쟁을 만들어낸 바 있다. 그래서 건륭은 즉위한 뒤 계획을 세워 단계적으로 이런 요소들을 하나씩 제압해 황권을 지켜냈다.

건륭이 취한 계획 중 첫째가 바로 태후의 정치 참여를 막는 것이었다. 그렇다면 둘째는 무엇이었을까? 황족, 구체적으로 말하면 형제들의 내정간섭을 차단하는 것이었다. 앞서 말했듯이 건륭에게는 형제가 모두 열 명 있었는데 그중 여섯 명은 요절하고 네 명만 성인이 되었다. 홍시와 건륭, 홍주, 홍첨이다. 홍시는 옹정제의 미움을 사서 쫓겨난 지 오래되었기 때문에 건륭에게 형제는 두 아우 홍주와 홍첨뿐이었다.

건륭과 홍주는 동갑으로 어려서부터 함께 자랐다. 당시 옹정의 집에는 어린아이가 둘뿐이라 밥을 먹을 때도 잘 때도 놀 때도 둘은 늘 함께했다. 같이 숨바꼭질을 하고 곤충을 잡으며 한 몸처럼 사이좋게 어울렸다. 그래서 건륭은 시를 쓸 때도 여러 차례 형제간 우애를 언급했는데, 자신과 홍주는 어렸을 때부터 지금까지 늘 가깝게 지내며 사이가 좋고 20년간 한 번도 다툰 적이 없다고 했다.[45]

건륭은 완벽주의자로 모든 방면에서 완벽하려 노력했다. 황태후 앞에서는 '효자'로, 동생 앞에서는 인자한 '형'으로 그렇게 완벽한 이미지로 역사에 기록되길 원했다. 하지만 완벽한 사람이 되는 것은 쉽지 않다. 왜냐하면 황제 자리에 오른 그날부터 형제간의 감정에도 변화가 생기기 때문이다. 어떤 변화를 말하는 것일까? 형제간 우애는 군신간 예절로 바뀌고, 친근한 마음은 조심스러움으로 바뀐다.

건륭은 형제들을 대할 때 한 가지 원칙이 있었다. 생활하는 데에는 부족함 없이 지원해줄 수 있지만 정치에 관여하는 것은 철저히 금한다는 것이었다.

그는 평소 두 동생에 관한 일이라면 돈을 아끼지 않았다. 옹친왕부·옹정제가 황제의 자리에 오르기 전 옹친왕 시절에 머물렀던 사저로, 현재의 옹화궁을 일컫는다.에 있던 재물과 보석도 모두 형제들에게 주고 자신은 한 푼도 가져가지 않았다. 물론 청나라 전체가 그의 것이 되었으니 그런 재물은 필요치 않았다. 또 평소에 시간이 나면 동생들에게 무엇이 필요한지 물어보고 집이 필요하다고 하면 바로 집을 하사했다. 황제가 되었지만 동생들을 만날 때에는 여전히 친근하고 정다웠으며 절대 권위를 내세우지 않았다. 청나라 시대 기록을 담은 『소정잡록』에는 자주 형제들과 밥을 먹고 시를 지으며 즐거운 시간을 보냈다[46]는 구절이 있다.

하지만 건륭은 그들이 자기 권력을 이용하거나 정치에 참여하는 일만은 엄격히 금했다. 돈은 원하는 대로 줄 테니 마음껏 쓰되 권력을 잡으려 한다면 그것은 안 된다는 것이 그의 뜻이었다.

이는 건륭이 청나라 역대 황제들의 집권과정에서 교훈을 얻었기 때문이다. 청나라는 다른 왕조보다 황족들의 정치 간섭이 심했다. 청나라 건국 과정에서 가족과 친척의 힘을 많이 빌렸기 때문이다. 형제들이 전쟁에 나서고, 아버지의 군대를 빌리는 등 누르하치부터 홍타이지까지 청나라의 기반을 일구는 데 형제와 사촌들이 큰 힘이 되었다. 북송 시기에 유명했던 양씨 집안의 장군들을 일컬어 칠랑팔호七狼八虎라고 하는데 누르하치의 아들들 역시 이에 못지않게 모두 늑대와 호랑이 같았다. 직접 군대를 이끌고 전쟁에 나가 나라를 위해 혁혁한 공을 세우며 청나라 초기 황제의 측근들이 권력을 장악하는 데 앞장섰다. 청나라가 세워진 이래 황족 내부에서는 불화가 끊이지 않았다. 관외關外, 산하이관 동쪽 또는 만리장성의 서쪽 끝 관문인 자위관 서쪽 일대에서 누르하치는 동생과 권력투쟁을 벌였고, 홍타이지는 삼대패륵三大貝勒이라 불리는 다이샨, 아민阿敏, 홍타이지의 이복형, 망굴타이莽古爾泰, 누르하치의 다섯째 아들와 충돌했다. 입관 후로는 순치와 도르곤, 옹정과 형제들 사이에도 이런 투쟁이 계속되었다. 그래서 막 황위에 오른 건륭은 미래를 위해 중요한 결단을 내렸다. 청나라 황족들이 정치에 참여하는 것을 철저히 막고 어떤 인물이든 황족은 권력의 중심에서 배제한다는 것이었다. 황족이라면 아무리 능력이 있더라도 절대 권력을 갖지 못하도록 할 셈이었다.

이렇게 결단을 내렸지만 그것을 실행하는 과정은 결코 순탄치 않았다. 황족은 청나라가 세워진 뒤 지금까지 쭉 권력을 장악해 왔는데 어떻게 건륭 때에 와서 갑자기 그것을 포기할 수 있겠는가? 게다가 귀족들은 대부분 어려서부터 부유하게 대접을 받으며 자라 성격이 매우 오만하고 말을 잘 듣지 않았다. 건륭의 동생 홍주만 해도 성격이 포악하고 남을 깔보길 좋아했다. 한 번은 군기대신 눌친訥親과 어떤 일을 의논하다가 자기 의견에 동의하지 않자 그를 땅에 눕히고 주먹을 휘두르기도 했다. 그래서 이런 황족들에게 예의를 가르치고, 또 정치에서 배제한다는 것은 너무나 어려운 일이었다.

건륭이 황제가 된 후에도 홍주는 자신과 형의 관계가 달라졌다는 점을 크게 인식하지 못했다. 원래 그와 건륭은 형과 아우 사이라기보다 친구 사이와 같아서 농담을 하고 서로 놀리는 일이 많았다. 건륭이 홍주를 놀리면 잔뜩 성이 난 홍주가 멋대로 성질을 부리기도 했다. 하지만 이제는 그런 행동을 할 수 없었다. 형은 자신이 차마 닿을 수 없는 '높은 곳'에 올랐기 때문이다. 따라서 형을 만나면 공손한 태도로 신하의 예의를 갖춰야 했지만 초반에는 이 모든 것이 어색하기만 했다. 그래서 홍주는 종종 본분을 잊어버렸다. 『청사고』「홍주열전弘晝列傳」에 이와 관련된 일화가 나오는데,[47] 『청사고』는 중화민국 당시 정부가 편찬하려 한 『청사』의 미완성 원고다. 나중에 완성본이 계속 나오지 않아 청나라 역사에 대해서는 『청사고』를 가장 권위 있는 기록으로 간주한다. 따라서 이 일화도 신뢰할 수 있는데, 그 내용은 이러하다. 하루는 건륭이 팔기군八旗軍, 청나라에서 17세기 초부터 설치한 만주족 중심의 군사 및 행정조직으로 황·백·홍·남을 이용한 여덟 가지 깃발을 기준으로 구분한 데서 유래함, 양황기鑲黃旗·정황기正黃旗·정백기正白旗·정홍기正紅旗·양백기鑲白旗·양홍기鑲紅旗·정람기正藍旗·양람기鑲藍旗가 있음의 자제들을 대상으로 과거를 열어 홍주와 함께 감독을 맡았다. 시험 중간에 식사시간이 가까워오자 홍주는 건륭에게 이곳은 자신이 맡을 테니 식사를 하시라고 말했다. 건륭은 시험을 치르는 자제들이 황제가 없으면 부정행위를 저지르지 않을까 염려되어 자리를 떠나지 않았다. 그러자 홍주는 자기 말을 무시했다는 생각에 기분이 상했다. 그래서 건륭에게 당장 성질을 냈다.

"시간이 되질 않았습니까! 어서 가서 식사를 하세요. 왜 저를

못 믿으십니까? 제가 이들에게 매수당하기라도 할까봐서요? 어서 가십시오!"

형제 사이라면 이런 말을 하는 것은 크게 문제되지 않는다. 하지만 전통사회에서 신하가 황제에게 이렇게 말하는 것은 '대불경大不敬'으로 목이 날아갈 수도 있었다. 다행히 건륭은 품위 있는 황제였기에 이 말을 듣고도 전혀 화를 내지 않고 바로 자리를 떠 궁으로 돌아갔다.

황제가 떠나자 주변에 있던 사람들이 재빨리 다가와 홍주를 나무랐다. 그리고 지금 한 행동은 황제께 대불경을 저지른 것과 같다고 말해주었다. 홍주는 그제야 자신이 무슨 짓을 했는지 알아차렸다. 아, 이를 어쩐단 말인가? 이튿날 그는 건륭을 찾아가 용서를 빌었다. 건륭은 굳은 표정으로 말했다.

"어제 만일 짐이 그 말에 대꾸했다면 분명 너와 나 사이에 감정이 격해졌을 테고, 그랬다면 너는 목이 날라갔을 것이다. 오늘 이후로 행동을 삼가고 다시는 그런 말을 뱉지 않도록 해라. 알겠느냐?"

홍주는 형의 말을 듣고서야 자신이 정말 죽을 수도 있었다는 사실을 깨달았다! 그의 등에서 한 줄기 식은땀이 흘렀다.

그래서 건륭은 형제들의 행동을 단속하기 위해 틈이 나는 대로 이렇게 경고를 주었다. 군주와 신하의 관계를 명확히 인식하도록 하여 권력욕을 방지하고자 한 것이다. 또 한 번은 홍주가 홍첨과 함께 궁에 와서 황태후께 문안을 드렸다. 다 같이 정겹게 이야기를 나누면서 분위기가 화기애애해지자 홍주와 홍첨은 태후 옆자리로 가서 그곳에 있는 대나무 자리의 둘레에 무릎을 대고 앉았다. 이는 정말 별다른 일이 아니었다. 하지만 건륭은 이 이야기를 듣고 두 아우가 규율을 어기고 커다란 잘못을 저질렀다며 불같이 화를 냈다. 원래 그 자리는 건륭이 태후께 문안을 여쭐 때 무릎을 꿇는 곳이었다.

"그 자리는 짐이 태후를 뵐 때 무릎을 꿇는 천자의 자리인데 어찌 너희가 그 자리를 함부로 범할 수 있단 말이냐? 황제가 되고 싶기라도 한 것이더냐?"

건륭은 두 아우를 '의절참망儀節僭妄', 즉 '황태후 앞에서 예를 갖추지 않고 행동했다'며 그 벌로 홍주에게 3년간 단 한 푼도 돈을 주지 않았다.[48]

홍주는 매우 우울한 생활을 했다. 비록 황제의 동생으로 영광스러운 자리에 있는 것처럼 보였지만 실제는 천인들과 다를 바 없었다. 이렇게 말하는 이유는 무엇일까? 다른 사람들은 재능만 있으면 관직에 올라 권력을 잡고 자기 능력을 펼칠 수 있었지만 그는 아무리 정력이 넘치고 재능이 있어도 할 수 있는 일이라곤 '잘 먹고 죽기를 기다리는 것'뿐이었기 때문이다. 너무 비참한 인생 아닌가? 건륭에게 몇 차례 혼이 난 후에는 더 기가 죽어서 온종일 집 안에만 처박혀 있었다. 아무런 일도 하지 않고 허송세월만 한 것이다. 그렇게 시간이 흐르며 그는 조금씩 변했다. 어떻게 변했을까? 『청사고』「홍주열전」에 이런 내용이 있다.[49] 그가 집 안에서 가족을 모두 모아놓고 한 가지 놀이를 제안했는데 다름 아닌 자기 장례를 미리 연습하는 것이었다. 무료할 때면 마당에 높은 탁자를 가져다놓고 죽은 사람인 양 분장하고 그 탁자 위에 앉았다. 그리고 가족과 하인들에게 자기 앞에 돼지머리와 과일 등 각종 음식을 가져다놓은 다음 무릎을 꿇고 통곡하도록 했다. 그는 음식을 먹으며 그 모습을 보고는 얼마나 실감나고 슬프게 우느냐에 따라 등수를 정해 상을 내렸다. 일등은 은자 열 냥, 이등은 다섯 냥이었다. 하루가 멀다 하고 이런 일을 벌였으니 예순이 되어 죽어도 '호상'이라 말할 정도였다.

　건륭의 또 다른 동생 홍첨의 인생은 더욱 불행했다. 홍첨은 옹정이 죽기 2년 전 태어나 건륭과는 나이 차이(스물세 살)가 꽤 많았다. 건륭은 아들 뻘 되는 동생을 어려서부터 잘 챙겼고, 돈도 아낌없이 주었다. 하지만 성인이 되어서도 여느 부잣집 도련님과 마찬가지로 전혀 철이 들지 않았다. 어느 해인가 원명원에서 불이 나 근처에 있던 황족이 소식을 듣고 모두 달려 나와 불을 끈 적이 있다. 당시 홍첨은 원명원에서 가장 가까운 곳에 살았지만 가장 늦게 현장에 도착했다. 도착해서도 불을 끄기는커녕 다른 황자들과 어울려 잡담을 하며 어깨동무를 하고 그 모습을 구경하기만 했다. 불이 난 것을 대수롭지 않게 여기는 듯했다. 건륭은 이 모습을 보고 바로 화를 내지는 않았지만 마음이 썩 좋지 않았다. 그리고 얼마 지나지 않아 태후를 찾아가 천자 자리를 범하는 사건이 일어난 것이다. 건륭은 홍주에게 3년간 돈을 주지 말라 명했다. 그렇다면 홍첨에게는 어떤 벌을 주었을까? 홍첨에게는 더 무거운 벌을 주었다. 황제 아들들에게 내려진 '친왕' 작위를 박탈하고 패륵으로 강등했으며, 모든 일에서 손을 떼도록 하고 다시는 돈을 한 푼도 주지 않았다.

　이는 황실에서 내쫓겨 평민이 되는 것만큼이나 무거운 벌이었다. 그래서 홍첨은 이 일로 큰 충격을 받았다. 어려서부터 곱게만 자라 몸이 허약했던 그는 이 충격을 견디지 못하고 몸져누웠다. 아무리 의원을 불러 고쳐보려 해도 병은 낫질 않고 곧 숨이 끊어질 듯 위태로워 보였다. 건륭은 자신이 내린 벌이 이렇게 심각한 결과를 가져올 줄 상상도 하지 못했다. 후회스러운 마음이 든 그는 바로 가마를 타고 홍첨의 집으로 향했다. 『청사고』에는 당시 상황이 적혀 있다.[50] 홍첨은 황제가 온 것을 보고 자신이 제대로 머리를 조아려 절을 하지 않아 크게 혼이 났던 기억이 떠올랐다. 그래서 몸을 움직이기 힘들었지만 황제를 보자마자 반사적으로 머리를 조아리기 위해 움직였다. 하지만 몸이 너무 허약해진 탓에 제대로 앉지 못하고 이불 속에서 몸을 웅크리기만 할 뿐이었다. 머리를 베개 쪽으로 보내려 애쓰며 입으로 계속 무슨 말을 중얼거렸다. 확실히 들리지는 않지만 다시는 그러지 않겠다는 뜻으로 들렸다. 건륭은 이 모습을 보고 너무 마음이 아파 그만 눈물을 보이고 말았다. 그리고 홍첨의 손을 잡고 말했다.

"네가 아직 어려 철이 들지 않았기에 너를 가르치려 한 것이지 이렇게 만들 생각은 결코 없었다. 네가 이렇게 될 줄은 정말로 몰랐다. 짐이 정말 미안하구나!"

건륭은 그곳에서 바로 홍첨을 '군왕郡王' 작위로 봉하고 다시 녹봉을 주도록 했다. 하지만 이미 때는 늦었다. 건륭이 궁으로 돌아온 지 3일 뒤 홍첨은 생을 마감하고 말았기 때문이다. 그의 나이 겨우 서른셋이었다.[51]

따라서 이제 황제의 가족이 모두 한자리에 모이는 일은 불가능해졌다. 건륭은 형제들에게 잘해주려 노력했지만 결과는 이렇게 되고 말았다. 역사적으로 황제가 형제들을 죽이는 일은 자주 벌어졌다. 그 이유는 무엇이었을까? 형제간의 우애 사이에 권력이 끼어들면 그 마음이 변하기 때문이었다.

형제들에게 이렇게 엄격했으니 당연히 숙부나 조카들에게도 매우 엄격했다. 건륭은 이제부터 황족은 절대 군기처에 출입할 수 없다는 규율을 만들었다. 군기처는 옹정제 때부터 청나라 최고 권력기관의 자리를 담당해온 곳이었다. 건륭은 아무리 능력이 출중하다 해도 친왕과 군왕, 패륵 등 황족에 해당하는 자는 군기처에서 일할 수 없다고 못 박았다. 건륭의 이 규율은 그 후 제도화되어 가경제, 도광제, 함풍제咸豊帝 때까지 120년 동안 이어지다가 서태후西太后 때 폐지되면서 공친왕恭親王 혁흔奕訢이 군기처를 장악했다.

황족들이 정치에 간섭하는 행태를 막기 위해 건륭은 자기 형제뿐만 아니라 우정까지 희생했다. 황제가 되기 전 건륭에게는 가장 친한 친구이자 글동무가 있었다. 바로 『홍루몽』의 작가 조설근의 외사촌형인 복팽福彭이었다. 그는 청나라 초기 8대 철모지왕鐵帽之王, 청나라 건국 초기에 큰 공을 세운 여덟 왕 中 한 명인 누르하치의 손자 악탁岳托의 후손으로 세습평군왕世襲平郡王이었다. 홍학紅學, 『홍루몽』을 연구하는 학문을 공부한 이라면 『홍루몽』에 등장하는 북정왕北靜王 수용水溶의 실제 모델이 바로 복팽이라는 사실을 이미 알 것이다. 책에는 '가보옥이 길에서 북정왕을 알현하다'라는 제목의 장도 있지 않은가?

『홍루몽』의 수용은 온화하고 품격 있는 인물로 그려지는데 일상생활에서 복팽의 모습이 딱 그러했다. 어려서부터 총명하여 강희제에게 사랑을 받았고 황제의 특명으로 궁에서 교육을 받기도 했다. 앞서 밝혔듯이 황궁에 들어가 공부한다는 것은 황손들에게도 평생에 한 번 있을까 말까 한 기회였으니 먼 황족의 후손들은 오죽했겠는가? 강희의 아들인 옹정 역시 복팽을 좋아했다. 청나라에는 황자가 공부할 때 반드시 글동무를 함께 두도록 했는데 당시 건륭이 공부할 때였기 때문에 옹정은 복팽을 건륭의 글동무로 보내 함께 공부하도록 했다. 둘은 6년간 함께 공부하며 두텁고 진한 우정을 쌓았다. 건륭은 복팽을 매우 좋아했고 자신의 '지음知音'이라 말하기도 했다. 강희와 옹정, 건륭 세 황제 모두가 복팽에게 관심과 애정을 보였으니 그가 정말 재능이 있기는 했던 모양이다.

복팽은 공부는 물론이고 정치에도 두각을 보였다. 그래서 옹정 11년 스물다섯이 된 복팽은 황제의 명을 받아 군기처에서 일하게 되었다. 청나라 최연소 군기대신이 된 것이다. 나중에 청나라 군대가 중가르와의 전투에서 크게 패하자 이 사태를 수습할 장군이 급히 필요했다. 옹정은 나라 안을 전부 뒤졌지만 마음에 드는 장수를 찾을 수 없었다. 그때 복팽이 눈에 들어왔다. 그는 스물다섯밖에 되지 않은 복팽을 대장군에 봉해서 전방으로 가도록 했다. 복팽에게는 자기 능력을 만천하에 보일 절호의 기회였다. 복팽이 전쟁터로 떠난 뒤 건륭은 친구가 너무나 그리웠다. 그래서 일 년이 지났을 무렵 이런 시를 썼다.

바깥에는 비가 내리는구나. 빗방울이 풀잎에 떨어지는 소리에 잠에서 깼네. 나는 또 밤새 자네를 떠올렸지. 자네가 있는 곳은 무척 춥다는데 얼마나 고생이 많을지. 장막과 외롭게 불을 밝히는 등도 모두 눈앞에 그려지는 듯하네. 자네도 혹시 홀로 등을 바라보며 나를 생각하고 있지 않은가?[52]

이런 시들을 보다보면 건륭과 복팽 사이의 깊은 우정을 저절로 느끼게 된다. 그들의 우정은 건륭이 황제에 올라 권력을 잡기 전에 쌓았으므로 순수하기 그지없었다. 복팽은 재능이 있고 건륭과 사이도 가까우니 건륭이 황제가 되고 나면 그를 믿고 챙길 것이라고 모든 사람이 생각했고 복팽 역시 자기 꿈을 펼칠 날만을 손꼽아 기다렸다.

처음에는 건륭 역시 복팽을 수석 군기대신 자리에 앉히려고 마음먹었다. 하지만 그는 황제가 된 뒤 곧 황족의 정치 참여를 막아야겠다는 결심을 굳혔다. 이는 모든 친왕과 군왕을 권력의 중심에서 밀어내는 일이었다. 운명은 여기서 갈리고 말았다. 복팽은 황실과 아주 먼 친척 사이라 해도 군왕이라는 작위가 있었으므로 건륭의 결정대로라면 관직에 오를 수 없었다. 결국 건륭제가 통치하는 기간 내내 복팽에게는 아무런 관직도 주어지지 않았고, 그저 정황기와 정백기의 사무를 맡는 일만 허락되었다. 하지만 팔기는 이미 유명무실해진 뒤였기에 복팽은 자리만 있을 뿐 실질적으로 할 수 있는 일은 없었다. 마치 지금의 부녀회 같은 단체에서 주는 명예직 정도로 볼 수 있다.

전통사회에서 능력이 있는 남자라면 누구나 정치에 참여하고 관직에 오르길 바란다. 남자로서 재능을 가장 뽐낼 수 있는 길이기 때문이다. 배우고 남은 힘이 있으면 벼슬을 하라는 말도 있지 않은가? 하지만 안타깝게도 건륭의 정치원칙은 이미 정해졌고 복팽은 그저 그의 가장 친한 친구가 내놓은 개혁안의 희생양이 되어 허탈함 속에 살아갈 수밖에 없었다. 건륭 13년(1748) 11월, 복팽은 뜻을 펼쳐보지 못한 채 기약 없는 나날을 보내다 병을 얻어 죽고 말았다. 그의 나이 마흔이었다. 건륭은 이 소식을 듣고 애통해하며 특별 지시를 내렸다.[53] 황장자를 직접 보내 조문하도록 하고 조정을 이틀간 임시로 폐했다. 그리고 건륭은 모든 문을 닫고 홀로 친구를 추억했다. 이는 특별한 예우에 속했다. 건륭이 복팽에게 그만큼 말로 하기 어려운 미안함을 갖고 있었다는 의미로도 해석할 수 있다.

태후와 형제, 황족 외에 또 경계해야 할 부류가 있었다. 바로 태감이었다. 역대 황제들은 모두 자신들만의 방법을 만들어 그들을 통제하려 했다. 명 태조 주원장은 태감들이 글을 배우지 못하도록 했는데, 후대 왕들이 이를 기억해두었다가 태감의 정치 간섭을 허락하지 않도록 궁내에 표지를 세우기도 했다. 이런 부분에서 건륭은 가장 성공적인 수완을 발휘한 황제라 할 수 있다.

건륭이 취한 첫 번째 방법은 제도를 만드는 것이었다. 그는 역대 황제들의 정책을 모두 정리해서 '궁중법전'이라 할 수 있는 『흠정궁중현행칙례欽定宮中現行則例』를 편찬했다. 이 칙례에는 태감에 대한 엄격하고도 세세한 규정이 적혀 있다. 태감은 황제 앞에서 말할 때는 목소리가 높고 가늘어야 하며, 청소할 때는 동작이 커야 하고, 당직을 설 때는 일 분이라도 늦으면 바닥에 누워 곤장을 맞아야 한다는 것 등이었다.

두 번째는 태감의 성을 바꾸는 것이었다. 『청패류초清稗類鈔』의 기록을 보면 건륭은 황위에 오른 뒤 바로 당시 태감들의 성을 진秦, 조趙, 고高 세 가지로 바꾸었는데, 이 세 글자를 합치면 진秦나라 시대에 악명 높은 태감이었던 조고趙高의 이름이 된다. 이는 스스로 경계심을 잃지 않고 그들을 중요한 지리에 앉히지 않도록 하기 위한 방법이었다.[54] 하지만 건륭의 이 방법은 후대 황제들에게 이어지지 않아 서태후 시대에는 태감 중 안덕해安德海, 이연영李蓮英과 같은 이름이 등장하기도 했다.

세 번째는 태감이 정치에 관여하는 낌새가 보이면 즉시 엄벌에 처한다는 것이었다. 건륭 39년 주사처奏事處의 태감 고운高雲이 관리들의 임명과 해임에 관련된 서류를 몰래 한 대신에게 보여준 일이 있다. 건륭은 이 사실을 알고 망설임도 없이 바로 고운을 끌어내 능지처참하라 명했다. 그리고 이 일과 관련된 관리들을 전부 해임했다. 이렇게 언제나 태감의 행동을 경계하고 위의 방법을 꾸준히 이어간 결과 건륭이 통치하는 60년 동안 단 한 번도 태감이 권력을 장악하는 일은 벌어지지 않았다.

건륭은 강력한 정책을 만들어 태후와 형제, 황족, 태감을 모두 권력과 가까워지지 않도록 통제했다. 그 과정에서 그는 권력을 지키기 위해 가족과 친구까지도 희생시켰다. 이제 남은 부류는 둘, 대신과 붕당이었다. 황제와 대신은 뗄 수 없는 관계였다. 그렇다면 건륭은 어떻게 그들이 자신의 권력을 빼앗지 못하도록 막았을까?

6강
——

대신들을 다루는 법

건륭은 황권에 위협적인 여러 세력을 관리하려 다양한 방법을 마련했다. 이제 또 한 부류를 상대해야 했다. 그들은 바로 관료들이었다.

황제가 정무를 처리하는 데 가족의 힘이나 태감의 도움을 받지 않을 수는 있어도 관료들의 도움은 반드시 필요했다. 그래서 어떻게 이들을 관리할지는 황제가 평생 고민해야 할 문제이기도 했다. 통계에 따르면 건륭제 통치 기간에 청나라에는 문관 약 2만 명과 무관 약 7만 명이 있었다. 이렇게 많은 관료를 관리한다는 것은 정말 쉽지 않은 일이었다. 역사에 정통한 건륭은 관료들 중 황제가 가장 경계해야 할 부류를 둘로 꼽았다. 바로 권신權臣, 권세를 잡고 있는 신하과 간신이었다.

군신관계는 중국 역사에서 가장 모순적인 관계라 할 수 있다. 겉으로 볼 때 군주와 신하의 관계는 '단순'하다. 군주가 죽으라고 명하면 어쩔 수 없이 죽어야 하는 게 신하 아니던가? 하지만 실제로는 군주가 죽으라고 명하면 신하가 먼저 군주를 죽이는 일이 자주 벌어졌다. 황제는 사망률이 매우 높은 고위험군 직업인 셈이다. 통계에 따르면, 통일왕조와 일부 지방에 세워진 작은 왕조를 전부 포함한 중국의 역대 모든 왕조에서 제왕의 수는 총 611명이다. 이중 타인으로 인해 죽음을 맞은 사람이 272명으로 전체의 44퍼센트를 차지한다. 다른 직업에 비해 사망률이 월등히 높은 것을 보면 황제라는 직업이 꼭 좋은 일자리만은 아니었음을 알 수 있다. 이들 중 대부분은 대신들에게 죽임을 당했다. 예를 들어 보자. 오대五代, 당나라 말기에서 송나라 초기에 이르는 기간에 후량後梁, 후당後唐, 후진後晉, 후한

後漢, 후주後周가 건립된 시기를 일컬음의 첫 왕조인 후량의 초대 황제 주온 朱溫은 대신이었을 때 당나라 소종과 애종 두 황제를 죽였다. 그 후 황제에 올랐지만 아들 주우규朱友珪에게 죽임을 당했고, 주우규 역시 황제에 올랐지만 대신에게 목숨을 잃었다. 즉 정치라는 노름판에서 황제를 죽이는 일은 그만큼 흔한 일이었다.

대신들에게 목숨을 잃는 것 외에 대신들의 꼭두각시가 된 황제도 많았다. 건륭은 경계해야 할 첫째 부류로 '권신'을 들었다. 황제의 힘이 약해지면 권력은 대신들의 손에 넘어갈 수밖에 없었다. 그래서 수많은 부침浮沈을 반복했던 중국 역사에는 그만큼 권신의 수도 많았다. 예를 들어 동진東晉의 유명한 서예가인 왕희지王羲之의 숙부 왕도王導는 당시 동진의 승상이자 이름난 권신이었다. 『세설신어』에는 진나라의 원제元帝가 조정에 나갈 때면 반드시 승상 왕도를 자기 자리에 함께 앉히려 했으며, 왕도가 이를 거절하면 원제가 손을 붙잡고 승상이 앉지 않으면 나도 앉지 않겠다고 말했다는 내용이 있다.55 당시 왕도의 힘이 얼마나 강했는지 짐작할 수 있는 부분이다. 권신이 정사를 주도하는 것이 도움이 될 때도 있다. 예를 들어 제갈량諸葛亮 역시 권신에 속했지만 충성심이 매우 깊어 절대 황제에게 위협이 되지 않았다. 하지만 대부분의 경우 권신이 정권을 장악하면 조정이 혼란에 빠지고 나라가 위태로워졌다. 그 대표적인 예가 조조로, 사실상 권신이라 볼 수 있는 그는 한나라 천하를 빼앗았다.

그래서 권력을 빼앗기지 않고 성공적인 황제로 역사에 남기 위해 건륭은 '어신술御臣術', 즉 대신들을 다루는 기술을 익혔다. 건륭은 즉위할 때 나이가 스물다섯으로 황제가 되기 전에는 그저 학생일 뿐 어떤 직책도 맡은 적이 없어 정치 경험이 부족했다. 중국 역사에서 이는 '주소국의主少國疑, 군주의 나이가 어려 주변에서 자질을 의심하고 불안해함'에 해당하는 상황이었다. 조정 대신들은 모두 황제보다 평균연령이 훨씬 높았고, 오랫동안 정치판에 발을 담가 산전수전을 다 겪어 정치 경험도 훨씬 더 풍부했다. 특히 옹정 13년 동안 이어진 강압적인 정책을 견뎌낸 대신들은 하나같이 능구렁이가 아니면 여우같았다. 그렇다면 건륭은 어떻게 이들을 다루었을까?

비록 나이는 젊었지만 건륭에게는 자신만의 방법이 있었다. 선천적으로 타고난 머리에 후천적인 교육이 더해져 그는 자신감이 충만한 상태였다. 그래서 즉위한 뒤 바로 이런 조치를 취했다.

첫째, '건강독단'이라는 정치원칙을 선포해서 모든 결정권을 황제가 갖도록 했다.

앞서 말했다시피 건륭은 유학의 정통사상을 배우며 자랐다. 그래서 정주이학을 숭배하고 송나라의 유명한 유학자인 정이를 매우 존경했으며 정이의 모든 말을 진리로 받들었다. 하지만 딱 한 마디만은 끝까지 인정하지 않았다. 무슨 말이었을까? 천하의 안위는 재상 한 사람 손에 달려 있다는 말이었다.[56] 건륭은 이 말이 크게 잘못되었다고 비판하고 정이의 주장을 반박하는 글을 쓰기도 했다. 건륭의 생각에 천하는 황제의 것이니 천하에서 일어나는 분란을 다스리는 것 역시 오직 황제만이 할 수 있는 일이었다. '일개 재상이 천하를 자기 것인 양 여긴다면 이는 안하무인에 대역무도한 짓이다.'[57]

그렇다면 건륭은 왜 이 말에 이토록 민감하게 반응했을까? 군주의 권력과 신하의 권력, 특히 재상의 권력은 창과 방패 같았기 때문이다. 방패(재상의 권력)의 역할은 창(군주의 권력)의 행동을 막는 것이었다. 재상의 권력이란 군주를 감시하고 견제할 수 있는 힘을 의미했다. 중국에는 '단수지벽斷袖之癖'이라는 유명한 고사가 있는데 그 고사의 주인공은 여인이 아닌 미남을 좋아했던 것으로 유명한 한나라 애제다. 『한서』를 살펴보면, 애제는 자기 곁에서 시중을 들던 동현董賢을 매우 아끼고 사랑해서 한 침대에서 잠을 자기도 했다. 어느 날 아침 애제가 잠에서 깨어 일어나려고 보니 동현이 자신의 소맷자락을 깔고 잠이 들어 있었다. 그러자 애제는 동현을 깨우지 않으려고 칼을 들어 소매를 자르고 일어났다. 여기서 소매袖를 자른다는 뜻의 '단수지벽'이 나왔고, 나중에 이 말은 동성연애를 뜻하는 표현이 되었다. 애제는 일상생활에서도 대신들이 각종 물품을 바치면 가장 좋은 것을 골라 동현에게 주고 자신은 그다음으로 좋은 것을 썼다. 하루는 대신들과 모여 밥을 먹는 자리에서 애제가 술에 취했다. 그는 술김에 동현에게 이렇게 말했다.

"동현아, 짐이 어떻게 해야 네게 더 잘해줄 수 있을지 모르겠구나. 아니면, 뭐 이 천하를 네게 주마!"[58] 그곳에 있던 대신들은 모두 눈이 휘둥그레졌다. 왜냐하면 애제의 말은 동현을 제후로 봉한다는 뜻이나 다름없었기 때문이다. 하지만 이때 황제의 돌출발언에 제동을 거는 사람이 나타났다. 바로 승상 왕가王嘉였다. 왕가는 나라에 아무런 공을 세운 것이 없는 동현을 무슨 이유로 제후에 봉할 수가 있느냐고 물었다. 그리고 이는 절대 받아들일 수 없으니 황

116

제께서 명을 거두어달라고 말했다. 승상에게 권력이 있으면 상황에 따라서는 이렇게 황제 말을 거역할 수도 있었다. 이런 관계는 송나라 때까지 이어졌다. 송나라 진종眞宗은 유劉 씨 황비를 특히 아꼈다. 그래서 그녀를 귀비로 봉하기 위해 사신을 불러 자신이 친필로 쓴 조서를 승상 이항李沆에게 보냈다. 이항은 그 조서를 보고는 황비 유씨는 아직 궁에 들어온 지 얼마 되지 않았는데 벌써 귀비로 봉하는 것은 후궁의 규율에 어긋난다고 말했다. 그러고는 촛대에서 초를 뽑아 황제가 친필로 쓴 조서를 불태워버렸다. 사신은 돌아가서 이 사실을 보고했다. 그러자 진종이 말했다.

"어쩔 수 없구나, 재상이 하는 말이 틀리지 않으니. 그러면 이일은 없었던 것으로 하겠노라."[59]

따라서 재상의 가장 주된 임무는 바로 황제가 잘못된 결정을 내리지 않도록 적절한 때에 제동을 거는 것이었다. 물론 재상의 권력과 황제의 권력이 충돌하는 상황은 자주 일어났다. 정치에 대한 황제와 신하의 시각이 달라 의견 일치를 보기가 힘들었기 때문이다. 이는 마치 한 그룹에서 CEO와 이사장이 회사 발전 방향을 놓고 의견 차이를 보이며 옥신각신하는 상황이라 할 수 있다. 이런 상황에서 힘을 가진 승상은 쉽게 권신이 되었다.

권력의 본질은 자기 세력을 확장하는 것으로, 이는 황제든 재상이든 모두 바라는 바이기 때문에 두 권력은 언제나 충돌할 수밖에 없다. 중국 역사에서 뛰어난 지략가로 꼽히는 한나라 무제는 54년간 한나라를 통치하며 재상을 몇 명 등용했을까? 총 13명이다. 한 명당 평균 4년 정도 일했으니 당시 치고는 재직 기간이 매우 짧았다고 할 수 있다. 게다가 이 13명 중 6명은 죽임을 당하거나 자살을 명받았다. 명나라의 초대 황제 주원장 역시 연속적으로 재상을 죽였는데 이선장李善長을 죽이고 호유용胡惟庸도 죽였다. 왜 그랬을까? 재상이 말을 듣지 않고 자기주장만 늘어놓으며 고집이 강했기 때문이다. 그래서 중국 정치사에서는 황제의 권력이 강해지면 재상의 권력은 줄어든다는 불문율이 생겨났다.

한나라 때는 황제가 생각하기에 중요하지 않다고 판단되는 일만 승상이 혼자서 처리하도록 했고, 당나라 때는 중서中書, 문하門下, 상서尙書 세 성省을 설치하고 성의 장관이 승상 자리를 함께 맡도록 하여 승상의 권력을 분산했다. '성'은 지금의 중앙부처에 해당하는 것으로 일본에서는 아직도 이를 사용하고 있다. 예를 들어 일본의 방위성防衛省은 국방부에 속한다.

명나라 주원장 시대가 되면 아예 승상을 임명하지 않고 황제 혼자서 이사장과 CEO의 일을 도맡아 했다. 황제 혼자서 어떻게 그 일을 다 할 수 있었을까? 내각제를 실시하고 직남서방直南書房, 청나라 시대에 궁에서 황제의 일을 도맡아 처리하는 일종의 비서실이라 할 수 있음과 대학사의 도움을 받았다. 그런데 대학사 역시 황제를 제약할 힘이 있어서 황제가 하려는 일에 방해가 되곤 했다. 그래서 청나라 옹정제는 군기처를 만들었다. 군사와 정치 관련 일은 모두 황제가 처리하고 군기대신은 아무런 결정권 없이 황제의 명을 수행하기 위해 바쁘게 움직이기만 하도록 한 것이었다. 청나라 시대에는 보통 한 사람이 대학사와 군기대신을 겸함 이렇게 되면 이제 황제의 권력을 막을 수 있는 세력은 아무것도 없다. 중국 역사에서 황제와 신하의 권력이 함께 상승하는 경우는 황제가 재상을 대하는 예절에서 찾아볼 수 있다. 한나라 때는 재상이 조정에 나오면 황제가 반드시 일어나야 했다. 송나라 이전에는 승상이 황제 앞에 앉아서 이야기를 나누었다.[60]

하지만 송나라 때가 되면 앉는 자리를 없애버리고 승상이라 할지라도 모두 황제 앞에서 서서 이야기를 해야 했다. 명나라 주원장은 여기서 한 발 더 나아가 모든 대신이 황제 앞에서 무릎을 꿇고 이야기하도록 했다. 황제가 보기에 무릎을 꿇고 있는 시간이 너무 길다 싶으면 잠시 앉을 수 있도록 의자를 내어주기도 했다. 청나라 때는 의자도 주지 않고 시간이 얼마나 지났든 무조건 무릎을 꿇고 있어야 했다. 그래서 청나라 대신들은 황제를 만나러 가기 전에 꼭 장비를 한 가지 챙겼다. 바로 두꺼운 무릎보호대인데 이걸 차지 않으면 병이 날 정도였다.

따라서 중국 역사 속 중앙집권은 청나라 때 절정에 이르렀다고 할 수 있다. 청나라 황제가 가장 추구했던 정치형태는 바로 '건강독단'으로 황제가 결정을 내린 일은 신하들이 감히 토를 달 수 없었다. 건륭은 나라의 모든 대사는 반드시 황제가 직접 처리해야 하며, 이것은 우리 청나라의 우수한 전통이라고 말했다.[61] 그리고 청나라의 정치 규율은 다른 어떤 왕조보다 엄격한데 그 이유는 황제들이 권력을 빼앗기지 않고 잘 지켜왔기 때문이라고 했다.[62] 그래서 건륭은 즉위하자마자 '건강독단'이라는 청나라의 정치 전통을 만천하에 선포할 수 있었다. 권신들이 나타나는 것을 막기 위해 그는 모든 결정권을 자기 손안에 쥐었다. 그 덕분에 누구의 방해도 받지 않고 자기 힘만으로 아버지가 했던 정책을 자기 뜻대로 바로잡을 수 있었다.

만일 조정에서 반대의 목소리가 들리면 그는 단호하게 칼을 빼들었다. 애초에 엄한 처벌을 내려 모두에게 경각심을 심어주고자 한 것이다. 다음 이야기가 가장 대표적인 예라 할 수 있다.

건륭 원년, 옹정제를 모셨던 대신 왕사준王士俊은 건륭이 계속해서 옹정제의 정책을 뒤집는 것에 불만을 품고 이런 상소를 올렸다. "황제께서 즉위하신 후로 대신들이 올리는 상소의 내용을 좀 보십시오. 모두 선황제께서 실시했던 정책을 반대하는 것들입니다. 심지어 어떤 자는 상소를 올린 뒤 새 황제는 선황제에 반대하는 내용만 올리면 무조건 좋은 상소로 여긴다고 공공연하게 말하고 다니기까지 합니다."63 왕사준은 '어떤 자'의 입을 빌려 건륭의 행태를 지적하고자 했다. 건륭은 이를 어떻게 받아들였을까? 차라리 잘된 일이라 말했다. 새로운 정치를 실현하려면 반드시 누군가 제물이 되어야 하는데 때마침 왕사준이 총구를 자기 입속에 가져다 댄 것이나 다름없었기 때문이다. 건륭은 '간사한 소인배姦邪小人가 이치에 어긋나는 말을 함부로 지껄인다'64며 그를 비난하고 바로 참수 결정을 내린 뒤 집행하라 명했다. 왕사준이 죽을 만한 죄를 짓지 않은 것은 분명했지만 건륭은 그를 본보기로 삼으려 했다. 나중에 그가 자기 잘못을 인정하자 건륭은 관대한 황제로 돌아와 사형을 면하고 고향으로 돌아가게 해주었다. 그 후로 조정에서는 반대하는 목소리가 들리지 않았다. 이것이 바로 '건강독단'이다. 무슨 일이든 황제의 말이 법이고, 반대하는 자는 목이 날아가지 않도록 조심해야 했다.

따라서 왕조별로 황제의 권력이 얼마나 강했는지 비교해본다면 다음과 같다. 우선 한나라 때는 황제가 결정권의 60퍼센트를 갖고 승상이 40퍼센트를 가졌다. 송나라 때는 황제가 70퍼센트, 승상이 30퍼센트를 갖고, 명나라 때는 황제가 80퍼센트, 대신이 20퍼센트를 갖게 된다. 그렇다면 청나라 때는 어떨까? 황제가 결정권의 95퍼센트를 갖고 대신들에게는 거의 발언권이 없었다. 물론 황제가 대신들에게 어떤 사건의 처리방법에 대해 의견을 구하는 때는 종종 있었지만 이는 정말 참고만 하겠다는 뜻이었다. 청나라 대신들은 황제의 명을 집행하는 데 필요한 최소한의 권력(5퍼센트)만 갖고 있었다. 이런 상황이라면 당연히 권신이 나타나기 어렵다.

그래서 건륭제의 정치에는 한 가지 특징이 있었다. 뛰어난 군주는 있었지만 뛰어난 신하는 없었다는 것이다. 모든 스포트라이트가 황제 한 사람에게만 쏟아지고 신하들은 황제의 그늘에서 생활할 뿐이었다. 이는 흔치 않은 경우였다. 중국 역사상 위대한 군주 곁에는 언제나 유명한 신하들이 있었다. 특히 태평성세를 이룬 군주의 경우, 예를 들어 당 태종 이세민李世民 곁에는 문관 위징魏徵, 방현령房玄齡과 무관 위지공尉遲恭, 정교금程咬金이 있었다. 건륭제 역시 태평성세를 이루었지만 통치 기간 60년을 통틀어 비교적 유명한 신하는 셋뿐이다.

그중 전기에는 장정옥이 있었다. 장정옥은 무엇으로 유명했을까? 그는 황제의 비서였는데 일을 잘하기로 유명했다. 속기速記에 능해서 황제의 말을 빠르고 정확하게 잘 받아 적었다. 정말 그뿐이었다. 그래서 그의 공적은 다른 시대의 유명한 신하들과는 비교도 되지 않는다. 후기에는 누가 있었을까? 화신이 있었다. 그는 탐관오리로 유명했다. 또 한 명은 악이태鄂爾泰인데 문학시종文學侍從이라는 관직으로 글 짓는 기교가 조금 있었다. 건륭 시대에는 유명한 장수도 없었다. 왜냐하면 아무리 먼 거리라도 모든 전투를 황제가 직접 지휘했기 때문이다. 다른 사람에게 맡기면 안심할 수 없었다. 따라서 건륭제 시기는 중국 역사에서 군주의 권력이 가장 강하고 신하의 권력이 가장 약했던 시기라고 할 수 있다.

건륭의 이런 독단적인 정치형태에는 어떤 장점과 단점이 있었을까? 장점부터 말하면 권신이 등장하는 것을 막는 것은 당연하고 정책 결정 과정이 빨라지며 권력이 집중되어 있으니 각 부처에서 일을 미루는 일도 없었다. 하지만 장기적 관점에서 보면 일반적으로 군주의 권력이 지나치게 강하면 대신들의 정치에 대한 열정이 사라지고 시키는 일만 하다 보니 나라에 대한 책임감도 줄어든다. 그래서 황제가 강력한 나라에서는 모든 일이 질서정연하게 이루어지지만 그 황제가 떠난 뒤 평범한 황제가 뒤를 잇게 되면 그 나라는 한순간에 엉망이 되고 만다.

건륭의 이런 집권방식은 청나라 정치사에 큰 영향을 미쳤다. 건륭제 시기의 대학사 장정옥은 '맞는 말 만 마디보다 한 마디도 하지 않는 편이 더 낫다'65는 명언을 남겼다. 황제 앞에서는 말을 적게 하고 의견을 표출하는 일도 줄이며, 그저 황제가 말을 하면 빨리 받아 적었다가 전하면 끝이었다. 건륭 이후 가경제와 도광제 시기에는 대신들 사이에 또 어떤 말이 유행했을까? 바로 '많이 조아리고 적게 말하라'다. 이는 대학사 조진용의 말로 그는 자기 제자들에게 황제가 질문을 하면 그저 땅을 향해 머리만 조아리면 된다고 말했다. 머리를 조아려야 할 부분에는 잊지 말고 반드시 머리를 숙이고, 조아리지 않아도 될 부분에서도 많이 조아리면 처벌은 면할 수 있다고 했다. 대신들은 감히 자기 의견을 드러내지 못했기 때문에 어떤 문제를 처리할 때 황제에게 방법이 떠오르지 않으면 모두 두 손 놓고 기다려야만 했다. 청나라 말기에 국력이 쇠약해지며 외세의 침입을 받은 것은 옹정제와 건륭제 시기에 만들어진 이런 정치풍토와 직접적 관련이 있다고 할 수 있다.

지금까지 건륭이 즉위한 뒤 권신이 생겨나는 것을 막기 위해 건강독단이라는 정치원칙을 세웠음을 이야기했다.

이제 건륭의 두 번째 방법을 살펴보자. 두 번째는 바로 선대 황제의 신하들을 그대로 이어가며, 자신의 조직을 만드는 일에 조급해하지 않았다는 것이다. 건강독단은 황제가 모든 결정권을 갖는 것이기 때문에 대신은 필요치 않다. 하지만 결정 내린 사항을 실행하려면 반드시 그들이 필요했다.

'새 황제가 자리에 오르면 이전 신하들은 모두 내치고 자신만의 사람으로 조정을 채운다'[66]는 말이 있다. 왜냐하면 오래된 신하들은 대체로 새 황제의 말을 잘 듣지 않기 때문이다. 하지만 건륭은 그렇게 하지 않았다. 왜 그랬을까? 이유는 두 가지다. 앞서 말했다시피 옹정은 황자들이 대신들과 접촉해 정치에 관여하지 못하도록 철저히 관리했기 때문에 건륭은 대신들과 전혀 아는 사이가 아니었다. 또한 옹정이 남긴 신하들, 즉 악이태와 장정옥을 중심으로 한 이들은 오랫동안 엄격한 옹정제 아래서 일했기 때문에 행정능력은 뛰어나면서 성격은 비교적 유순하고 순종적이었다. 그래서 명석했던 건륭은 새로운 조직이 없어도 아버지가 남긴 조직으로 국정을 꾸릴 수 있다는 것을 눈치챘다. 옹정제가 가장 총애한 두 신하 악이태와 장정옥은 건륭제 초기에도 계속해서 가장 중요한 두 자리를 차지하게 되었다.

장정옥은 앞에서 언급했으니 악이태를 간단하게 소개하겠다. 그는 만주족으로 향시鄕試, 정식으로 과거에 응시하기 전에 각 지방에서 보는 1차 시험 출신이다. 강희제 때는 줄곧 뜻을 이루지 못하다가 마흔이 넘어서야 작은 관직을 맡았다. 자신에게는 평생 기회가 없을 것이라 낙담했지만 예상치 못하게 옹정제의 신임을 받아 윈구이 총독을 거쳐 보화전保和殿 대학사를 지냈고 나중에 수석 군기대신 자리에까지 올랐다. 그와 장정옥은 각각 만주족과 한족을 대표하는 대신으로 옹정제 시기에 가장 중요한 요직을 담당했다. 건륭 역시 황제 자리에 오른 뒤 그들을 존중하며 계속 중임을 맡겼다. 건륭은 이전에 실질적인 정무를 처리해본 적이 없기 때문에 겸손한 자세로 그들을 대하며 빠르게 정치를 배워갔고, 스스로 해결하기 어려운 부분이 있으면 겸손하게 가르침을 청하기도 했다.

건륭 2년에는 이 둘을 백작에 봉했는데 이는 흔치 않은 일이었다. 왜냐하면 청나라 이전에 문관이 백작에 오른 경우는 없었기 때문이다. 전통사회에는 다섯 가지 작위가 있었는데 공公·후侯·백伯·자子·남男으로 백작은 꽤 높은 작위에 속했다. 그런데 청나라의 관리는 9품제로 나누지 않았던가? 가장 아래에서부터 위까지 총 9품으로 나누었는데 그렇다면 백작은 몇 품에 속할까? 백작 이상의 작위는 모두 '초품超品'에 속해서 9품 전체보다 지위가 훨씬 높았다. '초품'은 일반적으로 전쟁에서 공을 세운 대장군에게 주는 것이었으니 건륭이 전에 없던 선례를 만들어낸 것이라 할 수 있다.

그렇다면 한 가지 의문이 생긴다. 건륭은 권신들이 나타나는 것을 경계했다고 하지 않았던가? 이렇게 악이태와 장정옥을 백작에 봉한다면 이들이 권신이 될 수도 있지 않은가? 그럴 일은 없었다. 옹정제의 엄격한 관리 덕분에 당시 대신들 머릿속에는 군주와 신하의 구별이 명확했고 감히 황제에게 맞설 생각을 품지 않았다. 그래서 건륭은 집권 초기에 편하게 그들의 도움을 받을 수 있었다.

건륭은 이로써 두 가지 이득을 보았다. 하나는 옹정제의 신하들은 원래 새 황제의 시대가 열리면 자신들은 모두 버려질 것이라 생각했지만 새 황제가 다시 중용하니 당연히 감격스러울 수밖에 없었다. 그래서 더욱 열심히 황제를 위해 일하며 동분서주했다. 또 하나는 관료집단의 안정과 결속을 이어갈 수 있기 때문에 순조롭게 새로운 정책을 실행할 수 있었다.

여기까지가 두 번째 방법이다. 이전의 대신들을 그대로 중용하는 것이다.

세 번째는 신하들이 자신을 농락하지 못하도록 늘 경계심을 갖고 대신들의 일거수일투족을 꼼꼼히 살피는 것이었다. 건륭은 스물다섯에 황제 자리에 올랐다. 자리에 오른 뒤 그는 황제 주변에는 늘 공손한 태도로 미소를 짓는 사람들만 가득하다는 사실을 깨달았다. 자신이 어떤 말을 하고 어떤 행동을 해도 사람들은 모두 이를 찬양하고 미소를 보낼 뿐이었다. 심지어 재채기만 한 번 해도 황제폐하는 재채기하는 소리도 듣기 좋다며 보통 사람은 그렇게 재채기를 할 수 없다고 말할 정도였다. 이런 상황에서 일반 군주들은 자신을 찬양하는 말에 현혹되어 경계심을 잃어버린다. 하지만 건륭은 달랐다. 그는 청나라를 다스리는 60년 동안 늘 한 가지 생각만은 잃지 않았다. 바로 절대 아랫사람들에게 농락당해서는 안 된다는 것이었다. 그 이유는 무엇일까?

이는 중국 역사에 자주 등장하는 한 신하와 관련이 있다. 바로 간신이다. 어떤 신하를 간신이라고 할까? 간신의 특기는 교묘한 말로 비위를 맞추는 것이다. 즉 아첨에 능하고 말재주로 황제를 속이는 신하가 바로 간신이다.

청나라 중기에는 특히 간신이 많았는데 그 이유는 무엇일까? 명나라와 청나라는 모두 강력한 전제주의를 실시했기 때문에 황제들은 대신들이 자기 주장을 내기보다 황제 말에 따라 움직이는 노예가 되길 바랐다. 간신의 특징은 자존심이 없다는 것이다. 그들은 누가 황제가 되는지는 관심이 없다. 누가 되든 자신의 역할은 같기 때문이다. 그들이 관심을 갖는 것은 황제의 환심을 산 뒤 그 권력을 이용해 자신이 얻을 수 있는 최대 이익을 얻는 것뿐이었다. 만일 자신에게 이득이 될 부분이 없다고 생각되면 그저 황제가 시키는 대로 자기 일만 하다가 일단 황제가 내린 명령에 허점이 보인다 싶으면 바로 달려들어 수단 방법을 가리지 않고 중간에서 이득을 취했다.

건륭은 자기 곁에 있는 대신들이 비록 겉으로는 모두 성실하고 공손한 것처럼 보이지만 속으로는 자신의 머릿속을 궁금해한다는 점을 잘 알고 있었다. 황제가 기분이 좋을 때는 아첨으로 이득을 취하고 기분이 좋지 않을 때는 다른 신하의 단점을 일러바치려는 신하가 얼마나 많던가? 그래서 황제가 총명하고 엄격하면 간신들은 순종적으로 행동하며 비위를 맞추려 들지만 황제가 무지하고 유약하면 거짓말만 늘어놓으며 황제를 농락하려 든다. 청나라 때는 이런 일도 있었다. 한 번은 도광제가 대학사와 이야기를 나누다가 보통 아침으로 무엇을 먹느냐고 물었다. 그러자 그는 자신은 소박해서 달걀 세 개를 먹는다고 말했다. 황제는 그 말을 듣고 깜짝 놀랐다. 아침식사로 달걀을 세 개나 먹다니 대학사가 너무 부유하지 않은가? 황제가 놀란 이유는 무엇일까? 내무부에서 올린 보고서에는 달걀 한 개에 은자 32냥이라고 쓰여 있었기 때문이다. 달걀이 세 개면 하루에 은자 90냥 정도를 쓰는 것이니 놀라지 않을 수 있겠는가?

건륭은 역사에 정통해서 간신의 위험성을 너무나 잘 알고 있었다. 가장 큰 위험은 황제가 실상을 제대로 파악하지 못해서 잘못 결정하게 된다는 것이었다. 예를 들어 아편전쟁 기간에 도광제가 잘못된 결정을 내린 것은 대신들이 돌아가며 황제를 속였기 때문이다. 1840년 5월 정역장군靖逆將軍 혁산奕山은 광저우에서 영국군과 한바탕 전투를 벌였다. 전투가 끝난 뒤 그는 황제에게 청나라군이 영국군의 대형 전투함 2척과 소형 전투함 20여 척을 침몰시켰으며, 영국군 중 '물에 빠져 죽은 자가 한둘이 아니다'라고 보고를 올렸다. 도광제는 이 보고를 듣고 매우 기뻐하며 계속 진격하라고 명했다. 하지만 사실은 이와 달랐다. 영국 군관이 기록한 정부문건을 살펴보면 당시 영국 군함은 한 척도 침몰하지 않았고 사상자 또한 전혀 없었다. 혁산의 말과 반대로 영국군이 청나라 전함을 공격하여 43척을 침몰시켰다. 그래서 사소한 일에서 황제를 속이는 것은 크게 위험하지 않을 수 있지만 군대와 관련한 일에서 황제를 기만한다면 이는 나라가 멸망하는 원인이 될 수 있다. 이 때문에 건륭은 황제 자리에 오른 바로 그날부터 눈을 크게 뜨고 관료들이 하는 모든 행동을 면밀히 살폈다. 그리고 조금이라도 자신을 속이려는 낌새가 보이면 바로 엄하게 처벌하고 절대 봐주는 법이 없었다.

건륭 4년, 정말로 이런 일이 일어났다. 당시 청나라 황실은 태묘太廟라는 사찰에서 제사를 지냈다. 중요한 곳인 만큼 정기적으로 사찰의 상태를 살피고 수리했다. 그해는 바로 사찰을 수리하는 해였다. 수리는 공부工部가 주관했는데, 공사에 들어간 첫날 공부에서 상소를 올렸다. 사찰의 등을 수리하는 데 은자 302냥이 필요하다는 것이었다.

은자 302냥 정도는 사실 황제가 크게 신경 쓸 액수가 아니었다. 하지만 매사에 꼼꼼했던 건륭은 이 숫자를 보고 의구심이 들었다. 등 몇 개를 수리하는 데 왜 300냥이나 필요하다는 것일까? 건륭은 바로 붓을 들어 상소 위에 적었다. 등은 작은 물품에 불과한데 어째서 이 정도 돈이 필요한가?

사실 공부는 오래전부터 황실과 관련한 공사에서 은자를 횡령해왔고, 100냥 정도를 가로채는 일은 비일비재했다. 그들은 다시 상소를 올려 이는 예상금액이며 수리하고 남는 은자가 있으면 바로 반납하겠다고 말했다. 황제는 늘 바쁘니 이렇게 말하면 크게 개의치 않을 거라고 생각한 것이다. 하지만 이 상소를 본 건륭은 크게 화를 냈다. 그리고 다음 날 자신이 아는 바로는 이전에도 공부에서는 늘 예상금액을 써낸 뒤 은자를 받아썼지만 한 번도 공사가 끝난 뒤 남은 은자를 반납한 적이 없었다고 적어 보냈다. 건륭은 전날 사람을 보내 공부의 문건을 조사하라 했지만 누구도 황제에게 이런 사실을 보고하지 않았다. 공부 관리들이 황제를 속이려 한 것이다.

"너희는 짐이 아무것도 모르니 쉽게 속일 수 있으리라 생각한 모양인데, 틀렸다."67

겨우 은자 수백 냥에 해당하는 작은 일이었지만 건륭은 크게 분노해서 공부의 관리 전체는 물론 관련된 모든 대신에게까지 무거운 처벌을 내렸다. 상서尙書뿐만 아니라 시랑侍郎 아극돈阿克敦과 그 아래 관리들까지 직위가 강등되거나 녹봉이 줄어들었다. 이렇게 많은 사람을 처벌한 일은 청나라 역사를 통틀어 드물었다. 대신들은 공포에 떨며 젊은 황제가 얼마나 무섭고 대단한 사람인지 실감했다. 이는『청고종실록』에 실린 일화다.

청나라 사관들은『대청십조성훈大淸十朝聖訓』이라는 정치어록을 편찬했는데 그중에는 이런 기록이 있다. 순무巡撫, 청나라 시대 지방의 행정장관의 자리에 있는 한 관료가 건륭에게 상소를 올렸는데 지방에서 일어나는 불법적인 일에 관한 것이었다. 그런데 상소 말미에 그는 자신이 상소를 쓰는 동안 포정사布政使, 청나라 지방 관리와 안찰사按察使, 순무 아래서 일하는 관리 두 사람이 보고서를 올렸는데 그들이 쓴 내용이 자신이 알고 있는 것과 같다68고 덧붙였다.

이 상소를 본 건륭은 조금도 기쁘지 않았다. 건륭은 단번에 순무가 이런 말을 덧붙인 이유를 알아챘다. 만일 순무 혼자 황제에게 이런 상소를 올린다면 이는 당연히 순무의 공이 된다. 하지만 동시에 같은 일을 하는 포정사와 안찰사는 감독을 소홀히 했다는 의심을 받을 수도 있다. 왜 순무가 발견한 일을 너희는 발견하지 못한 것이더냐? 그래서 순무는 상소 마지막에 자신이 글을 다 쓸 무렵 이 둘 역시 같은 내용을 보고했다고 쓴 것이다. 그러면 자신의 공은 그대로 이어가면서 포정사와 안찰사의 부담은 덜어줄 수 있었다. 보라, 사회생활을 하려면 참으로 교묘한 기술이 필요하다. 하지만 이런 얄팍한 수는 건륭에게 통하지 않았다. 건륭은 붓을 들어 상소 위에 썼다.

"이런 일은(순무가 조사한 일에 포정사와 안찰사가 각기 똑같은 보고서를 올리는 것) 천 번 중에 한 번 일어날까 말까 한 우연인데, 그런 우연이 어떻게 순무에게서 일어난 것인가?"[69]

건륭은 확실히 보통 황제들보다 더 영리하고 예리했다. 다른 황제들이었다면 절대 알아채지 못했을 복잡한 꾀도 건륭은 물속을 들여다보듯 훤히 꿰뚫어보았다. 이런 일이 몇 차례 이어지자 대신들은 황제의 능력을 인정했다. 심지어 경험이 풍부한 대신들도 황제를 당해낼 수 없었다. 한 번은 건륭이 대신들에게 자신의 부족한 점을 말해보라고 했다. 그러자 저린지儲麟趾라는 신하가 나서서 이렇게 이야기했다.

"황상께서는 너무나 총명하십니다. 그 비상함을 저희는 따라갈 수가 없습니다. 자고로 다른 왕조에서는 황상이 총명하지 못하여 걱정이었지만 황제께서는 너무 총명하시어 저희가 걱정이 됩니다. 다른 왕조에서는 황제가 우유부단하여 걱정이었다면 황제께서는 모든 일을 단번에 처리하시니 저희가 허둥댈 따름이옵니다!"[70]

저린지는 이런 방법으로 황제에게 속마음을 표현했다. 물론 이는 단점이 아닌 찬양에 가깝지만 건륭이 호락호락하지 않은 상대였다는 사실만은 확실히 말해준다. 그래서 조정 대신들은 매사에 신중을 기하며 절대 함부로 행동하지 않았다.

건륭은 권력을 한곳으로 집중하는 방법으로 권신이 나타날 가능성을 차단했다. 또 대신들이 자신을 농락하지 않도록 언제나 경계심을 잃지 않고 간신들이 조정을 어지럽히지 못하게 단속하며 자기 명이 빠르게 아래로 전달되도록 했다. 그래서 태후와 황족, 태감뿐만 아니라 중국 역사에서 황권에 위협이 된 또 다른 세력인 권신과 간신들까지 모두 효과적으로 통제할 수 있었다. 이제 우리가 앞서 말했던 다섯 부류 중 마지막 한 부류가 남았다. 바로 붕당이다.

붕당이란 말하자면 산과 같다. 대신들이 황제와 단독으로 겨뤄서는 이길 수 없지만 하나로 모여 큰 산을 이루면 황제가 쉽게 그들을 제압할 수 없다. 같은 산을 이룬 대신들이 서로 정보를 공유하며 힘을 합쳐 황제에게 맞서거나, 두 산의 대신들이 서로 공격하기 시작하면 황제가 이들을 통제하기는 너무 어렵다. 황권에 위협이 되는 붕당의 힘이란 바로 이런 것이었다. 건륭제 초기에도 이런 붕당의 움직임이 나타난 적이 있었다.

건륭의 부친 옹정은 엄격한 황제였기 때문에 옹정제 당시에는 조정의 기강 역시 바로 서 있었다. 그렇다면 건륭제 때는 왜 붕당이 나타났을까?

건륭은 정치 과도기를 평온하게 넘기기 위해 악이태와 장정옥이라는 옹정의 두 신하를 계속 중용했다. 그런데 이 둘은 각각 만주족과 한족의 대표로 서로 비슷한 세력을 이루고 있었다. 일반적으로 동종업계 사람들끼리는 서로 질투하게 마련이다. 각 영역에서 가장 능력이 좋은 사람으로 꼽히는 인물들 간에는 더욱 그렇다. 악이태와 장정옥은 지위는 비슷했지만 성격이 달라 오랫동안 일하면서도 사이가 가깝지 않았다. 장정옥은 강희제 때 진사에 합격하여 부부장을 지낸 인물로 경력이 풍부했기 때문에 나중에 조정에 들어온 악이태를 깔보았다. 악이태 역시 천성이 오만하고 자존심이 강했으며 내각의 지위가 장정옥보다 높아 장정옥을 무시했다. 『소정잡록』에는 '한곳에서 일한 지 10여 년이지만 하루종일 말 한 마디도 섞지 않을 때가 많았다'[71]는 기록이 있다. 단순히 사이가 먼 것이 아니라 서로 적의를 품고 있었던 것으로 볼 수 있다. 이런 상황에서 비록 두 사람은 의도하지 않았다 해도 그들을 따르는 대신들이 각자 집단을 형성했을 수도 있다. 만주족 대신들이 악이태 곁으로 모이자 한족 대신들은 장정옥 곁에 모이기 시작했고 두 무리가 서로 공격하며 붕당의 모습이 만들어졌다.

붕당은 태후와 황족, 태감, 권신과 간신에 비해 상대적으로 관리하기가 까다로운 부류였다. 그래서 건륭은 초기에 두 붕당을 평등하게 대하다가 나중에 때가 오자 이 문제를 해결했다. 언제였을까? 건륭 13년이다. 왜 건륭 13년이었을까? 왜냐하면 그때 궁에 큰 사건이 하나 일어났는데 건륭의 사생활뿐만 아니라 조정 전체에 큰 혼란을 몰고 왔기 때문이다.

7강 ─────

황제의 사랑

乾隆

즉위 초, 건륭은 인자하고 너그러운 태도로 나라를 다스렸다. 하지만 건륭 13년 이후로는 이전과 전혀 다른 사람이 되어 서슬 퍼런 얼굴로 엄격하고 차갑게 사람들을 대했다. 그해에 도대체 무슨 일이 일어났던 것일까? 역사서의 기록에 따르면 그해 건륭의 황후 부찰富察 씨가 세상을 떠났다.

황제를 이야기할 때 절대 빼놓을 수 없는 인물이 황후다. 황제의 감정 상태는 나라 전체에 큰 영향을 미치기 때문이다. 좋은 영향을 미친 예로는 명나라 효종을 예로 들 수 있다. 그는 중국 역사상 유일하게 일부일처제를 행했던 황제였다. 그는 평생 한 여인, 장황후張皇后만을 아내로 맞아 행복하게 살았으며 다른 여인들에게는 눈길도 주지 않았다. 황제 마음이 즐겁다보니 정치를 할 때도 매사에 긍정적이었다. 그래서 그가 통치하던 시기를 '홍치중흥弘治中興'홍치는 현종의 연호로 그가 나라를 잘 다스리며 안정적인 시기를 이어간 것을 칭송하는 말이라 말하기도 한다. 나쁜 영향을 미친 예로는 당나라 현종과 양귀비楊貴妃가 있다. 현종은 양귀비를 너무나 사랑해서 그녀 친척들을 관직에 중용했다가 나중에 안사安史의 난당나라 중기에 양귀비의 양자였던 안녹산安祿山과 같은 고향 동료인 사사명史思明 등이 일으킨 반란이 일어났다. 그래서 황제의 사랑은 나라의 운명과 밀접한 관계가 있다고 할 수 있다. 그렇다면 건륭의 애정관계는 어떠했을까? 문학작품에서는 종종 풍류가 같은 인물로 그려지곤 하는데 현실 속 건륭은 어떤 남편이었을까?

전해지는 기록에 따르면 건륭의 후궁들 중 칭호가 붙은 비는 총 40여 명이었다. 그에게는 평생 황후가 세 명 있었는데, 그중 가

135

장 중요한 인물이 바로 그의 조강지처였던 첫 번째 황후 부찰 씨다. 중국의 모든 황제 중 황후와 진정한 부부애를 나눈 이는 찾아보기 어렵다(이유는 다양하다). 하지만 건륭과 부찰 씨의 애정은 늘 한결같았다.

황후 부찰 씨는 명문가 여인이었다. '부찰'은 만주족 8대 가문 중 하나로 가세가 대단했다. 건륭과 결혼할 당시 나이가 열여섯으로 건륭보다 한 살 어렸다. 당시 건륭은 아직 황제에 오르지 않았으니 부찰 씨는 황자에게 시집 간 것이었다.

옹정은 그때 이미 건륭을 차기 황제로 점찍어두고 있었다. 그래서 건륭이 장가를 든다면 그 아내는 청나라 황후가 될 테니 더욱 신중히 며느릿감을 골라야 했다. 명문가 출신이어야 한다는 것 외에 한 가지 조건이 더 있다면 그것은 외모였다. 그렇다면 부찰 씨 외모는 어땠을까? 현재 자금성에는 유명한 서양화가 카스틸리오네Giuseppe Castiglione, 청나라 중기에 궁중화가로 활약한 이탈리아인 선교사로 중국명은 낭세녕郎世寧임가 그린 유화가 보존되어 있다. 그가 그린 황후 모습을 살펴보면 피부가 맑고 청초하며 이목구비가 뚜렷하다. '경국지색傾國之色'이라고까지는 할 수 없지만 그래도 미인에 속하는 얼굴이다. 기품 있고 온화한 모습에 눈빛 또한 영롱하다. 황후 자리에 있었지만 조금도 교만한 모습을 보이지 않는 것으로 보아 매우 교양 있는 여성이었다고 할 수 있다.

명문가 출신에 아름다운 얼굴 외에도 그녀는 총명하고 현명했으며 인간적인 매력 또한 넘쳐났다. 그녀의 매력으로는 세 가지를 꼽을 수 있다.

첫째로 부찰 씨에게는 다양한 모습이 있었다. 『청사고』의 기록을 살펴보면, 부찰 씨는 부잣집 규수 출신이었지만 얼굴에 짙은 화장을 하는 것을 좋아하지 않았고 금은보석으로 몸을 장식하는 것 또한 마다했다. 그녀는 13년간 황후 자리에 있으면서 매일 깔끔한 민낯으로 황제를 알현했고 화장이나 특별한 치장은 하지 않았다. 생화 몇 송이를 꽂는 것 외에는 진주나 비취를 몸에 두르지 않았다[72]고 한다.

외적 아름다움은 한순간이지만 내적 매력은 평생 간다는 말이 있다. 부찰 씨는 바로 이런 '내적 매력'을 지닌 여자였다. 그녀는 총명하면서도 순진했고, 온화하면서도 명랑했으며, 대범하면서도 섬세했다. 건륭이 매일 정무를 처리하느라 바쁠 때면 스스로 후궁들을 일일이 단속해 황제가 신경 쓸 일이 생기지 않도록 했다. 황제의 기분을 잘 살폈다가 일이 원하는 대로 풀리지 않아 우울해 보이면 마치 말을 알아듣는 꽃이라도 된 듯 조용하고 다정한 목소리로 곁에 앉아 이야기를 나누며 기분을 풀어주었다. 일에 지쳐 쉬고 싶어 보이면 활발한 매력과 운동신경을 발휘해서 황제를 모시고 청더의 사냥터로 가 실컷 말을 타고 사냥을 하며 스트레스를 풀어주었다. 건륭은 까다로운 남자였다. 그가 원하는 것은 결코 말을 잘 듣는 순종적인 여인이 아니었다. 그에게는 상황에 따라 다양한 모습을 보일 수 있는 이해심 많은 여인이 필요했다. 부찰 씨가 바로 그런 여인이었다. 이것이 바로 첫째 매력이었다.

둘째는 부찰 씨가 건륭의 생각을 아주 잘 이해했다는 것이다. 어느 가을 날 건륭은 황후와 함께 피서산장으로 사냥을 나갔다. 건룽은 사냥을 하며 지나가는 말로 황후에게 이런 이야기를 했다.

"우리 만주족의 조상들은 관외에서 힘든 생활을 하며 옷소매 테두리에 사슴꼬리 털을 두르는 것을 최고의 사치로 알고 살았소. 하지만 요즘 팔기의 자제들은 하나같이 겉치장에 신경을 써서 보석을 주렁주렁 달고 다니며 방탕하기가 이루 말할 수 없으니 참으로 걱정이오."

건륭은 별다른 뜻 없이 한 말이었지만 부찰 씨는 이를 마음에 간직해두었다가 베이징으로 돌아온 뒤 사람을 시켜 사슴꼬리털을 구했다. 그리고 직접 그 꼬리털로 가장자리를 장식한 작은 주머니를 만들어 건륭에게 선물했다. 조상들의 열정과 소박함을 잊지 말라는 의미였다. 주머니를 받은 건륭은 매우 기뻐하며 그것을 평생 자기 곁에 두었다. 이렇듯 부찰 씨와 건륭은 물질적으로 또 정신적으로 교류가 많았다. 이는 부부 사이에 매우 중요한 부분이다.

셋째는 부찰 씨가 매우 인간적이었다는 것이다. 그녀는 건륭의 생활 전반에 관심을 갖고 모든 일은 반드시 직접 챙겼다. 한 번은 건륭의 몸에 부스럼이 난 적이 있었다. 의원은 100일 정도 매일 약을 발라주어야 한다고 말했다. 부찰 씨는 궁녀들이 황제를 잘 돌볼지 걱정되어 직접 건륭의 침실 옆에 거처를 마련하고 매일 황제에게 약을 발라주었다. 그렇게 석 달이 조금 지나자 건륭은 건강을 완전히 회복했고, 그녀는 그제야 자신이 있던 궁으로 돌아갔다.[73] 황후의 현명함은 그녀가 황태후를 대하는 태도에서 가장 빛을 발했다. 황태후는 원래 허드렛일을 하던 시녀로 출신이 비천했다. 나중에 태후라는 높은 지위에 올랐지만 말하고 웃는 태도는 여전히 일반 백성이 하는 행동 그대로였다. 그에 비해 황후는 양갓집 규수로 자라 걸을 때도 치마를 움직이지 않고 웃을 때도 치아를 드러내지 않았다. 두 여인이 이렇게도 다르니 가깝게 지내는 것은 당연히 어려울 듯 보였다. 하지만 부찰 씨는 태후를 자신의 친정어머니처럼 여기며 하나부터 열까지 세심하게 곁을 챙겼다. 태후의 출신이 좋지 않다는 것을 알았기 때문에 특히 더욱 예의를 갖춰 행동했다. 식사를 하실 때면 궁녀들을 물리고 직접 옆에 앉아 시중을 들었고, 병이라도 나면 자신은 옷도 갈아입지 않고 밤새 간호를 했다. 명문가의 딸이 평민 출신 시어머니에게 이렇게까지 정성을 다하리라고 누가 상상이나 했겠는가? 다른 후궁들도 부찰 씨 모습에 혀를 내두를 정도였다. 이런 노력 덕분에 고부관계는 더할 나위 없이 가까웠고, 태후는 하루도 며느리 곁을 떠나지 않으려 했다. 효심이 깊었던 건륭은 황후의 이런 모습에 더욱 고마움을 느꼈다.

세상에 많고 많은 사람 중 진정한 자신의 배우자를 찾는 일은 누구에게나 쉽지 않다. 그래서 '찾으면 행운, 못 찾으면 운명得之我幸, 不得我命'이라는 말도 있지 않은가? 이는 황제에게도 마찬가지다. 이런 면에서 건륭은 참으로 운이 좋은 사람이었다. 건륭을 용에 비유한다면 부찰 씨는 봉황이었다. 건륭은 콧대가 높고 늘 주변 사람의 허물을 지적했지만 부찰 씨에게만은 어떤 단점도 지적하지 않았다.

건륭은 황제가 된 뒤 당시 예법에 따라 '삼궁육원三宮六院, 황제와 황제의 빈과 비가 생활하는 궁'에 수많은 후궁을 들였다. 하지만 그 누구도 건륭의 마음에서 황후 자리를 끌어내리지는 못했다. 여인은 나이 들지 않는다고 했던가? 시간이 갈수록 부찰 씨의 겉모습은 예전과 달라졌고 동시에 새로 궁에 들어온 후궁들은 한 떨기 꽃처럼 사방에서 피어났지만 건륭과 황후의 감정은 흩어지거나 옅어지기는커녕 오히려 하루하루 더 깊어졌다. 비결이 무엇일까? 황후의 매력은 마치 술과 같아서 세월이 오래될수록 더욱 깊은 향을 냈기 때문이다. 황위에 오른 초기 몇 년 동안 건륭은 매일 정무에 시달렸다. 그때 부찰 씨는 건륭에게 든든한 지원군이자 쉼터가 되어주었다. 온화하고 신중하고 여유로운 성격의 황후는 마치 언제나 건륭 몸에 붙어 있는 빛나는 보석처럼 늘 건륭과 함께하며 그의 마음을 달래주었다. 그가 초기에 인자하면서도 너그러운 정치를 펼 수 있었던 것은 이런 감정상태와 연관이 깊다. 사람은 자신이 행복하면 주변 사람들에게도 친절해지지 않던가? 건륭에게는 황후와 함께했던 이 시간이 '햇빛 찬란한 날들'이었을 것이다.

지금까지 이야기를 토대로 본다면 건륭과 황후의 관계는 정말 완벽했다. 동서고금을 막론하고 이렇게 이상적인 부부관계를 보인 황제는 찾아보기 어렵다. 그러나 '천도기전天道忌全', 즉 세상에 영원히 완벽한 것은 없다. 큰 행복 뒤에는 종종 가슴을 치게 하는 안타까운 일이 따라오기 때문이다.

전통사회에서는 아들을 낳는 것이 매우 중요했다. 특히 여인들은 아들을 낳아야만 나이가 들어서도 대접을 받을 수 있었다. 옹정 8년, 건륭과 부찰 씨는 결혼 3년 만에 첫아들을 낳았다. 이는 당연히 집안의 큰 경사였다. 그동안 손자가 태어나기만을 애타게 기다려온 옹정 역시 날아갈 듯 기뻐하며 직접 영련永璉이라는 이름을 지어주었다. '연'은 종묘에서 쓰는 중요한 제기의 이름으로 이 글자에는 이 아이가 커서 황제 자리를 계승하길 바라는 옹정의 마음이 담겨 있었다. 아이는 어려서부터 총명하고 얌전해 누구에게나 귀여움을 받았다. 건륭은 '귀하고 소중한 아이로 총명하며 기개와 도량이 남다르다'[74]고 말하기도 했다.

그래서 건륭은 황제에 오른 뒤 서둘러서 옹정이 했던 대로 당시 여섯 살이던 영련을 비밀 태자로 책봉했다. 아들이 태자가 되자 부찰 씨 역시 평생 의지할 곳이 생겼다는 마음에 너무나 기뻤다.

하지만 사람의 운명이란 참으로 얄궂다. 스스로 너무나 행복하다고 느껴 그 행복을 세상에 자랑하면 어느덧 불행의 그림자가 다가와 행복을 뒤덮어버리기 때문이다. 건륭 3년 9월 아홉 살이었던 아들 영련에게 병이 찾아왔다. 처음에는 단순한 감기였지만 갈수록 병세가 악화되었고 얼마 뒤 갑작스레 세상을 떠나버렸다.

마른하늘에 날벼락 같은 일이었다. 9년 동안 공들여 키운 아들이 한순간에 세상을 떠났으니 부찰 씨와 건륭이 받은 충격은 이루 말할 수 없을 정도였다. 부찰 씨는 결국 몸져눕고 말았다. 며칠 사이 뼈만 앙상하게 남을 정도로 살이 빠졌다. 건륭은 아내가 걱정되어 매일 황후궁으로 달려가 건강을 살폈다. 유난히 명랑하고 긍정적이었던 이전 모습은 전혀 찾아볼 수 없었다. 그래도 부찰 씨는 눈물을 흘리지 않고 건륭에게 아픈 모습을 보이지 않으려 노력했다. 오히려 건륭과 이야기를 나누며 남편의 고통을 덜어주려 애썼다. 건륭은 이런 황후 모습에 더욱 감동했다.

영련이 세상을 떠난 뒤, 건륭은 부찰 씨에게 더욱 관심을 기울이며 함께 잠을 청하는 횟수를 전보다 늘렸다. 건륭은 다시 아이

141

를 낳는 것만이 황후에게 위안이 될 것이라 여겼다. 하지만 큰일을 겪고 병치레까지 하면서 부찰 씨 체력은 약해져 있었고, 눈 깜짝할 새 7년이라는 시간이 흘러 임신하기가 갈수록 어려워졌다.

아들이 떠난 지 7년 째 되던 해인 건륭 11년 부찰 씨는 가까스로 아들을 또 한 명 낳았다. 비록 건륭에게는 이미 다른 후궁들 사이에서 태어난 아들이 여러 명 있었지만 새로 태어난 아들에게 유난히 애정을 쏟았다. 그는 부찰 씨의 아들이 자기 아들 중 가장 잘생기고 똑똑하고 귀여운 아이라 말했는데 아마 편애하는 마음이 있었기 때문에 어떤 행동을 해도 귀엽게 보였을 것이다. 그래서 총명하고 예쁘고 사랑스럽다[75]고 기록하기도 했다. 부찰 씨 역시 건륭과 마찬가지로 기뻤다. 그녀는 이번 아들에게도 무슨 일이 생기지 않을까 걱정되어 늘 자기 곁에 두고 불면 날아갈까 쥐면 꺼질까 애지중지했다. 건륭 역시 하루 일과가 끝나면 바로 황후궁으로 가서 시간을 보냈다. 하지만 청나라 시대에 영아사망률은 매우 높았다. 건륭 12년 음력 정월 30일, 두 살밖에 되지 않은 아들마저 천연두에 걸려 눈을 감고 말았다.

이번 일로 건륭과 부찰 씨는 전보다 훨씬 큰 충격을 받았다. 건륭에게는 그래도 아들이 여러 명 있었지만 부찰 씨 나이는 이미 서른여섯으로 최적의 가임기를 지나 당시에는 더 이상 아이를 낳기가 어려웠다. 그래서 건륭은 자신의 아픔보다 부찰 씨가 충격에서 헤어 나오지 못할까 더욱 걱정스러웠다. 다행히 부찰 씨는 몸져눕지 않았다. 그녀는 고통을 가슴에 묻은 채 이를 악물었다. 아들의 장례가 끝난 후에도 평소와 다름없이 생활하며 평정심을 회복해나갔다. 건륭은 이런 황후의 강인함에 존경심을 느꼈다.

그렇게 두 달이 흐른 건륭 13년 초 서른여덟이 된 건륭제는 즉위한 뒤 처음으로 순행을 떠날 계획을 세웠다. 동쪽지방을 돌아보며 취푸에 가서 공자께 제사를 올릴 생각이었다. 순행 기간은 약 일 년 반 정도였다. 건륭이 즉위한 뒤 12년 동안 펼친 정책들이 곳곳에서 효과를 보이며 정치는 안정되고 사회 각 방면에서도 긍정적인 결과가 보고되었다. 이는 태평성대로 가는 첫걸음이었다. 더욱 득의양양해진 건륭은 순행을 떠나 자신의 영토와 자신이 이룬 정치적 성과를 직접 눈으로 보고 싶었다. 그리고 아들을 잃는 아픔을 두 번이나 겪은 황후를 데리고 가서 나라의 발전상을 같이 살피고 마음도 풀어주고 싶었다. 건륭은 황후가 겉으로는 강인한 척하지만 속으로는 고통에서 헤어 나오지 못했음을 알았다. 그래서 그는 황후와 함께 순행에 나섰다. 그런데 순행을 떠나기 한 달 전, 흠천감欽天監 관리가 건륭에게 상소를 올렸다.[76]

흠천감은 천문 현상을 관찰하는 기구로 중요한 행사의 일정을 정하고 길흉을 점치는 일도 도맡았다. '객성客星'이란 평소에 잘 보이지 않는 별을 말하고, '이궁離宮'은 하늘에 있는 여섯 개 별을 가리키는 이름이었다. 흠천감 관리는 보였다 사라졌다를 반복하는 객성이 갑자기 이궁 사이에 나타났으니 이는 황후께 불길한 일이 생길 수 있음을 예시하는 것이라 말했다.

과거 사람들은 하늘의 현상을 믿었다. 건륭은 이 상소를 보고 두려운 마음이 들었다. 하지만 곰곰이 생각해보니, 불길한 일은 이미 지나가지 않았던가? 막 아들을 잃었으니 이보다 더한 불행이 어디 있겠는가? 그래서 건륭은 이 액운은 이미 지나간 것이라 믿었다.

건륭 13년 2월, 건륭은 황후와 황태후를 모시고 길에 올랐다. 길에 나서자 건륭은 황후와 함께 나오길 참 잘했다는 생각이 들었다. 이른 봄이었지만 살랑대는 바람에 가족이 같이 길을 떠나니 이보다 더 즐거울 수 없었다. 황후도 기분이 좋아져 건륭과 담소를 나누며 태후를 모시고 타이산산에 오르기도 했다.

하지만 즐거움이 극에 달하면 슬픔이 생기는 법이라 했다. 산에서 내려와 지난산둥성의 중심도시으로 돌아온 뒤 황후는 감기에 걸려 열이 떨어지지 않았다. 이미 며칠을 머물렀음에도 나아질 기미가 보이지 않았다. 궁으로 돌아갈 일정이 정해졌지만 건륭은 황후의 몸이 다 나으면 그때 다시 움직이겠다고 말했다. 그러자 황후는 자신 때문에 여기 계속 머문다면 함께 온 관리들 모두 이곳에 있어야 하니 그것은 안 된다고 만류했다. 게다가 지방의 관리들은 또 얼마나 부담스러울 것인가. 그래서 부찰 씨는 베이징으로 돌아가서 치료를 받고 요양을 하겠다고 말했다. 이 말을 들은 건륭은 하는 수없이 알겠다고 대답했다.

3월 11일, 황제와 황후 일행은 더저우산둥성 북부로 허베이성과 경계에 있는 도시에서 배를 타고 강을 따라 베이징으로 향했다. 배를 탄 뒤 건륭은 안도의 한숨을 쉬었다. 물살이 거세지 않아 배에 흔들림이 적어 다행히 황후가 편히 쉬기에 무리가 없었기 때문이다. 마음이 놓인 건륭은 창문 앞에 앉아 봄을 앞둔 강변을 바라보며 시를 한 편 지으려 했다. 그때 태감이 다급히 건너오는 소리가 들렸다. 태감은 황후의 상태가 좋지 않으니 어서 가보셔야겠다고 말했다.

건륭은 서둘러 황후 곁으로 갔다. 피부가 창백하고 온몸에 식은땀을 흘리는 것이 한눈에도 이미 정신이 혼미한 상태인 듯했다. 건륭은 차가워진 부찰 씨의 손을 꼭 잡았다. 하지만 이제 무엇도 온기를 되돌릴 수는 없었다. 그날 밤 부찰 씨는 그렇게 세상을 떠났다. 『청고종실록』에 따르면 11일, '더저우에서 배를 탄 그날 황후께서 승하하셨다'[77]고 적혀 있다.

건륭의 마음은 갈기갈기 찢어지는 것 같았다. 그는 그날 밤 글을 써서 이튿날 나라 전체에 이 사실을 알렸다. 건륭은 이렇게 적었다. "황후가 만일 지난에서 계속 치료를 받았다면 아무런 일도 없었을 것이다. 하지만 매사에 주변을 먼저 생각했던 황후는 오래 머무르면 지방 관리들에게도 부담을 주고 정사를 처리하는 데도 피해가 갈까 염려하여 돌아가는 길을 서두르다 배 위에서 세상을 떠나고 말았다." 그리고 이렇게 덧붙였다. "스물두 해 동안 황후는 짐과 태후마마 그리고 아랫사람들에게도 모두 최선을 다했고 절대흠을 잡지도 않았다. 그런 황후가 갑자기 세상을 떠났으니 모두가 짐의 고통을 짐작할 것이다. 그래서 황후의 장례만큼은 성대하게 치르려 한다."[78] 3월 22일, 건륭은 황후에게 '효현'이라는 시호를 내렸다. 이는 후궁의 시호 중 가장 좋은 것이었다. 그래서 후대 사람들은 부찰 씨를 효현황후라 부르게 되었다.

황후의 죽음은 건륭의 사생활뿐만 아니라 정치활동 전반에도 막대한 영향을 미쳤다. 우선 건륭 개인에게 커다란 심리적 충격을 주었다. 황후를 잃은 건륭의 마음은 산산조각이 난 듯했다. 황후의 장례를 마친 그날 밤 그는 한숨도 이루지 못했다. 날이 밝자 태감에게 종이와 붓을 준비하도록 하여 시를 한 편 써 내렸다.

우리는 부부의 연을 맺어 22년을 함께 살았고, 당신은 13년간 후
궁들을 관리했지. 이 모든 것이 갑자기 봄바람 같은 꿈이 되어 강
변으로 흩어지는 것 같구려. 태후께서는 매번 당신의 효심을 칭찬
히 셨고, 빈과 비들 중 당신의 현명함에 감탄하지 않은 자가 없소.
나는 이제 다시는 『시경』 「관저」 편을 읽지 못할 것이오. 내 거문
고의 줄은 이미 끊어져 버렸으니.[79] 「관저」에는 '정숙한 처녀를 아내로 맞아
거문고와 비파처럼 벗을 삼고 싶다窈窕淑女, 琴瑟友之'는 구절이 있는데, 이 구절에서
사이좋은 부부를 뜻하는 '금슬지락琴瑟之樂'이 유래함

황후의 죽음은 건륭에게 자신의 몸 반쪽이 떨어져나간 것과
같았다. 그 후 여섯 달 가까이 건륭은 편히 잠들지 못했다. 황후가
곁에 있는 것 같은 느낌에 놀라서 잠이 깨곤 했다. 건륭을 모시는
태감들도 그의 상태가 좋지 않다는 것을 알아챘다. 현대 용어로 말
하면 무의미한 활동이 늘어나서 탁자 앞으로 걸어가서는 자신이
무엇을 하러 왔는지 기억하지 못했다. 일에서도 능률이 오르지 않
았고 방금 한 말도 까맣게 잊어버렸다. 매일 아무에게나 화를 내며
정서적으로 매우 불안한 모습을 보였다.

이 시기에 건륭은 수많은 시를 남겼다. 시를 쓰는 것만이 마음
에 위안을 주었다. 첫 장에 밝혔듯이 건륭은 중국 역사상 가장 많은
시를 남긴 인물이다. 총 4만3000수가 넘는 시를 남겼다. 시의 양이
너무 방대하다보니 대부분 작품 수준이 높지 않고 그저 '단편적인

기록에 지나지 않기도 한다. 하지만 4만 수가 넘는 시 중 100여 수
는 진실한 감정이 담긴 훌륭한 시로 평가받는다. 이 100여 편의 시
에는 한 가지 공통점이 있다. 부찰 황후를 그리며 쓴 것이 많다는
점이다.[80]

장춘궁長春宮은 황후가 사용하던 곳으로 건륭은 장춘궁 안의
모든 물건을 건드리지 말고 그대로 두도록 했다. 그리고 해마다 황
후의 기일이 되면 그곳에서 제사를 올리고 의자에 가만히 앉아 반
나절을 보냈다. 이런 행동은 건륭이 황제 자리에서 물러나기 전까
지 40년 이상 반복되었다.

황후가 세상을 떠날 때 타고 있었던 배는 청작방靑雀舫으로 그
곳은 황후가 인생의 마지막을 보낸 공간이었다. 그래서 건륭은 이
배를 베이징으로 옮겨와 보존하겠다고 말했다. 신하들은 크게 놀
랐다. 왜냐하면 배의 크기가 상당했기 때문이다. 현대의 기준으로
보면 적재량이 1000톤에 넘는 배인데 이것을 어떻게 옮긴단 말인
가? 하지만 건륭은 무조건 배를 베이징으로 옮겨올 것이니 방안
을 마련하라 지시했다. 결국 예부상서禮部尙書 해망海望이 방법을 생
각해냈다. 우선 자금성 벽 양쪽에 기다란 나무 널빤지를 놓고 위에
목조철로를 깐 다음 그 위를 신선한 찻잎으로 덮어 윤활제 역할을
하게 했다. 그다음 일꾼 수천 명이 앞뒤에서 함께 밀고 떠받치고 잡
아당기기를 반복하여 어렵사리 배를 성안으로 가져다놓았다. 건륭
은 이런 방식으로 효현황후가 사용했던 모든 물건을 보관했다.

황후의 죽음은 건륭과 새 황후와의 관계에도 영향을 미쳤다.
부찰 씨가 세상을 떠난 뒤 태후는 황후 자리를 비워둘 수 없다며

건륭을 재촉했다. 그래서 건륭 15년 오라나랍烏喇那拉 씨를 새 황후로 봉했다. 그녀는 건륭이 황자일 때 얻은 두 번째 부인으로 서열에 따라 황후 자리에 오른 것이다.

하지만 건륭은 나랍 씨에게 아무런 감정도 느낄 수 없었다. 그녀 역시 수려한 외모에 명문가 출신이었지만, 그녀를 대할 때면 부찰 씨를 대할 때와 같은 애정이 전혀 생겨나지 않았다. 나랍 씨를 보면 효현황후 얼굴이 떠오르고 무엇을 해도 예전 황후보다 못한 것만 같은 느낌이 들었다. 그래서 건륭은 나랍 씨를 차갑게 대했다. 하루 종일 함께 있으면서 한마디도 하지 않는 날도 있었다. 나랍 씨 본인은 얼마나 억울했겠는가? 황후 자리에 오른 뒤 생각지도 못한 외로움에 혼자서 몰래 눈물을 흘리는 날도 많았다. 건륭도 그런 모습을 보면 황후에게 미안한 마음이 들었다.

건륭 16년 3월, 부찰 씨가 세상을 떠난 지 3년째 되던 날 건륭은 시를 써서 새 황후를 사랑하지 못하는 이유를 밝혔다.

시간이 빠르게 흘러 어느새 효현황후가 떠난 지 3년이 되었네. 새 황후가 정말 모든 면에서 예전 황후보다 못한 것일까? 꼭 그렇지는 않지. 이는 모두 나와 효현의 정이 너무 깊어 다른 사람이 그것을 대신할 수 없기 때문이라네.[81]

확실히 건륭에게 부찰 씨는 그 어떤 것으로도 대체할 수 없는 존재였다. 생텍쥐페리의 『어린왕자』를 보면 왕자는 장미를 사랑하게 된다. 왕자 눈에 그 장미는 세상에 하나뿐인 가장 아름다운 장미다. 물론 그런 장미는 세상에 널리고 널렸지만 그래도 왕자 눈에 그 장미는 어떤 장미로도 바꿀 수 없다. 왜냐하면 그가 본 첫 번째 장미이자 직접 키운 장미였기 때문이다.

부찰 씨는 건륭에게 첫 번째 장미였다. 그래서 유일한 장미이기도 했다. 처음은 언제나 아름답다. 다시 오지 않기 때문이다. 건륭에게 부찰 씨는 첫사랑이었고, 그녀와 함께 나눈 모든 기억은 영원히 없어지지도 지워지지도 않았다. 비록 새 황후가 생기고 수많은 후궁을 두었지만 건륭은 어떤 여인에게서도 효현황후와 같은 느낌을 받을 수 없었다. 그래서 건륭은 새 황후를 칭찬할 때면 억지스러운 마음을 감출 수 없었고, 황후는 투명인간과 같은 존재가 되어 황제에게 아무런 사랑도 받지 못했다. 건륭 30년, 오랫동안 냉대를 받으며 가슴앓이를 해온 황후는 남쪽지방을 순행하는 길에 결국 황제와 큰 다툼을 벌이고 말았다. 황후는 모두가 보는 앞에서 머리카락을 자르며 비구니가 되겠다고 소리쳤다. 자신의 인생이 비구니만 못하다는 것이었다. 이를 본 건륭은 크게 화가 나서 황후를 폐위했고 그 후 다시는 새 황후를 세우지 않았다. 그런데 처음에 건륭의 황후는 총 셋이라 하지 않았던가? 세 번째 황후는 가경제의 생모로 사후에 황후로 봉해졌다. 이것이 효현황후 죽음이 건륭에게 미친 두 번째 영향이다.

세 번째 영향은 건륭의 사생활과 관련이 있다. 효현황후를 대하는 건륭은 한결같고 정이 많으며 예의바른 사람이 분명했다. 하지만 후궁들을 대할 때면 방탕하고 제멋대로인 모습을 보였다. 사실 이 두 가지 모습은 인과관계가 성립하는 상호보완적인 것이었다.

건륭의 후궁들 중 칭호가 붙은 이는 모두 40여 명이었다. 이 숫자는 다른 왕조와 비교하면 많다고 할 수 없지만 청나라 왕조에서는 두 번째로 많은 것이었다. 첫 번째는 강희제로 모두 67명이었다. 효현황후가 살아 있을 때 건륭은 언제나 절제되고 예법에 맞는 생활을 했다. 하지만 황후가 떠난 후에는 심리적 공허함에 수많은 어인을 비로 맞이했다. 마음에 들면 무조건 궁으로 데리고 올 정도였다. 후궁들 출신으로는 명문가에서부터 일반 백성의 딸, 심지어는 죄인의 딸도 있었다. 만주족과 한족, 몽골족, 회족도 있어서 그야말로 없는 여자가 없을 정도였다. 즉 건륭은 중년 이후 사생활이 다소 방탕했던 황제였다고 할 수 있다.

건륭은 후궁을 들이며 규정을 깼는데, 바로 한족 출신 여인이었다. 청나라 후궁제도에는 한족 여자를 비로 들이는 것을 금지한다는 규정이 있었다. 물론 여기서 말하는 한족에 한군팔기는 포함되지 않는다. 한군팔기는 팔기인에 속하기 때문이다. 하지만 기록을 보면 건륭은 분명 한족 여인을 후궁으로 들였고, 이는 제도를 위반한 것이었다. 『궁중당』에 적힌 건륭 43년의 기록에는 그해 궁에 성이 진陳 씨인 양저우 출신의 명귀인明貴人이 있었다[82]는 내용이 있다. 이밖에 다른 기록에서도 건륭은 성이 육陸 씨인 쑤저우 출신 상재常在도 두었다. 적어도 이 두 사람은 남쪽지방에서 온 한족이었다.

효현황후가 떠난 뒤 건륭은 방탕한 생활을 하며 정신적 공허함을 채우려 했다. 현대에서는 이를 '중년의 늪'이라 말하기도 한다. 중년이 되면 젊어서 품었던 이상과 원칙을 포기하고 이미 생의 절반이 지나 시간이 많이 남아 있지 않다는 생각에 자신에게 자극이 될 만한 것을 찾게 된다는 의미다. 건륭에게도 이런 부분이 있었다. 건륭 22년, 건륭은 남쪽지방을 둘러보기 위해 두 번째 순행을 떠났는데 내려가는 길에도 계속 여색을 찾았다.

강희제 때부터 황제가 순행에 나서면 각 지방에서 황제와 특히 관계가 가까운 대신들이 가끔 미녀를 몰래 바치곤 했다. 강희제 측근이었던 대신 이광지李光地는 자신의 일기인 『용촌어록속집榕村語錄續集』에서 이런 사실을 폭로했다. 강희제가 산시山西지방을 둘러보려 순행에 나섰을 때 산시 순무 갈예噶禮가 황제에게 미녀를 네 명 바쳤다는 것이다. 건륭이 들인 두 한족 후궁도 건륭이 남쪽지방을 순행할 때 황제를 모셨다가 눈에 들어 베이징으로 오게 된 것이 아닐까 싶다. 그렇다면 이는 규정을 어긴 것이 아닌가? 건륭에게는 다 방법이 있었다. 이 두 여인의 가족을 팔기로 보내 한군기인으로 만드는 것이었다.

건륭의 후궁들 중 가장 전기적인 인물로는 단연 '향비香妃'를 꼽을 수 있다. 전해지는 바에 따르면 향비는 서역의 유명한 미녀로 온몸에서 오묘한 향기가 났다. 건륭이 그녀에 대한 이야기를 듣고 궁으로 데려와 보월루寶月樓를 지어주고 그곳에서 함께 살았다고 한다. 보월루는 현재 중난하이베이징 시내에 있는 호수에 있는 신화문新華門을 말한다. 물론 지금은 다양한 역사적 자료로 향비가 바로 『청황실사보清皇室四譜』에 기록된 '용비容妃'라는 사실이 알려졌다. 위구르 족 상류층 여인으로 성은 화탁和卓 씨이며 건륭 25년 청나라 군대가 중가르를 평정한 뒤 궁에 들어왔다. 보월루는 언제 지어졌을까? 건륭 23년이다. 그러므로 향비를 위해 지은 것이 아니다. 용비는 생전에 향비라는 이름으로 불린 적이 없다. 몸에서 오묘한 향기가 난다는 것은 순전히 후세에 지어낸 이야기다. 그녀에게는 소수민족 출신이라는 것 외에 특별한 구석이 전혀 없었다.

심지어 「향비상香妃像」이라는 이름으로 유명한 그림마저 논란이 일었다. 원래 「향비상」은 1915년 당시 자금성의 골동품 보관소가 피서산장에 있던 물건들을 옮겨오는 과정에서 우연히 발견된 그림이다. 그림 위에는 청나라 시대에 사용하던 누런 첨지가 붙어 있었는데, 거기에 적힌 그림 제목은 '미인상'이었다. 누구를 그렸다는 말은 없고, 향비를 그렸다는 말은 더더욱 없었다. 그래서 고궁박물원에서는 그림을 홍보하기 위해 향비 이야기를 토대로 그림에 「향비융장상香妃戎裝像」이라는 제목을 붙였다. 따라서 이 그림과 향비 사이에는 아무런 연관도 없을 가능성이 크다.

건륭이 쉰이 넘어 용비를 후궁으로 맞은 것은 위구르족 상류층을 포섭하고 자신의 욕정도 채우려는 의도였을 것이다. 그가 중년을 넘어갈수록 후궁들 수는 더욱 늘어나고 출신도 다양해졌다. 하지만 아름다운 후궁들이 아무리 넘쳐나도 건륭은 그 안에서 부찰 씨와 같은 지기를 찾을 수 없었다. 건륭은 자신이 내린 글에서 이렇게 말했다. '효현황후가 떠난 뒤 혼자 지내는 습관을 길러 다시는 어떤 후궁과도 함께 아침을 맞지 않았다.' 매일 저녁 황제에게서 은혜를 입은 후궁들이 돌아가고 나면 길고 긴 밤 내내 건륭과 함께하는 것은 적막뿐이었다. 따라서 부찰 씨가 세상을 떠난 뒤 건륭의 일상생활에는 애정이 사라지고 욕정만이 남았다고 할 수 있다.

건륭은 더 많은 여인을 만날수록 부찰 씨와 같은 여인은 세상에 단 하나뿐이었다는 사실을 절감했다. 인생의 수많은 풍파를 겪었지만 노년이 되자 부찰 씨와 관련된 장소에만 가면 깊은 그리움에 하염없이 빠져들곤 했다.

건륭 19년(1754), 그는 동쪽 관외를 순행하면서 커얼친 초원을 지나는 길에 몽골로 시집 간 딸 고륜화경固倫和敬 공주를 보러 들렀다. 부찰 씨는 생전에 자녀를 넷 낳았다. 아들 둘, 딸 둘로 그중 공주만이 무사히 자라 몽골친왕에게 시집을 갔다. 공주를 보자 건륭은 저절로 아내 모습이 떠올라 '딸을 만나 기뻐야 할 상황에서 죽은 황후가 생각나 코가 시큰해졌다'[83]는 뜻의 시를 썼다.

건륭은 다시는 지난을 찾지 않았다. 황후가 병에 걸린 곳이었기 때문이다. 그래서 순행 때마다 지난에 가까워질수록 건륭의 표정은 어두워졌다. 건륭 30년, 네 번째로 떠난 남쪽지방 순행에서 건륭은 또 시를 지어 자신이 지난에 가지 않는 이유를 밝혔다.

> 네 번이나 이곳을 지나며 지난에 들르지 않은 것은 그곳에 발을 들이는 순간 고통스러웠던 기억이 떠오를까 두려워서였네. 17년 전 춘삼월, 황후는 그곳에서 병이 나 세상을 떠났지. 17년이 지났지만 내 마음은 여전히 너무나 안타깝구나.[84]

이런 시는 건륭이 남긴 시 중 100여 수밖에 되지 않는다. 황후가 생전에 사용했던 물건을 보거나 황후와 함께 시간을 보낸 곳에 가면, 심지어 남쪽으로 날아가는 기러기만 봐도 그는 부찰 씨를 떠올리며 그리워했다. 건륭은 동릉에 제사를 지내러 갈 때면 유릉裕陵

에도 꼭 들렀다. 그곳에 효현황후 무덤이 있기 때문이다. 건륭 55년, 여든이 넘은 건륭은 다시 아내 무덤을 찾아 이런 시를 지었다.

당신 무덤에 오지 않은 지가 벌써 삼 년이 되었구려. 오늘 다시 이 곳에 와서 또 참지 못하고 눈물을 흘렸소.[85]

9년 후, 부찰 씨가 죽은 지 51년째 되던 해에 건륭제는 아내 곁으로 영원히 떠났다. 황제와 황후 사이에도 이렇게 진실하고 깊은 사랑이 존재한다는 것을 그는 몸소 보여주었다. 건륭과 효현황후의 사랑은 현대판 「장한가」 중국 당나라의 시인 백거이白居易가 현종과 양귀비의 아픈 사랑을 소재로 지은 장편 서사시라 해도 손색이 없다.

개인이 느끼는 행복의 정도는 그 사람의 성격과 생활 심지어 일에도 큰 영향을 미친다. 효현황후가 살아 있을 때 건륭의 조정은 빛을 내며 앞으로 달려가는 마차와 같았다. 효현황후가 세상을 떠난 뒤 건륭은 전혀 다른 사람이 되었고 그의 정치 스타일도 급격하게 변했다. 그래서 황후의 죽음은 따뜻한 봄날 같았던 건륭의 초기 정치가 끝나고 즉위한 뒤 가장 격렬했던 정치적 혼란을 불러일으킨 계기가 되었다고 할 수 있다.

8강

───

불길한 건륭 13년

건륭제에게는 신통한 면이 있었다. 황제의 자리에 오른 직후 건륭 13년은 어쩐지 불길한 해가 될 것 같다는 예감이 들었던 것이다. **86** 왜 이런 생각을 했을까? 이유는 아무도 알 수 없지만 옹정제가 13년 동안 나라를 통치하고 돌연사했기 때문에 13이라는 숫자가 좋지 않은 인상을 준 것이 아닐까 싶다.

역사란 참으로 오묘해서 이 불길한 예감은 한 치의 오차도 없이 정확히 들어맞았다. 건륭 13년 3월 효현황후가 세상을 떠났다. 건륭은 완전히 다른 사람이 되었고 그로써 청나라 정계에도 엄청난 후폭풍이 불어 닥쳤다.

건륭은 황후 장례에 매우 신경을 썼고 세세한 부분까지 완벽하게 처리하길 바랐다. 하나부터 열까지 모든 것이 완벽해야만 자신이 생각하는 황후 이미지에 어울릴 수 있다고 여겼다. 하지만 대신들은 이런 황제의 마음을 헤아리지 못했다. 그들에게는 효현황후 장례나 다른 황실의 장례나 별반 다를 것이 없었다. 그저 으레 일어나는 형식적인 일이니 규정에 따라 별 탈 없이 마치기만 하면 그만이었다. 그래서 장례를 준비하는 과정이 황제가 기대했던 것에 미치지 못했다.

우선 장례를 치르려면 책문冊文을 읽어야 했는데, 이는 지금의 추도사에 해당한다. 책문을 준비하는 일은 한림원翰林院에서 맡았다. 한림원 관리가 초안을 완성하자 건륭은 자신이 직접 볼 수 있도록 가져오라고 명했다. 글을 읽던 건륭은 만주어로 된 문장에서 오역을 하나 발견했다. 중국어에서 '황비皇妣'는 죽은 선대의 황후를 뜻하는데 이를 '선태후', 즉 선대 태후로 번역한 것이었다. 사실 이런 작은 실수는 당시에 쉽게 있었던 일이었다. 그래서 발견하더라도 기껏해야 경고를 내린 뒤 수정하면 끝이었다. 하지만 건륭은 예상외로 크게 화를 내며 한림원의 형부상서 아극돈을 감옥에 가두고는 가을이 되면 목을 베라고 명했다. 또 이번 일과 관련된 처장급 이상 모든 관료를 파직해 고향으로 내려 보냈다. 대신들은 이 소식을 듣고 크게 놀랐다. 초안에서 글자 하나를 잘못 쓴 걸로 이렇게 과한 형벌을 내리다니 이게 말이 되는 일인가!

모든 관료가 건륭의 처분에 당황해할 때 두 번째 사건이 터졌다. 예부터 내려온 규칙에 따라 황후 장례에는 반드시 황금으로 만든 금책金冊을 사용했다. 금책이 완성되자 건륭은 이번에도 자신이 직접 살펴보겠다고 했다. 그런데 금책이 성에 차지 않았다. 정교하게 만들어지지 않아 자신이 기억하는 황후의 존귀함에 전혀 어울리지 않았던 것이다. 건륭은 불같이 화를 냈다. 금책을 만드는 일은 공부에서 주관했기 때문에 이번에는 공부의 국장급 이상 관리들에게 모두 죄를 물었다. 이틀 후에는 장례에 쓰일 탁자가 깨끗이 닦이지 않았다며 이를 담당하는 광록사光祿寺의 주요 대신들을 모두 강등시키기도 했다.[87] 장례를 치르는 과정에서 수많은 사람이 이런 식으로 처벌을 받았다.

하지만 '벌'은 여기서 끝나지 않았다. 만주족에게는 황제나 황후의 장례가 있으면 100일 동안은 머리를 자르지 않는다는 전통이 있었다. 덥수룩한 머리를 해서 자신 역시 마음이 아파 겉모습을 돌볼 여력이 없음을 보이는 것이었다. 하지만 이는 글로 쓰여 전해지는 풍속도 아니고, 청나라 국가법전인 『대청회전大淸會典』에도 기록되어 있지 않았다. 그러다보니 시간이 흘러 청나라 중기가 되자 사람들은 차츰 이런 전통을 잊어버렸다. 10년 전 옹정제가 눈을 감았을 때도 대신들은 100일이 지나기 전에 머리를 잘랐지만 누구도 나무라는 사람이 없었다. 그래서 효현황후가 죽었을 때도 대신들은 전과 다름없이 머리를 잘랐다. 건륭제는 일부 대신들이 머리를 자른 단정한 모습으로 자신 앞에 무릎을 꿇는 모습을 보고 또 한 번 격노했다.

"이렇게도 황후를 존중하는 마음이 없다니!"

그 결과 장난의 하도총독 주학건周學健과 후광총독 새능액塞楞額에게 자결하라는 명이 떨어졌고, 후난과 후베이의 순무 두 사람은 파면되었다. 누가 상상이나 했겠는가? 청나라 조정의 1품 관리가 머리카락 몇 올 때문에 목이 날아갈 줄이야! 어쨌든『청고종실록』의 기록에 따르면 효현황후의 죽음으로 전국에서 대신 수십 명이 처벌을 받았다. 원래 잔잔한 호수와 같았던 건륭의 조정이 한순간 거대한 태풍에 둘러싸이고 만 것이다. 누구도 예상치 못한 일이었다.

심리학자들의 말에 따르면 상을 당한 사람은 종종 이유 없이 옆 사람을 비난하거나 화를 내는 등 인간관계에서 예전과 다른 태도를 쉽게 보인다고 한다. 물론 이유는 짐작할 수 있다. 자신의 고통을 모든 사람이 느끼고 이해해주길 바라기 때문이다. 사람은 고통스러울수록 주변의 관심이 부족하다고 느끼게 된다. 건륭 역시 그러했다. 너무나 사랑했던 여인이 떠난 뒤 자신은 하늘이 무너지고 천지가 암흑으로 변한 것만 같은데 사람들은 어떻게 아무 일도 없

159

는 것처럼 밥을 먹고 잠을 잘 수 있단 말인가? 건륭은 극한의 슬픔으로 마음을 통제할 수 없었다. 어떻게 해야 고통에서 헤어 나올 수 있는지 알 길이 없었다. 그래서 화를 내기 시작했다. 수많은 사람을 벌하고 목을 베며 분노를 표출했다.

물론 건륭의 일시적인 감정상태가 이번 정치풍파를 일으킨 표면적 이유라 말할 수도 있다. 또는 황후의 죽음이 그 도화선이 되었다고도 할 수 있겠다. 하지만 중요한 역사적 사건 뒤에는 언제나 그만큼 중요한 이유가 있게 마련이다. 이번 풍파는 사실 오래전부터 관료들에게 쌓여온 건륭의 불만이 한순간에 폭발한 결과였다.

건륭제의 통치 기간은 세 시기로 나눌 수 있다. 전기, 중기, 후기인데 각각의 특징은 이러하다. 전기는 인자함과 관대함, 중기는 엄격함과 냉정함, 후기는 방임과 방탕함이다. 이중 전기는 즉위 초부터 건륭 13년까지로 그는 인자하고 너그러움을 바탕으로 정사를 돌보았다. 하지만 인자하고 너그러운 것이 꼭 좋기만 한 것은 아니었다. 처음에 대신들은 건륭의 인자함에 감격하여 눈물을 흘리며 순종했다. 하지만 시간이 지나자 점점 나쁜 버릇이 되살아나며 강희제 말년에 그러했듯 해이하고 나태한 관료들이 나타났다. 건륭 5년 이후부터는 조정의 기강이 전체적으로 흔들리기 시작했다. 각 지방에서는 정시에 출근해서 문건 몇 개를 처리하고 일찍 퇴근해서 술을 마시러 가면 성실한 관리에 속했다. 이는 양호한 편이고 일부 상태가 심각한 지방 관리들은 초하루와 보름에만 관청에 나와 잠시 앉았다가 돌아가서 백성들이 평소에 관리의 그림자도 볼 수 없을 지경이었다.

이보다 더 심각한 것은 건륭이 넓은 아량을 베풀어 엄격하게 관리들을 통제하지 않자 횡령과 부패가 유행처럼 번졌다는 것이다. 옹정제 때는 옹정이 칼같이 이를 통제했기 때문에 관료들도 처한 여건에 만족하며 살아야 했지만 건륭이 황위에 오른 지 6년이 지나자 이런 일이 연이어 발생했다.

『청고종실록』에 따르면 건륭 6년 산시지방 포정사 살합량薩合諒에 대한 고발장이 올라왔다. 포정사란 성의 재정을 관리하는 장관으로 현재 중국의 각 성에 있는 재정청財政廳 청장이었다고 할 수 있다. 바로 산시성 재정청 청장 살합량이라는 사람이 세금을 걸을 때 마음대로 더 많이 거두어 1만 냥을 거둬야 할 것을 2만 냥을 거둬들인 뒤 나머지를 자기 주머니로 가져갔다는 것이다.88

고발장을 본 건륭은 이해할 수 없었다. 자신은 역대 어느 왕조보다도 투명한 태평성세를 만들고 싶었는데 어떻게 관리들이 이렇게 대담하고도 뻔뻔한 행위를 할 수 있단 말인가? 그는 크게 화를 내며 말했다. "짐은 성심으로 나라를 다스렸건만, 너희가 어찌 짐을 무능하고 어수룩한 황제로 만들 수 있단 말이냐?"89

이 일로 건륭은 그동안 자신이 펼쳤던 정치를 반성했다. 자신은 대신들에게 최선을 다했지만 결과가 이렇게 나왔다면, 이는 방법에 문제가 있는 것이 아니겠는가?

그제야 건륭은 옹정을 조금은 이해할 수 있었다. 건륭이 황위에 막 올랐을 때 마음속에는 옹정에 대한 반발심이 가득했다. 그는 옹정이 교양 없고 영리하지 못하며 매일 붉으락푸르락한 얼굴로 사람들에게 좋지 않은 인상만 심어준다고 생각했다. 하지만 자신이 황제가 되고 보니 옹정이 그렇게 매번 엄격하고 각박한 모습을 보인 것이 꼭 그의 문제만은 아니었을 것이라는 생각이 들었다. 강희제 말년의 해이하고 나태한 생활에 젖어 있던 대신들을 바로잡으려면 옹정에게도 이는 어쩔 수 없는 선택이었을 것이다.

중국에는 '수약이완水弱易玩'이라는 말이 있다. 물은 약한 존재처럼 보이지만 결국엔 모든 걸 집어삼키고 만다는 뜻이다. 한 나라의 통치자가 너무 연약하면 대신들은 모두 법의 그물을 빠져나가고 만다. 건륭은 즉위 초 당나라 태종처럼 성심성의껏 관리들을 대하며 그들 역시 자신을 똑같이 대해서 함께 태평성세를 만들어가길 바랐다. 그러나 청나라 대신들의 수준은 당나라 현종 때의 대신들보다 현저히 떨어졌다. 황제는 그들에게 우호적이었지만 그런 황제에게 충성심으로 보답하려는 관리는 거의 없었다. 오히려 그들은 황제의 믿음을 이용해 자신들의 주머니만 채웠다. 그래서 건륭 15년, 건륭은 자신의 초기 정치를 깊이 반성했다.

"즉위 초에 '좋은 평판'을 얻고 싶은 욕심 때문에 지나치게 관대한 정치를 편 것이 화근이 되었구나. 지금 이렇게 조사해야 할 사건이 많아지고 나니 정치란 반드시 공명정대해야만 잘못된 길로 빠지지 않음을 깊이 깨달았다."

앞서 말했듯이 건륭제 초기의 정치 원칙 중 하나는 관대함과 엄격함이 공존하는 '관엄상제'였다. 그중 '관'은 이미 한계를 넘어섰으니 이제 '엄'을 써야 할 때가 왔다. 따라서 건륭 13년의 정치폭풍은 결코 우연히 벌어진 일이 아니었다. 건륭은 오래전부터 화를 참으며 관료들의 이런 행태를 바로잡을 기회를 기다려왔다. 다만 효

현황후가 살아 있을 때는 마음이 평화롭고 행복해서 정치적으로
도 엄격한 조치를 취하지 않다가 황후가 죽은 뒤 성격이 날카로워
지면서 그동안 눈엣가시였던 관리들에게 가장 먼저 불똥이 튄 것
이다. 너그럽던 황제가 한순간에 포악한 사자로 돌변하자 청나라
정계는 공포에 휩싸였다. 그래서 건륭 13년은 건륭제의 정치인생에
분수령이 된 해라고도 할 수 있다.

그렇다면 건륭 13년부터 건륭제의 정치에는 구체적으로 어떻
게 변화가 일어났을까?

첫 번째, 통치의 기본방침이 유가에서 법가로 옮겨갔다.

여러 차례 이야기한 대로 건륭은 정통 유가의 교육을 받고 자
랐다. 유가에서는 군신관계를 '군주는 신하를 예로 대하고, 신하는
군주를 충심으로 대해야 한다'고 말한다. 매우 바람직하고 이상적
인 관계이지만 현실에서 이를 실천하기는 어렵다. 유가는 인간의 본
성이 선하다고 이야기하지만 법가는 인간의 본성이 본디 천하다고
주장한다. 또한 법가는 인간이란 이利를 좇고 화를 피하는 동물이
기 때문에 이익으로 꼬드기고 형벌로 다스려야만 말을 듣는다고
했다. 하지만 유가와 법가의 관점은 모두 단편적이다. 인간의 본성
은 선하기도 하고 악하기도 하다. 어느 왕조에나 이상적이고 지조
있는 대신들은 있었다. 하지만 그와 반대로 도리와 이치를 아무리
가르쳐도 소용없고 그저 앞에서는 명예와 이득으로 달래고 뒤에서
는 회초리를 들어야만 말을 듣는 대신도 상당히 많았다. 이런 대신
들은 군주의 전제주의가 강해진 명나라와 청나라 시대에 특히 수
가 늘어났다. 그래서 건륭은 그해부터 '예로 천하를 다스리는' 인자

8장 불길한 건륭 13년

8장 불길한 건륭 13년

8장 불길한 건륭 13년

하고 관대한 유가의 정치를 버리고 양손에 칼과 회초리를 든 채 진나라 시황제처럼 '법法' '술術' '세勢'를 바탕으로 한 정치를 펴기 시작했다. 이는 기본적인 통치방침과 사고의 변화를 의미한다.

두 번째, 구체적인 정책으로 부패한 관리를 엄벌했다.

건륭 13년부터 건륭은 부정부패를 바로잡기 위한 대대적인 관리에 들어갔다. 우리가 중국 역사를 공부할 때 쉽게 오해하는 부분 중 하나가 청나라에서 부패한 관리를 가장 엄하게 벌했던 황제가 옹정이라는 것이다. 그런데 사실은 옹정이 아닌 건륭이었다. 건륭은 옹정보다 인자했지만 그것은 건륭 13년 전의 일이었다. 중기부터는 중국 역사에서 어떤 황제보다도 과감하고 매정하게 부패한 관리들을 처벌했다. 그렇다면 건륭은 구체적으로 어떤 조치를 취했을까? 또 그 조치에는 어떤 특징이 있었을까?

첫째 특징은 '완장감등조례完臟減等條例'를 폐기했다는 것이다. 옹정제는 부정부패를 바로잡기 위해 '완장감등조례'를 실행했다. 이는 나라의 돈을 횡령한 관리가 일 년 안에 그 돈을 다시 갚으면 사형을 면하고 형벌을 감해주는 것이었다. 만일 일 년 안에 다 갚지 못하면 시한을 일 년 더 주었는데, 감옥에 가느니 밖으로 나가 돈을 빌려서라도 갚으라는 뜻이었다. 그런데도 다 갚지 못하면 당사자는 감옥에 갔지만 식구들이 대신 돈을 갚아줄 수도 있었다. 그래서 결과적으로 돈을 횡령해 처벌을 받는 관리의 수는 많지 않았다.

건륭제는 건륭 23년에 반대세력을 물리치고 이 조례를 끝내 폐기했다. 그리고 이제 집안에 아무리 돈이 많다 해도 은자 1000냥 이상을 횡령한 자는 무조건 참수하겠다고 규정했다. 횡령한 돈의 몇 배를 가져온다 해도 절대 목숨을 살려주지 않겠다는 것이다. 이런 건륭의 노력으로 부패를 관리하는 청나라의 수준은 한 단계 상승했고, 무수한 자의 목이 땅으로 떨어졌다. 그러면 죽었으니 횡령한 돈은 갚지 않아도 될까? 물론 안 된다. 당사자의 목을 벤 뒤 그 집의 재산목록을 조사해서 전부 다 몰수했다.[90] 미리 재산을 빼돌리지 못하도록 각 성의 총독과 순무는 일단 횡령사건이 발생하면 가장 먼저 사람을 보내 재산을 압류하고 아무것도 옮기지 못하게 했다. 그래서 건륭이 옹정보다 부패한 관리를 더 엄격하게 처벌했다고 하는 것이다. 중국 역사 전체를 두고 보면 건륭보다 더 엄격했던 황제로는 명나라 초대 황제 주원장을 들 수 있다. 주원장은 관리들의 부패를 막기 위해 '박피실초剝皮實草'법을 실행했는데, 은자 60냥 이상 횡령한 관리는 모두 피부를 벗겨 그 안을 풀로 채운 뒤 후임자가 일하는 공간에 두어 부정부패에 대한 경각심을 심어주는 것이었다. 이 방법만 놓고 본다면 건륭은 주원장에 비교도 되지 않는다.

건륭이 실시한 조치의 둘째 특징은 법 집행 범위가 매우 넓었다는 것이다. 대신들이 다른 죄를 저질렀을 경우에는 상황에 따라 사정을 봐주었지만 일단 횡령사건이 일어나면, 그 금액이 은자 몇 냥에 해당하는 경미한 것이라 해도 절대 용서해주지 않았다. 게다가 그 사건과 연관된 관리들 역시 한 명도 빠짐없이 처벌을 받았다.

건륭 22년, 윈난총독 항문恒文은 각 지역의 관례에 따라 황제에게 올릴 '토공土貢'을 준비했는데 지역 특산품을 찾아 특별한 날 조공으로 바치는 것이었다. 윈난의 특산품은 무엇이었을까? 역사서의 기록에 따르면 윈난은 황금을 생산하는 곳으로 유명했다.『천자문千字文』을 보면 '금은 여수서 나고 옥은 곤강에서 난다金生麗水, 玉出崑岡'는 말이 있다. 여기서 말하는 여수가 바로 윈난성을 흐르는 진사金沙강이다. 그래서 그는 금을 사서 손난로를 만들어 황제께 바쳐야겠다고 생각했다. 당시 금 시세는 한 냥에 은자 열네 냥 정도였다. 하지만 항문은 윈난의 재정상태가 여의치 않자 하급관리를 시켜 금 한 냥에 은사 열두 냥을 주고 사오라 명하면서 돈이 모자라거든 알아서 처리하라고 했다. 이는 조공을 핑계로 아랫사람들을 협박하는 것이나 다름없었다. 총독 자리에 있는 자가 이런 일을 시킨다는 것은 옳지 않았다. 물론 이 일로 그가 아낀 돈은 겨우 수백 냥밖에 되지 않았기 때문에 심각한 사건이라고는 할 수 없었다.

하지만 이 일이 알려지자 건륭은 항문에게 엄벌을 내렸다. 비록 항문은 능력이 출중하여 건륭에게 신임을 받았으나 이 역시 부당하게 돈을 챙긴 것에 해당하기 때문에 건륭은 그에게 자결을 명했다. 그리고 금을 사는 과정을 도운 윈난의 순무, 포정사, 안찰사 세 관리를 파직하고 이와 관련된 지방 관리 50~60명에게도 처벌을 내렸다. 말하자면 건륭은 '돈'과 관련된 일이라면 절대 인정사정 봐주지 않았다.

셋째 특징은 부정부패 조사에는 '성역'이 없어서 황제의 측근과 친척들도 모두 포함했다는 것이다. 건륭의 후궁들 중 효현황후 다음으로 지위가 높았던 여인은 혜현황귀비慧賢皇貴妃였다. 황귀비는 대학사 고빈高斌의 딸로 효현황후에 버금가는 총애를 받았고, 그 덕분에 그녀의 남동생 고항高恒은 쉽게 벼슬길에 오를 수 있었다. 건륭 22년, 그는 양회兩淮, 중국 화이허강 남쪽 화이난과 북쪽 화이베이를 아울러 이르는 말의 염정鹽政, 나라에서 소금을 판매하는 일을 담당하게 되었는데 이 자리는 원래 부수입이 많기로 꽤 유명했다. 그런데 욕심이 많았던 고항은 그 자리에 앉자마자 상인들에게 뒷돈 13만 냥을 받았다.[91] 간이 보통 큰 게 아니었다. 사건이 벌어지자 건륭은 조금의 망설임도 없이 바로 '은혜를 저버린 죄는 피할 수 없는 법'이라며 처남을 사형에 처했다.

하지만 어쨌든 고항과는 친척관계였으니 그를 죽인 건륭의 마음도 편치 않았다. 그래서 그의 남은 가족을 잘 돌봐주었다. 10년 뒤 건륭은 고항의 아들 고박高朴을 엽이강 지역 담당관리로 임명했다. 엽이강은 지금의 신장웨이우얼자치구에 있는 카스 지역으로 카슈가르Kashgar라고도 한다. 그런데 고박은 아버지인 고항과 마찬가지로 자리에 앉은 지 얼마 되지 않아 부정을 저질렀다. 사람을 시켜 불법으로 채취한 옥석을 팔아 이득을 챙긴 것이다. 건륭은 마음이 아팠지만 다른 때와 마찬가지로 고박이 황귀비의 조카라 해서 모른 척 덮고 넘어갈 수 없으니 지역의 법에 따라 엽이강에서 참수에 처하라고 명했다.[92]

따라서 건륭제 시대 중기는 탐관오리에 대한 처벌이 가장 일관되고 강력하게 실행된 때라 할 수 있다. 당시 성급 이상 대신들 중 횡령 관련 혐의로 조사를 받은 자가 서른 명에 달했는데 이중 스무 명 정도가 목이 날아갔다. 즉 건륭은 청나라 역사상 고위 대신들을 가장 많이 처벌한 황제였다. 건륭제 시대에 발생한 횡령사건은 총 589건으로 이는 청나라의 역사 전체를 놓고 본다면 결코 적은 수라 할 수 없다.

중국 전통사회에서는 관리들의 부정부패를 잘 관리하기만 해도 기본적으로 성공한 황제가 되었다. 역사를 살펴보면 관리들의 부패를 엄격하게 처벌하고 정치에 규율이 잘 잡혀 있는 상태를 성세라 하고 반대로 관리들을 제대로 단속하지 못한 때를 난세라 한다. 그런 의미에서 건륭제는 중기에 이런 문제를 확실히 통제하면서 청나라가 지속적으로 빌진하는 기틀을 다졌다고 할 수 있다.

너그러운 황제였던 건륭이 이렇게 엄격해지리라고는 아무도 예상치 못했다. 모두의 눈에 건륭은 우아하고 인자하고 자제력 강한 군주였다. 하지만 뜻밖에도 그에게는 신경질적이고 제멋대로인 면도 있었다. 13년이라는 시간이 흘렀음에도 대신들은 건륭을 제대로 이해할 수 없었다. 어쨌든 그는 옹정의 아들이 아니던가? 옹정의 냉혹함은 아들에게 그대로 전해졌다. 건륭은 관리들의 부정부패를 단속함과 동시에 예로 신하들을 대하던 태도를 버리고 마음대로 명령을 내리며 툭하면 윽박지르기 시작했다. 예전 옹정제의 모습과 하나도 다를 게 없었다. 예를 들어 건륭 35년, 그는 조서에서 구이저우 순무 궁조린宮兆麟의 별명을 언급했다. '궁조린은 입만 놀릴 줄 알고 일은 제대로 하는 것이 없으니 사람들이 왜 너를 궁철취宮鐵嘴, 쇠로 된 주둥이라는 뜻으로 화술에 능한 사람을 말함라 부르는지 알 만 하구나.'93 이 조서가 전국에 내려지면서 백성 전체가 순무의 별명을 알게 되었다.

건륭 13년 이후 건륭은 말투에서나 행동에서나 갈수록 옹정을 닮아갔다. 유전자의 힘이란 참으로 대단하다. 사람이 자기 유전자의 단점을 알고 숨기거나 고치려 노력한다 해도 결과는 성공적이지 않다. 건륭은 할아버지 강희제의 인자함을 매우 존경하고 따르려 노력했지만 결국 아버지의 각박하고 폭력적인 성격을 물려받았다. 아마 건륭은 이러한 점을 알았기 때문에 13년 동안 자기 단점을 숨기려 노력한 것일지 모른다. 하지만 효현황후가 죽고 자신을 지탱해주던 정신적 울타리가 무너지면서 이제 더는 자기 모습을 숨길 수 없었다.

바로 이 점 때문에 우리는 건륭 13년을 경계로 그의 통치 기간을 전기와 중기로 나눈다. 전기를 태양이 막 떠오르는 새벽에 비유한다면 중기는 태양이 머리 꼭대기 위에 있는 한낮이라 할 수 있다. 그래서 새벽에는 사람들이 떠오르는 태양의 눈부심과 따스함에 감동했다가 중기에는 내리쬐는 열기에 숨을 쉴 수 없을 지경이었다.

그렇다면 건륭이 중기에 옹정보다 더 엄격한 왕이 되었음에도 나중에 훨씬 좋은 명성을 얻게 된 이유는 무엇일까? 그 첫 번째 이유는 바로 첫인상이다. 건륭은 즉위한 뒤 13년간 관대한 정치를 펼쳐 인자한 황제로 여겨졌고, 그 첫인상은 쉽게 사람들 마음속에서 지워지지 않았다. 두 번째는 건륭이 곧이어 청나라를 태평성대로 만들었기 때문이다. 나라 전체가 활발하게 움직이며 경제가 발달함과 동시에 정치적 규율이 엄격한 상태가 지속되었다. 이런 상황은 역대 왕조에서 찾아보기 어려운 것이었다. 당연히 대신들과 백성은 황제의 능력에 감탄할 수밖에 없었다. 그래서 그의 부정적 이미지는 이런 빛나는 업적에 묻혀버렸다.

정치 외에도 구체적으로 인재를 등용하는 방식에서 건륭 13년을 전후로 중대한 변화가 일어났다. 이것이 바로 건륭 13년의 세 번째 변화로, 새로운 인물을 대거 등용했다는 점이다.

앞서 밝혔듯이 건륭은 즉위한 뒤 정국 안정을 이어가기 위해 옹정제를 모셨던 신하들을 그대로 중용했다. 이는 그가 새로운 인물을 쓰고 싶지 않아서가 결코 아니라 다만 아직 때가 되지 않았다고 생각했기 때문이다. 나중에 통치 기간이 10여 년 정도 지나자 건륭은 신구세대 교체를 시작했다.

건륭 13년 이전에 유일하게 예외적으로 중용한 인물이 바로 눌친이었다. 눌친은 만주족 양백기 출신으로 일을 처리하는 솜씨가 좋아 옹정제의 신임을 받았다. 그 덕분에 옹정제 말년, 그는 젊은 나이에 군기처에 들어갔다. 건륭은 즉위 후 자신의 측근들이 정치에 관여하는 것을 원칙적으로 막지 않았던가? 일부 황족들이 군기처에서 물러났지만 눌친은 군기처의 가장 말단관리였을 뿐만 아니라 나이도 가장 어리고 특별한 배경도 없었기 때문에 건륭에게 등용되었다. 건륭은 그에게 이부_{吏部}, 현대의 인사과에 해당함와 호부_{戶部}, 재정 관련 일을 맡아보는 부서 두 중요 부서의 일도 함께 관리하도록 했다. 또한 호위대를 이끌고 총리의 사무를 보좌하도록 하며 일등 공작의 작위도 수여해 눌친은 순식간에 조정과 재야에 권력을 떨치게 되었다. 건륭은 왜 이렇게까지 눌친을 신임했을까? 그는 총명하고 능력이 출중했을 뿐 아니라 황제와 생각이 비슷했다.[94] 두 번째 이유는 청렴했다. 그는 대문에 사자처럼 생긴 짱아오_{藏獒}, 티베트원산의 대형견으로 성격이 사납고 털을 기르면 외형까지 사자를 닮아 '사자견'이라 불림를 매놓아서 선물을 바치려 찾아가도 함부로 들어갈 수 없었다.[95] 그래서 건륭은 눌친을 신임했다. 하지만 안타깝게도 건륭 13년, 눌친은 진촨중국 쓰촨성 서북쪽 고원에서 일어난 반란군과 벌인 전쟁에서 패배한 책임을 지고 결국 사형되었다.

비록 끝내 눌친을 죽였지만 그에게 일을 맡기는 과정에서 건륭은 젊은 인재들의 장점을 깨달았다. 그들은 머리가 빠르고 활력이 넘쳤으며 일할 때 패기가 넘쳐 나이 든 대신들처럼 질질 끄는 법이 없었다. 특히 조정의 붕당과 아직 관계를 맺지 않아 황제가 안심하고 일을 맡길 수 있다. 그래서 눌친이 죽은 뒤 건륭은 다시 청년 대신을 선발했다. 그가 바로 부항傅恒이다.

부항은 누구인가? 부찰황후의 남동생으로 건륭에게는 처남이었다. 건륭은 황후와 사이가 좋아 처남에게도 무척 잘해주었는데 처남 역시 꽤 능력이 있었다. 부항은 언제나 사람들에게 겸손하고 관대하게 대했는데 자기 누나인 부찰황후와 성격이 비슷했다. 그래서 아랫사람들이 그에게 인사를 오면 절대 거드름을 피우는 법이 없었고 몇 명이 되었든 모두 자기 방으로 올라오게 했다[96]고 한다. 부항의 또 다른 특징은 건륭의 말을 아주 잘 따랐다는 것이다. 건륭이 중가르를 공격하겠다고 결정했을 때 조정 대신들은 모두 반대했지만 부항은 홀로 황제의 뜻을 지지했다.[97] 건륭 13년 눌친을 사형에 처한 뒤 건륭은 부항을 수석군기대신에 임명했다. 고대 재상에 버금가는 자리였다. 당시 부항의 나이는 겨우 스물다섯으로 역사상 최연소 수석군기대신이었다. 그는 23년간 그 자리에서 일하다가 건륭 36년 미얀마를 정벌하던 중 병에 걸려 세상을 떠났다.

지금까지 말한 대신은 모두 만주족 출신이다. 건륭은 사람을 등용할 때 한족보다 만주족을 우선시했지만 한족 출신 중에서도 당연히 인재를 선발했다. 가장 유명한 자가 유통훈劉統勳으로 유용 유라과의 부친이다. 유용은 민간 고사에서 이름이 많이 알려졌지만 사실 역사적으로 더 중요한 인물은 바로 그의 아버지 유통훈이다. 그는 산둥 가오미 사람으로 옹정제 때 진사로 들어가서 건륭제 때는 대학사 및 군기대신에까지 올랐다. 중국에는 「천하의 곡창天下糧倉」이라는 드라마가 있는데 유통훈 이야기를 다룬 작품이다. 유통훈의 특징은 다음과 같다. 건륭의 말을 빌리면 첫째로 '우사신민遇事新敏(건륭이 지은 「회구懷舊」 시 중 '遇事旣新敏'이라는 구절에서 따옴)', 머리가 비상하고 판단이 정확했다. 둘째로 '병성강경秉性剛勁(「회구」 중 다음 구절인 '秉性復剛勁'에서 따옴)', 황제에게 직언을 하고 고위 대신을 탄핵하기도 하는 등 배짱이 컸다. 예를 들어 대학사 장정옥과 눌친 등 권력이 대단했던 인물에 대한 상소를 올리기도 했다. 셋째로 붕당을 형성하지 않았다. 늘 혼자서 행동하며 조직을 만들지 않았다. 마지막으로 청렴했다. 『제성현지』에는 유통훈이 가진 것은 척박한 밭 몇 뙈기와 낡은 집 몇 칸이 전부[98]라며 칭찬하는 글이 있다. 건륭은 사람들이 대학사를 습관적으로 재상이라 부르는데, 유통훈만이 재상이라는 이름에 어울리는 인재[99]라 말하기도 했다.

결과적으로 건륭이 중기에 들어 새롭게 등용한 인재들을 살펴보면 아래와 같은 기본적인 특징을 발견할 수 있다.

첫째, 총명하고 일을 잘하며 황제의 뜻에 잘 따른다.

둘째, 조직을 만들거나 붕당에 참여하지 않는다.

셋째, 청렴하고 부정부패를 저지르지 않는다.

통치방침이 정해졌다면 그다음 해야 할 일은 그 방침을 실현할 사람을 뽑는 것이었다. 건륭이 정치적으로 성공할 수 있었던 중요한 이유는 타고난 안목을 바탕으로 자신의 정책을 성공으로 이끌어줄 '팀'을 꾸렸기 때문이다. 건륭은 다른 황제들처럼 재능보다 덕을 중요시하지 않았다. 그는 대신을 등용할 때 원칙이 있었다. 덕은 있지만 재능이 없다면 등용하지 않았다.[100] 건륭이 제일 싫어하는 부류가 바로 할 줄 아는 것은 없으면서 책만 보는 책벌레들이었다. 덕도 있고 재능도 있다면 물론 등용한다. 재능은 있는데 덕이 없다면 필요할 때 목적에 따라 등용한다. 건륭 후기에 등용한 탐관 화신이 바로 그 대표적인 예다. 물론 덕보다 재능을 중요하게 생각한 건륭의 태도는 나중에 심각한 문제가 되었다.

중국 역사에서 가장 쉽게 발견할 수 있는 정치적 문제 중 하나가 바로 '단절'이다. 최고 결정권자가 만든 정책이 관료기구를 거쳐 사회로 전달되지 않는 것이다. 건륭은 중기에 이런 문제를 성공적으로 해결했다. 당시 대신들의 업무 효율은 매우 높았고, 실행력도 아주 좋았다. 황제가 만든 정책은 기본적으로 민간에서 거의 실행되었다. 이런 과정들이 모여 태평성세를 이루는 데 든든한 밑거름이 되었다.

건륭이 새 인재를 뽑아 새로운 조직을 만든 것은 기존의 붕당을 해체하기 위해서였다. 건륭이 등용한 사람들은 모두 조정의 기존 세력과 관계가 없는 인물들이었다. 새 관리들과 기존 관리들이 서서히 교체되자 건륭은 드디어 붕당을 해체하는 작업에 손을 댔다. 이 작업의 목표는 바로 당시 가장 중요한 정치적 위치를 차지하고 있던 한 인물이었다.

황제를 모시는 것은

호랑이와 함께 있는 것

乾隆

건륭 13년 한 해 동안 건륭은 수많은 대신을 처벌했다. 그중 가장 직급이 높은 인물은 강희와 옹정, 건륭 세 황제를 모신 원로대신 장정옥이었다.

건륭 13년 10월의 일이었다. 그달에 한림원에서는 관례에 따라 돌아가신 효현황후를 위해 제문을 작성했다. 건륭은 황후의 장례에 각별히 신경을 썼기 때문에 제문을 가져오라고 해서 직접 검토했다. 그런데 글에 쓰인 단어 하나가 눈에 거슬렸다. 어떤 단어였을까? 바로 '천대泉臺'였다. 이 단어는 무슨 뜻일까? '천대'란 구천지하九泉之下, 즉 사후세계인 황천 또는 저승을 가리키는 격식 있는 표현이었다. 하지만 건륭은 괜한 트집을 잡았다. '천대'라는 두 글자에는 '귀한' 느낌이 부족하다는 것이었다. 보통 사람에게 쓰기에는 이 단어가 그럴듯할 수 있어도 황후처럼 귀한 사람의 제문에는 반드시 특별한 단어를 생각해내야지 이 단어는 적합하지 않다고 했다.[101] 건륭은 결국 이 작은 문제로 한림원 대학사였던 장정옥에게 감봉 1년이라는 처벌을 내렸다.

감봉 1년은 물론 가벼운 처벌은 아니었지만 장정옥에게는 그 무게가 유난히 무겁게 느껴졌다. 왜냐하면 이는 그가 47년간 조정에서 일하며 처음 받은 벌이었기 때문이다. 장정옥은 두려움과 당혹감에 몸이 떨려왔다.

여기서는 장정옥이라는 인물을 중심으로 해서 이야기해보자. 그를 분석하는 이유는 두 가지다. 우선 그는 청나라를 대표하는 세 황제를 모시며 특별한 인생을 살다 갔고, 또한 그와 건륭 사이에 일어난 마찰은 건륭이 붕당을 공격하는 과정을 대변하는 것이나 마찬가지였기 때문이다. 건륭은 붕당 문제를 성공적으로 해결했는데, 그때 가장 중요하게 처리한 일이 바로 장정옥에 관한 것이었다.

장정옥은 중국 역사에서 능력 있는 관리 중 한 명이라 할 수 있다. 무엇 때문에 이런 말이 나왔을까? 강희제 말년부터 옹정제 말년까지 청나라 정국에는 혼란이 계속되었다. 강희제 때는 권력투쟁이 벌어졌고, 옹정제 때는 정치 기강을 바로잡기 위해 강압적이고 냉혹한 정책이 계속되었다. 장정옥은 바로 그런 혼란한 시기에 일반 진사로 벼슬길에 올라 대학사 자리까지 한 단계씩 승진하며 건륭제 중기까지 47년간 어떤 실수도 저지르지 않고 처벌도 받지 않으며 명예를 지켜왔다. 이는 당시 극히 드문 예였다.

그렇다면 그에게는 어떤 비결이 있었을까? 우선 그의 발자취를 살펴보자. 장정옥은 안후이성 서쪽 작은 도시인 퉁청에서 태어났으며 그의 부친은 강희제 때 대학자를 지낸 장영張英이다. 장정옥은 학자풍에 대대로 관직을 지낸 집안에서 자라 어려서부터 좋은 교육을 받았고, 스물아홉에 진사에 합격해 한림원에 들어갔다. 서른셋이 되던 해에 우연히 강희제 눈에 띄었는데, 강희제는 그의 당당한 풍채와 차분하면서도 군더더기 없는 말솜씨와 행동에 반해 그를 '시직남서방侍直南書房'하라 명했다. 그를 자기 곁에서 시중을 드는 직남서방, 즉 비서로 두라는 뜻이었다.[102]

그때부터 장정옥의 화려한 인생이 시작되었다. 서른셋부터 마흔다섯 때까지 그는 12년간 강희제를 모셨다. 같은 재능에 같은 노력을 한다고 해도 어느 위치에 있느냐에 따라 받는 대우는 천차만별이다. 황제를 곁에서 모신다면 그 대우는 또 달라진다. 장정옥은 10여 년간 강희제의 총애를 받으며 종7품 한림원 검토檢討에서 (지금의 중앙부처 연구원에 해당) 종2품 예부시랑으로(지금의 부처 차관급에 해당) 승진했다. 수직상승한 셈이다. 장정옥은 강희제 시대에 진사로 들어와 시랑 자리에까지 올랐다. 어느 소설에서는 그가 당시 대학사까지 올라 천하를 호령했다고 하는데 이는 역사적 사실과 다르다.

옹정제가 즉위하자 그의 위치는 더 높아졌다. 강희가 세상을 떠나고 옹정이 다음 황제가 되었다. 옹정은 처음 봤을 때부터 장정옥을 매우 마음에 들어 하며 행동이 차분하고 두뇌가 명석하며 대답이 조리 있다[103]고 했다. 박력 있는 황제였던 옹정제는 관례를 깨고 강희제가 죽은 지 반 년 만에 장정옥을 예부상서로 임명했다. 지금의 장관에 해당하는 자리였다.

옹정제는 중국 역사에서 '모시기 힘든 황제' 중 하나로 유명했다. 너무나 냉정하고 쌀쌀맞았기 때문이다. 하지만 장정옥에게는 오래 알던 사이처럼 친근하게 대했다. 장정옥을 예부상서로 임명한 뒤 옹정은 하루도 그를 만나지 않은 날이 없었다. 매일 궁으로 불러 어떤 일이든 함께 상의했고, 교지를 내릴 때나 말을 받아써야 할 때도 장정옥에게 기록하도록 했다. 첫해에 예부상서가 된 뒤 이듬해에는 한림원 장원학사掌院學士가 되어 한림원을 관리했다. 옹정 4년에는 문연각文淵閣, 청나라 건륭시대에 『사고전서』와 『도서집성圖書集成』을 두었던 자금성의 전각의 대학사와 호부상서를 맡았고, 옹정 6년에는 이부상서가 되어 혼자서 호부와 이부를 모두 담당했다. 옹정 7년에 옹정이 군기처를 세운 후에는 수석군기대신의 자리에까지 올랐으니 그야말로 일인지하 만인지상으로 나라 전체에 옹정을 제외하고 그보다 더 높은 권력을 쥔 사람은 없었다. 비록 그가 수석군기대신 자리에 있었던 기간은 3년뿐이었다. 옹정 10년 악이태가 도성으로 들어오면서 만주족을 한족보다 우선시하는 '선만후한先滿後漢'이라는 당시 관례에 따라 악이태가 수석군기대신이 되고 장정옥은 그 아랫자리로 물러났기 때문이다. 하지만 여전히 실권은 장정옥에게 있었다.

장정옥이 승진을 거듭한 것 외에 옹정이 장정옥을 얼마나 신임했는지 알 수 있는 일화가 두 가지 더 있다. 당시 옹정과 장정옥의 사이는 매우 친밀했다.

첫 번째는 옹정 5년 5월 장정옥이 병에 걸려 보름간 병가를 낸 일이 있었다. 병이 나은 뒤 황제를 만나러 궁에 가자 옹정이 그를 보고 첫마디로 자신이 그제 태감들에게 요 며칠 팔이 아팠는데 알고 있었냐고 물었다[104]고 했다. 그리고 태감들이 깜짝 놀라며 왜 어의를 부르지 않으셨느냐고 묻자 옹정이 웃으며 답하길 대학사 장정옥이 병이 났으니 내 팔이 아픈 것과 같지 않느냐고 답했다[105]고 했다. 옹정은 장정옥을 자신의 팔과 같이 여기며 하루만 떠나 있어도 팔이 없어진 것처럼 힘들어했다.

두 번째는 옹정 11년 장정옥이 휴가를 받아 부모님을 뵙기 위해 고향에 내려갔다. 장정옥이 떠난 뒤 옹정은 그가 매우 그리웠다. 그래서 교지 위에 이런 단락을 남겼다. 마치 연애편지와 같은 분위기다.

"짐이 황제가 된 뒤 십일 년 동안 그대와 이렇게 떨어져 있었던

적이 없었다. 우리는 형식상 군신관계일 뿐이지 실제로는 '계우契友'
나 다름없지 않느냐!('계우'는 의형제를 맺은 사이를 뜻함) 지금 이렇게
한 달가량 떨어져 있으니 짐은 유독 그대가 보고 싶구나."[106]

당시 옹정과 장정옥 사이는 이렇게 가까웠다. 그래서 옹정이
죽은 뒤 장정옥은 청나라 시대 한족 관리들은 한 번도 받아본 적
없는 엄청난 영예를 얻었다. 그것은 바로 사후 태묘에 '배향配享'한
다는 것이었는데, 즉 죽은 뒤 태묘에 위패를 놓아 옹정과 저승길을
함께 가는 동반자가 되는 것이었다. 이는 정치적으로 엄청난 명예
였다. 청나라 역사 전체를 통틀어 관외를 합하면 296년, 입관 후로
따지면 268년 동안 이런 대우를 받은 한족은 그가 유일했다.

그렇다면 당시 청나라를 위해 공을 세운 한족 대신이 상당히
많았는데도 왜 유독 장정옥만이 그런 대우를 받았을까? 이를 설명
하려면 먼저 청나라의 종묘제도를 이야기할 필요가 있다.

태묘는 황제가 조상들의 위패를 모시는 공간으로 하나라, 상
나라, 주나라 때도 존재했을 만큼 기원이 오래되었다. 물론 당시에
는 최고 통치자를 황제라 부르지 않았고, 위패를 모시는 공간의 이
름 역시 태묘가 아니었다. 하나라 때는 '세실世室', 상나라 때는 '중
우重屋', 주나라 때는 '명당明堂'이라 했으며, 진나라와 한나라 때에
야 비로소 '태묘'라는 이름을 썼다. 초기에 태묘는 황제의 조상들
을 모시는 용도로만 쓰였다. 그러다 후에 조상들만 이곳에 있으면
넋이 너무 외로울 것이라는 생각에 생전에 가깝게 지냈던 대신들
의 위패를 함께 놓았는데 사후에도 황제의 동반자가 되라는 뜻이
었다. 하지만 이런 영광을 누린 대신은 거의 없었다. 태묘로 들어간

대신은 두 부류인데 하나는 황제와 사이가 특별히 가까웠던 친척이고, 또 하나는 조정과 국가를 위해 특별한 공헌을 한 대신이었다.

청나라 태묘의 배향전은 동쪽과 서쪽으로 나뉜다. 동배전東配殿에는 황실의 친왕, 즉 청나라를 개국하는 과정에서 공을 세운 누르하치의 아들 다이샨과 도르곤, 청나라 말의 몽골친왕 셍게린친僧格林沁, 공친왕 혁흔 등 14명이 모셔져 있다. 서배전西配殿에는 황족이 아닌 공신들로 개국과정에 공을 세운 양고리揚古利, 액역도와 건륭제 시기의 유명한 대신 부항과 복강福康 등 12명이 있다.

따라서 청나라 시대에 태묘에 배향된 사람은 총 26명이고 황족이 아닌 공신은 12명뿐이다. 청나라 황제는 총 몇 명이었을까? 12명이다. 한 황제가 공신을 평균 한 사람씩 배향했다고 볼 수 있으니 정말 대단한 영예가 아닐 수 없었다. 게다가 배향된 신하들 중 유일하게 장정옥만이 한족이었다. 청나라 왕조 200년 동안 그는 한족 출신으로 유일하게 이런 대우를 받았다. 그래서 이는 더욱 특별한 영광이자 그에 대한 옹정의 신임을 유감없이 보여주는 사례라 할 수 있다. 이것이 옹정제 때 장정옥이 누리던 위상이었다.

옹정제 이후 건륭제 시대가 왔다.

건륭 원년, 그는 세 황제를 모신 예순다섯의 노신이자 건륭을 옹립하는 과정에서 공을 세운 신하였다. 옹정제는 비밀 태자 책봉을 할 때 미리 필사본을 만들어 유일하게 장정옥에게만 보여주었다. 나중에 악이태까지 더해 2명에게 필사본의 존재를 알렸다. 옹정이 죽고 모두가 밀지를 찾지 못해 혼란에 빠졌을 때 장정옥은 침착하게 태감들을 지휘해 필사본을 찾았고, 그 덕분에 건륭은 순조롭게 황위에 오를 수 있었다. 그래서 건륭 역시 그를 매우 존중했고, 계속 대학사 자리를 맡겨 악이태와 함께 정무를 처리하도록 했다. 건륭은 평소 장정옥과 대화할 때 늘 얼굴에 미소를 띠었으며 절대 이름을 부르지 않고 '선생'이라는 호칭을 사용했다. 장정옥이 조정에 나올 때면 태감들에게 일러 혹시 사고가 나지 않게 부축하도록 했다. 건륭 2년, 건륭은 장정옥을 삼등 백작에 봉했다. 문신을 백작에 봉하는 것은 특별한 경우였다. 건륭 초기 장정옥은 이렇게 청나라의 한족 대신 전체를 통틀어 전무후무한 대우를 받았다.

여기서 한 가지 의문이 생긴다. 청나라 역사에서 『장정옥연보』나 『실록』을 봐도 장정옥이 특별히 대단한 일을 했거나 엄청난 공을 세웠다는 기록은 나오지 않는데 왜 강희와 옹정, 건륭은 모두 그를 신임했을까?

장정옥에게는 확실히 남다른 부분이 있었다. 그가 청나라의 엄격한 정치규율 속에서 관리로 승승장구한 것은 결코 우연이 아니었다. 그의 성공은 두 가지 방면이 합쳐진 결과였다. 하나는 남다른 능력이고 또 하나는 '신도臣道', 즉 신하의 도리에 대한 깊은 이해였다. 첫 번째 이유인 뛰어난 능력부터 살펴보자.

장정옥의 능력 중 첫째는 바로 뛰어난 비서였다는 점이다. 장정옥은 강희 43년 직남서방의 말단비서로 황제 곁에서 일하며 자기 능력을 마음껏 발휘했다. 그는 황제의 말을 기록할 때 정확하고 빠르게 형식에 맞춰 문장을 완성해냈다. 옹정이 즉위 초에 그를 마음에 들어 했던 것도 이런 부분 때문이었다. 당시 옹정은 강희제의 장례를 준비하며 나랏일까지 해결해야 했기 때문에 하루에 처리해야 할 업무가 너무 많았다. 『장정옥연보』에는 당시 옹정제의 말이 전해진다.[107] 옹정은 글로 쓰는 것보다 직접 말로 지시를 내리는 방식을 택했다는 것이다. 그런데 말로 하다보면 말이 두서없이 나오거나 뜻을 오해하게 되는 수가 있다. 그러면 장정옥은 능력을 발휘해 빠르게 황제가 한 말의 요점을 정확히 짚어낸 뒤 문학적인 솜씨를 더해 완벽한 교지를 완성했다. 장정옥은 하루면 이런 식으로 열 개가 넘는 교지를 작성했고 수십 년 동안 같은 일을 하면서 단 한 번도 실수를 하지 않았다. 확실히 그는 능력 있는 비서였다.

두 번째 능력은 만주어 수준이었다. 장정옥은 한족이었지만 만주어에 정통해서 당시 만주족들보다 더 정확하게 만주어를 구사했다. 어떻게 이럴 수 있었을까? 그에게는 선견지명이 있었다. 진사로 벼슬길에 오른 뒤 그는 2년간 특별히 시간을 내어 만주어를 공부했다. 연보에서 그는 스스로 잠자는 것도 밥 먹는 것도 잊어버릴 정도로 만주어淸書를 공부하여 좋은 성과를 거두었다[108]고 적었다. 그는 황제가 일을 처리할 때 핵심적인 기밀사항은 모두 만주어로 기록한다는 사실을 잘 알았다. 이는 만주어에 정통하지 않으면 결코 권력의 핵심에 가까워질 수 없다는 뜻이기도 했다. 그래서 그는 심혈을 기울여 만주어를 공부했다. 이것이 두 번째 능력이다.

세 번째 능력은 그의 엄청난 기억력이었다. 장정옥은 마치 걸어 다니는 문서창고 같았다. 수백 명이 넘는 전국의 모든 고위 대신의 이름과 출신 배경, 주요 경력을 상세하고 정확하게 외웠다. 또한 전국의 1000개가 넘는 현의 이름과 현령의 이름을 바로바로 기억해냈다. 그래서 황제에게는 장정옥이 더욱 필요했다. 옹정제는 장정옥이 하루에 처리하는 업무량을 다른 사람들은 열흘에도 다 해내지 못한다[109]면서 그를 칭찬하기도 했다.

따라서 장정옥의 성공은 그의 출중한 능력이 바탕이 되었다고 할 수 있다. 그리고 그 능력의 핵심은 '황제에게 도움이 되는 것'이었다. 하지만 이는 전체 이유 중 절반에 해당할 뿐이다. 나머지 절반은 바로 '신하의 도리'에 대한 이해였다.

'신하의 도리'란 무엇인가? 신하가 해야 할 도리, 즉 군주를 모시는 방법에 대한 것이라 할 수 있다. 이 단어는 『역경易經』에 실려 있는데 자신을 숨기고 순종하는 것을 미덕으로 삼고 이런 태도로 군주를 모시며 자신의 공을 이루려 하지 않는 것이 신하의 도리[110]라는 것이다. 이는 신하의 도리에 대한 노장학파의 사상이다. 즉 신하의 도리란 자신을 숨기고 순종하며 모든 공을 군주 것으로 돌리고 자신은 묵묵히 어떤 이야기도 듣지 않는 것이다. 유가 역시 신하의 도리를 매우 중시했다. 전국시대의 유명한 유가 사상가 순자荀子는 특별히 이에 대한 글을 남겼는데, 글 제목이 「신도」다. 그렇다면 순자는 신하의 도리를 어떻게 정의했을까?

순자는 군주를 모시려면 우선 자신이 모시는 군주가 어떤 사람인지 파악해야 한다고 했다. 즉 성군인지 폭군인지부터 살피라는 것이다. 군주의 성격에 따라 대하는 방법도 다르기 때문이다. 성군이라면 어떻게 대해야 할까? 신하는 공손하고 겸손한 태도로 군주의 말을 듣고, 일을 할 때는 빠르게 하며, 자신의 사사로운 생각이 군주의 결정에 영향을 미치지 않도록 하고 군주의 뜻을 유일한 목표로 여겨야 한다.[111] 이것이 성군을 받드는 방법이다.

그렇다면 아둔하거나 폭군인 경우에는 어떻게 해야 할까? 마치 길들여지지 않은 말에 탄 듯, 철이 들이 않은 아이를 키우듯 특히 조심하고 주의를 기울여야 한다. 군주가 어떤 일 때문에 두려움에 떨 때는 자기 의견을 전해 잘못을 고치도록 하고, 근심에 잠겼을 때는 상황을 해결할 구체적인 방법을 일러준다. 기분이 좋을 때 나라를 다스리는 도를 이야기하고, 화를 낼 때는 마음속 원한을 없애는 방법을 일러준다.[112]

진나라 시황제가 나타나기도 전에 고대 사상가들은 군주를 모시는 방법에 대해 깊은 고민을 하여 다양한 신하의 도를 만들어 냈다. 물론 이런 도리와 기술은 모두 특수한 문화적 배경 아래서 만들어졌기 때문에 정수精髓라 할 만한 것도 있지만 찌꺼기에 지나지 않는 것도 있다. 어떤 것이 진정한 핵심인지는 다시 한번 분석이 필요하다. 어쨌든 이런 신하의 도는 장정옥의 관직생활에 입문서와 같은 역할을 했다.

이 밖에도 그는 대대로 벼슬을 한 집안의 자제로 강희제 때 대학사를 지낸 장영의 아들이었다. 장영 역시 수십 년간 고위관직에 머무르며 특별히 문제를 일으킨 적이 없었다. 장정옥이 순조롭게 관직생활을 이어갈 수 있었던 것은 부친 장영이 말뿐만 아니라 직접 행동으로 본보기를 보인 덕이라고도 할 수 있다. 그래서 장정옥은 관직을 시작한 초기부터 매우 성숙한 모습을 보였고, 단정하고 차분한 언행으로 강희제의 눈에 들었다.

장정옥은 황제가 가장 경계하는 것이 바로 신하의 사심이라는 것을 잘 알았다. 자신의 사심을 숨겨야만 마지막에 진정한 사심을 채울 수 있다는 사실도 말이다. 그래서 그가 수십 년 동안 관직을 이어올 수 있었던 가장 큰 비결은 바로 어떤 일을 하든 자기 사심은 배제하고 황제 관점에서 생각하는 것이었다. 장정옥이 막 관직생활을 시작했을 때 한 번은 이런 일이 벌어졌다. 그가 젊은 나이에 과거시험 감독을 맡자 친구 하나가 그를 매수해 시험문제를 빼내려 한 것이다. 장정옥은 당연히 이를 거절했는데 거절하는 방식이 예술이었다. 과연 어떻게 친구 부탁을 거절했을까? 그는 대답으로 시를 지었다. 자신은 어두운 저녁하늘이 되기보다 밝은 달이 되겠다[113]는 내용이었다. 이 일은 한때 미담으로 널리 퍼졌다.

장정옥은 일처리에 사심이 없었을 뿐만 아니라 명예와 이득 앞에서도 겸손한 모습을 보였다. 옹정 11년(1733), 장정옥의 장자 장약애張若靄가 진사에 합격했는데 일갑一甲, 과거시험의 최종 시험인 전시殿試에서 일등, 이등, 삼등으로 합격한 세 사람을 가리킴에서 삼등을 했다. 당시에는 이를 '탐화探花'라 불렀다. 다른 사람들은 자기 아들이 '탐화'를 했다면 당연히 매우 기뻐했겠지만 장정옥은 그렇지 않았다. 그는 이 소식을 전해 듣고는 깜짝 놀라며 어쩔 줄 몰라 했다. 그리고 바로 궁으로 달려가 황제를 알현하고 자신의 집안에는 이미 진사에 합격한 사람이 많은데 오늘 또 이렇게 탐화를 차지했으니 지나치게 운이 좋은 듯싶다고 말했다. 그러면서 모든 일이 지나치게 원만하게 풀려도 좋을 것이 없으니 자신의 아들에게 탐화를 내리지 말고 이갑二甲, 사등에서 칠등까지를 가리킴을 내리시라 말씀드렸다. 천하에 탐화를 원하는 선비가 많은데 우리 집안에는 이미 여러 명이 관직에 있으니 이 영예를 다른 사람에게 양보하겠다[114]는 것이었다. 옹정은 그의 말을 듣고 크게 감동했다. 그래서 장약애의 등수를 하나 내려 이갑 일등으로 바꾸었다. 나중에 따로 명을 내려 이 일을 상세히 기록하여 남기도록 했다. 나라를 위하는 장정옥의 공평무사한 마음을 칭찬하기 위해서였다.[115]

독자들 눈에 장정옥이라는 인물이 어떠한가? 황제에게 필요한 재능뿐만 아니라 모든 일에 황제 처지를 먼저 생각하는 겸손함까지 갖추었다. 황제들의 사랑을 받을 만하지 않은가? 그는 부정부패를 저지르는 일도 없어 건륭제가 특별히 여러 차례 상을 내리기도 했다. 은자를 수만 냥씩 내리기도 하고 전당포를 주어 물질적으로 편안한 생활을 누릴 수 있도록 했다. 또한 직접 나서서 자신과 친척, 친구들의 이익을 챙기려 들지 않아 옹정이 따로 그의 자녀들을 특별히 돌봐주었고, 그중 장약애 역시 후에 관직생활을 원만하게 이어갔다. 옹정은 장약애를 보고 장정옥이 탐화를 물려달라고 했던 일이 생각나 아직 어린 나이였던 그를 예부시랑 자리에 올리기도 했다.

이쯤 되면 분명 독자들 중에는 '아, 장정옥이 이렇게 승승장구한 가장 큰 비결은 바로 사심이 없었기 때문이구나!'라고 말하는 사람이 있을 것이다. 하지만 안타깝게도 그건 아니다. 사심이 없었던 것이 비결이긴 하지만 가장 핵심 비결은 아니다. 건륭 13년까지 장정옥이 40여 년 동안 한 번도 실수를 저지르지 않고 고위관리의 자리를 이어간 진짜 비결은 그의 초인적인 신중함 덕분이었다.

중국에는 군주를 모시는 것은 호랑이와 함께 있는 것과 같다는 말이 있다. 왜 이런 말이 생겨났을까? 유구한 역사를 종합해볼 때 황제를 가까운 거리에서 모신다는 것은 너무나 위험한 일이었기 때문이다.

　내 말이 믿기지 않는다면 역사서를 한번 뒤져보라. 중국 역사에서 특히 유명한 문신과 장군들은 대부분 끝이 좋지 않았다. 예를 들어보자. 상나라 주왕紂王의 신하 비간比干은 가슴이 열린 채 죽었고, 진나라 시황제의 총애를 받은 이사李斯는 진나라의 두 번째 황제에게 허리가 잘리는 형을 받아 죽었다. 한나라 때 한신韓信은 온몸이 갈기갈기 찢겨 죽었고, 송나라 때 악비岳飛는 풍파정風波亭에서 독살을 당했고, 명나라 때 우겸于謙은 단두대에 올랐다. 명나라 말 원숭환袁崇煥은 능지처참되었고, 청나라 때 유명한 신하인 오배, 연갱요, 융과다隆科多, 숙순肅順 모두 자기 목숨을 지키지 못했다. 이 중 일부는 직접적으로 처형을 당하진 않았지만 역시 끝은 좋지 않았다. 예를 들어 당나라 때 위징魏徵은 편안한 죽음을 받았지만 사후에 태종이 '친복기비親僕其碑', 즉 무덤을 파내기도 했다. 송나라 때 유명한 재상인 구준寇準은 나라에 큰 공을 세웠지만 결국 마지막에는 파면되어 귀양 가는 길에 죽고 말았다.

　그렇다면 황제와 가까이 있는 것이 왜 위험할까? '무한한 권력'이 바로 근본적인 이유다. 전통사회에서 군주의 권력에는 한계가 없었다. 군주에게 신하란 언제든 죽이고 싶을 때 죽일 수 있는 존재였다. 동시에 군주의 권력이란 이기적이고 배타적이어서 황제들은 경계심과 질투심이 매우 강했다. 따라서 직위가 높을수록 황제와 가까워지고 황제 곁에 오래 있는 사람일수록 실수를 범할 확률도 높아졌다. 그래서 황제 곁에 있을 때는 지뢰밭을 걷는 듯 모든 행동에 신중을 기해야 했다.

장정옥은 역사서를 읽으며 역대 대신들이 어떤 실수를 범해 형벌을 받았는지 면밀히 분석했다. 그리고 그 실수의 원인을 다음과 같이 정리했다.

첫 번째는 성격이 너무 강직했다. 비간의 경우 주왕 면전에 대고 인의가 없음을 비판했지만 구체적인 행동방법은 이야기하지 않았고, 그 결과 비참한 죽음을 맞았다.

두 번째는 모든 일을 나라 입장에서만 생각했다. 예를 들어 악비의 경우 나라와 민족의 관점에서만 일을 판단하고 황제의 사적인 부분이나 심리상태는 전혀 고려하지 않았다. 그는 매일 송나라 고종에게 포로로 잡혀간 휘제徽帝와 흠제欽帝를 데려와야 한다고 건의했지만 그들이 온 뒤 고종의 처지가 난처해질 것은 전혀 생각하지 않았다. 결국 나라의 이익을 위해 황권에 도전한 그는 비참한 죽음을 맞았다.

세 번째는 권력이 강한 데 비해 신중하지 못했다. 중국 역사 속 승상들 중 대부분이 바로 이 이유 때문에 화를 당했다. 황제와 승상은 직업상 위치도 다르고 경력도 다르다보니 모든 일에 꼭 의견이 일치할 수 없다. 황제와 부딪치는 횟수가 특히 많아 순조롭게 관직생활을 마무리하기가 어렵다.

네 번째는 청나라 시대의 특징이라고도 할 수 있는 '호명好名' 때문이었다. '호명'이란 개인의 명예와 명성을 소중이 여기는 것을 뜻한다. 이는 바람직한 일이 아닌가? 하지만 청나라 왕조에서는 이 '호명' 때문에 밑바닥으로 굴러 떨어진 인사가 한둘이 아니었다. 왜 그랬을까? 청나라 황제 입장에서 모든 일에 자신의 명성과 인격을 소중히 여기는 신하는 노예처럼 부릴 수 없고 그들이 황제를 위해 지저분한 일도 하지 않으려 했기 때문이다. 이런 신하들은 황제와 각을 세우는 일이 잦았다. 그래서 옹정제는 대신들이 사사롭게 이득을 도모하거나 '호명'해서는 안 된다고 못을 박기도 했다.[116] 대신들이 명예를 좇는 것은 청나라 시대에 화를 당하는 이유가 될 수 있었다. 옹정제 때 유명한 대신인 양명시揚名時는 바로 이 호명 때문에 자신의 이상과 원칙을 굽히지 않고 황제 말을 거역했다가 결국 파직당했다.

장정옥은 관직에 있는 동안 늘 이 네 가지 실수를 범하지 않도록 주의했다. 그는 유명한 신하 대신 좋은 비서가 되고자 했고, 사상가 대신 집행인이 되려 했다. 그래서 장정옥 인생에서 가장 큰 특징은 주도면밀하고 신중하며 헛된 명성을 좇지 않은 것이라 할 수 있다. 앞서 소개했듯이 그는 아무리 재능이 있고 말재주가 좋아 입만 열면 청산유수인 것보다 오히려 한마디도 하지 않는 것이 낫다[117]는 명언을 남겼다. 왜냐하면 입에서 나온 말은 오해를 불러일으킬 소지가 많기 때문이다. 그래서 그는 늘 신중함을 잃지 않았다. 매일 집으로 돌아가는 길에 그는 먼저 자신이 하루 동안 처리한 모든 일을 다시 떠올려 혹시 실수한 부분이 있는지 꼼꼼하게 따져보고 만일 있다면 이튿날 이것을 어떻게 해결할지 고민했다. 두 번째는 집으로 가져온 초고를 모두 불살랐다. 그는 집 안에 절대 문서와 서신을 남겨두지 않았다. 청나라 때는 '문자옥'이 심했기 때문에 문서를 남기는 것은 화근을 심어두는 것과 같았다. 그는 조정에서 수십 년을 일했지만 황제의 의심을 피하기 위해 절대 외지에 있는 관리들과 서신을 주고받지 않았다[118]고 한다.

장정옥은 옹정과 13년을 함께 일했으니 옹정이 처리한 모든 일 뒤에는 장정옥의 그림자가 있었다고도 볼 수 있다. 그렇다면 왜 우리는 청나라 역사에서 그가 담당하거나 처리한 일을 찾아볼 수 없을까? 장정옥이 보통 인물이 아니라는 점이 바로 여기서 드러난다. 그는 수많은 공로를 모두 황제 앞으로 돌리고 자신이 공헌한 부분은 일절 언급하지 않았다. 당시 대신들 중 장정옥의 추천으로 옹정에게 등용된 자가 많았는데 그들은 평생 자신이 어떻게 등용되었는지 이유를 알지 못했다. 장정옥이 그들에게 아무런 말도 하지 않았기 때문이다. 평범한 사람은 도저히 따라 할 수 없는 고도의 경지다. 강희제부터 3대 황제가 모두 그를 신임하고 칭찬한 이유가 바로 이것이다. 이런 신하라면 황제가 안심하고 일을 맡길 수 있지 않겠는가? 장정옥은 정말로 '신하의 도리'를 완벽하게 실천한 사람이라 할 수 있다.

지금까지 장정옥이 얼마나 성공했고, 어떻게 성공했는지 살펴보았다. 하지만 세상에 영원히 성공만 하는 사람은 없다. 건륭제 시대가 중기로 접어들며 장정옥 같은 인물에게도 위기가 찾아왔다. 예를 들어 앞서 이야기한 대로 건륭 13년 이미 일흔여덟이 된 장정옥은 47년 만에 처음으로 황제에게 벌을 받았다. 그리고 이후로 그는 더 많은 좌절을 맛보았다.

영원히 승승장구할 것만 같았던 장정옥이 무너진 이유는 무엇이었을까? 먼저 건륭제가 지나치게 총명했다. 건륭의 성격은 옹정과 달랐다. 옹정제는 일반적으로 엄격하고 냉정하며 속을 알 수 없는 인물로 알려져 있지만 사실 이는 단편적인 모습에 불과하다. 그에게는 이 외에도 사람들이 잘 알지 못하는 면이 있었는데, 바로 지나치게 소탈했다는 것이다. 일단 믿을 만한 사람이라는 생각이 들면 마음을 털어놓고 어떤 이야기든 함께 나누었다. 그래서 옹정 자신이 신임하는 대신들에게 보낸 글을 보면 마치 형제 사이에 이야기를 나누듯 친숙한 말이 자연스레 오고 갔다. 옹정제가 총애하던 신하 전문경田文鏡에게 보낸 서신의 내용을 살펴보자.

'짐은 이런 사내요! 이게 내 천성이니 짐은 이런 황제일 수밖에! 대신들이 짐의 뜻을 저버리지만 않는다면 짐도 대신들을 저버리는 일은 없을 거요, 내 노력하리다!'

다른 황제들 손에서는 절대 나올 수 없는 글이다. 옹정에게는 이렇게 순수하고 진솔한 면도 있었다. 그래서 옹정은 장정옥을 좋아했다. 장정옥에게는 재능도 있었지만 그의 성격이 자신과 아주 잘 맞다고 여겨졌기 때문이다. 옹정은 웃었다가 화를 내길 반복하는 기복이 심한 성격이었다. 중국의 텔레비전 드라마 「옹정왕조雍正王朝」에는 강희제가 그에게 성격이 급하고 충동적이라며 혼을 내는 장면이 있다. 이는 역사서에 기록된 사실과 일치한다.

『청세종실록』을 살펴보면 강희제는 일찍이 옹정을 '감정기복이 심하고 경솔한' 사람이라고 평가했다. 옹정은 아버지 평가에 신경을 쓰며 성격을 고치려 노력했지만 완전히 고치지는 못했다. 그는 서재에 강희제가 직접 쓴 '계급용인戒急用忍', 급한 것을 경계하고 인내심을 발휘하라 네 글자를 붙여놓고 스스로를 타일렀지만 종종 참지 못하고 급한 성미를 드러냈다. 그에 비해 장정옥은 꼼꼼하고 세심하며 인내심이 강하고 소양이 높아 두 사람은 군신관계로 있으면서 서로의 성격을 보완해주었다.

일반적으로 우리가 친구를 사귈 때 내가 갖지 못한 특징이 있는 사람에게 더 관심이 가는 것과 같은 이치다. 내성적인 사람은 외향적인 사람을 좋아하고, 외향적인 사람은 내성적인 사람에게 끌린다. 그래서 옹정과 장정옥도 사이가 매우 좋았다. 매번 옹정이 급한 성미를 참지 못하고 화를 낼 때마다 장정옥은 인내심을 발휘해 그를 말리며 조금 더 깊이 생각해보도록 유도했다. 그래서 옹정의 눈에 장정옥은 역사에서 한 번 나올까 말까 한 충신 중의 충신이었다. 옹정은 유서에서 특별히 장정옥을 위해 그가 충신이 분명하며 나중에도 실수를 저지르지 않을 것임을 보장하니 자기 사후에도 계속 일을 맡기고, 그가 죽으면 태묘에 배향하라[119]는 구절을 남기기도 했다. 유서에서 이런 당부를 할 정도로 장정옥에 대한 옹정의 신임은 무한했다.

그러나 건륭이 보는 장정옥의 인상은 옹정과 크게 달랐다. 성격이 비슷한 사람들끼리는 둘도 없이 친한 것 같다가도 가끔 서로를 멀리하기도 한다. 총명한 사람이 가장 멀리하는 사람은 바로 자신만큼 총명한 사람이다. 건륭과 장정옥이 바로 이러했다. 두 사람 모두 세상물정에 밝고 똑똑하며 지략이 뛰어났다. 그래서 건륭은 첫눈에 장정옥의 '교묘함'과 '교활함'을 꿰뚫어보았다. 건륭은 장정옥이 일을 처리할 때 겉으로는 공평무사함을 내보이지만 속으로는 꿍꿍이를 깊이 숨기고 있다고 여겼다. 군주의 일이라면 전력을 다해 임하며 세운 공도 적지 않지만 그의 모든 말과 행동은 다른 신하들과 마찬가지로 자기 이익을 최대화하기 위한 것이었기 때문에 그를 순수한 충신으로 보지 않은 것이다.

장정옥은 부하들을 위해 많은 일을 했는데 자신이 한 행동을 다른 사람이 알 수 없도록 숨겨서 일반 사람들은 전혀 눈치를 채지 못했다. 하지만 건륭의 눈에는 이런 행동이 모두 보였다. 그는 오랫동안 관직에 있으며 자기 가족과 문하생들 그리고 자신을 따르는 모든 사람을 고루 챙겼다. 장정옥의 두 아우인 장정로張廷璐와 장정전張廷瑑은 각각 예부시랑과 내각학사內閣學士를 맡았고, 아들 장약징張若澄과 장약애는 직남서방과 군기처에서 일하며 요직에 참여했다. 그래서 집안사람들이 모두 고위관리의 의복을 입어서 천하의 부러움을 샀다.[120] 그래서 건륭은 더욱 장정옥을 꿍꿍이가 있는 인물이라 여겨 경계했다. 이것이 그가 장정옥을 좋아하지 않은 첫 번째 이유였다.

두 번째 이유는 그의 나이가 너무 많아 '이용가치'가 떨어졌다. 건륭이 즉위 초기에 그를 존중하고 따른 것은 옹정제의 유서 때문이 아니었다. 그보다 장정옥의 정치적 경험이 당시 건륭에게 무척 필요했다. 청나라 조정을 정교한 기계에 비유한다면 장정옥의 머리는 기계의 모든 부속품에 대한 설명서이자 사용내역과 같았다. 그래서 건륭은 황제가 되었을 때 그의 도움이 꼭 필요했고, 그에게 전에 없던 대우를 하며 백작이라는 지위까지 내렸던 것이다. 하지만 6~7년이 지난 뒤 건륭이 스스로 정무에 익숙해지자 더는 장정옥 의견에 귀를 기울이지 않게 되었다. 게다가 장정옥은 갈수록 노쇠해 정력과 기억력이 모두 예전 같지 않았다. 건륭 3년, 장정옥은 자신이 겸하고 있는 이부상서 자리에서 물러나게 해달라는 상소를 올렸다. 상소에서 그는 자기 나이가 이미 예순일곱이 되어 머리도 예전처럼 돌아가지 않고 기억력도 크게 떨어졌으며 수면시간도 줄어들어 일할 때 몸이 따라주지 않는다[121]고 했다.

그래서 건륭은 그때부터 젊은 인재를 중용하기 시작했다. 젊은 관리들은 활력이 넘치고 행동이 빨라 업무 효율이 높았으며, 나이 든 대신들처럼 일을 질질 끌며 복잡하게 만들지도 않았다. 군기처에서 악이태가 수석군기대신이 된 뒤 장정옥은 늘 2인자에 머물러야 했다. 그런데 건륭 10년 악이태가 세상을 떠난 후에도 건륭은 원로대신인 장정옥이 아닌 창창한 나이에 아직 이렇다 할 경력도 없는 눌친에게 그 자리를 맡겼다. 서른밖에 되지 않은 젊은 관리가 일흔이 넘는 자신보다 상석에 올랐으니 장정옥은 분명 마음이 편치 않았을 것이다.

건륭 11년, 건륭은 또 대학사 장정옥의 나이가 이미 일흔이 되어 매일 아침 궁으로 오기에 편치 않을 테니 그의 상황을 고려해서 앞으로는 아침 조회에 꼭 참석하지 않아도 좋다는 명을 내렸다.[122] 장정옥의 처지를 크게 배려해준 처사처럼 들리지만 사실은 앞으로 나라의 주요 업무에 참여하지 않아도 된다는 말이기도 했다. 왜냐하면 건륭은 중요한 일일수록 아침 조회에서 신하들과 상의했기 때문이다. 이는 장정옥이 청나라 조정에서 차지하는 실질적 지위가 크게 낮아졌음을 의미했다. 따라서 신체적 조건이 바로 건륭이 그를 다시 중용하지 않은 두 번째 이유라 할 수 있다.

마지막 세 번째 이유는 가장 중요한 이유이기도 하다. 바로 붕당을 공격하기 위해서였다. 건륭 즉위 초기에 조정에서는 악이태와 장정옥을 중심으로 붕당 문제가 불거진 적이 있다. 두 사람은 당시 건륭이 매우 의지하던 신하로 각각 수석군기대신과 대학사라는 높은 위치에 있었지만 사이는 좋지 않았다. 그러다보니 자연히 만주족 대신들은 악이태 곁으로, 한족 대신들은 장정옥 곁으로 모여들게 되었고 그렇게 붕당의 모습을 갖춰갔다

붕당을 해체하기 위해서는 가장 먼저 우두머리의 머리를 쳐야 했다. '적을 칠 때는 적장부터 사로잡으라擒賊擒王'는 말이 있지 않던가. 그래서 건륭은 공격 목표를 정했다. 바로 당시 조정을 대표하는 두 대신, 악이태와 장정옥이었다.

10강
———
———
장정옥의 죽음

乾隆

건륭은 왜 붕당 문제를 이렇게 심각하게 받아들였을까? 붕당에는 어떤 위험요소가 있었을까?

붕당 사이에 벌어지는 경쟁은 대신들이 서로 이득을 보려고 벌이는 싸움에 불과하다. 하지만 이런 당쟁은 중국 정치사의 고질병으로, 그 위험성을 한마디로 정리한다면 한 왕조를 멸망시킬 수도 있었다. 고대 중국에서 벌어진 당쟁 중 널리 알려진 세 가지는 당나라의 우이牛李당쟁, 송나라의 신구新舊당쟁, 명나라의 동림당쟁이다. 이 세 가지 당쟁으로 결국 세 왕조는 역사 속으로 사라지고 말았다. 우이당쟁은 당나라 말기 우승유牛僧孺를 앞세운 우당과 이덕유李德裕를 앞세운 이당의 당쟁을 말하는 것으로, 조정이 두 파로 분열되어 40여 년을 다툰 끝에 당나라는 무너졌다.

당나라의 유명한 시인 이상은李商隱 역시 우당과 이당의 경쟁 때문에 평생 관직에서 뜻을 이루지 못하고 불행하게 살았다. 송나라 때 왕안석王安石과 사마광司馬光 사이에 벌어진 신구당쟁은 법제를 고칠지를 두고 수십 년간 계속되었다. 결국 당쟁의 승자가 나오기도 전에 송나라는 쇠락하여 멸망했다. 명나라 때 벌어진 동림당과 비동림당인 위충현魏忠賢의 엄당 사이의 당쟁 역시 격한 대립으로 이어졌다. 대신들은 다들 당에 합류해 싸울 생각만 하고 나라의 일에는 관심을 기울이지 않았다. 결국 각지에서 봉기가 일어나고 만주족의 침략까지 이어지며 명나라는 멸망했다.

그래서 건륭은 붕당을 특히 경계했다. 즉위 초에 조정에서 악이태와 장정옥 두 사람을 중심으로 한 붕당이 생겨나 암투를 벌였는데, 비록 위에서 말한 붕당에 비하면 그 세력도 약하고 눈에 띄는 활동도 없었지만 건륭은 모든 일은 초기에 막아야 한다고 여겼다. 그래서 자신이 청나라를 다스리는 동안 이 정치적 고질병을 철저히 뿌리 뽑겠다고 결심했다.

건륭 10년, 건륭이 채 나서기도 전에 악이태가 병으로 세상을 떠나면서 이제 건륭의 화살은 오로지 장정옥만을 향하게 되었다. 건륭은 붕당을 없애려면 반드시 그들의 수장부터 잡아야 한다는 사실을 잘 알았다. 그러면 수장을 잃은 무리는 저절로 힘을 잃고 뿔뿔이 흩어지기 때문이다. 그래서 건륭은 악이태가 죽은 뒤 계속 장정옥을 관찰하며 어떻게든 그의 덜미를 잡아 이 문제를 해결하려 했다.

다행히 장정옥은 붕당 문제에서 매우 신중한 편이었다. 함부로 다른 사람 편을 들지도 않았고 각종 인사에 개입하는 일도 없었다. 그는 이런 명언을 남겼다.

"오랜 세월 관직에 머무르며 나는 많은 일을 겪었네. 매번 관직 이동이 있을 때마다 사람들은 이런저런 이유가 있을 것이라며 현실과 전혀 맞지 않은 추측을 해대었지. 하지만 사실 세상일이란 종종 단순한 구석이 있어서 그렇게 많은 이유가 필요치 않네."[123]

장정옥의 정치원칙은 자신과 관련이 없는 일에는 절대 나서지 않는다는 것이었다. 하지만 악이태가 죽은 뒤 장정옥은 갈수록 불안해졌다. 황제가 붕당을 없애기 위해 쳐내야 할 대상이 자신밖에 남지 않았기 때문이다. 비록 그가 진심으로 신하의 도를 익혀 사소한 일에도 신중을 기하며 붕당의 우두머리에 오를 생각은 전혀 없다 해도 높은 위치에 있다보니 다른 사람들이 자기 곁으로 모이는 것은 어쩔 방도가 없었다. 아예 대놓고 그를 따르는 사람들도 점차 많아져 내치려 해도 내쳐지지 않았다. 동시에 조정에서 고위관직을 이어가려면 자신을 지지해주는 사람, 자기 발을 받쳐주는 사람이 반드시 필요했다. 그래야만 지위를 유지할 수 있었기 때문이다. 다른 관리들과 아무런 교류도 하지 않는다는 것은 불가능했다. 그래서 장정옥은 그간 자신을 따르는 관리들에게 남몰래 도움을 주었다. 워낙 수완이 뛰어나 다른 사람들 눈에 띄지는 않았지만, 흔적을 완전히 지울 수는 없었다. 만일 이런 일들이 발각된다면 그 역시 화를 피할 수 없을 것이다. 장정옥은 이제 자신이 물러나야 할 때가 왔음을 깨달았다.

　　그는 공직자로서 성공적인 삶을 살았고 '신하의 도리'에 대해서도 깊은 깨달음을 얻었다. 그렇다면 '신하의 도리' 중 가장 중요한 부분은 무엇일까? '들어갈 때와 나올 때'를 정확히 아는 것이었다. 그래야 편안히 자리에서 물러날 수 있었다. 이 부분을 제대로 하지 않는다면 관직에 있을 때 아무리 휘황찬란한 공을 세운다 해도 이는 '한바탕 꿈'에 지나지 않았다. 역사에서 큰 공을 세우고도 비참한 죽음을 맞은 대신들이 얼마나 많던가. 장정옥은 자신이 나이가 들어 혹시라도 실수를 범했다가 불명예스러운 결말의 주인공이 되면 어쩌나 두려웠다. 특히 황제가 붕당을 공격할 기회를 엿보는 상황에서 자신을 따르는 신하들 사이에 일이 벌어져 그들이 장정옥을 끌어들인다면 평생 일한 공은 모두 물거품이 될 게 뻔했다. 따라서 이제 그는 기회를 찾아야 했다. 자리에서 물러나 고향으로 돌아갈 기회 말이다. 과연 장정옥은 순조롭게 관직에서 물러날 수 있었을까? 안타깝게도 순조롭지 않았다.

건륭 13년 음력 1월, 건륭은 궁의 관례에 따라 대신들에게 연회를 베풀었다. 식사를 마친 뒤 장정옥은 담소를 나누었다. 일흔일곱이 된 장정옥은 건륭이 기분이 좋은 것을 보고 준비한 말을 꺼냈다.

"신의 나이가 이제 곧 여든이 되니 이쯤해서 명예롭게 고향으로 내려갈 기회를 주시면 안 되겠습니까?"¹²⁴

이 말을 하기 전 장정옥은 분명 건륭이 자신의 요구를 받아줄 것이라 확신했다. 왜냐하면 자신은 건륭을 포함한 세 황제를 위해 수십 년 동안 열심히 일했으니 충분히 쉴 자격이 있었다. 또한 건륭은 이미 그에게 아침 조회에 나올 필요가 없다고 말한 상태였다. 이는 자신이 더는 필요치 않다는 뜻이니 홀가분하게 집으로 돌아가도 되지 않겠는가? 하지만 예상치 못한 일이 벌어졌다. 건륭이 승낙하지 않은 것이다. 건륭은 왜 거절했을까? 건륭이 장정옥을 좋아하지 않은 것은 사실이지만 그렇다고 완전히 필요가 없어진 것도 아니었다. 건륭의 눈에 장정옥은 나이가 많은 만큼 정치적 경험도 풍부했다. 그래서 조정에 남아 자신의 고문을 맡는다면 충분히 여력을 발휘할 수 있을 것이라 여겼다. 조정에서 건륭이 이전에 한 번도 겪어보지 못한 일이 발생했을 때 도와줄 수 있는 사람은 장정옥뿐이었다. 건륭은 이렇게 대답했다.

"대학사는 나중에 태묘로 가서 선대 황제들과 함께 눕게 될 텐데, 그곳에 있는 신하들 대부분이 나라를 위해 목숨을 내놓았소. 그러니 대학사 역시 목숨이 닿는 날까지 국가를 위해 모든 힘을 쏟아부어야 하지 않겠소?"[125]

　이미 물러나고자 마음을 정한 장정옥은 바로 이렇게 대답했다.

　"배향된 대신들이 꼭 죽을 때까지 일을 했던 것은 아닙니다. 예를 들어 명나라 태조께서는 유기劉基에게 고향에 내려가는 것을 허락하셨습니다."

　장정옥의 대답을 듣는 건륭의 표정이 뜻밖에도 차갑게 굳었다. 한순간 얼굴에 살기가 돌았다. 그가 인용한 유기라는 인물의 이야기가 건륭의 신경을 건드린 듯했다. 유기는 알려진 대로 명나라 개국에 앞장선 장수였다. 하지만 주원장은 나라가 세워진 뒤 그를 중용하지 않았다. 그리고 그에게 물러나 쉬도록 했다가 몰래 사람을 보내 독살했다. 건륭은 장정옥이 유기 이야기를 꺼내자 이런 생각이 들었다.

　'그간 아침 조회에 나올 필요가 없다고 했더니 속으로 불만을 품고 있다가 유기 이야기를 빌려 내가 신하들에게 무심한 것을 조롱하려 드는구나. 그래서 지금 관직에서 물러나겠다는 것이지?'

　건륭은 크게 화를 내며 경전의 글귀를 들어 장정옥을 압박했다.

　"선생이 대신이라면 마땅히 충신蟲臣이 되어야 하고, 충신이 되려면 제갈량을 따라야 하오. 제갈량은 나라와 주군을 위해 마지막까지 혼신의 힘을 다했소. 지금 선생이 물러나겠다고 하는 것은 안일한 생활을 바라는 것이니 이는 충신이 아니오. 이는 우리 애신각라 가문에 대한 충성심이 부족한 것이오."[126]

장정옥은 이 말을 듣고 더는 말을 잇지 못했다. 건륭이 너무 화가 나 있기 때문이기도 했지만 너무 억울해서 말이 나오질 않았다.

'내가 애신각라 가문을 위해 이렇게 오랜 시간 일했는데 이제 와서 내게 충성심이 부족하다니!'

일흔이 넘은 백발의 장정옥은 고개를 파묻고 황제 앞에서 무릎을 꿇은 채 흐느꼈다. 건륭 역시 이 모습을 보고 더는 다른 말을 할 수 없었다. 그는 태감에게 손짓으로 대학사를 모시고 나가라고 했다. 건륭은 사실 그의 요구를 거절하면 그만이었다. 그런데 왜 굳이 충신과 충성심 이야기를 꺼냈을까? 왜냐하면 건륭은 '신절臣節'에 대한 기대치가 매우 높은 황제였기 때문이다. 신절이란 신하가 반드시 지켜야 할 절개를 말한다.

중국 전통사회의 인간관계는 일방적이고 불평등했다. 군신과 부자관계에서 군주와 아버지에게는 권리만 있을 뿐 의무는 없었고, 신하와 아들에게는 의무만 있을 뿐 권리는 없었다. 건륭은 자신의 신하라면 황제가 어떤 사람이든, 자신을 중용하든 말든 관계없이 황제를 위해 언제든 모든 것을 내놓을 준비가 되어 있어야 한다고 여겼다. 자신의 생명까지도 말이다. 이것이 바로 건륭이 원하는 신하의 본분이었다.

건륭 49년, 간쑤성에서 한 차례 반란이 일어났다. 반란군은 통위현의 성을 함락시켰는데 통위현의 지현知縣, 해당 현을 다스리는 담당관리 왕루王慺는 성을 지키지 못했을 뿐만 아니라 성이 함락된 뒤 자결할 용기가 없어 창고에 숨었다가 목숨을 건졌다. 하지만 봉기군은 피했어도 황제의 칼날은 피하지 못했다. 건륭은 '신절'을 지키지 않는 자를 매우 증오했다. 그래서 일부러 명을 내려 왕루를 잡아 간 쑤성에서 피서산장까지 끌고 와 직접 '신절을 지키지 않은 죄'를 물었다. 자신의 자리 앞에 형틀을 설치하고 왕루에게 가혹한 형벌을 가했다. 『청고종실록』에는 건륭이 사람을 시켜 나무막대기를 가져다가 주리를 틀게 하고, 왕루가 괴로움에 소리를 지르는 모습을 보고서야 참수했다[127]는 기록이 있다.

건륭은 신하라면 반드시 있는 힘을 다해 황제에게 봉사해야 한다고 생각했다. 조금이라도 사심을 갖거나 충성심을 저버리는 일은 절대 용서할 수 없었다.

'명예퇴직'을 신청했다가 충성심이 없다는 비난을 들은 장정옥은 큰 충격을 받았지만 겨우 정신을 차리고 계속 조정에 나갔다. 그런데 얼마 뒤 효현황후가 죽고 '감봉 1년'이라는 처분까지 받으면서 그는 더욱 위축되었다. 47년 동안 한 번도 실수를 저지른 적이 없다는 자부심은 무너지고 말았다. 건륭 13년 이후 황제는 전혀 다른 사람이 되었으니 앞으로 더 큰 벌을 받을 수도 있지 않겠는가? 그래서 장정옥은 아침저녁으로 근심에 잠겼고, 신경도 점점 예민해서 단기간에 눈에 띄게 늙고 말았다. 건륭 14년, 일흔여덟이 된 장정옥은 치아가 거의 다 빠지고 얼굴에는 검버섯이 가득했으며 다리에 힘이 풀려 부축해주는 사람이 없으면 먼 거리를 걷기가 힘들었다.

건륭 역시 장정옥의 이런 변화를 눈치채고 있었다. 지난 1년 동안 장정옥이 크게 노쇠했다고 느꼈다. 판단력도 예전만큼 정확하지 않고 말을 할 때도 종종 두서가 없었다. 건륭은 속으로 세월의 무상함을 한탄했다. 건륭 14년 11월, 건륭은 장정옥을 불러 이야기를 나누다가 그의 몸 상태가 궁금해졌다.

"요즘 몸이 좀 어떻습니까? 1년 사이에 많이 달라진 것 같습니다!"

장정옥은 이때다 싶은 마음에 자기 상태를 자세히 털어놓았다.

"황제폐하, 이제는 정말이지 몸을 움직이기가 어렵습니다."

대답은 들은 건륭은 순간 측은한 마음이 들었다. 장정옥이라는 사람이 교활한 면이 있기는 해도 오랜 시간 애신각라 가문을 위해 최선을 다한 것은 사실이었다. 이제 그만 그가 편안한 노후를 보낼 수 있도록 놔주는 것이 어떨까? 그래서 건륭은 교지를 준비했다.

"장정옥이 1년 새 눈에 띄게 노쇠했으니 그에게 특별히 은퇴를 허락하노라."

교지를 받은 장정옥의 얼굴에 그제야 웃음이 피어났다.

'아, 드디어 무사히 관직에서 물러날 수 있게 되었구나. 참으로 순탄한 인생을 살았도다. 이제 유종의 미를 거둘 일만 남았구나.'

여기까지만 보면 장정옥의 인생은 정말 완벽하다. 젊은 시절에는 벼슬길에 올라 평생 부귀영화를 누렸고, 나이가 든 후에는 평온하게 관직에서 물러나 노후를 보내다가 죽은 뒤 태묘에 묻혀 역사에 이름을 남기게 되지 않았는가? 이는 모든 대신이 바라는 인생이었다!

하지만 사람의 운명이란 쉽게 단정할 수 없다. 모든 일이 완벽하다고 생각했을 때 종종 생각지 못한 문제가 터지곤 한다. 장정옥에게 생각지 못한 문제를 만든 사람은 다름 아닌 바로 자신이었다.

건륭 10년, 악이태가 사망하자 그를 따르던 무리의 핵심인물인 대학사 사이직史貽直이 세력을 이어받아 장정옥과 자주 대립했다. 연회가 열린 날 장정옥이 은퇴 이야기를 꺼냈다가 건륭에게 충성심이 부족하다며 비난을 받지 않았던가? 그래서 사이직은 그 후 건륭을 자주 찾아가 장정옥은 충심이 부족하고 큰 공을 세운 것도 없으니 태묘에 들어갈 자격이 없다며 험담을 계속했다.

은퇴를 허락받은 장정옥은 마음속에 떠 있던 돌 하나가 가라앉은 느낌이 들었다. 하지만 곧 또 다른 돌 하나가 떠올랐다. 사이직이 계속 건륭을 찾아가 옹정의 유지를 취소하라 부추겼기 때문이다. 혹시 자신이 고향으로 돌아간 뒤 건륭이 마음을 바꿔 정말 태묘로 들어갈 수 없게 된다면 어떻게 할 것인가? 장정옥은 또 잠을 이루지 못했다.

집에서 고민에 빠져 있던 장정옥은 결국 결심을 했다. 체면을 무릅쓰고 다시 건륭을 찾아가서 '보증서'를 받아올 생각이었다. 옹정의 유지를 거스르지 않고 자신이 죽으면 태묘에 배향되도록 해주겠다는 보증서 말이다.

이 행동은 정말 어리석은 짓이었다. 대신이 어떻게 황제를 찾아가 보증서를 요구할 수 있단 말인가? 겸손하고 신중하기로 유명했던 예전의 장정옥이라면 이런 일은 절대 하지 않았을 것이다. 하지만 나이가 팔십이 가까워지자 정말로 판단력이 흐려진 듯했다. 건륭 14년 11월, 장정옥은 매서운 겨울바람을 뚫고 온몸을 부들부들 떨며 자금성으로 들어갔다. 그리고 황제 앞에 무릎을 꿇고 앉아 자신의 걱정거리를 털어놓았다. 자신은 지금까지 살아온 인생에

만족하지만 사후 일은 마음을 놓을 수 없다는 것이었다. 그래서 무릎을 꿇고 머리를 숙인 채 눈물을 흘리며 황제에게 자기 이야기를 전했다.[128]

건륭은 당황스러우면서도 불쾌했다. 자신은 단 한 번도 장정옥이 태묘로 가는 것을 허락하지 않는다고 말한 적이 없는데 갑자기 찾아와 이런 요구를 한다는 것은 자신을 믿지 못한다는 뜻임이 분명했기 때문이다. 하지만 어쨌든 장정옥은 젊은 시절 건륭의 스승이자 할아버지 때부터 총애를 받은 신하였다. 그런 그가 이렇게 찾아와 자신 앞에 무릎을 꿇고 눈물을 흘리니 건륭도 냉정하게 대할 수 없었다. 게다가 이미 물러나는 것을 허락하지 않았던가. 기왕 이렇게 된 김에 기쁘게 물러나도록 해주는 것도 괜찮을 듯싶었다. 그러면 건륭과 장정옥 사이에는 역사에 남을 미담이 만들어지는 것이었다.

그래서 건륭은 동의했다. 바로 명을 내려 장정옥에게 사후에 태묘로 보내주겠다는 조서를 내렸다. 장정옥이 궁을 떠난 뒤 건륭은 혼자서 생각에 잠겼다. 아무리 생각해도 이번 일은 뒷맛이 개운치 않았다. 그래서 그는 긴 시를 지어 장정옥에게 전했다. 시의 내용은 무엇이었을까?

造膝陳情乞一辭, 動予矜惻動予悲,

先皇遺詔惟欽此, 去國余思或過之.

可例靑田原侑廟, 漫愁鄭國竟推碑,

吾非堯舜誰皋契? 汗簡評論且聽伊. (『어제시문전집』)

이 시는 여러 번 음미해보아야 뜻을 정확히 알 수 있다. 우선 앞의 네 구는 어렵지 않다.

'대학사가 짐 앞에서 무릎을 꿇고 사후를 보장해달라 청하는 구나. 그 모습을 본 짐은 측은한 마음이 들었네. 처음부터 부친의 유지를 거스를 생각이 없었으니 전혀 걱정할 필요가 없구나.'

그렇다면 '可例青田原侑廟'는 무슨 뜻일까? 청전青田은 유기를 가리킨다. 유기가 저장성 청전 사람이었기 때문이다. 유기는 태묘에 배향될 자격도 얻었고 일찍 은퇴했기 때문에 건륭은 백온伯溫, 유기의 자의 예를 들어 '짐은 선생이 조정을 떠나 고향으로 내려가는 것에 동의했다'고 적었다. '漫愁鄭國竟推碑', 이 구절은 의미가 조금 불길하다. 정국鄭國은 당나라의 유명한 신하 위징을 가리킨다. 위징은 정국공으로 봉해져 생전에 영화를 누렸지만, 죽은 뒤 당나라 태종이 지난 일을 들춰내 그에게 잘못이 많다며 명을 내려 묘지 앞의 비석을 넘어뜨려버렸다. 마지막 두 구절 '吾非堯舜誰皋契? 汗簡評論且聽伊'는 무슨 뜻일까? 요순堯舜은 유명한 성군이고 고계皋契는 그들의 현명한 신하 고토皋陶와 계契를 가리킨다. 이 말을 직역하면 '짐 역시 요순과 같은 군주라 할 수 없지만 고계와 같은 신하라 불릴 만한 자들 또한 있던가? 먼 훗날 역사는 우리 사이를 어떻게 평가할까? 그들의 손에 맡길 수밖에'라고 할 수 있다. 이 말의 진짜 의미는 장정옥은 고계처럼 공을 세운 신하가 아닌데 아버지 유지로 배향되는 것이니, 지금 생각하면 자격이 부족하다는 것이었다. 마지막 구절에 건륭의 감정이 실려 있다는 것은 누구나 짐작할 만한 사실이다.

하지만 장정옥은 너무 기쁜 나머지 황제의 시를 보고도 별다른 영향을 받지 않았다. 어차피 건륭이 사후를 보장했으니 그다음에는 무슨 말을 하든 상관없었다. 이제 그의 머릿속을 괴롭히던 돌덩이들은 모두 수면 아래로 가라앉았다. 그는 홀가분한 마음으로 집에 돌아와 단잠을 잤다. 당시 관례로 볼 때 건륭의 행동은 '특별한 은혜'를 베푼 것에 속했다. 보통 황제라면 절대 대신에게 무엇을 보장한다는 각서를 쓰지 않았다. 그래서 조정에서는 이런 일이 생기면 이튿날 아침 일찍 황제를 찾아뵙고 감사 인사를 드리는 것을 예의로 여겼다. 하지만 팔십이 가까워진 장정옥은 궁에 다녀온 뒤 몸이 너무 피곤해져 아침에 일어날 수 없었다. 그래서 자신의 아들 장약징을 시켜 대신 궁에 가서 감사인사를 하도록 했다. 그때 장정옥은 미처 알지 못했다. 이 사소한 일이 얼마나 큰 화를 몰고 올지 말이다.

장정옥은 40년이 넘게 관직생활을 하는 동안 내내 황제 곁을 지키며 단 한 번도 예의에 어긋나는 일을 하지 않았다. 그래서 건륭도 자신이 이렇게 '특별한 은혜'를 베풀었으니 내일 아침이면 당연히 장정옥이 일찍 찾아와 감사인사를 할 것이라 생각했다. 건륭은 아침에 일찍 일어나 자리에 앉아 장정옥을 기다렸다. 그런데 자신을 찾아온 사람은 뜻밖에도 장정옥이 아닌 그의 아들이었다. 그 모습을 보자 그동안 참아왔던 장정옥에 대한 불만이 화가 되어 타오르기 시작했다.

건륭은 장정옥이 직접 오지 않은 것은 자신을 진심으로 대하지 않고 그저 자기 이익을 취하기 위한 도구로 생각했다는 뜻이라 여겼다.

'이제 원하는 것을 얻었으니 황제는 남이나 마찬가지고, 마지막 인사마저 하고 싶지 않은 것이로구나. 내가 그에게 특별히 긴 시를 써서 보냈음에도 응답이 없다니, 어차피 고향으로 내려갈 것이니 더는 나와 상대할 이유가 없다는 뜻이렷다!'

건륭은 오랫동안 장정옥을 벌할 수 있을 만한 잘못을 찾으려 노력했지만 장정옥은 너무나 총명하고 신중해서 절대 실수를 하지 않았다. 그런데 이번에는 건륭이 당당하게 화를 낼 만한 실수를 저지르고 말았다. 건륭은 바로 군기대신을 불러 자기 말을 받아적도록 했다. 장정옥에게 '명백회주明白回奏'하라는 것이었는데, 직접 와서 감사의 뜻을 전하지 않은 이유를 밝히라는 뜻이었다. 그때 이 말을 받아 적은 군기대신은 누구였을까? 하필이면 장정옥의 문하생 왕유돈汪有敦이었다. 왕유돈은 이번 일이 심상치 않다는 것을 눈치채고는 장정옥이 화를 당할까 걱정되어 몰래 어린 하인을 시켜 이 사실을 전하고 미리 준비하라 일러주었다.

그런데 공교롭게도 이 일이 상황을 더 악화시키고 말았다. 장정옥이 정말 나이가 들어 판단력이 떨어졌던 것인지 아니면 너무 놀라 순간적으로 실수한 것인지는 알 수 없지만 이 소식을 듣고 더 큰 실수를 저질렀기 때문이다. 다음 날 동이 트자마자 아직 하늘이 밝지도 않은 시간에 장정옥은 억지로 몸을 일으켜 궁으로 향했다. 그리고 건륭을 찾아가 고개를 숙이고 죄를 빌었다. 이는 정말이지 너무나 바보 같은 행동이었다. 왜냐하면 건륭이 어제 군기대신에게 받아쓰라고 말한 교지는 그다음 날 오전에야 장정옥 집으로 전해질 예정이었기 때문이다. 장정옥은 지금 황제의 교지를 받기도 전에 미리 그 사실을 알고 찾아와 용서를 구하고 있는 것이었다. 이는 누군가 장정옥에게 미리 소식을 흘렸다는 사실을 황제에게 몸으로 말해주는 것과 같았다.

군기대신들 중 황제의 말을 외부로 흘린 자가 있다면 그것은 붕당행위에 속했다. 건륭은 그동안 붕당을 없애려 끊임없이 노력해왔는데 놀랍게도 자기 눈앞에서 이런 일이 벌어지고 만 것이다. 건륭이 장정옥을 공격한 것 역시 시작은 붕당을 없애기 위해서였지만 지금까지 그들을 처벌할 만한 어떤 증거도 찾지 못했다. 이제 그 확실한 증거가 나타났으니 더는 기회를 놓칠 수 없었다. 이 일은 장정옥뿐만 아니라 그 일당을 모두 없앨 절호의 기회였다. 그래서 건륭은 우선 장정옥에게 실컷 욕을 퍼붓고 궁 밖으로 내쫓은 다음 꼬박 하루를 걸려 직접 글을 쓴 후 청나라 전체에 공표했다.

"장정옥이 당일에는 직접 와서 은혜에 감사하는 마음을 전하지 않고 다음 날에는 아침부터 찾아왔으니 이는 군기처에서 누군가 장정옥에게 소식을 전한 것이 분명하다. 왕유돈은 애초에 장정옥이 추천한 사람이기 때문에 그가 장정옥과 정보를 주고받았다면 이는 붕당을 만들어 사리를 꾀하는 행위와 같다. 장정옥은 물러날 때가 가까워지자 자신에게 필요한 것을 얻어낸 뒤 그를 대학사의 자리에 추천하여 황제 곁에서 정보를 빼내도록 했다. 이는 절대 가만히 두고 볼 수 없는 위험한 행동이지 않는가?"[129]

그래서 건륭은 그 벌로 장정옥에게 내린 백작 지위를 취소했다. 왕유돈은 대학사 자리에서 파직되었다. 기왕 마음을 먹은 김에 건륭은 아예 그동안 장정옥에게 쌓인 불만을 모두 꺼내놓기 시작했다. 우선 직설적으로 그는 태묘에 배향될 자격이 없다고 했다. "태묘에 배향된 이들은 모두 특별한 공을 세운 인물들인데 장정옥이 그들과 함께할 자격이 있는가?"130

건륭은 역대 태묘에 들어간 신하들의 명단을 만들어 장정옥에게 보내면서 그들과 비교했을 때 자신에게 그곳에 배향될 만한 공이 있는지 답해보라고 명했다. 일흔여덟의 장정옥이 어떻게 대답했을까?

"신이 노망이 들어 큰 죄를 벌하였으니 배향한다는 말을 거두시고 제 죄를 벌하시옵소서."131

장정옥이 자기 입으로 벌을 받겠다고 말했기 때문에 건륭은 바로 배향을 취소하고 그를 고향으로 내려보냈다. 장정옥은 사후에 누릴 영광을 생각하며 평생을 고군분투해왔는데 이런 일로 벌을 받게 될 줄은 생각지 못했다. 평안하게 관직을 마무리하는 것만이 꿈이었건만 백작 지위도 배향도 모두 날아가버리고 자신의 노력은 모두 물거품이 되었다.

장정옥을 내려보낸 후에야 건륭은 한숨을 놓을 수 있었다. 그가 이렇게까지 장정옥에게 창피를 준 것은 다른 대신들에게 그는 이미 권력을 잃었으니 다시는 누구도 그의 힘을 빌릴 생각을 하지 말라는 경고를 보내기 위해서였다. 역시나 조정의 대신들은 너무 놀라 누구도 함부로 장정옥에 관한 말을 꺼내지 않았고, 그가 고향으로 내려갈 때도 아무도 배웅을 나가지 않았다. 건륭의 결심은 확실히 효과가 있었다.

건륭 15년 봄, 장정옥은 어두운 낯빛으로 고향에 돌아왔다. 건륭에게 물러나겠다는 의사를 전한 그날부터 그는 수없이 금의환향하는 자기 모습을 상상했다. 자신과 같은 대신이 고향에 내려간다면 분명 대단한 인파가 몰려들 것이라 예상했다. 하지만 실제는 예상과 전혀 달랐다. 지방 관리들은 괜한 의심을 피하기 위해 아무도 마중을 나오지 않았고, 조카 한 명만이 가솔과 함께 작은 가마를 마련해놓았을 뿐이었다. 그는 가마를 타고 집으로 향했다.

그는 너무나 창피했다. 고향으로 돌아왔지만 자신을 찾아오는 사람은 거의 없었다. 며칠간 집에서 휴식을 취한 뒤 몸을 일으켜 지팡이를 딛고 산책에 나섰다. 고향의 풍경이 그에게 큰 위안이 되었다. 그렇게 몇 달이 지나자 마음도 조금씩 진정되었고, 다시 밝은 기운을 되찾아갔다

그러나 악몽은 여기서 끝나지 않았다. 장정옥이 기운을 회복했을 무렵 조정에서 또 다른 사건이 일어났다. 그의 사돈인 쓰촨의 학정學政 주전朱荃이 횡령죄를 저질렀다가 건륭에게 발각된 것이다. 장정옥에게는 시기가 좋지 않았다. 건륭은 주건을 잡아오자마자 바로 장정옥이 떠올랐다. 왜냐하면 주건은 장정옥의 추천을 받아 등용한 사람이었기 때문이다. 등용된 뒤 주건은 장정옥과 사돈 사이가 되었다. 주건이 횡령죄를 저질렀으니 인사를 잘못 추천한 장정옥에게도 잘못이 있었다. 화가 난 건륭은 장정옥이 그동안 3대 황제에게서 받은 하사품을 모두 압수하라고 명했다.

『청고종실록』의 기록에 따르면 건륭 15년 7월, 건륭은 자신이 특별히 신임하는 내무부대신 덕보德保를 보내 하사품을 압수하도

록 했다. 덕보가 출발하기 전 건륭은 그를 궁으로 불러 몰래 다른 지시사항을 일러주었다.

그해 8월, 흠차대신 덕보는 장정옥의 집에 도착했다. 장정옥은 모든 가솔을 이끌고 문 앞에 앉아 덕보를 맞이했다. 이미 명령에 따라 강희제 때부터 3대 황제에게 받은 모든 글과 그림, 보석, 옷과 물건을 한데 모아 덕보에게 건네줄 준비를 마친 후였다. 그런데 덕보 곁에는 시종들뿐만 아니라 사병 200여 명이 서 있었다. 덕보는 전부 내놓은 것이냐고 물었다. 그가 빠진 것이 있는지 물건을 살피기 시작하자 사병들이 갑자기 집 안으로 들어가 다짜고짜 물건을 뒤지며 마당의 흙까지 전부 파내기 시작했다. 장정옥의 집 전체를 뒤지려는 듯했다. 장정옥과 가솔은 너무 놀라 멍하니 서서 그 광경을 바라볼 수밖에 없었다.

다행히 장정옥이 청렴하다는 말은 거짓이 아니었다. 반나절을 뒤졌지만 집 안에서 재산으로 볼 만한 다른 물품을 발견되지 않았다. 그는 청백리가 분명했다. 하지만 덕보는 집을 뒤지는 과정에서 나온 문서들, 책과 편지 심지어 장정옥의 일기까지 전부 베이징으로 가지고 갔다.

덕보가 출발하기 전 건륭이 그에게 내린 비밀 지시사항은 무엇이었을까? 바로 장정옥의 집에 가거든 황제께서 하사한 물건이 다 있는지 검사한다는 핑계를 대고 그의 개인적 물품을 샅샅이 뒤져 자신에 대한 불만을 적은 글이 있는지 찾아보라는 것이었다. 몰래 자신을 욕한 적이 있는지 검사하라는 뜻이었다.

덕보는 베이징으로 돌아온 뒤 장정옥의 집에서 가져온 문서를 보름간 꼼꼼하게 검사했다. 하지만 문제가 될 만한 것은 아무것도 없었다. 그는 장정옥의 철저함에 감탄했다. 장정옥은 진사 출신 문인이 아니던가. 문인들은 대부분 기분이 좋지 않을 때 글로 마음을 풀거나 일기에 현 조정의 인물에 대한 평가를 늘어놓곤 한다. 특히 고위관직에 머물렀던 사람들은 지난날을 회상하며 정치적 비밀을 기록하길 좋아한다. 하지만 장정옥은 그렇지 않았다. 편지가 수백 통 발견되었지만 정치에 대한 언급은 단 한 자도 없었다.

장정옥은 고향으로 내려간 뒤 연보를 썼는데, 앞에서도 자주 인용했던 『장정옥연보』가 그것이다. 하지만 이 연보에서도 3대 황제가 자신에게 베푼 은혜와 하사품만 상세히 적혀 있어서, 예를 들어 어느 날 황제가 자신에게 먹을거리를 주었다든지, 작은 주머니를 주었다든지 하는 기록들일 뿐 그들에 대한 평가는 결코 찾아볼 수 없었다. 덕보는 장정옥이 신중한 사람이라는 이야기는 익히 들어 알고 있었지만 이 정도일 줄은 꿈에도 생각지 못했다. 정말 대단한 사람이 아닐 수 없었다. 바로 이 신중함 덕분에 장정옥은 죽을 고비를 넘겼다. 만약 집을 뒤지는 과정에서 문제가 될 만한 글이 있었다면 그는 분명 머리가 잘려나갔을 것이다.

3대 황제를 모신 원로대신에게서 하사품을 압수하는 것도 모자라 집까지 뒤졌다는 소문이 퍼지자 조정 대신들은 모두 크게 놀랐다. 건륭은 이런 일을 벌이고 아무런 수확도 얻지 못해 난감한 상황이었다. 그래서 그는 할 수 없이 자신은 그런 명을 내린 적이 없는데 덕보가 황제의 뜻을 잘못 알아들은 것이라 말했다. 하지만 신하들은 이렇게 엄청난 일을 덕보가 잘못 알아들었을 리 없다는 사실을 알고 있었다. 어떻게 감히 원로대신의 집을 함부로 뒤질 수 있단 말인가? 정말 잘못 알아들었다면 이는 덕보가 벌을 받아야 할 일이 아닌가? 하지만 건륭은 후에 그를 승진시켰다. 이는 건륭제가 일부러 장정옥을 사지로 몰려 했다는 사실을 증명하는 처사였다.

비록 죽을 고비는 넘겼지만 덕보가 다녀간 뒤 장정옥의 명예는 땅에 떨어졌고, 정치계에서는 이미 죽은 것과 같았다. 그를 따르던 문하생과 관리들도 장정옥이 더는 일어날 수 없다는 사실을 인정했다. 나무가 넘어지면 원숭이들도 흩어지는 법 아니겠는가? 이제 그들은 각자의 길로 흩어졌고, 더는 장정옥을 찾아가지 않았다. 그렇게 장정옥 '일당'은 완전히 사라졌다. 건륭이 결국 붕당과 싸워 승리를 차지한 것이다. 건륭 중기 이후 이제 붕당은 더 모습을 보이지 않았다. 중국 역사를 살펴보면 한나라, 당나라, 송나라, 명나라 시대에는 당쟁이 치열하게 벌어졌지만 청나라 때는 건륭제 중기 이후로 붕당이 소리 없이 자취를 감춰 가경제와 도광제 때까지도 특별한 움직임을 보이지 않았다. 그래서 건륭은 중국 역사상 붕당 문제를 가장 성공적으로 처리한 황제로 평가받는다.

장정옥은 신하의 도리에 통달했지만 인생의 마지막은 여지없이 실패로 끝이 났다. 그날 이후 그는 완전히 기운을 잃어버렸다. 매일 멍하니 집 안에 앉아 하루 종일 한 마디도 하지 않았다. 건륭 20년, 고향으로 내려가 그럭저럭 생활을 이어간 지 5년 만에 장정옥은 눈을 감았다.

소식이 전해들은 건륭도 마음이 아팠다. 군주와 신하의 관계로 14년을 함께했고, 그간 장정옥이 보인 노력을 생각하면 자기 행동이 지나치게 매몰찼다는 생각이 들었다. 어찌되었든 그는 50년 가까이 청나라를 위해 일한 사람이 아니던가. 그래서 건륭은 옛 정을 생각해 장정옥의 모든 과오를 용서하고 다시 옹정제 곁으로 갈 수 있도록 태묘에 배향하라고 명했다. 장정옥이 지하에서 이 사실을 알았을지는 모르겠지만 말이다.

건륭 44년에 건륭은 자기 곁에서 일했던 대학사 다섯 명을 떠올리며 글을 한 편 지었다. 그중에는 장정옥에 관한 부분도 있다.

"장정옥이 비록 잘못을 저질렀지만 짐은 엄한 벌을 내리지 않았고, 그의 은퇴도 허락해주었다. 또 죽은 후에도 태묘에 배향하는 것을 허락했다. 장정옥에게 이렇게 관대하게 잘해주었으니 만일 지하에서 이 사실을 안다면 감격하여 짐을 위해 한 번 더 죽겠다고 하지 않을까?"[132]

11강
———

태평성대의 절정에 이르다

장정옥의 실각은 건륭 치세가 태평성대의 절정에 이르기 전에 일어난 가장 큰 정치적 사건이었다. 이 사건은 건륭이 붕당 세력을 없애고, 체제 내에 존재하는 다섯 세력, 즉 황후와 황족, 태감, 권신, 붕당을 모두 효과적으로 관리했음을 보여주는 예이자 태평성대를 향해 나아가기 위한 밑거름이 되었다.

건륭제를 언급할 때 사람들이 가장 먼저 떠올리는 이미지는 바로 '성세의 군주'다. 익히 알려진 대로 청나라 시대에는 강건성세康乾盛世가 존재했다. 그 시작은 강희 23년(1684)으로, 강희제가 삼번三藩의 난청나라 건국과정에 큰 공을 세운 오삼계吳三桂, 상가희尚可喜, 경중명耿仲明을 각각 번왕藩王에 봉해 삼번이라 했다. 이들이 청나라 조정에 대항해 일으킨 난을 평정하고 타이완을 되찾은 덕분에 그해부터 나라 전체가 태평시절을 맞이했다. 나중에 가경 4년(1799), 건륭제가 눈을 감으며 115년간 이어져온 성세가 막을 내렸다. 100여 년이 넘는 태평성대 기간 중 최고 전성기는 건륭 24년(1759)에서 건륭 45년(1780)까지인 21년이다. 건륭의 전성기는 강건성세의 절정기였을 뿐만 아니라 중국 전통사회가 가장 번성한 시기이기도 했다. 청나라 역사를 전문적으로 연구한 사학자 다이이戴逸는 건륭의 전성기는 중국 전통사회의 경제, 문화, 정치의 전성기로 이전에 존재했던 모든 왕조를 뛰어넘는 수준이었다고 말했다. 따라서 건륭제는 중국 역사에서 정치적 업적으로는 단연 최고라 할 수 있다.

그렇다면 다른 황제를 모두 제치고 건륭을 최고로 꼽은 이유는 무엇일까? 건륭은 어떻게 청나라를 태평성대로 이끌었을까? 나는 다음 다섯 가지를 태평성대의 요소로 보고 있다.

첫째는 위에서 말한 것처럼 건륭이 나라의 다섯 세력을 통제하여 정치 규율을 바로잡은 것이다. 이는 지금까지 이야기해온 내용이다.

둘째는 건륭이 젊고 능력 있는 인재들을 등용하여 관리집단의 효율을 끌어올렸다. 이 역시 앞서 이야기했다.

셋째는 건륭 스스로가 부지런했다. 중국 전통사회에서 황제는 나라의 심장이자 영혼과 같다. 그래서 황제가 성실하게 정무를 돌보는지가 나라의 흥망에 직접적인 영향을 미쳤다.

중국 역사에 등장하는 대부분 황제는 아침 조회가 열릴 때면 대신들이 모두 모인 후에야 가마를 타고 느릿느릿 등장했다. 즉 대신들이 황제를 기다려야 했다. 하지만 건륭 시대에는 이 상황이 역전되었다. 황제가 대신들을 기다린 것이다. 건륭은 너무 부지런해서 아침 다섯 시가 되기 전에 일어나 해가 뜨기 전에 의복을 차려입고 장신구까지 전부 착용한 뒤 조회시간을 기다렸다. 시간이 다가오면 태감을 시켜 신하들이 모두 모였는지 확인해보도록 했다. 그렇게 태감들이 몇 차례 다녀간 후에야 대신들은 모두 한자리에 모였다. 건륭은 종종 가만히 앉아 기다리는 시간을 참지 못하고 주변에서 책을 골라 읽으며 시간을 보냈다.[133]

그래서 건륭제는 자주 화를 냈다. 『청고종실록』에는 그가 대신들을 꾸짖는 내용이 실려 있다.

"짐은 매일 해가 밝기 전에 일어나 대신들을 기다리며 모두 도착했는지 수없이 물어본다. 그런데 오늘도 마찬가지구나. 나를 만나러 오는데도 이렇게 게으름을 피우니 각자 자리로 돌아갈 때는 얼마나 더 하겠느냐?"[134]

이런 건륭의 부지런함이 태평성대를 만든 셋째 요인이다.

넷째는 가장 중요한 요인으로, 건륭은 농업과 농민들의 문제를 무척 중요하게 생각했다. 건륭 26년, 산둥성 더저우에서 홍수가 일어났다. 일주일 밤낮으로 비가 쏟아지는 바람에 성 전체가 물바다로 변해버렸다. 더저우 백성은 집이 물에 잠기자 하는 수없이 가족과 성벽 위로 올라가 천막을 짓고 그곳에 머물렀다. 하지만 보름이 지나도록 물이 빠지지 않으면서 심각한 문제가 발생했다. 양식이 바닥나버린 것이다. 수만 명에 달하는 백성이 굶어죽을 처지에 놓이게 되었으니 이를 어떻게 해야 할까?

사실 더저우에는 양식이 충분히 있었다. 어디에 양식이 있었을까? 관청 창고에 있었다. 산둥 지역 전체의 양식을 관리하는 관청이 더저우에 있었기 때문이다. 하지만 홍수가 발생했을 때 더저우의 최고위관리인 독양도督糧道 안희심顏希深은 외부로 출장을 떠난 상태였다. 독양도는 양식의 수급을 관리하고 감찰하는 관리를 말한다. 그가 없으면 아무도 창고를 개방할 수 없었다. 왜냐하면 청나라 규정상 창고 양식을 쓰는 일은 국가 재산을 쓰는 것이었기 때문에 반드시 독양도가 상급기관에 보고한 뒤 허락을 받아야만 백성에게 양식을 풀 수 있었다. 그렇지 않고 마음대로 양식을 꺼내 쓴다면 큰 죄가 되어 자리에서 쫓겨나고 양식 역시 쓴 만큼 도로 물어내야 했다. 상황이 이러하니 아무도 나서서 창고를 열려 하지 않았다. 성의 관리들은 그저 가만히 앉아 안희심이 돌아오길 기다리는 수밖에 없었다.

안희심에게는 칠십이 넘은 노모가 있었다. 성은 하何 씨로 하태부인이라 불렸는데, 노모는 이 소식을 듣고 크게 화를 내며 관리들을 당장 집으로 불러 이렇게 다그쳤다.

"지금이 어떤 때입니까! 그런 사정을 따질 시간이 어디 있어요? 이대로 가다간 백성 수 만명이 모두 굶어죽고 맙니다. 걱정 마시고 빨리 창고를 열어 식량을 나눠주세요. 위에서 처분이 내려온다면 우리 모자가 받을 겁니다. 돈을 배상해야 한다면 내가 이 집이라도 팔아서 갚으면 되지 않겠습니까?"[135]

노모의 말에 관리들은 아무런 대꾸도 하지 못하고 관아로 돌아가 창고를 열었다. 그리고 더저우의 백성을 살렸다.

이 소식이 성부로 전해지자 산둥 순무는 깜짝 놀랐다. 창고를 마음대로 여는 것은 나라 체제를 무시하는 엄중한 위법행위에 속했기 때문이다. 그래서 바로 건륭에게 이 사실을 보고했다. 하지만 뜻밖에도 건륭은 이 사실을 듣고는 오히려 순무가 올린 상소 위에 그를 질책하는 글을 적었다. "이렇게 현명한 노모와 훌륭한 관리가 있으면 순무는 마땅히 그들을 추천해야 하거늘 왜 비난하려 드는가?"[136] 건륭은 명을 내려 이미 사용한 식량에 대해서는 창고 개방을 허락하며 배상할 필요가 없다고 밝혔고, 특히 노모에게는 3품의 관직을 내렸다. 황제의 이런 행동은 안희심 모자에게 깊은 인상을 남겼다. 안희심 역시 이후 순조롭게 승진하여 얼마 지나지 않아 독무라는 높은 자리에까지 올랐다.[137]

안 씨 모자의 일에서도 알 수 있듯이 건륭은 원래 모든 일에 명명백백하고 한 치의 오차도 허락하지 않는 성격이었지만 이재민을 구휼하는 문제에서만큼은 관리들이 규정에 어긋난 행동을 해도 한쪽 눈은 감고 한쪽 눈만 뜬 것처럼 넘어가주는 부분이 많았다. 재난이 발생했을 때, 건륭은 차라리 관리들이 상황을 부풀려 돈을 많이 타가는 한이 있더라도 돈이 모자라 구제받지 못하는 사람이 생기는 일은 원치 않았다. 그래서 그는 '백성을 구제하는 일에는 모자란 것보다 넘치는 것이 낫다'는 말을 여러 차례 했다.

청나라 시대 문건을 살펴보면, 건륭제는 재난이 발생할 때마다 확실히 아낌없이 돈을 풀었다. 건륭 18년 즈음, 호부에서는 건륭이 즉위한 뒤 사용한 구제비용을 이전의 두 황제와 비교하는 보고서를 만들었다. 옹정은 13년간 장난에서 발생한 재난을 구제하기 위해 총 143만 냥을 썼는데 이는 이전 황제들에 비해 많은 편이었다. 그렇다면 건륭은 원년부터 18년까지 모두 얼마를 썼을까? 은자는 2480여 만 냥이고 양식은 2000여 만 석을 썼다. 즉 건륭은 해마다 이재민을 구제하기 위해 옹정제 때의 열 배에 달하는 금액을 쓴 것이다. 따라서 중국 역사를 통틀어 건륭제는 재난 복구에 단연 가장 최선을 다한 황제였다고 할 수 있다.[138]

이 외에도 건륭은 또 한 가지 역사적 기록을 만들어냈다. 그는 정말 다른 어떤 황제보다도 '인심이 좋은' 황제였다. 이렇게 말하는 이유는 무엇일까? 중국 역사상 가장 많은 세금을 면제해주었기 때문이다. 건륭은 황제에 오른 뒤 일 년 동안 옹정제 기간에 백성이 진 농업 관련 세금을 모두 탕감해주었고, 그 후 60여 년 동안 여러 차례 농업과 연관된 세금을 면제해주었다. 또한 건륭 11년, 35년, 42년, 55년 그리고 가경원년에는 다섯 차례나 전국에서 '전량錢

糧'을 받지 않기도 했다. 전량이란 모든 백성이 마땅히 내야 할 농업 세금인 토지세를 말하는 것으로 이것을 한 푼도 걷지 않았다.

전통사회에서 농업세는 국가 재정의 60~70퍼센트를 차지하는 중요 수입원이었다. 그렇기 때문에 한 푼도 걷지 않는다면 당연히 재정에 부담이 갈 수밖에 없었다. 다섯 차례 동안 세금은 총 1억4000여 만 냥, 곡식은 1200만 석이 줄어들었다. 그 외에 부수적으로 감면해준 세금까지 합치면 얼마나 될까? 청나라 역사를 연구한 전문 서적인 창젠화常建華의『청나라 시대의 국가와 사회에 대한 연구清代的國家與社會研究』의 통계에는 건륭제 시절 감면해준 농업세의 총액은 2억275만 냥에 달한다고 적혀 있다. 이는 중국 역사상 최대 규모다. 건륭제 시대에 감면한 세금 총액은 국가의 5년 치 총 재정수입과 맞먹는다. 60여 년간 황제 자리를 지키며 그중 5년은 전국에서 백성에게 세금을 한 푼도 거두지 않은 것과 같으니 인심과 배포로는 건륭제를 따라올 자가 없을 것이다.

건륭이 이렇게 재난 복구에 막대한 돈을 쓰고 세금까지 감면해준 것은 그의 성격 자체가 선량하고 또 그만큼 백성의 고통에 관심을 기울였다는 의미로 볼 수 있다. 하지만 정치가들의 행동을 꼭 성격으로만 판단할 수는 없다. 건륭의 이런 행동 뒤에는 역시 정치적인 동기가 숨어 있었다. 역사에 정통했던 그는 배고픈 농민은 나라에 가장 위험이 되는 적이지만 배부른 농민은 황제의 가장 충성스러운 지원군이라는 사실을 잘 알고 있었다. 앞서 말했듯이 건륭은 즉위 초에 황제의 권력을 위협하는 다섯 세력을 모두 제압했는데, 이는 체제 내부의 문제였다. 이 외에도 건륭은 외부의 문제와 직면했다. 바로 외부에서 적이 쳐들어오는 것과 농민들이 봉기를 일으켜 가장 아래에서부터 나라가 뒤집어지는 것이었다. 그래서 나라를 지키기 위해서는 반드시 농민들 착취를 줄이고 그들에게 기본적인 생활을 이어가도록 해주어야 했다. 이것이 건륭이 백성의 생활에 관심을 기울인 가장 큰 이유였다.

재난 복구와 세금 감면 외에도 백성의 생활을 개선하기 위해 그는 또 다른 대규모 사업을 진행했다. 예를 들면 고구마와 옥수수 등 생산량이 많은 작물을 보급하는 것이었다. 고구마와 옥수수는 원래 미국에서 재배하던 작물이었다. 이 두 작물에는 어떤 공통점이 있을까? 생산량이 많고 가뭄과 홍수에 강하며 어디서도 잘 자란다는 것이다. 두 작물은 명나라 말 중국으로 전해졌지만 심는 사람은 거의 없었다. 왜냐하면 두 작물에 대해 잘 아는 사람이 없었기 때문이다. 특히 고구마의 경우 남쪽 지방에서만 자라다보니 키우는 백성이 더 적을 수밖에 없었다.

건륭은 두 작물의 재배법에 대한 연구를 격려하기 위해 도움이 될 만한 공헌을 한 사람에게 내리는 과학기술공헌상을 만들었다. 당시 푸젠의 감생監生, 국자감의 학생 진세원陳世元은 산둥에서 장사를 했는데, 때마침 산둥에는 가뭄이 들어 심는 것마다 흉년이 지고 백성은 먹을 것이 없었다. 진세원은 백성을 모아 고구마라는 새로운 작물이 있는데 가뭄에도 강하니 그것을 한번 심어보라고 말했다. 백성이 믿지 않자 그는 만일 실패하면 자신이 돈을 배상하겠다고 했다. 그는 직접 푸젠에서 고구마 종자를 가져와 백성에게 나누어주었다. 가을이 되자 사람들은 고구마를 캐러 밭으로 갔다. 땅을 파는 순간 그곳에 있던 사람들은 모두 깜짝 놀랐다. 사람 팔뚝만 한 고구마가 주렁주렁 열려 있었는데, 먹어보니 달콤하니 아주 맛있었던 것이다. 그후 산둥 지역에서 고구마 재배가 널리 퍼졌다.

건륭은 이 소식을 듣고 상으로 진세원을 국자감 '학정學正' 자리에 봉했다. 산둥의 안찰사 육요陸耀는 탐구정신이 강해서 직접 『감서록甘薯錄』을 썼는데, 이는 고구마 재배법에 대한 것으로 효과가 매우 좋았다. 건륭은 이를 보고 육요를 후난의 순무로 임명했다. 고구마와 옥수수는 태평성대를 향해 달려가는 건륭제라는 로켓에 보조엔진 역할을 했다. 그 이유는 다음과 같다. 중국의 역대 식량 생산량은 얼마나 되었을까? 한나라 때는 417억 근, 당나라 때는 626억 근, 송나라 때는 835억 근, 명나라 때는 1392억 근이었다. 청나라 건륭제 때는 이 수치가 2088억 근으로 훌쩍 뛰어올라 역사상 최대를 기록한다. 즉 식량 생산량이 끊임없이 증가하면서 인구수도 폭발적으로 늘어나 사회와 경제의 지표가 모두 최고치를 기록했다. 이것이 넷째 요인이다. 건륭은 농민과 농업을 중시했다.

다섯째로는 강희와 옹정의 공로를 빼놓을 수 없다. 건륭의 성세는 조부와 부친 두 황제가 기반을 잘 다져놓은 덕분이었다. 전통 사회에서 재난과 혼란이 계속된 가장 큰 이유는 통치자들의 소양이 모두 다 달랐기 때문이다. 어쩌다 머리와 인성이 완벽한 황제가 나타난다 해도 그가 다스리는 시간은 고작 20~30년뿐이었고, 죽은 후에는 다른 황제가 나타나며 정책도 함께 없어졌다. 이것이 인치人治의 폐단이다. 그래서 중국 고대 역사에서 오랫동안 평온한 기간이 이어진 사례를 찾아보기가 너무나 어렵다. 한나라의 문경지치 文景之治, 한나라 문제와 경제 시절 선정을 베푼 치세는 40여 년밖에 되지 않았 지만 그 사이에 오초吳楚 칠국의 난전한시대에 제후국인 오나라 외에 여섯 나 라가 일으킨 반란이 벌어졌다. 당나라에는 정관성세와 개원지치開元之治, 당나라의 현종이 다스린 개원 년의 치세가 있었지만 각각 20~30년 정도였 고, 중간에 정치적 혼란이 길게 이어졌다.

오직 건강성세만이 115년간 지속되었다. 이유가 무엇일까? 3대 황제가 모두 비범한 능력을 타고났고 나라를 위해 최선을 다했기 때문이다. 이는 확률적으로 일어나기 힘든 일이다보니 중국 역사에 서도 청나라 때 딱 한 번 나타났다. 강희에서 옹정 그리고 건륭까지 '엘리트'에 해당하는 황제가 바통을 받아 계주를 이어갔으니 중국 역사에서 일등을 차지하는 것은 당연했다.

이상으로 건륭이 전성기를 이루는 데 도움이 된 각 방면의 요 소, 정치, 경제 및 선대 황제들의 공로를 설명했다. 그런데 한 가지 이야기하지 않은 것이 있다. 바로 군사다. 위에서 말한 것은 모두 '문'에 해당하는데, 성세란 반드시 문과 무가 합쳐져야만 가능한 일 이었다. 왜냐하면 강한 국방력을 갖춰야만 '문'으로 이룬 성과를 지 킬 수 있기 때문이다. 그렇지 않으면 이 모든 성과는 연기처럼 외세 의 침입 한 번에 전부 날아가버릴 수도 있었다. 송나라는 문화와 경 제 수준이 매우 높아 경제총량이 당나라의 몇 배는 되었지만 사람 들은 태평성세를 이야기할 때 송나라를 꼽지 않는다. 그 이유는 송 나라의 국방력이 약했기 때문이다. 그렇다면 이제 마지막으로 건륭 제의 군사적 업적을 살펴보자.

강희제 때부터 청나라 변방에는 줄곧 강력한 적이 존재했다. 바로 중가르다. '중가르'를 아는 사람은 그리 많지 않다. 하지만 중국 역사에 관심이 많은 이라면 명나라 때 일어난 '토목의 변土木之變'은 한 번쯤 들어봤을 것이다. 명나라 정통제正統帝, 영종英宗을 가리킴 때 몽골의 오이라트 부족이 먼저 명나라를 공격했다. 영종은 직접 군사를 움직여 전쟁을 하겠다고 나섰으나 패하고 토목현재 중국의 허베이성 화이라이현 동쪽의 옛 이름에서 몽골족에게 잡혀 포로가 되었다. 이 토목의 변을 일으킨 오이라트 부족(또는 서몽골 부족이라 부름)이 이후 청나라의 중가르 부족이 되었다. 이름은 다르지만 같은 부족이다. 그래서 중가르 부족은 오랜 역사만큼 군사력이 매우 강했다.

만주족이 입관한 지 얼마 되지 않아 중가르는 중국 서부에 중가르 칸국을 세웠다. 이들은 아시아 내륙에서 매우 중요한 위치를 차지하는 정치적 세력이었다. 중가르의 수령 갈단은 중앙아시아 국가에서 당시 유라시아를 대표하는 위대한 통치자 세 명 중 하나로 꼽혔다. 세 통치자는 누구일까? 서쪽의 러시아 피터대제와 동쪽의 청나라 강희제 그리고 중앙의 중가르 갈단이었다. '박석극도博碩克圖 칸'이라 불렸던 갈단은 유라시아 대륙에서 최고로 꼽히는 세 통치자가 아시아 운명을 결정하게 될 것이라 여겼다. 그는 마음속에 웅대한 계획을 품었다. 우선 톈산중국 신장웨이우얼자치구 우루무치에 있는 산의 남쪽과 북쪽을 통일하고 다음 몽골 전체를 통일하여 청나라 황제의 손아귀에서 모든 강과 산을 되찾아 원나라를 다시 일으켜 세우는 것이었다.

강희제는 갈단 세력을 상대하기 위해 어쩔 수 없이 두 차례 전국의 병력을 동원하여 직접 전쟁에 나섰다. 중가르와 벌인 전쟁은 강희제 일생에 가장 중요한 전쟁이었다. 비록 청나라가 전쟁에서 두 번 모두 승리하며 갈단이 스스로 목숨을 끊기까지 했지만 이는 잠시 그들의 세력을 약화시킨 것일 뿐 완전히 뿌리 뽑지는 못했다. 중가르는 그 후로도 계속해서 명맥을 이어갔다. 옹정 9년, 중가르는 다시 청나라를 침략했다. 청나라군과 중가르군은 화통박和通泊이라는 곳에서 전쟁을 벌였는데 청나라가 대패하며 서로군西路軍 3만 명이 전멸했다. 청나라 역사상 가장 처참한 패배였다. 후에 옹정은 다시 중가르와 전쟁을 벌일 엄두가 나지 않았다. 그래서 할 수 없이 그들이 원하는 것을 내주고 평화조약을 체결하여 그럭저럭 변방을 안정적으로 다스렸다. 그 후로 전쟁은 멈추었지만 중가르는 여전히 위협적인 존재였다.

그래서 건륭이 황제 자리에 오른 뒤 중요하게 생각한 일 중 하나가 중가르 문제를 해결하는 것이었다. 건륭이 즉위한 뒤 청나라와 중가르 사이에는 별다른 문제가 없었고 나라 간 무역도 이루어졌지만 건륭은 늘 그들의 동태를 예의주시하며 사람을 보내 끊임없이 변방일대를 살폈다. 건륭 18년, 드디어 '기쁜' 소식이 전해졌다. 어떤 소식이었을까? 중가르에서 내란이 일어났다는 것이었다. 중가르 칸국 수령인 갈단첼렝噶爾丹策凌이 병으로 숨지자 그의 세 아들이 칸 자리를 놓고 서로 공격하면서 나라 전체가 내란에 휩싸였다. 건륭은 상황을 조금 더 면밀히 파악한 뒤 여러 방면을 고려한 끝에 중대한 결정을 내렸다.

"청나라 힘을 모두 끌어 모아 대군을 보내 중가르 칸국을 완전히 몰살시키겠다!"

그런데 이 결정을 들은 조정 대신들은 모두 의아하다는 반응을 보였다. 왜 그랬을까? 우선 옹정제 때 중가르와 평화조약을 맺은 뒤 양측은 20년 가까이 별 탈 없이 잘 지내왔다. 게다가 건륭은 즉위한 뒤 한 번도 전쟁을 일으킨 적이 없는 '평화로운' 군주였기 때문에 청나라 백성은 이미 태평한 사회 분위기에 너무나 익숙해진 상황이었다. 그런데 갑자기 대군을 보내 전쟁을 하겠다고 하니 사람들은 이를 받아들일 마음의 준비가 전혀 되어 있지 않았다. 또 중국 역사상 중원의 왕조가 변방의 소수민족을 상대로 먼저 전쟁을 일으킨 적은 거의 없었다. 대부분 '회유'하는 방식을 택했는데, 돈을 주고 그들의 물건을 사주거나 공주를 시집보내 화친을 맺는 식이었다. 더구나 이렇게 양측이 평온하게 지내는 때에 중원의 왕조가 먼저 나서서 초원의 소수민족을 공격한다는 것은 전례가 없는 일이었다. 그래서 중가르와 전쟁을 하겠다는 건륭의 말은 대신들의 귀에 '사서 고생하는 격'으로 들렸다. 중가르는 당장 처리해야 할 '급한 불'이 아니었기 때문에 전쟁을 벌이지 않는다 해도 역사가 건륭에게 손가락질을 할 이유는 없었다. 하지만 일단 전쟁을 벌였다가 실패하는 날에는 엄청난 후폭풍이 몰려올 것이 뻔했다. 지난 20년간 쌓아올린 성과는 한순간에 무너지고, 지위와 명예도 한꺼번에 잃게 될 것이다.

그러나 건륭은 무슨 일이 있어도 전쟁을 하겠다고 말했다. 이렇게까지 밀어붙인 이유는 무엇일까? 건륭은 패기와 자신감 그리고 책임감으로는 청나라 황제들 중 제일이었다. 그는 스스로의 능력을 굳게 믿었고, 또 이렇게 나라를 평안하게 다스리는 것만으로는 성에 차지 않았다. 건륭은 어떤 일을 하든 '청나라의 미래'를 기준으로 나라 기반을 공고히 다질 수 있는 방향에 집중했다. 그는 자신의 명성과 지위뿐만 아니라 후대들이 살아갈 시대까지 책임지고자 했다. 안으로는 이미 정치적으로 위협이 되는 세력을 모두 정리했으니 이제 밖으로 나라의 안정을 방해하는 요소를 없앨 때가 되었다. 중가르는 내란에 휩싸였고 청나라는 강성하니 이는 오랫동안 이어져온 몽골족 문제를 매듭짓고 변방을 통일할 수 있는 일대의 기회였다.

건륭은 당시 형세를 정확히 꿰뚫어보았지만 대신들 중에는 이런 장기적인 안목을 지닌 사람이 드물었다. 그래서 건륭은 자신의 계획과 논리를 총동원해 조정 대신들을 설득했다. 그리고 전쟁을 시작했다. 건륭 20년부터 24년까지 약 4년 동안 이어진 힘든 전쟁 끝에 결국 청나라는 중가르 세력을 완벽하게 소탕하고 변방을 통일했다.

이 전쟁은 남다른 의미를 갖는다. 전쟁이 끝난 뒤 청나라의 가장 강력한 적이 완전히 사라지고 비로소 변방에 평화가 찾아왔기 때문이다. 이는 중국이 역사상 변방에서 쟁취한 가장 값진 승리로 청나라 영토 역시 전보다 훨씬 넓어졌다.

중가르를 평정한 것은 건륭의 성세가 '전성全盛'에 이르렀음을 상징적으로 보여주는 사건이었다. 전통사회에서 나라가 이렇게 완벽한 수준까지 도달한 예는 거의 없었다. 그렇다면 왜 강희나 옹정 또는 다른 황제들의 태평성대는 '성세'라 칭하면서 건륭제의 태평성세는 '전성'이라 칭하는 것일까? 과연 건륭제의 '전성'에는 어떤 특징이 있을까?

우선 건륭은 최고 권력에 위협이 될 만한 요소를 모두 제거하며 전에 없던 정치적 안정을 실현했다. 앞서 말했듯이 황권에 위협이 되는 요소는 총 일곱 가지다. 첫째는 외적의 침입, 둘째는 농민의 봉기, 셋째는 권신과 간신, 넷째는 태감의 횡포, 다섯째는 '여인들'의 내정간섭, 여섯째는 황족의 반란, 일곱째는 당쟁이다. 중국의 역대 왕조에서 이 일곱 가지 세력이 모두 없었던 때는 찾아볼 수 없다. '일류' 황제로 손색이 없는 강희제와 옹정제 때도 외적과 권신 그리고 붕당의 그림자가 여전히 존재했다. 강희제 초기에는 오배를 대표로 하는 4대 권신이 있었고, 후기에는 황자들이 대신들과 결탁해 붕당을 조직했다. 옹정제 초기에도 연갱요, 융과다와 같은 양대 권신이 있었다. 또한 두 황제는 모두 중가르라는 강력한 외적을 상대해야 했다. 그래서 두 황제의 시대는 성세라 해도 전성이라고는 하지 않는다. 건륭제만이 역사의 경험을 발판삼아 자신만의 수완으로 악이태와 장정옥의 붕당을 해체하고 주동적으로 나서 외적까지 무찌르며 일곱 가지 세력을 그림자도 보이지 않도록 없애고 황권의 존엄과 정치적 규율을 지켜냈다. 즉 건륭제 때에야 청나라에 위험이 될 만한 요소가 모두 없어진 것이다. 건륭의 말을 빌리면 이는 중국 역사상 처음 있는 일이었다.[139] 이것이 첫 번째 특징이다.

두 번째는 경제총량이 늘어나며 나라가 부유해졌다. 건륭은 현실적인 경제정책을 실시했다. 예를 들어 옥수수와 고구마를 보급하는 등 농업을 발전시키는 정책을 시행하면서 경제가 급속도로 발전했다. 통계에 따르면 건륭제 당시 GDP는 중국 역사상 최대치를 기록했을 뿐 아니라 전 세계 GDP의 3분의 1을 차지했다. 현재 미국이 전 세계 경제에서 차지하는 비중을 앞서는 수치다.

경제규모가 늘어나며 건륭시대에 청나라의 재정비축률 역시 전에 없이 상승했다. 강희제 때 국고는 평균 3000여 만 냥이었고 옹정제 때는 평균 4000여 만 냥이었다가 건륭제 후기가 되면 국고는 7000여 만 냥으로 중국 역사상 최대치를 기록했다. 유례없이 높은 재정수입을 기록한 것 역시 '전성'을 나타내는 지표라 할 수 있다.

세 번째는 군사력을 키우며 국제적 지위가 올라갔다. 건륭 24년 중가르를 평정한 뒤 중국의 영역은 북쪽으로는 사얀산맥러시아 동시베리아 중남부, 바이칼호수 서쪽에 있는 산맥, 남쪽으로는 난하이제도남중국해에 흩어져 있는 섬들의 총칭, 서쪽으로는 발하슈호수카자흐스탄 동남부에 있는 호수, 동쪽으로는 사할린섬러시아 사할린주를 이루는 섬까지 늘어나 전체 면적이 약 1400만 제곱미터에 달했다. 주변의 작은 나라들은 거의 대부분 청나라의 속국이 되었다. 이전에 중국과 교류가 없는 나라들이 모두 몰려와 조공을 바치니 이는 역사상 유례가 없는 일이었다.[140] 당시에 어떤 나라가 청나라에 조공을 보냈을까? 동쪽에는 조선과 유구국, 서쪽에는 안남베트남의 옛 이름, 시암태국의 옛 이름, 란창라오스의 옛 이름, 캄보디아, 미얀마, 루손필리핀 북부에 위치했던 고대 왕국, 브루나이남아시아 보르네오섬 서북 해안에 있는 술탄왕국, 술루필리핀 술루제도에 존재했던 고대 이슬람국가가 있고 서북쪽에는 안디잔현재 우즈베키스탄 안디잔주의 주도, 타슈켄트현재 우즈베키스탄의 수도, 바다흐샨현재 아프가니스탄 동

북부에 있는 주, 박라이博羅爾, 고대에 존재했던 회교도국가 등이 있었다. 이는
한나라와 당나라 때에도 없던 일이었다.

특히 중요한 것은 청나라가 실질적으로 변방 지역을 장악했다
는 점이다. 한나라·당나라·원나라·명나라가 강성했을 때에도 중
국의 영토는 매우 넓었다. 하지만 그때 변방 세력은 대부분 명목상
중앙정부에 복종한 것뿐이고 실제로는 정부의 통제를 거의 받지
않았다. 예를 들어 명나라 제13대 황제인 만력제萬曆帝는 당시 누르
하치 부족을 형식적으로만 관리하며 별다른 간섭을 하지 않았다.
그 결과 만주족은 세력을 모아 나라를 세웠다. 건륭성세가 온 후에
야 중국은 드디어 지도에 포함된 지역 전체를 정치적·군사적으로
통제하고 관리할 수 있게 되었다. 변방지역은 이제 더는 독립할 수
없는 진정한 중국의 영토가 된 것이다. 이 부분만큼은 어떤 왕조도
따라올 수 없었다.

네 번째는 전례 없이 많은 인구수를 기록했다. 청나라 이전 중
국의 인구수는 대략 2000만 명에서 7000만 명 사이에 머물렀으며,
몇 차례 1억 명을 넘어간 적도 있었다. 건륭 6년, 전국적으로 인구
조사를 진행했는데 당시 인구수는 1억3400만 명이었다. 그렇다면
건륭 60년에는 인구수가 몇이나 되었을까? 2억9700만 명으로 3억
명에 가까웠다. 건륭이 통치한 50여 년 동안 인구수가 배로 늘어난
것이다. 이 역시 중국 역사를 통틀어 처음 있는 일이었다. 18세기
초 강희제 말년에 중국의 인구수는 전 세계 인구수의 몇 퍼센트를
차지했을까? 23.4퍼센트로 4분의 1에 조금 못 미쳤다. 그렇다면 건
륭제 말기인 18세기 말에는 어땠을까? 34퍼센트로 3분의 1이 넘었

다.[141] 즉 전 세계 영토의 10분의 1도 안 되는 땅에서 30퍼센트가 넘는 인구를 보살피며 장기간 사회적 안정을 이어갔다는 말이다. 이게 어디 쉬운 일이었겠는가? 건륭제의 통치능력이 이 정도였다.

건륭 24년인 1759년, 중가르와 벌인 전쟁에서 승리했다는 소식이 전해지자 마흔아홉이 된 건륭은 순간 희비가 교차했다. 그는 바로 경릉과 태릉을 찾아가 할아버지와 아버지께 이 기쁜 소식을 전했다. 그는 우선 두 선대 황제가 이루지 못한 일을 드디어 실현하여 청나라의 가장 큰 우환을 없앴다고 말했다. 당시 건륭은 이미 모든 면에서 할아버지와 아버지를 뛰어넘은 상태였기 때문에 자신의 통치 성과도 마음껏 뽐냈다. 할아버지와 아버지가 자신에게 쏟았던 기대 그리고 두 황제의 유지를 이루려 노력했던 지난날을 떠올리자 건륭의 눈에서 하염없이 눈물이 쏟아졌다. 그래서 중가르를 평정한 건륭 24년부터 청나라 조정과 민간에서 '성세'와 '전성'이라는 말이 유행처럼 번져갔다. 건륭 역시 청나라가 '전성' 시대에 접어들었음을 선포했다.[142] 역사학자들 역시 1759년 건륭 치세의 전성기가 시작되었음을 인정했다.

종종 이런 말을 한다. '물은 차면 넘치고, 달은 차면 기울고, '성'이 극에 달하면 '쇠'가 온다.' 산의 정상에 올랐다는 말은 이제 아래로 내려오는 일만 남았다는 뜻이기도 하다. 청나라가 '전성'의 달콤함을 맛보자 곧이어 중국 역사에서 한 번도 일어난 적이 없었던 새로운 문제와 상황이 펼쳐졌다. 이런 문제는 기존의 방식으로 해결할 수 없었다. 예를 들어 인구문제와 국제사회의 변화 같은 것이었는데 당시 청나라는 폭발적인 인구의 증가로 압박을 받고 있었

고 서양 국가들은 끊임없이 도전해왔다. 자, 이제 건륭은 어떻게 해
야 할까?

12 강

변화와 위기

그렇다면 청나라에 도대체 어떤 문제가 일어났을까? 이 이야기는 건륭 22년, 건륭제가 두 번째 남쪽 순행을 떠났을 때 일어난 사건에서 시작되었다. 건륭은 즉위 초에 나라를 다스리는 일에만 정신을 집중했고 강과 산으로 놀러 다니는 일에는 신경을 쓰지 않았다. 건륭 16년 나라가 안정적인 상태에 접어들자 그제야 강희제가 했던 것처럼 처음으로 순행에 나섰다. 그리고 6년 뒤 다시 두 번째 순행길에 올랐다.

건륭제 일행은 베이징을 떠나 산둥에 도착했다. 퇴직한 관리인 팽가병彭家屛은 자신의 고향인 허난에서 산둥까지 와서 건륭제 일행을 기다렸다. 황제가 순시를 다니는 길에는 언제나 각 지방의 관리들이 앞 다투어 마중을 나왔는데, 길에서 황제를 영접하면 마치 주인을 기다리는 개나 말이 된 것처럼 자기 충성심을 보일 수 있기 때문이었다. 팽가병은 허난 샤이현 사람으로 강희 60년에 진사로 합격했으나 계속 장쑤 포정사에만 머무르며 따로 승진하지 못했다. 건륭이 그를 별로 좋아하지 않아 일부러 2년 전에 미리 고향으로 내려보내기까지 했다. 그는 황제가 남쪽 지방을 순행한다는 소식을 듣고 특별히 고향에서 산을 넘고 물을 건너 산둥까지 찾아온 것이다. 당시 허난에서 산둥까지 오려면 차로 두세 시간만 가면 되는 것이 아니라 길에서 몇 날 밤을 새워야 했다.

건륭은 팽가병이 자신을 만나기 위해 며칠 동안 고생했다는 말을 듣고 감동을 받았다. 그리고 여전히 자신에게 충성심이 있다고 생각해 그를 만나보기로 했다. 건륭은 그에게 허난 상황을 물었다. 농사는 잘되었는지 백성들의 생활은 어떠한지 궁금했다. 건륭은 지방 관리들을 만나면 습관적으로 그곳 상황을 먼저 물어보았다.

　팽가병은 건륭의 질문을 받자 무릎을 꿇은 채 한 걸음 기어가 대답했다.

　"황제폐하, 신이 드리고자 하는 말이 바로 그것이옵니다. 제 고향인 샤이는 작년에 일어난 홍수 때문에 곡식이 모두 물에 잠겨 수확할 것이 없습니다. 백성은 밥을 먹지 못하고 길을 떠돌아다니며 구걸하고 있습니다. 그런데도 허난 순무 도륵병아圖勒炳阿는 폐하께 좋은 소식만 보고하고 나쁜 소식을 보고하지 않고 있습니다. 보고를 올리지 않을 뿐만 아니라 상황을 수습하려 하지도 않습니다. 폐하, 도륵병아는 순무 자리에 있을 자격이 없으니 그를 파하시옵소서!"

　팽가병의 말을 듣고 건륭은 순간 할 말을 잃었다. 그는 즉위한 뒤 줄곧 백성의 생활을 개선하려 노력해왔고 재난 구제를 매우 중요시했다. 건륭은 지역의 재난 상황을 숨기고 제대로 보고하지 않는 관리들을 가장 싫어했다. 그래서 자신에게 허난 상황을 제대로 보고하지 않은 관리가 있다는 말에 표정이 심각해질 수밖에 없었다.

　하지만 건륭은 팽가병의 말을 완전히 믿을 수 없었다. 왜 그랬을까? 첫째로 도륵병아는 팔기인 출신으로 총명하고 능력이 출중해 건륭이 등용하여 허난 순무로 임명한 자였다. 순무는 현재의 성장省長에 해당한다. 건륭은 특히 그를 신임했기 때문에 그가 이렇게 대담하게 자신을 속였으리라고는 믿지 않았다. 둘째로 건륭은 관리들의 기강과 규율을 매우 강조했다. 당시 규율에 따르면 고향으로 돌아간 관리는 자신의 상황에 만족해야지 절대 지방 관리들 일에 개입해서는 안 되었다. 따라서 퇴직한 관리인 팽가병이 자신이 사는 지방의 순무를 파직해야 한다고 고발하는 것은 규율에 어긋나는 일이었다. 셋째로 건륭은 팽가병을 좋아하지 않았다. 왜 좋아하지 않았을까? 앞서 말했듯이 건륭은 대신들이 붕당을 만드는 것을 매우 경계했다. 그런데 팽가병에게는 붕당의 습성이 있었다. 옹정제 때 그는 옹정이 총애하던 신하 이위李衛에게 적극적으로 의지했다. 「옹정왕조」라는 중국 드라마를 본 적이 있는 독자라면 이위라는 인물을 알고 있을 것이다. 팽가병은 이위 곁에 붙어 그의 적이었던 악이태를 공격했는데 건륭은 이런 모습이 정말 마음에 들지 않았다. 그래서 2년 전 아직 많은 나이도 아니었던 팽가병에게 퇴직을 명하고 고향으로 내려보낸 것이다.

그래서 건륭은 팽가병의 말을 듣고 곧바로 혹시 팽가병과 도륵병아 사이에 원한관계가 있는 것이 아닐까 싶은 의심이 들었다. 팽가병이 이 기회를 이용해 자신의 적을 없애려 했을 수도 있었기 때문이다. 건륭은 우선 진상을 파악한 뒤 다시 판단하겠다고 했다. 그리고 팽가병에게 허난으로 돌아가 도륵병아와 같이 서쪽 지방의 재난 피해 상황을 조사한 뒤 보고서를 올리라고 명했다.

팽가병의 말이 사실이라면 도륵병아를 보내 조사한다고 과연 정확한 상황을 파악할 수 있을까? 하지만 이는 공공연하게 내린 명령이고 동시에 건륭은 비밀리에 한 가지 대책을 더 마련했다. 우선 곁에 있던 관음보觀音保라는 자를 불렀다. 건륭이 특히 신임했던 관음보는 원외랑員外郎으로 보병을 통솔하는 관아를 담당했다. 지금의 베이징 수비대 고위급 군사참모라 할 수 있다. 건륭은 관음보에게 비밀 임무를 하나 주겠다고 말했다. 상인으로 분장한 뒤 허난의 샤이현으로 가서 그곳 상황이 어떤지 살펴보고 오라는 것이었다. 이는 건륭의 정치스타일을 그대로 보여주는 대표적인 예라 할 수 있다. 건륭은 총명한 만큼 의심도 많았다. 비록 도륵병아의 능력을 인정했지만 그를 100퍼센트 신임하지는 않았다. 그래서 이런 방법을 쓴 것이었다.

관음보를 보낸 뒤 건륭은 순행을 계속했다. 두 번째 순행에서는 쑤저우와 항저우, 난징을 돌며 흥겨운 시간을 보냈다. 건륭은 순행길에 장쑤와 저장의 경제가 6년 전에 비해 크게 발전했고 백성의 생활도 나아졌다는 점을 눈으로 확인했다. 나라 전체에 '전성'의 효과가 드러났으니 이보다 더 기쁠 수 없었다. 돌아오는 길에, 4월 7일 즈음 건륭은 장쑤와 산둥의 경계 지역에 도착했다. 가마에 앉아 완연한 봄 풍경을 바라보자니 문득 시상이 떠올랐다. 여러 차례 언급한 대로 건륭은 중국 역사상 가장 많은 시를 남긴 사람이었다. 그는 시간이 날 때마다 시를 지었다.

건륭이 시를 지을 준비를 하려던 그때 갑자기 가마가 아래로 내려왔다. 건륭이 고개를 내밀어 살펴보니 호위병들이 달려들어 누군가를 끌어내려 하고 있었다. 자세히 보니 황제가 다니는 길인 '어로御路' 위에 행색이 초라하고 삐쩍 마른 두 노인이 무릎을 꿇고 앉아 있었다.

전통사회에서 황제가 궁을 나설 때면 삼엄한 경비와 철저한 준비가 함께 이루어졌다. 일반적으로 황제가 어느 곳에 가겠다고

하면 1년 전부터 어로를 만들었다. 어로는 신선한 황토를 깔고 방아로 길을 다져 반질반질하게 만들었다. 오직 황제 한 사람만의 발자국만 허락되는 길이었기에 길을 만드는 사람들도 양 옆에 난 길로만 다녀야 했다. 누구든 실수로 이 길에 발을 올린다면 큰 불경죄에 속했다. 그래서 일반 백성이 갑자기 어로로 뛰어드는 일은 이전에는 결코 찾아볼 수 없었다. 크게 놀란 건륭은 호위무사들을 시켜 두 노인을 가까이 데려오도록 했다. 두 사람은 벌벌 떨며 가마 앞에 무릎을 꿇었다. 건륭이 물었다.

"이게 무슨 짓이냐?"

"저희는 허난 서쪽에 있는 샤이현이라는 곳에서 왔습니다. 저희 고을은 홍수 피해를 입고 심한 기근까지 닥쳐 모두가 먹을 것이 없어 굶어 죽어가고 있습니다. 이런 상황을 알려드리고 싶어서 그랬습니다. 폐하 제발 저희 고을을 구해주시옵소서."

건륭은 이 말을 듣고 미간을 찌푸렸다. 그제야 팽가병이 말했던 일이 다시 떠올랐다. 남쪽을 순행하며 기쁨에 취해 있느라 건륭은 잠시 그 일을 잊어버리고 있었다.

'그래, 아직 그 일이 남아 있었지.'

건륭이 진즉 관음보를 샤이현으로 보내지 않았던가? 아직 관음보가 돌아오진 않았지만 두 노인의 앙상한 모습을 볼 때 그곳 상황이 심각한 것은 분명한 듯했다. 그렇다면 팽가병의 말이 완전히 거짓은 아니지 않은가? 만일 도륵병아가 정말 좋은 일만 보고하고 재난을 보고하지 않았다면 따끔하게 혼을 낼 필요가 있었다.

하지만 건륭은 바로 명령을 내리지 않았다. 기왕 관음보를 보냈으니 그가 돌아온 뒤 보고를 듣고 나서 결정을 내린다 해도 하루 이틀 차이일 것이라 생각했기 때문이다. 건륭은 두 노인을 베이징으로 데리고 가서 증인으로 삼겠다고 했다. 그런데 이틀 뒤 예기치 못한 일이 또 일어났다. 4월 9일, 건륭 일행이 산둥 쩌우현에 도착했을 때 길에서 갑자기 누군가 튀어나와 황제의 가마를 가로막은 것이다. 건륭이 보니 그 사람 역시 행색이 남루하고 허난 사투리를 썼다. 그는 유원덕劉元德이라는 허난 샤이현 사람으로 역시 그곳 상황을 알리러 왔다고 했다.

건륭은 그 말을 듣고 가마를 멈추었다. 그리고 한 발자국도 더 앞으로 나가지 않았다. 왜 가마를 멈추었을까? 이 일을 여기서 해결하고 떠나려고 결심한 것일까? 아니었다. 건륭은 다른 예감이 들었다. 건륭은 눈치도 빠르고 의심도 매우 많은 사람이었다. 팽가병을 샤이현으로 보내 실태를 조사하라 명한 뒤 연속적으로 두 번이나 허난 샤이현 사람이 가마를 가로막은 것이 과연 우연의 일치일까? 허난 서부에서 산둥까지는 수백 킬로미터나 떨어져 있어서 걸어오려면 최대 보름이 걸렸다. 그렇다면 오는 길에 숙박과 식사를 해결하려면 당연히 상당한 돈이 필요했다. 이재민이 그런 돈이 어디 있을까? 이는 분명 배후에 누군가 있다는 의미였다. 건륭은 스물다섯에 황제 자리에 올라 온갖 복잡한 정치적 사건을 해결해왔기 때문에 이제 어떤 일을 겪든 그 뒤에 음모가 있을지 모른다는 의심부터 하게 되었다. 그래서 이번 일 역시 결코 일반 백성이 순수하게 도움을 청하려고 온 것이 아닐 수 있다고 생각했다. 허난으로 돌아간 팽가병이 일반 백성을 조종하여 자신 앞에 나타나도록 하

248

건륭 _ 63년 4개월의 절대 권력

고, 이번 기회를 이용해 허난 순무 도륵병아를 궁지에 몰아넣기 위한 음모를 꾸몄을 수도 있었기 때문이다.

만일 이게 사실이라면 이는 청나라 정치 전체에 영향을 미칠 수 있는 위험한 일이었다. 왜냐하면 하급 관리가 상급 관리를 공격하는 것은 조정의 기강을 무너뜨리는 행위였기 때문이다. 그리고 이런 선례가 만들어지면 다른 지역에서도 이를 모방하여 원한관계를 해결하려는 시도가 일어날 가능성이 컸다. 그렇다면 어떻게 황제가 안정적으로 지방을 다스릴 수 있겠는가? 그래서 건륭은 바로 이들 세 명을 심문하여 배후에 누가 있는지, 그가 팽가병인지 아닌지를 밝혀내라고 명했다.

모진 고문을 계속하자 곧 결과가 나왔다. 처음에 건륭을 찾아온 두 노인의 경우 다른 사람의 도움을 받은 것이 없고 팽가병과도 아무런 관련이 없었다. 그들은 정말 먹을 것을 찾아 떠돌다가 산둥까지 온 이재민들이었다. 하지만 두 번째 나타나 가마를 가로막은 유원덕은 산둥에 오는 길까지 여비를 대준 사람이 있었다. 그런데 그 사람은 팽가병이 아니라 샤이현 서생 단창서段昌緖와 무사 유동진劉東震이었다. 두 사람이 유원덕에게 돈을 주면서까지 황제를 찾아가도록 한 이유가 무엇일까? 역시 허난 순무 도륵병아를 고발하기 위해서였을까? 아니다. 이들에게 순무 도륵병아는 너무 먼 곳에 있었다. 그들은 샤이현 담당 관리인 손묵孫默을 고발하려 했다. 손묵이 제대로 상황을 수습하지 않아 현 전체에서 원성이 자자했기 때문이다. 단창서와 유동진은 손묵같이 무능한 관리를 쫓아내는 것이 고을을 위한 일이라며 유원덕을 설득했다.

심문 결과를 보고 건륭은 고개를 끄덕였다. 배후에 누군가 있을 것이라는 예감이 맞아떨어졌다. 허난의 샤이현은 황허강 중하류에 있어 예전부터 홍수가 자주 발생했다. 그래서 건륭은 현재 샤이현 상황이 좋지 않다는 말을 사실로 믿었다. 하지만 그는 홍수 정도가 심하지 않아 도륵병아가 자신에게 보고를 올리지 않았을 것이라고 판단했다. 아마 평소 관아에 불만이 있었던 자들이 이번 재난을 핑계 삼아 조정에서 임명한 관리를 쫓아내려 한 것이리라고 생각한 것이다. 그래서 건륭은 이번 사건을 확실하게 처리하고 넘어가기로 결심했다. 가마를 가로막은 세 명에게도 모두 엄한 벌을 내렸다.

그때 허난으로 상황을 살피러 갔던 관음보가 돌아왔다. 관음보는 건륭이 가장 신임하고 또 총애하는 신하 중 한 명이었다. 그 역시 건륭에게 특히 충성했으며 맡은 일은 늘 꼼꼼하게 처리했다. 그가 돌아왔다는 소식을 듣고 건륭은 즉시 자신이 있는 곳으로 들라 명했다.

관음보가 들어왔을 때 건륭은 처음에 그를 알아보지 못했다. 순행에서 돌아오는 사이에 그의 모습이 크게 변해 있었기 때문이다. 몸은 몹시 말랐고 옷은 모두 누더기가 되어 있었다. 관음보는 재빨리 황제 앞으로 와서 상황을 보고했다.

"폐하, 지금 샤이현 상황은 예전에 홍수가 발생했을 때와는 전혀 다릅니다. 지금껏 한 번도 본 적이 없는 심각한 기근이 일어났습니다!"

관음보는 샤이현에 2년 연속 재해가 일어났다고 말했다. 극심한 재해가 겹쳐서 일어나는 바람에 현 안의 백성은 전부 거지가 되었고, 성 밖에는 죽은 시체가 즐비하게 쌓여 있었다. 물가 역시 무섭도록 치솟아 가족을 보살필 수 없게 되자 거리에는 아들딸을 팔러 나온 사람들이 장사진을 이뤘다. 이를 증명하기 위해 관음보는 그곳에서 아이 두 명을 돈을 주고 사왔다.

"뭐라? 두 아이를 사왔다는 말이냐? 얼마를 주었느냐?"

"480문文, 고대에 엽전을 세는 화폐 단위을 주었습니다."

당시 480문은 지금의 얼마일까? 96위안한화로 약 1만7500원 정도이니 아이 한 명당 48위안 정도였다. 건륭은 자신의 귀를 의심했다.

"480문이라니? 두 아이를 합쳐서 말이냐?"

"그렇습니다."

관음보는 옷에서 종이 한 장을 꺼내 올렸다. 종이는 아이를 판다는 매매계약서로 가격이 정확하게 적혀 있었다. 이를 본 건륭의 얼굴이 어두워졌다. 그리고 한동안 아무 말도 하지 않았다. 팽가병과 가마를 가로막은 이들이 한 말이 모두 사실이었다. 샤이현 현령 손묵과 허난 순무 도륵병아가 겁 없이 군주를 속이려 들었던 것이다. 상황이 이렇게 심각해질 때까지 도륵병아는 단 한 번도 보고를 올리지 않았다. 백성의 목숨을 가벼이 여긴 죄는 절대 용서할 수 없었다.

하지만 건륭은 명을 내려 손묵과 도륵병아를 파직하고 감옥에 가두지 않았다. 그 대신 가만히 앉아 반나절 내내 한마디도 하지 않았다. 왜 그랬을까? 단순하게 생각하면 이 사건은 어려울 것이 없다. 하지만 건륭은 정치가였다. 그것도 청나라의 최고 통치자였기 때문에 모든 일을 처리할 때 나라 전체 상황을 먼저 고려해야 했다. 손묵과 도륵병아를 파직하는 일은 쉬웠지만 건륭이 걱정하는 것은 이것이 일종의 '모방효과'를 내지 않을까 하는 점이었다. 어떤 모방효과를 말하는 것일까? 백성 몇 명이 황제를 찾아가 불만을 이야기하면 관리들을 파직할 수 있다고 생각하는 것이었다. 이 일이 널리 퍼져 각 지방에서 비슷한 일이 일어나면 어떻게 할 것인가? 당시 청나라 사회는 이미 전성기를 맞았지만 건륭은 그 과정에서 심각한 문제들이 일어나고 있음을 잘 알았다. 특히 건륭 20년 이후 혼란스러운 상황이 자주 발생했는데 '하극상'이 갈수록 심해졌다. 그래서 건륭은 이런 혼란을 키우지 않기 위해 이번 사건을 신중하게 처리해야겠다고 생각했다.

도대체 청나라 사회에서는 어떤 일들이 벌어졌을까? 건륭 20년은 청나라의 태평성대가 절정에 이르렀던 해였다. 그러나 동전에도 양면이 있듯 성세가 절정에 다다르면 쇠락의 기운 또한 커지는 법이었다. 쇠락의 기운이란 무엇을 말할까? 그것은 바로 인구의 압박이었다. 인구의 급속한 증가는 태평성대를 판단하는 기준이 되기도 했지만 나라가 쇠락하는 원인과도 직접 연관이 있었다. 건륭제 후기의 청나라 인구는 초기에 비해 기하급수적으로 증가해 3억 명에 가까워졌다. 하지만 식량 생산량에는 한계가 있었다.

당시의 농업방식으로는 식량 생산량이 인구증가율을 따라잡을 수 없었다. 앞서 이야기한 대로 건륭제 시대의 식량 생산량은 역사상 최대치인 2000억 근을 넘어섰다. 이는 한나라 때의 다섯 배, 당나라 때의 세 배에 해당하는 엄청난 양이었다. 하지만 동시에 청나라 일인당 평균 식량 생산량은 역사상 최저로 곤두박질쳤다. 다른 왕조의 일인당 평균 식량 생산량은 얼마나 되었을까? 진한시대에는 985근, 수나라와 당나라 때는 988근, 송나라 때는 1457근, 명나라 때는 1192근이었던 것이 건륭제 때는 780근으로 떨어졌다.[143] 이는 무엇을 뜻할까? 인구는 너무나 많아졌지만 한 사람당 먹을 수 있는 양식의 양은 줄어들었다는 뜻이다.

그래서 건륭 20년 이후 청나라에서는 주로 한정된 경작지와 부족한 토지자원으로 인한 문제가 자주 일어났다. 사람은 많은 데 반해 경작할 땅은 적다보니 지주들이 계속해서 소작료를 올려 받기 때문이다. 건륭 즉위 초에 쓰촨의 루저우에서는 땅을 경작하려면 해마다 지주에게 곡식 여덟 섬 반을 소작료로 내야 했다. 하지만 4년만에 지주들은 소작료를 세 배인 24섬으로 올렸다. 후베이의 황강 지역에서도 처음에는 3섬만 내면 되었지만 2년 후에는 두 배가 증가한 6섬을 소작료로 내야 했다.[144]

바로 여기서 문제가 발생했다. 소작료가 너무 많이 올라 감당할 수 없는 지경이 되면 소작농들은 소작료 내기를 거부하는 수밖에 없다. 그러면 지주들이 가만히 있을까? 그래서 둘 사이에는 충돌이 일어났다. 게다가 갈수록 늘어났다. 민간에서는 '철척회鐵尺會' '오룡회烏龍會'와 같은 집단이 생겨났고, 소작농들은 이런 집단에 들어가 서로 힘을 합쳐 지주들과 싸우기 시작했다. 건륭 18년 푸젠 샤오무에 사는 소작농 두정기杜正祈 등은 '백성 수십 명과 함께 철척회를 만들었으며, 자신들의 집단에 들어오는 사람에게는 함께 소작료를 내지 않는다는 의미로 철척철로 된 잣대로 애초부터 무기로 사용하기 위해 만들어졌으나 눈금이 있어서 잣대로도 사용할 수 있음을 하나씩 주었다'145는 기록이 있다. 이런 조직은 갈수록 늘어났다.

문제는 여기서 끝나지 않았다. 당시 하층민은 해를 거듭할수록 가난해졌다. 그래서 건륭은 자주 세금을 낮추거나 토지세(건륭제는 총 다섯 차례 전국의 토지세를 면제해주었다)를 받지 않았지만 이런 노력에도 세금을 내지 못하는 사람이 더 늘어났다. 건륭 12년, 허난 뤄산현 농민들이 세금을 낼 수 없게 되자 현의 하층민 700~800명이 모두 한 손에 지푸라기를 한 움큼씩 쥐고 현의 관아로 가서 바닥에 그 지푸라기를 내려놓았다.146 이는 무엇을 의미할까? 관아에서 곡식을 너무 많이 거둬가 세금을 낼 것이 없다는 표현이자 자신들이 농사를 짓지 않으면 땅에서는 풀이 자라지 않을 것이라는 경고이기도 했다. 당시 여러 지역에서 이런 일이 일어났다.

건륭제의 통치 중반기에 이런 일이 눈에 띄게 많아졌다. 이는 사회가 발전하는 과정에서 반드시 거쳐야 할 단계이기도 하다. 왜냐하면 경제발전에는 경제적 충돌이 꼭 따라오기 마련이기 때문이다. 충돌은 분명 안 좋은 일이지만 다른 측면에서 보면 이는 사회와 문명이 한 단계 발전할 수 있는 소중한 계기이기도 하다. 내가 이렇게 말하는 이유는 무엇일까? 서양의 많은 국가가 인구 증가와 사회적 충돌을 계기로 근대화라는 발전을 이루었기 때문이다.

예를 들어 1381년, 영국에서는 사상 최대 규모의 농민 반란이 일어났다. 당시 영국 역시 인구에 비해 경작지가 적어 농민들이 고향을 떠나 타지에서 일을 했다. 하지만 고용주들이 인건비를 너무 낮게 잡는 바람에 농민들은 아무리 오랜 시간 일해도 돈을 벌 수 없었다. 그래서 피고용자와 고용주 사이에 다툼이 일어났다. 그러자 영국 국회는 즉시 「노동법」을 발표해서 노동자들이 소동을 피워 임금을 올리는 행위를 불법으로 규정했다. 화가 난 농민들은 기와를 만드는 노동자였던 타일러Wat Tyler의 지휘 아래 반란을 일으켰다. 도끼와 방망이를 든 사람들이 곳곳의 농장과 관저를 습격했다. 비록 반란은 실패했지만 농민들은 애초의 목표를 이루었다. 국왕 리처드 2세가 결국 고개를 숙였기 때문이다. 그가 「노동법」을 취소한 뒤 농민들의 평균 임금은 크게 올라갔다. 그 후 더 많은 농민이 고향을 떠나 도시에서 일하면서 영국은 경제적으로나 사회적으로 큰 발전을 이루었다. 그래서 인구와 자원의 결핍으로 일어난 충돌은 결과적으로 유럽이 전통사회에서 현대사회로 도약하는 힘이 되었다.

따라서 인구가 늘어나고 경작지는 줄어드는 상황은 건륭에게도 문제이자 기회나 다름없었다. 그는 이 기회를 이용할 수도 있었다. 우선 경제적으로 광업과 공업, 상업, 무역업을 확대하고 서비스업을 발전시킨다면 농사를 짓지 못해 떠도는 많은 노동력을 흡수해 경제체제의 전환을 노릴 수 있다. 또 사회적으로도 소작농들이 일정한 방식으로 조직을 만들고 지주들과 소작료를 협상할 수 있도록 허락한다면 농민들이 가혹한 수탈을 당하는 일도 없앨 수 있다. 이렇게 된다면 사회가 발전하고 빈부격차가 줄어들어 더욱 안정적으로 나라를 다스릴 수 있을 것이다. 하지만 건륭은 이런 생각을 전혀 하지 않았다.

그는 총명했고 중국의 역대 황제들 중 제일이라 할 만큼 지략도 뛰어났지만 한 가지 치명적인 단점이 있었다. 건륭제가 청나라를 통치하던 시기는 중국이 고대사회에서 근대사회로 넘어가는 전환기였다. 그런데 건륭은 어려서부터 유학의 사상을 배우고 자라 사고방식이 보수적이었다. 그는 고대부터 내려온 여러 역사서에서 간접적인 정치 경험을 쌓고 그 안에서 교훈을 얻었다. 통치방법 역시 당연히 고대의 황제들에게서 배운 것이었다. 즉 건륭의 사고는 시대의 변화를 받아들이기에 한계가 있었다.

건륭은 당시 사회 혼란을 해결하기 위해 두 가지 조치를 취했다. 우선 경작지가 줄어드는 문제를 해결하기 위해 고심 끝에 세금을 감면하고 좋은 품종을 보급하며 수리사업을 벌여 농민들이 황무지를 개간할 수 있도록 했다. 전통농업의 생산 잠재력을 최대로 끌어올리기 위한 조치였다. 또 보수적인 사고방식을 가진 건륭이 사회 혼란을 해결하기 위해 내린 유일한 조치는 백성을 강하게 압박하고 엄하게 통제하는 것뿐이었다. 건륭은 백성을 사랑했지만 그가 사랑한 것은 '순종적인 백성'이었다. 자신이 속한 사회에 만족하지 않는 '반항적인 백성'은 건륭에게 원수나 마찬가지였다. 각지에서 일어나는 소란을 잠재우기 위해 건륭은 계속 '억압 정책'을 이어갔다. 그는 민간에서 집단을 만들어 행동하는 것을 금하고, 만일 그 수가 40여 명이 넘으면 전부 사형에 처하라 명했다.[147] 왜냐하면 건륭은 모든 사건을 미연에 방지하려 했기 때문이다. 그는 사건이 수습할 수 없을 정도로 커져 나라에 위협이 되는 것을 걱정했다. 그래서 지방 관리들에게도 사건이 발생하면 바로 진압하고 절대 사정을 봐주지 말라고 명했다.[148] 이것이 건륭의 일관된 사고방식이었다.

그 예로 건륭 6년, 호부의 보천국寶泉局에서 사건이 하나 발생했다. 보천은 동전을 말하는 것으로 보천국은 지금의 국가조폐소를 말한다. 당시 보천국에는 2000여 명이 넘는 기술공이 일하고 있었는데 작업반장에 해당하는 자가 중간에서 임금을 가로챘다. 그래서 기술공들은 모두 파업에 나서 아무도 돈을 만들지 않았다. 건륭은 이 소식을 듣고 즉시 대신들에게 이들을 무력으로 진압하라고 명했다. 관리들이 쉽게 움직이지 못하고 주저하자 이렇게 말하기도 했다.

"이렇게 흉악한 백성을 상대할 때는 한두 명만 먼저 목을 베면 나머지는 쉽게 처리할 수 있다."[149]

건륭 13년, 쑤저우에서 기근이 발생했는데 상인들이 미리 쌀을 사재기해서 높은 가격으로 파는 바람에 물가가 폭등해 백성은 쌀을 살 수 없었다. 그러자 고요년顧堯年이라는 선비가 나서서 백성을 이끌고 관아를 찾아가 곡물 가격을 안정시킬 조치를 취해달라고 간청했다. 그는 공손한 백성임을 강조하기 위해 일부러 자신의 두 팔을 밧줄로 묶은 뒤 관아 앞마당에 꿇어앉아 자신은 완전히 조정에 복종하는 순종적 백성이며 다른 뜻은 없다고 말했다.

건륭은 이 소식을 전부 전해 들었지만 그 일에 참여한 백성의 수가 많아 혹시라도 조정에 위협이 될까 걱정스러웠다. "최근 들어 민간에서 무리를 지어 움직이는 사건이 많이 일어나는데 이는 좋은 조짐이 아니니 반드시 엄격하게 처벌해야 한다."[150] 그래서 그는 쑤저우의 지방 관리에게 고요년 등 이번 일의 선두에 선 사람들을 모두 관아 앞마당에서 참형에 처하라고 명했다. 건륭은 이런 일을 처리할 때, 사건에 어떤 이유가 있든 선두에 선 사람은 무조건 엄벌에 처해야 한다는 방식을 고수했다.

결과적으로, 건륭의 눈에 백성이 뛰어들어 황제의 가마를 가로막는 일은 나라 전체에 위협이 될 수 있는 심각한 문제로 여겨졌다. 조정에서 임명한 관리를 몰아내기 위해 조직적으로 움직이는 것은 절대 두고 볼 수 없는 일이었다. 하지만 허난 샤이현에 재난이 일어났고, 그곳 관리들이 이를 숨긴 것은 사실이니 이 역시 마땅한 처벌을 내려야 했다. 어떻게 해야 할까? 건륭은 고민에 빠졌다.

이리저리 생각한 끝에 건륭은 결단을 내렸다. 우선 샤이현 관리들을 법에 따라 엄하게 처벌하기로 했다. 도륵병아와 현령 손묵을 파직하고, 재난상황을 숨기는 다른 관리들에게 경각심을 주기 위해 이 일을 최대한 신속하게 처리할 생각이었다. 또한 황제에게 직접적으로 상황을 전한 사람들 역시 처벌했다. 팽가병은 즉시 강제로 고향으로 내려보내 다시는 조정 일에 간섭하지 못하도록 했다. 또 가마를 가로막은 유원덕과 뒤에서 조종한 단창서, 유동진은 모두 산둥 순무가 맡아서 심문하도록 했다. 혹시 뒤에 또 다른 배후가 있지 않은지 조금 더 철저하게 파악하기 위해서였다.

건륭은 어느 한쪽도 그냥 봐주지 않고 양측 모두에게 절반씩 책임을 물을 생각이었다. 처리방법을 모두 마련한 뒤 건륭은 따로 허난 백성에게 교지를 내렸다.

"백성에게 이르노니, 이번 사건은 짐이 모든 상황을 알아보고 관리들의 기강을 바로잡기 위해 사람을 보내 알아본 결과이지 평가병의 말이나 '무례한 백성' 한두 명의 행동 때문에 내린 결정이 아니다. 만일 이후에 이런 '무례한 백성'을 따라 마음대로 관리들을 고발하려는 자가 있다면 조정의 엄벌을 받게 될 것이다."151

이는 건륭이 평생 바꾸지 않았던 정치적 원칙을 보여주는 것이기도 했다. 바로 권력은 '위'에 존재할 뿐 절대 '아래'로 내려가지 않으며 아래에서 위를 범하는 것은 용서할 수 없다는 것이다. 건륭은 교지 뒷부분에 백성에게 보내는 경고를 덧붙였다.

"지방의 관리는 백성의 부모다. '부모관父母官'백성을 직접 다스리는 주나 현의 지방 장관에 대한 존칭이라는 말도 있지 않은가. 그렇다면 황제는 자연히 백성의 조부가 된다. 조부라면 물론 손자를 예뻐하겠지만 그렇다고 무조건 예뻐하기만 하는 것은 아니다. 예뻐하는 방법이 중요하다. 만일 손자가 부모에게 대든다면 현명한 조부는 어떻게 해야 할까? 당연히 손자가 버릇없는 행동을 계속하지 못하도록 해야 한다. 할아버지에게 뛰어와 부모 흉을 본다면 아무리 일리 있는 말이라 해도 절대 지지하는 태도를 보이지 말아야 한다."152

따라서 손자뻘인 백성은 부모에게 억울한 일을 당했다 해도 그저 참고 넘겨야 했다. 언젠가 현명한 할아버지가 부모의 잘못된 점을 해결해주시리라 믿어야지 부모의 잘못을 일러바쳐서는 안 된다는 것이었다. 그래서 건륭은 '손자 문제', 즉 백성을 자기 '아들'에게 맡기기로 했다. 유원덕과 단창서, 유동진을 산둥 순무에게 보내 심문하라 한 것도 이런 뜻이었다. 그는 자신의 '아들'이라면 어떻게 '손자'를 다뤄야 하는지 잘 알리라 믿었다. 또한 그래야만 이런 방법이 아무런 효과가 없다고 일깨울 수 있을 것이라 생각했다.

건륭의 예상대로 그의 '아들'들은 이재민을 구제하는 일은 제대로 하지 못했지만 '손자'를 혼내는 일은 무척 잘 처리했다. 산동 순무는 유원덕을 넘겨받은 뒤 바로 샤이현에 사람을 보내 유원덕의 배후인 단창서와 유동진을 잡아들여 산동으로 데려오라고 명령했다.

이때 도륵병아와 손묵을 파직하라는 교지는 아직 도착하기 전이었다. 손묵은 현령 자리에 있었지만 이미 자신이 관직에서 쫓겨났다는 사실을 알고 있었다. 이제 이 상황을 해결하고 자신을 구하는 방법은 하나였다. 손묵은 산동 순무에게서 두 사람을 잡아들이라는 명을 받자마자 사람만 잡는 것이 아니라 병사들을 이끌고 가서 직접 그 집 전체를 샅샅이 수색했다. 단창서 집에 있는 모든 문서와 책, 서신, 종잇조각까지 전부 압수한 뒤 하나씩 살필 계획이었다.

손묵은 왜 사람을 잡아오라는 명을 받고 굳이 집까지 뒤졌을까? 그는 건륭이 조정을 비판하는 글에 무척 예민하다는 사실을 잘 알았다. 단창서와 같은 서생들은 평소 글재주 부리는 일을 좋아하니 분명 일기 등 기록을 남겼을 테고, 그 안에 한두 글자 정도 조정에 대한 불만이 들어 있을 수도 있었다. 만일 조정을 비판하는 말이 한 구절이라도 나온다면 이번 사건은 그 성질이 전혀 달라진다. 그러면 황제의 주의력이 분산될 테니 자신도 목숨을 구할 수 있었다.

역시나 단창서 침실에서 예사롭지 않은 문건들이 발견되었다. 어떤 문건이었을까? 오삼계가 반란을 일으켰을 때 백성을 선동하기 위해 쓴 격문檄文의 필사본이었다. 오삼계는 청나라 초기 삼번 중 한 사람으로 80년 전 강희제 때 반란을 일으키고 '반청反淸' 격문을 발표했다. 이 격문의 내용은 당연히 청나라 왕조의 통치를 비난하는 내용으로 당시에 많은 지역으로 퍼졌다. 그 후 80년이나 지난 지금 이런 문장을 여전히 보관하고 있다면 대역죄가 아닌가?

손묵은 마치 진귀한 보물이라도 발견한 듯 바로 이 '성과'를 들고 도륵병아에게 향했다. 도륵병아도 뜻밖의 결과에 기뻐하며 이를 조금 과장해서 반역죄로 꾸민 뒤 즉각 건륭제에게 보고했다. 건륭은 이 일을 매우 심각하게 받아들였다. 그는 어떤 일이든 '반청' 세력은 모두 적으로 보았다. 또한 그는 이미 며칠 전에 샤이현 사건에 대해 내린 결정이 잘못되었다고 생각하고 있었다. 왜냐하면 비밀 소식통을 거쳐 전해지는 소식에 따르면 일반 백성이 순무를 고발하는 일이 이미 청나라 전국으로 퍼져가고 있었기 때문이다. 나라의 모든 골목과 시장에서는 이 이야기가 유행처럼 오갔고, 심지어 어느 지방에서는 자신이 사는 고을의 상황을 알리기 위해 베이징으로 찾아가겠다는 말까지 나온 상태였다.

결국 건륭은 아래와 같은 조치를 취하기로 결심했다.

첫째, 샤이현 현령 손묵과 도륵병아는 이번 반청사건을 조사하여 밝혀냈으니 그 공을 인정해 파직하지 않고 계속 자리를 유지하도록 했다.

둘째, 도륵병아에게 이번 사건을 철저히 조사하되 특히 단창서가 격문을 어디서 옮겨왔는지, 배후에 다른 이유가 있지는 않은지를 집중적으로 알아보도록 했다. 또한 신하 방관승方觀承과 함께 팽가병의 집을 뒤져서 그에게도 이런 격문이 있는지 살펴보라 명했다. 건륭은 여전히 팽가병이 이 사건과 연관이 있을 것이라 의심했다. 설령 연관이 없다 해도 이번 사건으로 완전히 눈엣가시가 된 그를 반드시 이 사건과 엮어 크게 혼을 낸 뒤 돌려보낼 생각이었다. 조사 결과 팽가병은 비록 오삼계의 격문과는 관련이 없었지만 집안에 명나라 말기의 야사를 몇 권 가지고 있었다.『노하기문滏河紀聞』『일본걸사기日本乞師記』『예변기략豫變紀略』등이었다. 이 야사들은 명나라 말과 청나라 초기에 각지에서 일어난 반청투쟁에 관한 내용이었다. 건륭이 볼 때 이는 당연히 청나라 정치에 큰 해가 되는 것들이었다.

건륭은 결과에 만족했다. 이제 증거가 충분해졌으니 자신이 원하는 결정을 내릴 수 있었다. 그는 오삼계의 반청 격문을 소장하고 있었던 단창서는 즉시 참수에 처하고, 팽가병은 반역서를 소장한 죄를 물어 자결을 명했다.

팽가병에 대한 처벌은 자결에서 끝나지 않았다. 건륭은 수천 묘에 이르는 그의 땅까지 모두 빼앗았다. 그런데 땅을 처리하는 방식이 아주 기발했다. 그는 지방 관리들에게 이 토지를 전부 샤이현의 가난한 농민에게 나누어주라 명했다. 건륭의 뜻은 이러했다.

'네가 기왕 농민들을 위해 나섰으니 이렇게 땅을 나누어준다면 소원 성취하는 것이 아니겠느냐!'

아마 후에 팽가병의 행동을 따라해 사회 질서를 어지럽히는 일이 없도록 하려는 심산이었을 것이다.

지금까지 위에서 말한 조치들은 건륭이 하층민들의 소란을 제압하기 위해 보인 '강한 모습'이다. 만일 건륭에게 이런 모습만 있었다면 그는 정말 억지스러운 군주에 지나지 않았을 것이다. 하지만 건륭은 건륭이다. 그에게는 또 다른 면이 있었다. 얼마 뒤 건륭은 다시 '따뜻한 모습'을 보여주었다. 그는 사이현 농민들이 지금까지 내지 못한 세금을 모두 면제해준 것이다. 또한 사람을 보내 그곳에서 연속적으로 재해가 일어난 원인을 살피고 수리사업을 진행해 근본적인 해결책을 마련해주었다. 모든 일이 정리된 후에는 도륵병아를 베이징으로 불러 최대한 체면을 살려 물러날 수 있도록 해주었다. 손묵 역시 다른 관리들의 본보기를 삼기 위해 결국 파직했다.

이것이 바로 건륭이 지방에서 일어나는 문제를 처리하는 방식이었다. 소란을 일으킨 우두머리를 먼저 없앤 뒤 최선을 다해 백성들 문제를 해결해서 반란을 일으키지 않도록 하는 것이었다.

팽가병 사건은 역사에서 일반적으로 '문자옥' 사건 중 하나로 분류되며, '팽가병사장야사안彭家屏私藏野史案'이라 칭한다. 건륭이 팽가병과 단창서 등을 처벌한 것은 겉보기에는 그들이 '반청'에 해당하는 문건과 서적을 가지고 있었기 때문이지만 사실 이는 건륭의 진짜 속내가 아니었다. 취옹의 뜻은 술에 있지 않다고 했던가? 건륭은 소란을 일으킬 소지가 있는 자들을 미리 제거해서 나날이 늘어가는 하층민의 불만을 힘으로 억누르려 한 것이다. 이는 스스로 위기의식을 느끼고 있다는 표현이기도 했다. 건륭제 중기가 되면 팽가병처럼 이해할 수 없는 처분을 받는 사람이 늘어나면서 기이한 사건들이 다수 만들어졌다.

13강
———
기이한 사건들

건륭제 중기가 되자 청나라에서는 우리 같은 현대인은 이해할 수 없는 사건들이 속속 일어나기 시작했다. 이런 사건들에는 모두 억울한 면이 있었는데 이는 전부 건륭의 손에서 만들어졌다. 앞서 말했듯이 건륭에게는 '따뜻한 모습'도 있었지만 여기서 보이는 모습은 '강한 모습'뿐이었다.

우선 첫 번째 사건을 살펴보자. 건륭 45년 7월의 어느 날 아침이었다. 광시의 포정사이자 성 재정을 관리하는 부성급 관리인 주춘朱椿은 며칠 동안 계속 성 전체의 재무를 정산하느라 하루도 쉬지 못했다. 그래서 일이 끝난 김에 휴가를 내고 바람도 쐴 겸 구이린에 가서 몸을 쉴 계획을 세웠다. 가마를 타고 막 골목을 벗어나려는 순간 갑자기 한 노인이 길에서 튀어나왔다. 예순이 넘는 나이에 긴 옷을 입고 머리는 하얗게 센 것이 나이 든 선비 같은 모습이었다. 그는 휘청거리며 길옆에 무릎을 꿇고 책 한 권을 높이 들어올렸다. 주춘은 그 모습을 보고는 또 고발장이 올라온 것이리라 생각했다. 이런! 하필이면 이때에! 쉬는 것도 마음대로 할 수 없군!

고발장이라면 반드시 그 내용을 살펴야 했다. 그래서 그는 옆에 있던 하인에게 책을 가져오라 명했다. 그런데 책을 받고 보니 그것은 고발장이 아니었다. 겉표지에는 '책서策書'라는 두 글자가 적혀 있었다. 무슨 뜻일까? 정책을 건의하는 글이라는 뜻이다. 책을 펼쳐보니 서체가 가지런하고 매우 아름다웠다. 어떤 정책을 건의하는 것일까? 책에는 총 네 가지 정책이 쓰여 있었다. 첫째는 청나라 조정에서 토지세를 조금 더 감면하여 하층민들의 부담을 덜어주고, 둘째는 지금의 자선 기구에 해당하는 의창義倉, 평상시에 곡식을 저장했다가 흉년이 들었을 때, 저장한 곡식으로 빈민을 구제한 구호기관을 설치해 빈민들을 구제하며, 세 번째는 곡식 생산량을 늘리기 위해 담배 심는 것을 금지하고, 네 번째는 승려의 수를 줄여 사회적 부담을 덜자는 것이었다.

주춘은 이 책을 끝까지 전부 읽어보았다. 글의 요지가 분명하고 매우 논리적인 것이 진지하게 쓴 정책건의서임이 분명했다. 게다가 일반 백성이 쓴 글과는 다르게 수치화한 분석 자료가 다수 포함되어 있었다. 예를 들어 담배 심는 것을 금지해야 한다는 부분에서는 담배 재배에 필요한 원가를 상세히 분석했다. 현재 광시의 농가 중 절반이 담배를 심는데 많게는 1만 주에서 적어도 3000주를 심으며 1만 주를 키우려면 인부 열 명에 비료도 최대 300근이 필요하다[153]는 것이다. 이렇게 상세한 숫자가 적혀 있는 것으로 보아 노인은 분명 이 글을 쓰기 위해 광범위하게 농가 상황을 조사했을 것이다. 나라를 생각하는 그의 간절한 마음이 글자 하나하나에서 모두 배어나왔다.

그렇다면 이 책을 보고 포정사 주천은 어떤 반응을 보였을까? 크게 감동받아 그를 관아로 모셔 술 한잔을 기울이며 이야기를 나눴을까? 아니, 그렇지 않았다. 글을 모두 읽은 뒤 주춘의 얼굴은 붉게 변했다. 그리고 크게 화가 난 사람처럼 미간을 찌푸리며 옆에 있던 병졸에게 소리쳤다.

"당장 저 노인네를 잡아라. 절대 도망치게 해서는 안 된다!"

주춘은 휴가를 떠나려던 계획을 접고 다시 관아로 향했다. 그리고 노인을 불러다 심문하기 시작했다. 노인은 포정사가 자신을 귀빈으로 대접하며 환대하기는커녕 험한 표정을 지으며 범죄자처럼 대하는 이유가 무엇인지 도대체 이해할 수 없었다. 그가 할 수 있는 일은 무릎을 꿇고 앉아 글을 쓰게 된 동기를 상세히 진술하는 것뿐이었다. 노인 이름은 오영으로 광시 핑난현 사람이었다. 평생 공부를 했지만 관직에는 오르지 못했다. 그러다 육십이 넘어 이런저런 병을 앓게 되자 살날이 얼마 남지 않았는데 자신의 재능을 이렇게 묻어버리기 아깝다는 생각이 들었다. 그래서 조정과 황제에 대한 충성심을 담아 건의서를 만들어 관아에 바친 것이었다. 그러면 사회에 공헌도 하고 자신의 인생에도 떳떳할 수 있을 거라 믿었다. 이것이 그가 이 글을 쓴 이유였다.

주춘은 이 사건의 전후관계를 명확히 파악한 뒤 노인을 감옥에 가두고 그날 밤 바로 광시 순무에게 보고서를 보냈다. 그는 보고서에서 매우 중대한 사안이 발생했다고 말했다. 왜 그랬을까? 우선 일반 선비가 조정의 행정을 비판하는 글을 쓰는 것은 용서할 수 없는 일이었다. 또한 노인은 글에서 '피휘避諱, 황제의 이름과 같은 글자를 피하는 일'를 범했다. 책에 쓴 문장에서 그는 황제 이름인 '홍력'의 '홍弘'자를 두 번이나 사용했다.[154] 따라서 이는 중대한 사안으로 반드시 엄하게 처벌해야 했다.

이튿날 광시 순무 요성열姚成烈은 이 보고서를 받았다. 그는 이 일을 어떻게 처리했을까? 포정사가 별것 아닌 일을 과장한 것이라 의심하진 않았을까? 그렇지 않다. 보고서를 본 요성열은 바로 하던 일을 모두 내려놓고 이 일을 처리하는 데 매달리기 시작했다. 우선 핑난현에 있는 오영 집에 사람을 보내 집 전체를 뒤지고, 그의 직계가족 스무 명을 관아로 끌고 오라고 명했다. 그리고 며칠 밤 동안 이들을 조사하고 고문을 계속하여 그중 두 명을 불구로 만들기까지 했다. 심문의 핵심은 이 책을 쓴 다른 이유나 혹시 공모한 자가 있는지 밝혀내는 것이었다. 심문을 받은 사람들은 전부 그 책은 오영이 혼자서 방에 틀어박혀 썼으며 아무도 관련된 사람이 없다고 진술했다. 결과가 나오자 요성열은 바로 상소를 작성해 건륭제에게 이 일을 보고했다.

우리가 볼 때 광시 지방 관리들의 행동은 정말 이해할 수 없다. 정부를 위해 순수한 마음으로 정책건의서를 만든 노인을 가두고 그의 가족까지 심문한다는 게 말이 되는가? 그렇다면 건륭은 상소를 본 뒤 어떻게 반응했을까? 관리들이 함부로 사람을 가두었다며 벌을 내렸을까? 그렇지 않았다. 건륭제는 상소를 본 뒤 이 일을 매우 심각하게 받아들였다. 그는 대학사 구경九卿 등과 함께 이 사안을 의논했다. 그리고 그해 9월 이런 판결을 내렸다.

첫째, '선비 오영은 성세에 태어났음에도 분수를 모르고 함부로 나서서 이런 글을 올렸고, 그 안에서 황제 이름을 적는 죄까지 범했다.' 또 조정의 행정을 비판하기까지 했다. 이는 '매우 중대한 죄로 절대 너그럽게 보아 넘길 수 없다.' 이는 '대역죄'에 해당하니 그를 참수한다.

둘째, 오영의 두 아들 오간재吳簡才, 오경재吳經才는 즉시 참수한다. 오영의 동생 오초吳超와 조카 오달재吳達才, 오련재吳棟才는 가을이 되면 처결한다.

셋째, 오영의 부인 전全 씨와 첩 몽蒙 씨, 며느리 팽彭 씨, 마馬 씨와 그의 아들, 조카, 손자 아홉 명을 모두 공신들의 집에 노예로 보내 대대손손 영원히 노예로 살게 한다.[155]

처벌이 너무 잔혹하고 불합리하지 않는가? 중국의 고대 역사에는 평민이 직접 글을 써서 올리는 일이 흔했다. 예를 들어 한나라 때 인물인 동방삭東方朔은 무제에게 죽통 3000개에 긴 글을 써서 올린 뒤 능력을 인정받아 관직에 올랐다. 당나라 때 이백李白 역시 현종에게 시를 써서 올린 뒤 한림이 되었다. 당나라 때 또 다른 시인 두보는 황제의 공덕을 칭송하는 「삼대예부三大禮賦」를 써서 올리고 관직을 기다렸지만 성공하지 못했다. 이렇듯 전통사회에서 공부를 한 서생이 글을 써서 올리는 일은 어느 왕조에나 있었다. 그 목적은 두 가지 중 하나였다. 하나는 사회에 대한 책임감으로 백성을 위해 대신 그들의 고통을 알리려는 것이다. 또 하나는 자신의 글 솜씨와 재능을 뽐내서 이를 이용해 원하는 것을 얻으려는 것이다. 오영의 경우는 당연히 첫 번째에 속했다. 그는 청나라가 앞으로 더욱 발전하기를 바라는 마음으로 글을 썼다. 하지만 예상과 다르게 너무나 참담한 결과를 맞고 말았다.

건륭제는 왜 오영 사건을 이렇게 처리했을까? 설마 총명한 그가 오영의 글에 담긴 진심을 정말로 눈치채지 못한 것일까? 이 문제에 답하려면 이와 비슷한 사건 몇 가지를 먼저 살펴봐야 한다.

건륭 41년, 황제는 베이징을 떠나 서릉으로 향했다. 서릉은 날씨가 온화하고 풍경도 아름다워 건륭의 마음도 편안해졌다. 그런데 길을 가는 중 갑작스러운 일이 벌어졌다. 길가에서 홀쭉하게 마른 청년이 하나 나타난 것이다. 그는 멀리서부터 황제의 가마가 다가오는 것을 몰래 훔쳐보았다. 건륭은 호위대를 시켜 청년을 붙잡아 조사하라고 명했다.

청년의 성은 풍馮, 이름은 기염起炎으로 산시 린펀에서 왔으며 올해 나이 서른하나인 선비였다. 그가 갑자기 나타난 이유는 황제에게 자신이 쓴 책을 전하고 싶어서였다. 어떤 책이었을까? 『역』으로 『시』를 해설한, 즉 『역경』으로 『시경』을 풀이한 학술서였다. 건륭이 살펴보니 내용도 특별할 것이 없고 억지로 끼워 맞춘 듯한 것이 별 볼일 없는 글에 불과했다. 그런데 풍기염이 이 책을 황제에게 전하려 한 이유가 독특했다. 무슨 이유였을까? 바로 사랑 때문이었다.

풍기염은 가정형편이 좋지 않아 서른이 넘도록 장가를 들지 못했다. 당시 서른은 이미 청년기를 훌쩍 지난 나이였다. 그런데 그에게는 몰래 짝사랑하는 상대가 둘이나 있었다. 누구였을까? 그는 셋째 이모와 다섯째 이모의 딸인 사촌동생 둘을 마음에 두고 있었다. 두 동생이 모두 예쁘게 생겨 그는 밤낮으로 둘을 아내로 삼는 일만 생각했다. 하지만 자신에게는 땅도 집도 없었으니 이모들이 이를 허락할 리 없었다.156 어떻게 해야 할까? 풍기염은 평소 미남미녀가 등장하는 책을 즐겨 읽는 문학청년으로 머릿속에는 낭만적인 환상이 가득했다. 그는 고민 끝에 한 가지 방법을 생각해냈다. 어떤 방법이었을까? 바로 황제에게 글을 바치는 것이었다. 왜냐하면 그는 자신에게 대단한 능력이 있다고 믿었기 때문이다. 그는 황제가 자기 글을 본다면 분명 깜짝 놀라 자신을 부를 것이라 믿었다. 그 기회에 소원을 말한다면 황제가 기뻐하며 바로 자신에게 재물을 하사하고 고향으로 돌아가 결혼하라고 명할 것이라 생각했다. 그러면 사랑도 얻고 명예도 얻는 일석이조가 아니겠는가?

그래서 그는 곤장을 맞고 감옥에 갇히기 전까지도 황제에게 자기 사정이 전해진다면 반드시 불쌍히 여겨 소원을 들어줄 거라고 기대했다. 그래서 자신을 심문한 관리에게 이 말을 꼭 황제에게 전해달라고 애걸했다. 무슨 말이었을까? 황제께서 관리 한 명을 준마에 태워 자기 고향으로 내려 보내 중매를 서주시면 이 혼사는 분명히 성사될 것이며, 그렇게만 된다면 자신의 평생 소원이 이루어진다[157]는 것이었다.

건륭으로서는 정말 어이없는 일이 아닐 수 없었다. 41년간 황제 자리에 있으면서 이런 일은 처음이었다. 그는 상소를 읽다가 참지 못하고 웃음을 터뜨렸다. 다 웃고 난 후에는 태감에게 이 글을 후궁들에게 보여주라고 명하기도 했다. 함께 웃으라는 뜻이었다. 그러고는 전과 다르게 '인자하게' 사건을 처리했다. 어떻게 했을까? 정말 사람을 보내 풍기염의 중매를 섰을까? 당연히 그렇지 않다. 건륭은 예전처럼 목을 베라는 명은 내리지 않았다. 문학청년 풍기염은 운 좋게도 목숨을 건졌다. 그 대신 건륭은 '어리석은 마음과 행동으로痴心迷妄' '성심을 어지럽힌欲瀆聖聰' 죄를 들어 '刺字發遣', 그를 얼음과 눈으로 뒤덮인 헤이룽장으로 보내 사병들의 노예로 만들고 평생을 베이다황원래 헤이룽장의 광대한 황무지였으나 지금은 중국의 주요 곡식생산지 중 한곳임에서 보내도록 했다.

이번 사건에서 건륭은 앞의 사건과는 다르게 글을 올린 선비의 머리를 베지 않았지만 헤이룽장으로 보내 평생 돌아오지 못하도록 했다. 만일 풍기염 사건을 희극이라 한다면 지금 이야기할 또 다른 사건은 비극 중의 비극이다.

건륭 18년, 마른 체구에 누런 얼굴을 하고 해진 옷을 입은 한 청년이 책 한 권을 들고 산둥의 공부로 와서 대문을 두드렸다. 문지기가 무슨 일이냐고 물었더니 그는 저장에서 온 정문빈이라며 천리 길을 걸어 공부에 인사를 드리러 왔다고 말했다. 무슨 인사를 드린다는 것이냐고 묻자 며칠 전 하늘에서 자신에게 공부 연성공衍聖公의 두 딸을 아내로 맞이할 것이라는 '예지몽'을 내리셨기에 찾아뵙고 사위가 되기 위해 왔다고 대답했다. 또 자신이 박학하여 책을 한 권 썼는데 인간의 본성과 운명에 관한 것158이라며 연성공께 한번 보여드리고 싶다고 했다.

연성공의 가족은 정문빈의 눈빛이 흐리멍덩하고 횡설수설하는 것으로 보아 정상이 아니라고 판단해 관아로 보냈다. 산둥의 관리가 조사해보니 정문빈은 어려서 부모를 잃고 형의 손에서 자랐으며 집안 형편이 너무 어려워 서른이 넘었지만 아직 장가를 들지 못했다. 막막한 환경에 의욕도 희망도 잃은 후로 정신에 문제가 생긴 듯했다. 그는 종종 하늘의 신령이라는 자가 자기 귓가에 말을 한다고 했는데, 하늘이 자신을 천하를 관리하는 천자로 임명했다고 했다. 그래서 그는 어떻게 새 왕조를 열고 황제가 될지 고민했다. 스스로 '천원天元' '소무昭武' 등 연호를 만들고 새 왕조에서 사용할 화폐인 '태공구부전太公九府錢'의 도안을 그려보기도 했다. 또한 '성상星象' '천명天命'과 같은 단어들을 책에서 자주 언급했다. 그는 자신의 책을 관리에게 건네며 이렇게 말했다.

"이것은 제가 쓴 책입니다. 정말 대단하지 않습니까? 제가 그린 도안도 있는데 예쁘지요?"

산동 순무 양응거楊應琚는 책을 보고는 새 왕조를 세우기 위해 연호에 화폐까지 만들어놨으니 이는 대역 중의 대역죄라 여겼다. 하지만 정문빈은 누가 봐도 정상이 아니었다. 그러니 이를 어떻게 해야 할까? 그래서 그는 상소를 올려 건륭제에게 이번 일을 상세히 보고하며 그의 정신 상태에 대한 분석도 같이 실었는데, 정문빈이 지나치게 가난한 살림에 생활이 암담하고 아무런 희망도 보이지 않자 꿈에서라도 심리적 만족을 얻으려 하다가 망상증을 얻게 된 것 같다[159]는 것이다. 양응거의 분석은 현대 심리학에서 말하는 보상 원리에 부합하는 매우 일리 있는 말이다. 정문빈의 표정과 상태는 누가 봐도 한눈에 정상인이 아님을 알 수 있을 정도였다.[160] 게다가 몸 상태가 좋지 않아 오랫동안 감옥에 가두는 것도 힘들 듯하니 어떻게 처리해야 좋을지 황제의 지시를 따르겠다고 했다.

건륭은 상소를 받고 양응거 의견대로 그가 분명 제정신은 아 닐 것이라 생각했다. 그렇다면 건륭은 이번 일을 어떻게 처리했을 까? 놓아주었을까, 아니면 가족까지 전부 잡아들였을까? 둘 다 아 니다. 건륭은 어떤 처분도 내리지 않고 우선 정문빈의 몸 상태를 알 아보았다. 산동 순무 양응거에게 특별히 유지를 내려 정문빈의 몸 이 좋지 않다 했는데 지금 어떤 상태인지, 얼마나 더 살 수 있을지 등을 물었다. 양응거는 원래 몸이 좋지 않았던 자로 붙잡은 뒤 계 속 혹독한 고문을 당해 지금은 겨우 숨만 붙어 있어 오래 버티지 못할 것이라고 답변했다.

건륭은 왜 정문빈의 몸 상태에 관심을 보였을까? 자비심을 발휘해 그를 풀어주거나 미리 감옥에서 나가게 해주려고 했을까? 아니다. 건륭은 양응거의 답변을 받은 뒤 이렇게 명을 내려 보냈다.

"짐이 보기에 이번 사건을 기존의 처리 과정대로 삼법사의 심의를 거쳐 판결하고 또 산둥까지 전달하려면 한두 달이 걸릴 것이다. 그러면 판결이 나오기도 전에 정문빈이 감옥에서 죽음을 맞을 수도 있다. 이는 죄를 지은 범죄자에게 유리한 것이니 절대 용인할 수 없다. 따라서 양응거에게 심문을 중단하고 바로 정문빈을 능지처참할 것을 명한다."

건륭은 왜 그를 능지처참하라 명했을까? 그래야만 다른 백성이 모반을 꾀한 자의 최후를 기억하고 반면교사로 삼을 수 있기 때문이다. 건륭 18년 6월 14일 오후, 정문빈은 호송차에 실려 법정으로 왔다. 그리고 많은 사람이 보는 앞에서 말뚝에 묶여 몸이 갈기갈기 찢기는 형벌을 당했다. 몸에서 살점이 떨어져 나가는 순간에도 그는 여전히 웅얼거리며 하늘에 자신을 구해달라고 빌었다. 하지만 그가 죽은 후에도 사건은 끝나지 않았다. 건륭은 그의 형 정문요丁文耀를 감옥에 가두었다. 비록 그는 이번 사건에 대해서는 아무것도 알지 못했지만 역시 가을이 지난 뒤 처결하겠다고 했다. 또 겨우 열여섯밖에 되지 않은 두 사촌 동생 정사린丁士麟, 정사현丁士賢을 공신들의 집으로 보내 대를 이어 노예로 살게 했다.

정문빈 사건은 앞에서 언급한 사건들보다 이해할 수 없는 부분이 더 많다. 이 사건의 기록을 읽다보면 제정신이 아닌 것이 정문빈인지 황제인지 헷갈릴 정도다. 건륭제에게는 선량한 면이 있다고 하지 않았던가? 어려서 집안에서 키우던 개가 죽었을 때도, 황제가 된 후에도 지방에 재난이 일어나 백성의 삶이 어려워졌을 때도 그는 눈물을 흘렸다. 하지만 통치 중반을 넘어서면 전혀 심각하지 않은 일에도 극도로 잔인한 모습을 보였다. 정문빈 사건이 특수한 경우는 아니었다. 정사와 야사를 모두 합쳐 건륭제 시대에 정문빈처럼 제정신이 아닌 사람이 참형을 당한 경우는 모두 21건이었다. 그중 7건이 능지처참이었고, 14명은 그에 비해 가벼운 처벌을 받았다. 가볍다 해도 바로 목을 베거나 장형杖刑, 큰 곤장으로 볼기를 치는 형벌을 내려 산 채로 죽이는 식이었다.

지금까지 이야기 한 세 사건은 하나같이 상식적으로 이해하기 힘든 부분이 있어 일목요연하게 정리하기 힘든 것처럼 보이지만 자세히 분석해보면 두 가지 공통점이 있다. 하나는 문자와 관련이 있다는 것이다. 그래서 후세 사람들은 이를 모두 문자옥 사건으로 보았다. 또 하나는 청나라 이전 왕조에서 일어난 문자옥의 주체가 대부분 상류층이었던 것에 비해 이번 사건에서는 모두 뜻을 이루지 못한 하층계급의 선비나 일반 백성이 주체가 되었다. 오영과 풍기염은 선비였고, 정문빈은 선비는 아니었지만 글을 쓸 정도로 공부한 사람이었다. 이들은 모두 오랫동안 노력했지만 원하는 것을 이루지 못했고, 그래서 자기 생각을 적어 관리들에게 바치려 했던 것이다. 따라서 이 세 사건에서 우리는 건륭이 특별히 중점적으로 관리하려 했던 부류가 있었다는 사실을 엿볼 수 있다. 그 부류는 바로 뜻을 이루지 못한 하층계급 선비들이었다.

건륭은 왜 그들을 집중적으로 공격했을까? 그것은 그가 역대 왕조의 멸망 원인을 너무나 잘 알았기 때문이다. 건륭은 시간이 날 때마다 역사서를 읽었다. 그리고 이로써 한 가지 결론을 얻었다. 하층민 중 가장 위험한 사람, 즉 제일 쉽게 백성을 선동할 수 있는 사람은 바로 '뜻을 이루지 못한 선비들'이라는 것이다. 이유가 무엇이었을까? 첫 번째, 중국 전통사회에서 선비들이 공부하는 이유는 벼슬길에 나가 출세하기 위해서였다. 책 속에는 황금과 저택도 있고 아름다운 아내도 있었다. 그래서 뜻을 이루지 못한 선비들은 어떻게 해서라도 이름을 알리고 싶은 욕구가 매우 강했다. 과거에 합격하지 못하고 출세할 희망이 사라졌다고 해서 평생 공부만 했던 이들이 책을 포기하고 농민이 된다는 것은 너무나 어려운 일이었다. 계속해서 자기 운명을 바꿀 방법만 생각하다보면 자연히 반역의 마음을 품기도 쉬웠다.

두 번째, 이들은 지식이 많고 기본적으로 언변도 좋아 민간에서 난이 일어날 때마다 자주 선봉에 섰다. 어떤 일을 하든 글을 알아야 수월했기 때문이다. 그래서 중국 역사에서 일어난 농민봉기의 수장은 대부분 이렇듯 뜻을 이루지 못한 하층계급 선비들이었다. 예를 들어 당나라 때 황소黃巢는 몇 차례 과거에 응시했으나 합격하지 못하고 결국 반란을 일으켰다. 나중에 태평천국太平天國, 청나라 말기 홍수전과 농민반란군이 세워 14년간 존속한 국가(1851~1864)의 왕이 된 홍수전洪秀全 역시 네 번이나 과거에 떨어진 뒤 군사를 일으켰다.

건륭은 청나라 황제로 무슨 일이 있어도 자기 자리를 지켜야 했다. 이 점은 독자들도 충분히 이해할 것이다. 그렇다면 이런 선비들을 감옥에 가두면 될 일을 건륭은 왜 그렇게 잔인한 방법을 동원해 죽이기까지 했을까? 이는 건륭제 중기가 되면서 경제는 발전하

278

고 국력은 강해졌지만 사회 곳곳에서 소란이 일어나고 반역을 도모하는 일도 여러 차례 벌어졌기 때문이다. 건륭 17년, 후베이의 다볘산에서 집단 반역사건이 일어났다. 그곳에서 숯을 만드는 기술공으로 유명했던 마조주馬朝柱라는 사람이 백성을 모아 무기를 만들고 반란을 준비하다 발각된 것이다. 그는 원래 안후이 훠산현 사람으로 형편은 가난했지만 글공부를 하여 가슴속에 큰 뜻을 품었다. 그는 어려서부터 황제가 되는 꿈을 꾸었다. 황제가 되면 수많은 후궁을 거느릴 수 있으니 한 번 살다 가는 인생 반드시 황제가 되어야겠다고 마음먹었다.

그렇다면 어떻게 해야 황제가 될 수 있을까? 그는 우선 머리를 굴려 자신이 하늘의 대리자인 척하며 사람들의 믿음을 얻었다. 그는 사람들에게 자신이 열여섯 살 때 꿈을 꾸었는데 하늘에서 태백금성太白金星이 내려와 안후이 훠산현에 있는 호국사護國寺를 찾아가 양오楊五 스님을 스승으로 삼으라고 말했다 했다. 그래서 자신이 먼 길을 걸어 그 스님을 찾아가 신묘한 재주를 배웠다는 것이다. 어떤 재주를 배웠을까? 콩을 뿌리면 병사가 되고, 종이를 자르면 말이 되는 것이었다. 그는 매일 이런 말을 하고 다니며 사람들 앞에서 몇 가지 마술을 보여주었다. 시간이 흐르자 사람들은 그를 조금씩 믿기 시작했고, 정말 신으로 숭배하는 무리까지 생겨났다.

마조주라는 사람은 정말 꾀가 많아서 자신을 따르는 무리를 늘리기 위해 다양한 방법을 동원했다. 건륭 14년 10월, 그는 몰래 다른 지방으로 가서 독특한 모양의 긴 청동 검을 한 자루 만들어 칼날 위에 '천명진인마조주天命眞人馬朝柱'라는 글귀를 새겼다. 그리고 몰래 동굴 안에 칼을 숨겨놓았다. 다음 날, 그는 사람들을 모아놓고 어젯밤 꿈에 신선이 내려와 자신에게 검을 한 자루 내리셨는데 그 검으로 요괴와 귀신을 무찌를 수 있다고 했다. 그는 이 꿈이 신통한 것인지 직접 확인해봐야겠다며 사람들을 이끌고 산으로 갔다. 산에 오른 지 얼마 되지 않아 과연 마조주 말대로 동굴에서 검이 한 자루 나왔다. 사람들은 모두 크게 놀라며 정말로 마조주가 하늘의 명을 받은 사람이라고 생각했다. 그 후 더 많은 사람이 그를 숭배하며 따르게 되었다.

건륭 15년에는 사람들에게 하늘에서 자신에게 신기한 부채를 하나 내리셨는데 이 부채를 한 번 부치면 여섯 시간 만에 서양으로 날아갈 수 있다고 했다. 이는 지금의 보잉기보다 빠른 속도다. 그는 서양인과 힘을 합쳐 명나라 왕조를 다시 일으키겠다[161]고 했다. 마조주의 계획은 매우 성공적이었다. 사람들은 줄줄이 그의 아래로 들어가 돈을 바치며 나중에 반란이 성공하면 자신들도 관직을 맡을 수 있을 거라 믿었다.

하지만 이런 사기극은 너무나 유치하고 단순했기 때문에 당연히 오래가지 못했다. 마조주는 수하들을 격려하기 위해 사람을 시켜 다른 지방에서 관복과 갓, 허리띠를 준비해서 '관원'들에게 나누어주었다. 그러면서 이것이 서양의 왕이 하늘에서 내려보낸 것이라고 했다. '관원'들은 선물을 받고 기뻐하며 집으로 돌아와 옷을 자세히 살폈다. 그런데 이는 하늘에서 내려온 것이 아니라 극단에서 공연할 때 입는 무대의상이었다. 어떤 것은 헝겊을 덧대어 만들었고, 또 어떤 것은 이름이 새겨져 있기까지 했다. 이번 일로 마조주는 그동안의 '노력'이 모두 물거품이 될 위기에 처했다. 어떻게 든 실수를 만회해야 했다. 그래서 그는 서양의 왕이 안개 속에서 조서를 내려보냈는데 모두를 관직에 봉한다는 것으로 우한의 황허러우黃鶴樓에 있다고 말했다. 수하들이 찾아가니 과연 그곳에 조서가 100여 개 있었다. 조서에는 반란이 성공한 후에 펼쳐질 환상적인 미래의 모습과 모든 사람에게 내릴 구체적인 관직명까지 적혀 있었다. 그는 그렇게 겨우 성난 수하들의 마음을 달랬다.

이런 말을 믿는 사람이 있을까? 청나라 백성은 다 그렇게 순진했나? 내가 해줄 수 있는 답은 이 모든 것이 사실이었다는 것이다. 지금이라면 이런 말을 믿을 사람이 없겠지만 당시는 달랐다. 역사서를 여러 권 읽다보면 고대 백성의 지식수준과 분별능력이 우리가 생각하는 것만큼 높지 않았다는 사실을 쉽게 발견할 수 있다. 학자 정샤오程歗는 이런 말을 했다. 중국 고대사회에서 '농민이란 문화적 수준이 낮고 사고방식이 천박한 사회집단'이다.[162] 그들은 이성적인 판단력과 분석력이 상대적으로 부족했기 때문에 자신들의 우두머리에게 신통한 능력이 있다고 믿는 경우가 많았으며 반역을 도모하는 사람들에게 이용당해 희생양이 되거나 주력부대로 이용당하곤 했다.

어쨌든 마조주는 오랜 준비기간을 거치며 전국 각지에 자신을 따르는 신도들을 거느리게 되었다. 그리고 후베이와 안후이, 허난, 쓰촨 등지의 신도들과 힘을 합쳐 군대를 조직하고 직위까지 만들어 함께 반란을 일으키기로 약속했다. 하지만 일을 시작하기도 전에 정보가 새어나갔다. 정보를 입수한 지방 관리는 바로 병사들을 이끌고 가서 주동자 20여 명을 붙잡고 무기 300여 개와 화약을 만들 때 필요한 초석과 유황 수백 근을 압수했다. 건륭은 보고를 받고는 큰 숨을 내쉬었다. 미리 발각되었기에 천만다행이지 그렇지 않았다면 1, 2년 뒤 전국적으로 엄청난 난이 일어났을 것이라 생각하니 이마에 식은땀이 흘렀다. 그런데 이런 사건은 여기서 끝나지 않았다. 마조주 사건이 일단락된 지 얼마 지나지 않은 건륭 18년 푸젠에서 또 반역을 모의하는 사건이 일어났다. 푸젠 장저우의 선비 채영조蔡榮祖와 도사 풍형馮珩이 황제가 되고 싶은 마음에 함께 군사를 일으켜 '태녕국太寧國'을 세우자고 모의한 것이다. 하지만 마조주 때와 마찬가지로 기밀사항이 새어나가 결국 붙잡히고 말았다.

왜 건륭제 중기에 이런 사건이 많아졌을까? 이는 인구수의 압박으로 사회가 혼란해졌음을 의미했다. 따라서 중기 이후 건륭의 가장 큰 고민은 어떻게 사회적 혼란을 막을 것인가 하는 것이었다. 대체로 건륭 13년부터 건륭 45년까지를 중기라 한다. 이 시기에 건륭은 오로지 각 방면에서 통제를 강화하고 사회의 계층 전체를 엄격하게 관리하는 일에만 몰두했다. 붕당을 공격한 것은 관료체제를 통제하기 위해서였고, 하층계급 문인들에게 잔인한 벌을 내린 것역시 그들을 억압하려는 속셈이었다.

건륭이 선비들을 죽인 것이 다른 선비들에게 경각심을 줄 본보기를 삼기 위해서였다면, 이는 논리적으로 조금이나마 이해할 수 있다. 하지만 그는 왜 제정신이 아닌 정문빈까지 죽였을까? 설마 그가 정말로 나라에 위협이 된다고 생각했을까?

건륭이 그런 결정을 내린 것은 물론 한 나라 통치자로서 해야 할 최선의 방어였지만 그 뒤에는 다른 생각이 있었다. 건륭에게 정문빈을 죽인 것은 말하자면 낮은 '원가'로 높은 '효율'을 이끌어낼 수 있는 방법이었다. 먼저 반역을 꾀하는 다른 무리가 혹시 정신이 나간 척하며 법의 울타리를 벗어나는 일을 막을 수 있고, 또 공포 분위기를 조성해 '어리석은 백성'을 어르고 온전한 백성이 역모에 가담할 생각을 품는 것까지도 막을 수 있다. 그래서 건륭은 정문빈을 능지처참하라 명했다. 청나라 정치를 이끌어가는 그에게 하층민 몇 명의 목숨은 그다지 중요하지 않았다.

위에서 말한 사건들이 모두 문자와 관련이 있다 보니 역사학자들을 이런 사건들을 묶어 '문자옥'으로 칭한다. 하지만 건륭제 때 일어난 문자옥은 이전에 일어난 것과는 성격이 확연히 달랐다. 이전에 일어난 문자옥에서 사건의 주체는 대부분 사대부 계층이었다. 곽성강과 임철균林鐵鈞이 지은 『청대문자옥』의 통계에 따르면 강희제와 옹정제 기간에 일어난 문자옥 사건은 약 30건이며 그중 사회 상류층 인물이 관련된 것이 20건으로 전체의 3분의 2를 차지했다.

하지만 건륭제 때 일어난 문자옥은 대부분 하층 문인들 또는 일반 백성이 일으켰다. 문자옥 130여 건 중 하층 문인, 즉 출세하지 못했거나 말단에 머문 선비들이 일으킨 사건이 약 40건이고 일반 백성이 일으킨 사건이 50여 건으로 두 사건을 합치면 전체의 72퍼센트를 차지했다. 이들의 직업 역시 다양해서 도배공, 술장수, 훈장, 점쟁이, 약장수도 있었고 농민, 재봉사, 가마꾼도 있었으며 심지어 부랑자, 스님, 미치광이까지 있었다. 이런 현상은 건륭제 이전 왕조에서 일어난 문자옥에서는 전혀 찾아볼 수 없는 일이었다. 이는 건룽제 중기 이후 황제가 경계하고 공격해야 할 대상이 관료집단에서 사회 하층민으로 옮겨갔다는 의미로도 볼 수 있다.

건륭제 때 일어난 이런 '기이한 사건들'이 결국 참혹한 비극으로 끝을 맺은 것은 황제가 당시 일어난 사회적 혼란에 두려움을 느꼈다는 것을 의미한다. 인구의 압박으로 각종 사회문제가 수면 위로 떠오를수록 건륭은 오로지 그것을 다시 아래로 억누르는 정책을 고집했다. 반란 '조짐'이 보이는 일들은 모두 시작단계에 있을 때 잡아야만 청나라가 앞으로도 오랫동안 성세를 이어갈 것이라 생각했기 때문이다. 하지만 그가 했던 행동은 모두 문제의 근본원인을 해결하는 것이 아니라 겉으로 나타나는 현상만 처리하는 것에 불과했다. 이는 결국 건륭제 말기에 일어난 백련교의 난과 건륭이 죽고 나서 50년 뒤 과거시험에 네 번이나 떨어진 '뜻을 이루지 못한 선비' 홍수전이 기독교 신앙으로 일으킨 반란에 원인을 제공했다. 홍수전이 일으킨 반란으로 청나라는 큰 타격을 입었다.

하지만 당시 건륭은 자기 행동이 얼마나 나라에 부정적인 영향을 끼치는지 전혀 인식하지 못했다. 그는 나라를 안정적으로 다스리려면 이 방법밖에 없다고 굳게 믿었다. 앞에서 우리는 건륭이 결코 선량한 면이 부족한 사람이 아님을 언급했다. 옹정제가 남긴 유서에서도 특별히 건륭은 '천성이 인자하고 효심이 깊은' 사람이라고 강조했다. 심지어 옹정은 한때 건륭이 너무 선량하여 통치자로서 갖춰야 할 위엄이 부족한 것은 아닐까 의심까지 했다. 하지만 옹정이 틀렸다. 건륭은 보통 사람이 아니었다. 그는 뼛속까지 정치가였다. 건륭은 평생을 '청나라의 영원한 번영을 위한 기반'을 닦는다는 신념으로 살았다. 그래서 나라를 위해서라면 실처럼 유연할 수도 강철처럼 단단할 수도 있었고, 가장 인자한 황제가 될 수도 가장 잔인한 황제가 될 수도 있었다.

건륭은 사건 관련자를 모두 처벌한 후에도 안심이 되지 않았다. 그는 계속 밤잠을 설치며 자신이 처리과정에서 놓친 부분이 있지 않은지 고민했다. 예를 들어 팽가병 사건으로 볼 때, 민간에는 여전히 그런 야사와 '반청' 격문이 다수 남아 있을 가능성이 컸다. 그런 문건들은 모두 청나라 조정에 해가 되었다. 그렇다면 이를 어떻게 해야 할까? 건륭의 머릿속에서 '무시무시한' 해결 방법이 하나 떠올랐다.

14강
———
———
문文으로 다스리다

우리는 앞에서 건륭이 통치 기간에 이룬 정치, 경제, 군사, 사회 방면의 업적을 이야기했다. 그런데 아직 한 가지 이야기하지 않은 중요한 부분이 남아 있다. 바로 문화다. '무武로 기반을 다지고 문文으로 다스리라'163는 말이 있듯 문화적 번영은 성세를 이루기 위해 반드시 필요한 부분이다. 그렇다면 건륭은 문화 방면에서 어떤 업적을 남겼을까?

그는 문화 방면에서도 전무후무한 성과를 남겼다. 관련 자료의 통계에 따르면 건륭제 기간 조정에서 직접 주관하고 편찬한 대형서적이 총 120여 종에 달했다. 지금으로 말하면 정부에서 전문부서를 만들어 서적 편찬을 담당하는 것으로 당나라 때 이후 역대 왕조의 국사는 모두 이렇게 만들어졌다. 일반적으로 다른 황제들이 재위 기간에 서적을 세 종에서 다섯 종 편찬했던 것에 비하면 이는 엄청난 수였다. 강희제와 옹정제 두 사람이 편찬한 서적의 수 역시 중국 역사에서 상위권에 속하지만 이 둘을 합쳐도 30여 종밖에 되지 않는다. 하지만 건륭은 120여 종이 넘는 책을 편찬했고, 그 중에는 중요한 서적, 예를 들어 『어제증정청문감御制增訂淸文鑒』 『대청일통지大淸一統志』 『속통전續通典』 『대청회전大淸會典』 『석거보급石渠寶笈』 등 중국 문화사에서 손꼽히는 책들도 포함되어 있다.

책 120여 종 중 가장 중요하고 또 사람들에게 많이 알려진 책은 당연히 『사고전서』다. '사고'는 책 내용을 경經, 사史, 자子, 집集 네 가지로 분류했다는 것을 말하고, '전서'는 이 네 가지 분류에 속하는 서적을 전부 기록했다는 의미다. 따라서 『사고전서』는 중국 역사에서 중요한 의미가 있는 문화 서적 전체를 네 가지 분류에 따라 모으고 정리하여 편찬한 총서라 할 수 있다. 이는 확실히 전무후무한 일이었다. 이렇게 말하는 근거는 무엇일까? 우선 분량이 엄청났다. 중국 역사에서 유명한 대형서적으로는 송나라 때 편찬된 『태평어람太平御覽』과 『책부원귀冊府元龜』가 있는데 분량이 얼마나 되었을까? 각 1000권이었다. 명나라 때 만들어진 『영락대전』은 더 많아서 2만2000권이나 되었다.

그렇다면 『사고전서』는 총 몇 권이었을까? 7만9337권으로 약 8만 권에 달했다. 글자 수는 몇이었을까? 약 10억 자였다. 그렇다면 이렇게 방대한 규모의 책을 다 읽으려면 시간이 얼마나 걸릴까? 중국인은 평균적으로 하루에 약 10만 자를 읽는 것으로 알려져 있다. 하지만 이는 알기 쉽게 풀어놓은 현대 중국어일 경우에 해당한다. 『사고전서』는 현대 중국어로 쓰인 부분이 없고 내용도 심오하고 어려운 부분이 많아서 하루에 3만 자를 읽으면 많이 읽은 것이라 할 수 있다. 이런 속도라면 한 사람이 이 책을 다 읽으려면 약 73년이라는 시간이 필요하다. 거의 평생이 걸린다는 뜻이다. 이렇게 방대한 서적은 중국 역사에서 『사고전서』가 유일하다. 분량이 많다는 점 외에도 중국 역사의 주요 문화 서적들을 모두 완전하게 실었다는 점에서 더욱 중요한 의미가 있다. 약 3500종의 중요 문화서적이 포함되었고, 목차만 있는 것도 6700종이나 되었다.

그렇다면 건륭제는 어떻게 이렇게 역사에서 유일무이한 책을 만들 생각을 했을까? 단순하게 생각하면 자신의 공적을 늘리기 위해서였다고 할 수도 있겠다. 하지만 사실은 이렇게 간단하지 않았다. 건륭이 이 책을 만든 동기는 매우 복잡해서 긍정적인 면과 부정

건륭 _ 63년 4개월의 절대 권력

적인 면이 섞여 있었다. 부정적인 면이란 무엇이었을까? 아래 사건을 먼저 살펴보자.

건륭 42년 연초의 어느 날, 장시 신창현 관아에 인상이 험악한 한 중년 남자가 나타났다. 남자는 겨드랑이에 두꺼운 책을 끼고 있었는데 그 책을 고발하기 위해 왔다고 했다. 중년 남자 이름은 왕농남王瀧南으로 그 지역의 '유명인사'였다. 무엇으로 유명해졌을까? 그는 매일 이곳저곳을 떠돌아다니며 나쁜 짓만 일삼는 소문난 불량배였다. 그가 겨드랑이에 끼고 온 책은 『자관字貫』이라는 자전字典, 많은 한자를 모아 낱낱이 그 뜻을 풀어놓은 책으로 신창현에서 향시에 합격한 왕석후王錫侯가 쓴 것이었다.

그는 왜 이 책을 고발하려 했을까? 왕농남은 현령에게 이 책내용이 '방자하고 매우 불경하다'고 말했다.

신창현 현령은 왕농남을 한두 번 본 게 아니었다. 평소 소문난 무뢰한에 왕석후와 사이가 좋지 않다는 것도 잘 알았기 때문에 그의 말에 믿음이 가지 않았다. 현령은 책을 받아들고 대충 내용을 훑어보았다. 문제가 될 만한 것은 전혀 없었다.

"이 책은 그냥 일반 자전이 아니냐? 어디가 불경스럽다는 것이냐?"

왕롱남은 앞으로 몇 걸음 나와 서문을 펼쳐 다시 올렸다.

"이 부분을 좀 보십시오."

현령이 자세히 살펴보니 그 부분은 왕석후가 이 자전을 쓴 이유를 쓴 서문이었다. 그가 새 자전을 만든 이유는 기존에 있던 『강희자전康熙字典』에서 한자를 찾기가 불편했기 때문이다. 『강희자전』

의 배열법은 글자와 글자 사이가 연결되지 않아 한자를 찾기가 매우 불편하다[164]는 것이다. 자신이 만든 『자관』에서는 이와 다르게 글자 사이를 뜻으로 연결해 동의어나 근의어를 함께 배열하는 새로운 방식을 택해서 한자를 찾기가 훨씬 수월했다.

현령은 왕농남의 말을 듣고도 여전히 이해가 가지 않았다.

"이것이 불경스럽다는 말이냐?"

그러자 왕농남은 핏대를 세워가며 말했다.

"『강희자전』은 강희제께서 만드신 것인데 왕석후가 감히 그런 자전을 자신이 만든 것보다 못하다고 말했으니 이것이 불경이 아니고 무엇입니까?"

현령은 하마터면 실소를 터뜨릴 뻔했다.

하지만 황제가 반청 기미가 보이는 문자 사건에 매우 예민한 편이었으니 이 일 때문에 자신이 괜히 화를 당할지도 모른다는 생각도 들었다. 그는 주위를 한번 둘러보고는 이렇게 말했다.

"네가 기왕 이렇게 고발장을 올렸으니 내가 이 일을 순무 대인께 보고하겠다."

며칠 뒤 안건을 적은 서류가 장시 순무 앞으로 도착했다. 순무 해성海成은 안건을 보고 역시 크게 문제될 것이 없다고 생각했다. 왕석후의 말은 가볍게 보면 정말 별일이 아니고, 무겁게 보면 조금 '오만방자'한 일이라 할 수 있는 정도였다. 이를 어떻게 '불경'이라 본단 말인가? 하지만 어쨌든 문자와 관련된 것이니 신중할 필요가 있었다. 가볍게 보는 것보다 차라리 무겁게 보는 편이 나았다. 그래서 그는 황제께 올릴 상소를 작성했다. 그는 상소에서 비록 이 일이 '불경'까지는 아니지만 왕석후의 어투가 조금 방자한 것은 사실이라 그의 향시 합격을 취소하는 것으로 처리하면 어떨까 하는데 최종 판단은 황제의 지시를 따르겠노라 말했다. 그는 스스로 이 정도면 충분히 신중하게 결정했다고 생각했다. 나중에 이 일 때문에 목이 날아갈 뻔했다는 것을 그때는 전혀 알지 못했다.

해성은 상소에 책의 견본을 더해 재빨리 건륭제께 올렸다. 건륭은 자전을 받아들고는 서문을 읽어보았다. 그가 느끼기에도 확실히 큰 불경이라 할 만한 부분은 없었다. 안심한 건륭은 천천히 책장을 넘기며 한 쪽씩 읽어보았다. 그런데 10쪽을 읽던 중 건륭 얼굴에 심상치 않은 표정이 나타났다. 무슨 문제가 있었을까?

알고 보니 10쪽에는 강희와 옹정, 건륭 3대 황제의 이름이 모두 적혀 있었다. 왕석후는 독자들에게 '피휘'가 무엇인지 설명하기 위해 강희제, 옹정제, 건륭제 세 사람의 이름인 '현엽玄燁' '윤진' '홍력' 여섯 글자를 전부 책에 썼다. 그는 이를 통해 이 여섯 글자는 한꺼번에 다 써도 안 되고 이중 한 글자라도 써서는 안 되며 반드시 다른 글자로 바꾸어 써야 한다는 점을 설명했다. 예를 들어 '윤진'이라는 두 글자는 '윤정允正'으로 바꿔 써야 했다.

왕석후는 좋은 뜻으로 그 글을 썼지만 건륭제는 매우 화가 났다. 전통사회에서 손윗사람 이름을 함부로 입에 올리거나 종이에 쓰는 것은 절대 용납할 수 없는 일이었다. 그래서 『홍루몽』을 보면 가민賈敏이 아들 임대옥林黛玉에게 책을 읽을 때 '민'자가 나오면 이를 '밀密'로 읽거나 쓸 때는 한 획을 빼고 쓰게 한 것도 다 이런 이유였다. 미국에서는 아버지나 할아버지를 톰 또는 피터처럼 직접 이름을 부르는데 과거 중국에서는 아들이 아버지 이름을 부른다는 것은 '대역무도'한 짓이었다.

"왕석후라는 자가 겉으로는 사람들을 가르치려 한다면서 스스로는 여섯 글자를 모두 책에 썼으니 이는 알면서도 일부러 죄를 저지른 것이 아니더냐?"

건륭은 노발대발하며 바로 붓을 들어 장시 순무 해성의 상소 위에 답신을 썼다. '이는 실로 대역죄에 속하는 일이다. 전에는 한 번도 일어난 적이 없으니 마땅히 엄하게 처벌해야 한다!165 그리고 이어서 해성을 질타하는 글도 적었다.

"『자관』에 이런 '대역죄'가 분명 들어 있는데 그런 부분이 없다고 짐에게 상소를 올리다니, 보아하니 일도 제대로 하지 않고 짐에 대한 충성심이 부족한 게로구나!"

황제는 답신에서 해성을 '총기도 양심도 잃은' 관리라고 평하며 당장 왕석후를 잡아 베이징으로 끌고 와서 형부에 넘겨 심문하라고 명했다. 이렇게 해서 왕석후의 『자관』 사건은 순식간에 황제가 직접 처리하는 중대한 사건이 되고 말았다.

사실 건륭의 반응은 정도가 조금 지나쳤다. 전통사회에서 '피휘'를 지킨다는 것은 너무나 힘든 일이었다. 왜냐하면 일상생활에서 피해야 할 자가 너무 많았기 때문이다. 아버지, 할아버지, 증조할아버지, 고조할아버지까지……. 그래서 누구나 한두 번은 이런 실수를 범하곤 했다. 게다가 건륭은 즉위 초 이 문제에 대해 스스로 이런 명을 내리기도 했다. 피휘를 범하는 것은 큰 죄가 아니니 자신도 크게 개의치 않겠다166는 것이다. 그의 태도는 매우 개방적이었다. 그래서 왕농남이 왕석후를 모함하기 위해 빌미를 찾으면서도 피휘로 문제 삼을 생각은 하지 못한 것이다. 그렇다면 건륭은 왜 이제 와서 노발대발하며 이 문제를 정치적으로 확대 해석하려 했을까? 그 이유는 말하자면 조금 길다. 건륭과 같은 정치가들은 생각이 복잡해서 겉으로는 갑자기 화를 내는 것처럼 보여도 이는 절대 충동적인 것이 아니라 뒤에는 치밀한 정치적 계산이 깔려 있었다. 그가 순무 해성에게 화를 낸 것 역시 『사고전서』를 만들고 전국적으로 책을 거둬들이는 일과 관련이 있었다.

앞에서 말했듯이 건륭 24년 청나라는 성세의 절정기를 맞이했다. 조정 안팎에서 건륭의 위대함을 칭송하는 소리가 끊이지 않았다. 그런데 놀라운 것은 이런 상황에서도 건륭이 결코 우쭐거리지 않았다는 것이었다. 『역경』에는 모든 일이 정점에 다다르면 반드시 반대 방향으로 내려가게 되어 있다[167]는 말이 있다.

그래서 건륭 24년 이후 건륭은 계속 자신을 타일렀다. 절대 긴장을 늦추지 말고 모든 일이 순조로울 때 더욱 정신을 차리자고 말이다. 그는 성세를 지키는 것이 만드는 것보다 더 어렵다는 것을 잘 알았다. 오직 노력하는 마음이 있어야만 성세의 열매를 지킬 수 있었다. 건륭은 그동안 자신이 이룬 정치적 업적을 모두 한쪽으로 미뤄놓고 다시 초심으로 돌아가 자신이 미흡하게 처리한 부분이 있지 않았는지 돌아보고 성세가 쇠락의 길로 들어서는 일을 막고자 했다.

당시 성세의 절정기를 맞은 청나라에도 과연 문제점이라 할 만한 것이 있었을까? 건륭이 이미 황권에 위협이 되는 모든 세력을 깨끗하게 정리하지 않았던가? 하지만 건륭은 건륭 22년 일어난 팽가병 사건을 겪으며 한 가지 중요한 문제를 발견했다. 건륭제 중기가 되고 청나라가 건국된 지 벌써 100여 년이 흘렀음에도 민간에는 여전히 명나라 시대의 수많은 야사와 오삼계의 반청격문이 존재한다는 것이었다. 이는 백성 사이에 청나라를 뒤엎고 명나라를 다시 세우자는 의식이 철저히 사라진 것이 아님을 의미했기 때문에 청나라 미래에 큰 위협이 될 수 있는 문제였다. 그렇다면 어떻게 해야 할까? 그때 건륭은 '책'을 생각해냈다.

청나라가 태평성대의 절정기에 들어서자 건륭은 역사문헌을 대대적으로 정리하겠다고 선포했다. 건륭 38년, 그는 교지를 내려 문화의 발전을 위해 역사상 규모가 가장 큰 총서인 『사고전서』를 편찬하기로 결정했다. 그 안에는 중국 역사가 시작된 이래 만들어진 모든 문화적 성과물을 포함할 계획이었다.

이제 『사고전서』를 만들려면 나라의 모든 고전을 한데 모아야 했다. 청나라 전체에서 고서를 모으려는 움직임이 대대적으로 시작되었다. 건륭은 각 성에 사람을 보내 상금을 걸고 백성의 집에 있는 책을 모두 관아로 모으도록 했다. 백성이 피휘를 범한 걸 두려워하여 책을 숨기는 것을 막기 위해 특별히 이런 유지도 내렸다. 선비들이 글을 읽고 쓰다보면 모든 글자에 신중할 수는 없는 것이 당연하니 설령 피휘를 범했다 해도 걱정하지 말고 책을 바치면 절대 벌하지 않겠다[168]는 것이다. 명이 떨어진 뒤 일 년 동안 전국 각지에서 황제에게 바친 책의 수는 1만3500권에 달했다.

건륭은 전국에서 책을 바치려는 움직임이 줄을 잇자 흐뭇했다.

그는 먼저 이 책들을 궁으로 가져와 한 권씩 검토하도록 했다. 그런데 그 과정에서 한 가지 심각한 문제가 발생했다. 1만 권이 넘는 책 중 '반청' 기미가 보이는 책은 한 권도 없었던 것이었다. 어떻게 이럴 수 있단 말인가? 건륭은 크게 화를 내며 지방 관리들을 질책했다. "책이 1만 권 넘게 모였는데 이중 문제가 되는 책이 하나도 없다니 이게 도대체 말이 되는 일이냐?"169

책에 문제가 없다면 응당 기뻐해야 할 것 같은데 건륭은 왜 이렇게 화를 냈을까? 건륭이 『사고전서』를 만든 목적은 두 가지였다. 하나는 책을 통해 청나라의 문화적 번영을 이끌겠다는 것이고 또 하나는 이번 기회에 민간에 '금기시되는 책'이 얼마나 있는지 비밀리에 알아보려는 것이었다. 그런데 1만 권이 넘는 책 중 그런 책이 하나도 없다는 것은 백성이 여전히 책을 내놓지 않고 있다는 뜻이었다.

건륭은 기왕 이렇게 된 바에야 자기 의도를 더는 숨기지 않기로 했다. 『사고전서』를 만들기 시작한 이듬해인 건륭 39년, 그는 직접 지방 관리들에게 능력 있고 믿을 만한 사람을 골라 서적을 많이 보유한 사람 집으로 보내 문제가 될 만한 서적이 있는지 조사하고, 반드시 책을 찾아내라170고 명했다.

그러나 일은 생각만큼 빠르게 진행되지 않았다. 지방 관리들이 이 예민한 문제를 서로 처리하지 않으려고 이리저리 미루며 적극적으로 나서지 않았기 때문이다. 그래서 건륭은 계속 관리들에게 자극을 줄 방법을 고심했다. 왕석후 사건은 바로 이런 건륭의 필요와 맞아떨어졌다.

물론 이번 사건은 너무나 억울한 일이었다. 『자관』의 저자인 왕석후는 성실하고 얌전한 선비일 뿐 결코 다른 악의는 없었다. 가난한 집안 출신에 서른여덟이 되어서야 향시에 합격한 뒤 연속으로 아홉 차례나 회시에 불합격해서 나이도 벌써 예순다섯이나 되었다. 평생 공부했지만 아무런 희망도 건지지 못하고 다른 생계수단도 없어 형편이 정말 곤란했다. 당시 그의 집을 뒤진 관리의 보고서에 따르면, 그의 식구들은 10명 정도였는데 재산이 솥과 그릇, 돼지와 닭 같은 가축을 모두 포함해도 은자 60냥 정도밖에 되지 않을 정도로 빈곤했다고 한다.[71] 그래서 그는 오랜 시간 공을 들여 『자관』을 썼다. 이 책을 팔아 돈을 벌 생각이었다. 하지만 안타깝게도 돈을 벌기 전에 먼저 비극의 주인공이 되고 말았다.

　　건륭 42년 11월, 왕석후는 베이징으로 끌려왔다. 형부에서는 '대역'죄를 지은 혐의로 그를 능지처참하겠다고 결정했다. 능지처참은 정말로 잔인한 형벌이었다. 건륭 역시 그의 사건이 억울하다는 점을 잘 알았다. 왕석후는 그저 건륭이 가는 길에 바쳐진 제물에 불과했다. 그래서 그는 능지처참 대신 바로 참수하라고 명을 내렸다. 그리고 그의 아들과 손자 등 7명은 우선 감옥에 가두고 나중에 판결을 내리겠다고 했으며, 아내와 며느리, 어린 손자들은 모두 공신 집에 노예로 보냈다.

　　왕석후도 억울하지만 그보다 더 억울한 사람은 장시 순무 해성이었다. 해성은 팔기 출신으로 문화적 수준이 높진 않지만 '문자옥 사건'에는 매우 적극적인 태도를 보였다. 건륭이 책을 찾아내라는 명령을 내린 뒤 그는 벌써 수십 권을 발견했다. 전국에서 업무

성과로는 최고라 인정받는 인물이었다. 하지만 『자관』 사건으로 그는 건륭의 신임을 잃었다. 건륭은 형부에 명령을 내려 결국 '사형 집행유예'사형을 선고하되 일정기간 사형 집행을 미루어 이 기간에 모범적인 수형 생활을 할 경우 무기징역 또는 유기징역으로 형을 줄여주는 제도로 청나라 때부터 내려왔으며 세계에서 유일하게 중국에만 있음를 내렸다. 솔직히 말하면 건륭이 해성에게 벌을 내린 것은 순무만이 아니라 대신부터 백성까지 모두에게 경고를 주기 위해서였다. 건륭은 각 지역 관리들은 반드시 주의를 기울여 조사하고, 만일 문제되는 서적을 발견하면 바로 보고를 올리고 엄중하게 처리하라[172]고 명했다.

건륭의 방법은 역시 효과가 있었다. 『자관』 사건 이후 전국에서 '책 찾기 운동'이 벌어졌기 때문이다. 관리들은 모두 하던 일을 놓고 책 찾는 일을 가장 중요하게 여기기 시작했다. 저장 순무 삼보三寶는 성에서 학생들을 가르치는 훈장들을 전부 모아 친척집을 방문하도록 했다. 친척집에 놀러간 척 숨겨놓은 책이 있으면 빌려달라고 부탁하라는 것이었다. 그러면 친척들은 자연히 경계하지 않고 책을 보여줄 게 분명했다. 게다가 삼보는 책을 많이 찾은 사람을 승진시키겠다는 말까지 했다.[173] 삼보의 지휘 아래 관리들 역시 수하들에게 백성의 집을 수색하도록 하여 두메산골 농가까지 모든 집을 뒤졌다. 마치 청나라 전체가 들썩거리는 듯했다.

매일 엄청난 양의 책이 베이징으로 옮겨졌다. 옮겨진 책은 어떻게 되었을까? 불태워졌다. 건륭 39년 자금성 무영전武英殿 앞에는 거대한 '파지 화로'가 세워졌고, 밤낮없이 불길이 타올랐다.

그렇다면 건륭은 도대체 책을 얼마나 태웠을까? 역사서의 기록에 따르면, 건륭이 불태운 책은 3000여 종, 6~7만 권 이상이었다.[174] 건륭은 『사고전서』를 만들면서 또 다른 '사고전서'를 불태운 셈이다. 그래서 이를 두고 중국의 정치가이자 역사가인 우한吳晗은 '청나라 사람이 『사고전서』를 편찬하며 고서는 사라졌다!'고 말하기도 했다. 건륭은 이 과정에서 보관중이던 명나라 때 만들어진 당안檔案은 엄격하게 골라내 불태웠다. 여기에는 만주족에게 불리한 일들이 다수 기록되어 있었기 때문이다. 약 1000만 건에 달하는 명대 당안이 이때 불태워졌을 것으로 추측한다.

이렇게 많은 책과 문서를 태우고도 건륭은 마음이 놓이지 않았다. 그는 관리들이 아무리 열심히 뒤진다 해도 반청 경향이 있는 모든 책을 다 찾아낸다는 것을 불가능하다는 사실을 알고 있었다. 가장 좋은 방법은 백성이 그런 책을 스스로 없애고 주변으로 전하지 않는 것이었다. 그래서 건륭은 이를 위해 앞으로 몇 번 더 억울한 사건을 만들어야겠다고 마음먹었다.

건륭 42년, 장쑤 양저우 출신의 채가수蔡嘉樹라는 사람이 관아로 찾아와서 자기 고향 사람이자 이미 세상을 떠난 시인 서술기徐述夔의 시집 『일주루시一柱樓詩』가 대역죄에 해당한다며 고발했다. 채가수는 앞에서 말한 왕농남처럼 양저우에서 불량배로 유명한 인물이었다. 그는 서술기가 죽은 뒤 그가 소유했던 땅 수십 묘를 빼앗고 싶어서 서술기의 손자 서식전徐食田과 수년째 소송을 벌이고 있었다. 그러던 차에 황제가 문자에 민감하고 처벌도 매우 강하게 하는 것을 보고는 머리를 굴려 서술기의 시집에 '금기시되는 말'이 있다는 보고를 올린 것이다.

채가수가 말한 '금기시되는 말'이란 도대체 무엇이었을까? 책에는 내일 아침에 날개翅를 펴고 높이 날아 이 성을 떠나겠다는 구절이 있었다.175 문제가 될 만한 부분이 전혀 없었다. 그러나 건륭은 이 안건을 받아들고는 이 시는 반역이 분명하다고 말했다.176 시에서 '명조明朝'는 내일 아침이라는 뜻으로 쓰였지만 명나라 왕조라는 의미로도 볼 수 있고, '거去'자는 다른 글자로 대체하지 않고 바로 쓰는 바람에 '거청도去淸都', 즉 청나라 수도를 공격하겠다는 뜻으로도 해석될 수 있다는 말이다. 즉 서술기가 명나라 왕조를 다시 일으켜 세우기 위해 청나라를 공격한다는 뜻이 되니 이는 분명 대역죄였다. 그래서 건륭은 대역죄에 걸맞은 처벌을 내렸다. 서술기와 그의 아들은 이미 세상을 떠난 지 오래되었지만 관을 열어 시신의 목을 베고 사람들이 볼 수 있게 높은 곳에 매달아놓았다. 손자인 서식전 등 가족 다섯 명은 감옥으로 보내고 재산은 전부 몰수했다.

이 일로 청나라 전국은 공포 분위기에 휩싸였다. 집에 숨겨놓은 책이 있고, 그 책에 글자만 적혀 있어도 대역죄가 될 수 있었기 때문이다. 게다가 건륭은 누가 봐도 일부러 이렇게 지나치게 처벌하고 있었다. 예를 들어 후베이 황메이현의 석탁괴石卓槐라는 사람은 시를 몇 수 지었는데 그중 한 수에 천하에 바른 도가 보이지 않으니 매우 우려스럽다177는 구절이 있었다. 또 요즘 글공부를 한다는 사람들은 모두 황금을 숭배한다178는 구절도 있었다. 이 두 구절에는 정치적으로 문제가 될 만한 부분이 전혀 없었다. 그저 글공부하는 사람들이 흔히 늘어놓는 불평에 지나지 않았다. 하지만 건륭은 그를 붙잡아 능지처참하고 가족도 연좌제로 함께 처벌했다. 또 강희제 때 활동했던 시인 탁장령卓長齡이 생전에 남긴 시집 한 권도 문제가 되었다. 이번에는 내용이 아닌 제목이 화근이었다. 제목이 무엇이었을까? 시집 제목은 『억명집億鳴集』으로 다른 사람들 눈에는 문제될 것이 없었지만 건륭은 '억명'이라는 두 글자의 발음이 '억명億明', 즉 '명나라를 추억한다'는 말과 비슷하다고 했다. 그 결과 그의 손자인 탁천주卓天柱가 감옥에 갇혔다.

이러한 공포정책의 효과는 분명했다. 이제 누구도 감히 집 안에 책을 숨기려 하지 않았다. 백성은 집 안의 책을 불태웠고, 문인들은 함부로 시를 짓거나 일기조차 쓰지 않았다. 심지어 대신들 사이에도 편지를 주고받지 않았다. 건륭제를 모셨던 대학사 양시정梁詩正은 예순이 넘어 자리에서 물러난 뒤 친구들과 모여 자신이 오랫동안 관직에 머무를 수 있었던 비결을 이야기해주었는데 그것은 바로 어떤 문자도 남기지 않는 것이었다. 그래서 문자라는 것은 화를 불러일으킬 소지가 많은 것이라 자신은 관직에 있는 동안 다른 사람과 편지를 주고받지 않았으며, 평소 상소를 올릴 때도 글을 다 쓴 다음에는 필요 없는 원고를 전부 태워 절대 후환을 남기지 않았다[179]고 한다. 양시정의 이 말은 당시 건륭의 공포정책 아래서 신하와 백성이 얼마나 가슴을 졸이며 살았는지를 보여주는 대표적인 예라 할 수 있다.

건륭은 이렇게 한쪽으로는 '살벌한' 정책을 펼치면서 또 한쪽으로는 『사고전서』를 편찬하는 작업을 대대적으로 펼쳤다. 문화를 훼손하는 정도가 심해질수록 그의 문화적 업적은 더욱 빛났다. 왜냐하면 그가 문자를 단속한 것은 『사고전서』를 만들기 위해서였기 때문이다. 그는 전에 없던 대형서적을 기획하고 완벽하게 편찬하기 위해 힘쓰며 이 책을 자신의 문화적 기념비로 삼고자 하는 생각이 확고했다. 건륭 38년, '사고전서관'이 정식으로 세워졌다. 건륭은 책의 수준을 보장하기 위해 최대 규모의 관리부서를 꾸렸는데 황자와 군왕, 대학사, 군기대신, 육부상서로 구성된 총재와 부총재가 26명에 달했다. 이는 책을 편찬하는 데 필요한 모든 자원, 인력과 재정, 물질을 부족함 없이 공급하기 위한 것이었다. 그 후 건륭은 당시 청나라에서 이름난 학자들을 불러 모아 책을 편찬하도록 했다. 예를 들면 중국 독자들에게 익숙한 기효람紀曉嵐. 이름은 윤昀, 자는 효람, 대진戴震과 같은 학자들이 이 작업에 참여했다.

기효람이라는 인물에 대해 이야기하면 독자들은 가장 먼저 그와 화신의 지략 싸움을 떠올리겠지만 그는 건륭제 시대의 유명한 문신이었을 뿐만 아니라 『사고전서』의 총책임자로 편찬 과정에서 가장 큰 공을 세운 사람이라 할 수 있다. 조금 과장을 덧붙이면, 그가 없었다면 『사고전서』도 없었다고 말할 정도였다.

건륭은 당시 유명한 문신들 중 왜 꼭 기효람을 찍어 『사고전서』의 총책임자로 앉혔을까? 기효람은 허베이성 셴현 사람으로 건륭보다 열세 살 어렸다. 건륭 9년 진사로 합격한 뒤 평생 한림원에서 내각학사까지 황제 곁에서 문학시중으로 일하며 한 번도 지방에 내려간 적이 없었다. 이는 건륭이 보기에 그의 문학적 재능이 지방 관리로 있기에는 아까웠기 때문이기도 하고 또 건륭과 성격이 잘 맞아서 그를 계속 곁에 두려 한 덕분이기도 했다. 기효람은 특히 기지가 뛰어나기로 유명했는데 『청패류초』를 보면 이런 일화가 실려 있다.[180] 기효람은 몸집이 크고 더위를 많이 타는 편이라 여름에 직남서방에서 일할 때면 황제가 자리를 비운 틈을 타 종종 웃옷을 벗고 있었다. 이를 안 건륭은 그를 놀려주고 싶었다. 그래서 하루는 기효람이 웃옷을 벗은 채 다른 동료들과 수다를 떨 때 갑자기 들이닥쳤다. 기효람은 옷을 갖춰 입기에는 너무 늦었고 그렇다고 맨몸으로 황제를 뵐 수도 없어서 할 수 없이 어좌 아래로 몸을 숨겼다. 그곳에 숨어 있다가 황제가 가면 다시 나올 생각이었다. 건륭은 목에 잔뜩 힘을 주고 방으로 들어와 어좌 위에 앉았다. 그러고는 일부러 움직이지도 않고 아무런 말도 하지 않았다. 기효람은 한참 기다려도 아무런 소리가 나지 않자 머리를 빠끔히 내밀고는 물었다.

"노인네老頭子 갔나?"

그는 황제를 노인네라 불렀다. 건륭이 이 말을 듣고 이렇게 물었다.

"자네는 왜 짐을 노인네라고 부르는 것이냐? 이유를 대면 살 것이고 이유를 대지 못한다면 오늘 네 놈의 머리를 베어야겠구나."

기효람은 크게 놀랐지만 재빨리 기지를 발휘해 대답했다.

"폐하, 그것은 폐하에 대한 존칭이옵니다."

"노인네가 어떻게 존칭이라는 것이냐?"

"황제폐하, 생각해보십시오. 폐하께서는 천하에서 가장 만수무강하셔야 하니 당연히 가장 나이 드신 분老이 되실 것입니다. 게다가 천하에서 가장 높은 곳에 계시니 몸으로 치면 머리頭와 같습니다. 그리고 폐하께서는 하늘과 땅의 아들子인 천자가 아니십니까. 이 세 가지를 합치면 노인네老頭子가 됩니다."

건륭은 이 말을 듣고 껄껄 웃으며 그의 재치에 감탄했다.

물론 기효람에 관한 이야기는 대부분 그의 명성을 흠모한 사람들이 나중에 지어낸 것이다. 하지만 그가 여러 방면에서 지식이 풍부했고 기억력이 대단했으며 수많은 글을 남겼다는 것만은 사실이다. 사람들은 기효람이 '책에 나오는 것 중 모르는 것이 없다'[181]라고 말했다. 그래서 건륭 역시 그를 『사고전서』의 총책임자로 임명해 편찬 작업 전반을 지휘하도록 맡겼다. 편찬 작업이 마무리된 뒤에도 건륭은 그를 예부상서로 임명했으며 나중에 계속해서 대학사를 돕는 협판協辦 대학사로 일하도록 했다. 그는 여든둘에 눈을 감았는데 건륭제를 모신 수많은 문신 중 비교적 명예로운 말년을 보낸 인물이기도 하다.

건륭제 본인 역시 『사고전서』를 펴내는 과정에서 엄청난 정력을 쏟아부었다. 기효람은 황제가 직접 『사고전서』 편찬 과정에 대한 기본원칙을 만들었고 종종 몸소 책을 검사하고 잘못된 글자를 교정했으니 이렇게 근면하고 학문을 좋아하는 황제는 여태껏 없었다[182]는 글을 쓴 적이 있다. 하지만 이것이 꼭 황제에 대한 칭송이라고만은 할 수 없다. 왜냐하면 건륭은 책 속에서 수많은 오류를 골라낸 뒤 기효람 같은 학자들을 불러 일일이 수정하도록 했기 때문이다.

당시는 중국 역사상 가장 부유했던 시기였고 당시 학자들의 평균적 학문 수준 역시 가장 높았다고 할 수 있다. 그래서 그들이 만든 『사고전서』는 중국 문화사에서 더욱 중요한 의미가 있다. 청나라 건륭제 시대 이전의 모든 문화 서적을 정리하고 총괄한 것이기 때문이다. 학자들은 완전히 사라질 뻔했던 진귀한 서적들 수백 권을 다시 찾아내 빛을 볼 수 있게 했다. 대다수 고서가 전해지는 과정에서 오류가 발생하고 잘못된 내용이 섞이는 경우가 많았는데, 이번 작업으로 완전히 본래 모습을 찾게 되었다.

『사고전서』를 통한 자료정리 작업이 시작되면서 청나라 학문 역시 전성기를 맞았고, 그 안에서 건가乾嘉학파가 생겨났다. 건가란 건륭제와 가경제 두 군주를 말하는 것으로 이 학파는 두 황제 때 생활했던 학자들이 중심이 되었다. 건가학파의 특징은 끊임없는 고증이었다. 그들은 방대한 자료를 수집한 뒤 연구를 계속해 사실을 토대로 한 진리를 탐구했다. 이 학파에는 유명한 학자가 많았는데, 대진, 전대흔錢大昕, 완원阮元 등이 있었다. 이 역시 당시 문화 방면에서 나타난 중요한 성과 중 하나였다.

이 외에도 건륭제 시대에는 다양한 문화적 성과가 만들어졌다. 예를 들어 문학 방면에서는 중국 역사상 가장 위대한 소설이라 불리는 『홍루몽』이 건륭제 시대에 탄생했고, 희곡 중에는 경극京劇, 유네스코 인류무형문화유산에 오른 중국의 대표적인 전통 연극이 건륭제 시대에 만들어졌다. 건륭 54년, 극단이 베이징으로 들어온 것이 경극의 시발점이 되었다. 또 그 유명한 양주팔괴揚州八怪, 상업도시였던 장쑤성 양저우에서 활약했던 대표적인 화가 여덟 명을 이르는 말 역시 대부분 건륭제 시대에 활동했다. 이 밖에도 중국 역사상 중요한 정원과 도시들 역시 대부분 건륭제 시대에 완공되었다. 예를 들어 원명원도 그때 완전한 모습을 갖추었고, 삼해三海, 자금성 서쪽에 있는 정원 역시 대규모 재건사업에 들어갔다.

그렇다면 어떻게 문화에서 이렇게 대단한 업적을 이룰 수 있었을까? 건륭이 특히 이 방면으로 일가견이 있었던 것일까? 아니다. 문화는 마치 고층 건축물과 같다. 즉 경제적 기반이 없으면 세울 수 없다. 건륭제가 이룬 문화적 업적은 그의 탄탄한 경제적 기반에서 나왔다. 예를 들어 양주팔괴는 어떻게 만들어졌을까? 그리고 왜 다른 지역이 아닌 양저우에서 만들어졌을까? 그 이유는 양저우의 경제력이 다른 도시를 월등히 앞섰기 때문이다. 건륭제 때 양저우는 소금상인들이 모여 있어 전국에서 부유한 도시 중 하나였다. 소금상인들은 돈이 생기자 귀족들의 생활을 따라 하려고 그림과 글씨를 수집했다. 그래서 '집안에 작품이 걸려 있지 않으면 양저우 사람이 아니다'라는 말까지 생겨났다. 소금상인들은 다른 사람들이 자신들을 '졸부'라 부르며 돈만 있고 교양은 없는 사람으로 볼까 두려웠다. 그래서 큰돈을 주고 글씨와 그림을 사들였다. 바로 이런 배경에서 양주팔괴가 탄생했다. 사실 양주팔괴에서 고상高翔을 제외한 일곱 명, 즉 정판교鄭板橋, 금농金農 등은 양저우 사람이 아니었다. 양저우에서 작품을 팔면 값을 높게 받을 수 있다는 말을 듣고 모여든 이들이었다.

따라서 건륭제 시대의 경제적 발전은 문화 번영의 기초가 되었다. 『사고전서』만 보아도 그렇지 않은가? 『사고전서』를 편찬하는 데 얼마나 많은 학자와 돈이 필요한지는 군이 이야기할 필요도 없다. 또한 여기에 들어갈 내용을 베껴 쓰는 데 돈이 얼마나 필요한지만 봐도 다른 황제들이 왜 『사고전서』를 만들지 못했는지 알 수 있다. 『사고전서』를 만들 때 글자 수가 너무 많다보니 이것을 전부 인쇄할 방법이 없었다. 당시에는 글자를 조각하여 책을 찍어냈는데 전부 조각하는 것은 어려운 일이었다. 그렇다면 어떻게 해야 할까? 베껴 쓰도록 했다. 베껴 쓰는 일 역시 글을 아는 사람이면 아무나 데려다 할 수 있는 것이 아니었다. 현재 공개된 『사고전서』의 인쇄물 일부를 보면 서체가 매우 아름답다. 이는 글을 베껴 쓰는 사람 역시 기초적인 서법을 익힌 사람을 뽑았다는 의미다.

건륭은 이 일을 하는 사람은 향시에 떨어진 선비들 가운데 고르라고 명했다. 즉 최소한 선비 중에서 서체가 바른 사람을 뽑아야 한다는 것이었다. 또 뽑힌 사람들은 매일 1000자 이상은 쓸 수 없었다. 누군가 자신은 하루에 1만 자도 쓸 수 있다고 말한다 해도 이는 안 될 일이었다. 왜냐하면 글을 쓸 때는 마음을 집중해야 하기 때문이었다. 향을 피우고 목욕을 하고 정신을 가다듬어야만 좋은 글이 나올 수 있었다. 너무 많은 글을 쓰면 질을 보장할 수 없었다. 그런데 한 선비가 하루에 쓸 수 있는 글자의 수는 정해져 있는데 비해 분량이 너무 많았다. 그래서 건륭은 선비를 총 2481명 뽑았다. 선비들에게는 한 글자를 쓸 때마다 은자 두 냥 반씩을 주었다. 그렇다면 계산해보자. 『사고전서』는 8억 자씩 총 일곱 부로 되어 있으니 다 합치면 56억 자가 된다. 베껴 쓰는 비용만도 140만 냥 정도이니 현재 위안화로 보면 2억8000만 위안한화로 약 511억 5880만 원이 된다. 돈이 없으면 베껴 쓸 수나 있겠는가? 그래서 건륭의 문화적 업적은 경제적 기초 위에서 만들어졌다고 말하는 것이다.

위에서 말했듯이 건륭제의 문화적 업적에는 양면성이 있었다. 하나는 엄청난 성과를 거두었다는 것이고 또 하나는 그만큼 많은 귀한 고서를 없앴다는 것이다. 건륭이 이렇게 책을 만들고 또 훼손한 이유는 단 하나였다. 청나라를 안정적으로 이끌어가기 위해서였다. 그렇다면 청나라 정국은 건륭의 예상대로 그렇게 안정적으로 흘러갔을까?

나이 든 황제

乾
隆

건륭제의 통치방식은 시기에 따라 세 단계로 나눌 수 있다. 첫 번째 단계는 청년기로 관대함과 인자함을 통치의 기본으로 삼았다. 두 번째 단계는 중년기로 갑자기 엄격한 황제로 돌변해 강압적인 통치를 펼쳤다. 바로 이 시기에 수많은 사건이 발생했다. 마지막 단계는 노년기로 건륭의 통치방식에 다시 한번 급격한 변화가 일어나 이전과는 180도 다른 모습이 되었다. 과연 어떤 변화가 일어났을까?

건륭 47년 초, 허난의 한 관리가 건륭에게 상소를 올렸다. 축만청祝萬青이라는 백성이 집 안 사당에 대련對聯, 종이나 천에 쓰거나 대나무, 나무기둥 따위에 새긴 대구가 되는 글귀을 써서 붙였는데 내용이 '반역'이라는 것이었다. 그 대련은 조상님들이 기반을 잘 닦아주시어 후손들이 가업을 번창시킬 수 있었다[183]는 것이었다. 격식을 갖춰 공경의 의미를 담은 것이 딱 봐도 좋은 대련이라 할 수 있다. 그런데 평소 축만청의 집과 사이가 좋지 않았던 사람이 이 대련을 보고는 『상서』에 나오는 주나라 문왕의 글을 모방하여 지나치게 잘난 척했다며 괜한 딴죽을 걸었다. 이런 대련은 황제만이 쓸 수 있는데 일반 백성이 썼으니 문제가 된다는 것이었다. 그는 바로 관아로 달려가 이 사실을 고발했고, 관리는 즉시 건륭에게 상소를 올렸다. 건륭은 이제까지 지방 관리들에게 문자를 엄격히 단속하도록 명하고 문제가 되는 글을 많이 발견한 관리에게 상을 내렸다. 그래서 허난의 관리 역시 상소를 올리면 분명 황제가 자신에게 상을 내릴 것이라 기대했다. 그런데 이게 웬일인가? 예상과 다르게 그에게 불호령이 떨어졌다. 건륭은 자세히 볼 필요도 없이 이것은 괜한 모함에 지나지 않는다고 말했다.

"이 대련을 두고 문맥이 조금 어색하다 말한다면 그래도 참고 넘어갈 수 있지만, 이 글이 반역이라 한다면 그것은 완전히 헛소리다. 이렇게 억지로 흠을 찾기 시작한다면 천하에 잡혀가지 않을 자가 누가 있겠느냐? 다시는 이런 일로 죄 없는 백성을 잡아들여 각지에서 무고한 사건이 일어나도록 조장하지 마라!"[184]

관리는 불호령을 받고 순간 너무 놀라 머리가 어지러울 정도였다. 그 역시 이것이 무고한 일이라는 것을 잘 알았다. 하지만 문제는 이전에 이런 사건이 일어나면 시시비비를 가리지 않고 가차 없이 엄벌에 처하도록 명했던 사람이 바로 황제였다는 점이다. 그렇다. 이제 건륭은 변했다. 그전에는 문자 관련 사건에서 이렇게 합리적이고 인자한 모습을 결코 찾아볼 수 없었다. 그런데 마치 마귀가 한순간 천사가 된 듯 너무 갑작스럽게 변했으니 관리들이 그 변화를 따라잡을 수 없는 것이 당연했다. 지방 관리들이 뭐라고 수군대든 건륭 47년부터 문자옥은 완전히 사라져 다시는 나타나지 않았다. 피비린내 나던 공포정치가 끝난 것이다. 이는 정말 갑작스럽게 이뤄진 변화였다.

그렇다면 건륭은 왜 갑자기 다른 사람이 되었을까? 첫 번째 이유는 건륭이 문자를 단속하려 했던 목적을 이미 이루었기 때문이다. 그가 나라 전체를 대상으로 엄격하게 문자를 조사한 이유는 민간에 퍼진 반청 관련 문건과 사상을 모두 뿌리 뽑기 위해서였다. 그는 건륭 38년부터 건륭 47년까지 10년 동안 철저한 조사를 거쳐 이미 목적을 이루었고, 그 덕분에 백성도 힘든 시기를 지나 드디어 마음을 놓을 수 있게 되었다.

두 번째 이유는 매우 중요하다. 바로 건륭의 나이, 심리상태와 관련이 있다. 건륭 47년, 그의 나이는 몇이었을까? 스물다섯에 황제 자리에 올라 건륭 47년이 되었으니 나이는 이미 일흔둘, 그야말로 누가 봐도 노인이 되었다.

세상에서 가장 공평한 것이 세월이라 그 어떤 부귀영화로도 머리가 세는 것을 막을 수 없다는 말이 있다. 건륭은 비록 천자였지만 노년이 오는 것을 피할 수는 없었다. 그 역시 '생로병사'라는 인생의 수레바퀴에서 자유롭지 않은 한 인간일 뿐이었다.

건륭은 중국의 역대 황제들 중 건강한 황제에 속했다. 하지만 아무리 건강하다 해도 그 역시 보통 사람들처럼 나이가 들었다. 중년을 넘긴 뒤부터는 체력이 점점 하향곡선을 그리기 시작했다. 여든다섯이 되던 해 건륭이 시집에 남긴 글을 보면 이런 구절이 있다. 마흔다섯이 되었을 때부터 왼쪽 귀가 잘 들리지 않았고, 예순다섯 이후로는 왼쪽 눈의 시력 역시 떨어졌다[185]는 것이다.

더욱 중요한 부분은 바로 정력의 감소다. 건륭은 예순이 넘어서까지도 젊은 사람처럼 정력이 왕성했다. 하지만 일흔을 넘긴 뒤로는 눈에 띄게 몸이 허약해졌다. 먼저 건륭 40년부터 그는 밤에 잠을 이루지 못했다. 새벽 세 시가 넘으면 잠이 깨고 네 시가 되면 절대 다시 잠을 잘 수 없었다.[186] 기억력도 예전 같지 않았다. 청나라 규율에 따르면, 황제와 관리들이 쓰는 모자는 차양모와 방한모 두 가지로 여름에는 차양모를 쓰고 겨울에는 방한모를 써야 했다. 당시에는 예법이 엄격해서 모자를 써야 할 계절이 되면 날을 골라 반드시 모자를 바꿔 써야 했다. 또 한 계절에는 한 가지 모자만 쓰도록 했다. 그렇다면 날은 어떻게 골랐을까? 황제 마음이었다. 황제가 차양모를 쓰는 날부터 대신들도 차양모를 쓰고, 황제가 방한모를 쓰는 날에는 대신들도 재빨리 방한모를 썼다. 어느 해 초가을 건륭이 열하熱河, 청더의 옛 이름에서 베이징으로 돌아오는 길에 날이 서늘해지자 방한모를 내어 머리에 썼다. 이 모습을 본 대신들도 황제를 따라 방한모를 썼다. 그런데 며칠 뒤 날이 다시 따뜻해지자 건륭이 차양모를 내어 썼다. 대신들은 이를 보고 할 수 없이 다시 차양모를 썼다. 그러자 건륭은 대신들의 모습을 보고 고개를 갸우뚱하며 물었다.

"대신들은 왜 아무 모자나 쓰는 것이오? 이는 예법에 어긋나는 행동 아닌가?"

대신들이 눈치만 보며 대답하지 않는 사이 건륭이 상황을 알아채고 쓴웃음을 지으며 말했다.

"대신들을 꾸짖을 필요가 없군. 모두 짐이 나이 든 탓이오."

이는 『청고종실록』에 기록된 이야기다.

사실 이 정도만 되어도 크게 문제될 것이 없다. 하지만 건륭이 여든을 넘기면서 기억력이 심각한 수준에 이르렀다. 어제 한 일이 오늘 기억나지 않고, 아침에 허락한 일도 저녁이 되면 까먹었다. 이런 일도 잦았다. 가끔 아침을 먹은 지 5분도 되지 않아 왜 아침을 주지 않느냐고 묻곤 했다는 것이다.[187] 배가 고프니 빨리 밥을 달라고 하면 태감들은 감히 방금 드셨다는 말을 하지 못하고 바로 다시 상을 차렸다. 그러면 건륭은 같은 자리에 앉아 또 밥을 먹었다. 건륭의 기억력은 이 정도로 나빠졌다.

건륭 _ 63년 4개월의 절대 권력

위에서 말한 내용은 모두 건륭의 생리적 변화다. 생리적 노화와 함께 건륭의 심리상태와 성격에도 큰 변화가 일어났다. 심리학자들은 노년이 되면 신체기능이 퇴화하면서 성격 역시 외향적인 성격에서 내향적인 성격으로, 주동적인 성격에서 수동적인 성격으로 바뀌게 된다고 말한다. 일반적으로 사람은 젊었을 때에는 혈기가 왕성하여 진취적인 것을 좋아하지만 나이가 든 뒤에는 마음이 있어도 몸이 따라주지 않고 변화보다는 안정을 추구하기 때문에 점점 수동적이고 온순하게 변한다는 것이다. 그렇다면 일흔을 넘긴 건륭은 이전과 어떻게 달라졌을까?

첫 번째, 복잡한 것보다 단순한 것을 선호하게 되었다. 일흔이 되기 전에는 아무리 복잡한 일도 개의치 않았고 늘 자기 능력에 비해 하루에 보는 정무의 양이 적다고 느꼈지만 노년이 되자 달라졌다. 매일 산더미처럼 쌓인 상소를 보고 있으면 갈수록 힘에 부친다는 느낌을 받았다. 그래서 일흔 이후 건륭은 지방 관리들에게 상황을 보고할 때는 간단명료하게 요점만 적고, 상소는 짧을수록 좋다고 말했다. 또 지방 관리들이 별것 아닌 일로 자신을 귀찮게 한다며 자주 꾸짖기도 했다. 이전에는 결코 건륭에게 찾아볼 수 없던 모습이었다.

두 번째, 엄격한 황제에서 인자한 황제가 되었다. 우리는 살아가면서 이런 경우를 흔히 본다. 젊었을 때는 성격이 드세서 두려움의 대상이었던 사람이 나이가 든 뒤에는 순해지는 것이다. 건륭이 딱 그래서 나이가 들수록 성격이 좋아졌다.

이런 변화는 그가 형벌을 내리는 태도에서 가장 명확히 드러났다. 건륭은 즉위 초만 해도 사형에 매우 신중한 태도를 보였다. 전국 각지에서 사형을 내려달라는 상소가 올라오면 반드시 일일이 검토한 뒤 집행하도록 했고, 대부분은 집행유예로 결론을 내렸다. 하지만 건륭 13년부터는 갑자기 잔혹한 왕이 되어 상소가 올라오는 사건마다 사형을 허락하고 즉시 집행하도록 했다. 그랬다가 노년이 된 건륭 47년부터는 다시 초기의 온화한 모습으로 돌아가 모든 범죄자에게 집행유예를 선고했다. 이런 상황이라면 앞에서 말한 대련과 관련된 사건에서 그가 처벌을 금한 것이 충분히 이해될 것이다. 이미 수없이 많은 사람을 죽이고 많은 책을 불태웠으니 이만하면 되었지 않은가?

세 번째, 진취적이고 겸손한 모습에서 오만하고 우쭐거리는 모습으로 변했다. 건륭 45년, 그의 나이는 정확히 일흔이 되었다. 중국에는 예부터 사람이 칠십을 살기는 드문 일[188]이라는 말이 있다. 즉 칠십은 인생의 지표가 되는 나이다. 완전히 노년이 되었다는 의미이자 한 사람의 일생에 대한 기본적 평가가 결정되는 때이기도 하다. 그래서 이전에는 딱히 생일에 큰 신경을 쓰지 않았던 건륭도 칠십 번째 생일만큼은 큰 의미를 두었다. 그는 생일날 스스로를 위해 '고희천자지보古稀天子之寶'라 새긴 황제의 도장을 만들고 「고희설古稀說」이라는 글도 지었다. 자기 인생을 총정리한 글이었다.

그렇다면 건륭은 글에서 과연 자기 생을 어떻게 적었을까? 자신의 업적에는 어떤 평가를 내렸을까?

진나라 시황제가 중국을 통일한 이래로 2000년 동안 일흔 이상 장수한 황제는 겨우 여섯 명뿐이다. 이 여섯 명 중 한나라 무제는 말년에 큰 실수를 범했고 양나라 무제는 곱게 죽지 못하고 굶어 죽었으며 당나라 명황明皇 이융기李隆基, 당나라 현종 때는 안사의 난이 일어났고, 송나라 고종은 영토를 잃고 다시 찾지 못했다. 따라서 이들은 위대한 황제라 할 수 없다. 오직 원나라 세조와 명나라 태조만이 진정으로 성공한 인물이라 할 수 있지만 이들 역시 무공은 뛰어났어도 문치에는 약해 통치 전반에 부족한 부분이 많았다. 오직 자신만이 모든 방면에서 이전보다 월등한 모습을 보였다. 가장 넓은 영토를 차지하여 청나라에 머리를 조아리는 나라가 많아졌고 백성의 생활도 안정되었다. '대동大同'을 이루었다고까지는 볼 수 없으나 '소강小康'은 되었다189고 할 수 있다.대동은 유가에서 말하는 가장 이상적인 사회의 모습을 뜻하고, 그 아래 단계가 바로 소강이다. 정치·경제적으로 큰 문제가 없이 안정된 사회 상태를 뜻한다.

게다가 역대 왕조에서 황권에 위협이 되었던 요소들이 모두 사라졌다. 지방의 반란세력과 외세의 침입, 권신과 외척, 후궁, 태감, 간신, 소인이 전부 모습을 감췄다. 그래서 건륭은 자신의 나이뿐만 아니라 업적도 '고희'를 이루었다며 이는 하늘이 도와준 결과라고 말했다.190

건륭의 득의양양하고 자신감 넘치는 모습이 묻어나는 글이다. 건륭 24년에 태평성대를 이룬 그는 해이해지지 않고 한층 더 나라를 발전시키기 위해 힘썼다. 그렇게 건륭 45년이 되어 이 글을 쓸 때가 되자 이제 자신의 통치가 완벽하다고 여겨 마음을 놓게 된 것이다. 그래서 건륭의 통치방식은 건륭 45년을 전후로 큰 변화를 맞게 된다. 이전에 그는 끊임없이 부족한 점을 찾으려 노력했다. 마치 운동선수가 자기 기록을 갱신하려 노력하는 것과 같았다. 하지만 건륭 45년이 되자 생각이 달라졌다. 이미 자신이 역사에서 대단한 위치를 차지하게 되었음을 인식한 뒤로는 부족한 점을 찾으려야 찾을 수 없었다. 그래서 이제 노력하기보다 지금 상태를 유지하는 데에만 신경 쓰기로 했다.

네 번째는 앞서 말한 심리적 변화와 관련이 있다. 바로 절제된 생활에서 사치스러운 생활을 하게 되었다. 중국에는 '기는 북돋아야지 떨어뜨려서는 안 된다'는 말이 있다. 진취적인 마음이 사라지자 그 자리에 향락에 대한 욕망이 차오르기 시작했다.

건륭 40년 이전에도 건륭제는 품위 있는 생활을 즐기며 물건을 수집하기를 좋아했지만 향락을 즐기는 것은 기본적으로 강희와 옹정이 만들어놓은 테두리에서 벗어나지 않았다. 그리고 즐기는 일보다 주로 정무를 처리하는 데 정력을 쏟았다. 하지만 건륭 40년부터는 향락에 빠져들어 갈수록 사치품에 집착했다. 신체 기능에 변화가 일어나자 그는 자기 인생이 얼마 남지 않았음을 직감했다. 석양은 아름답지만 이는 해가 지고 있다는 뜻이었다. 지금이라도 즐기지 않으면 이제 더는 시간이 없을 것만 같았다.

건륭 45년 전후로 그에게 나타난 중대한 변화가 바로 이것이다. 그는 엄격한 황제에서 관대한 황제로, 절제된 생활에서 사치스러운 생활로 모습을 바꾸었다. 그렇다면 건륭의 이러한 변화가 자신에게만 영향을 미쳤을까? 당연히 아니다. 건륭의 변화는 청나라 정치뿐만 아니라 나라 전체 심지어 중국 역사의 방향에까지 심각한 영향을 미쳤다.

독일의 철학자 헤겔은 중국 전통사회의 정치체제를 이렇게 분석했다. 중국은 황제가 모든 것을 통제하기 때문에 황제가 바로 국가의 '정신'이다. 그래서 오직 황제, 즉 언제나 끊임없이 생각하고 스스로 행동하는 '정신'이 있어야만 나라가 발전할 수 있다. 만일 황제가 해이해져 정사에 집중하지 못하면 그 나라는 영혼이 빠져나간 사람과 같다. '가령 황제가 능력을 갖추지 못한다면 (…) 정치는 문란해지고 조정은 분열되어 나라 전체가 마비상태에 빠질 것이다.'191

헤겔의 이 말은 건륭제 말년의 정국 상황을 그대로 묘사한 것이나 다름없었다. 전통적인 집권체제에서 황제는 나라의 '뇌'와 같은 역할을 한다. 그래서 관료들이 어떤 모습을 보이는지는 모두 황제에게 달렸다고 말할 수 있다. 만일 황제가 12분 일한다면 관료들은 아마 8분 정도 일할 것이다. 하지만 황제가 3분만 다른 생각을 하면 관료들은 9분 동안 다른 행동을 한다. 그래서 중국 정치사에서 통치자가 마음을 바꾸면 나라 전체에 근본적인 변화가 일어난다는 말이 나온 것이다. 그렇다면 건륭의 이러한 변화가 청나라 관료들에게 어떠한 영향을 미쳤는지 구체적으로 살펴보자.

첫 번째로 게을러졌다. 건륭제 말년이 되자 관리들이 눈에 띄게 게을러졌다. 건륭 역시 관리들이 괜한 일로 문제를 만들지 않길 바랐다. 더는 대단한 업적을 세울 게 없으니 그저 일을 만들지 말고 지금 이 상태만 유지하면 된다는 것이었다. 황제가 이렇게 생각하니 관리들은 당연히 적극적으로 일하지 않았고, 일을 하나 더 하는 것보다 덜 하는 편이 낫다고까지 생각했다. 그래서 건륭 45년 이후 관료들 사이에 게으름이 전염병처럼 퍼져나갔다. 관리들은 일이 생기면 모두 아랫사람에게 처리하도록 떠넘겼다. 총독과 순무는 사원과 도원에게, 사원과 도원은 지주와 지현에게 떠넘기며 누구도 서둘러 나서지 않았다.

건륭 43년, 후베이 장링현에서 강도사건이 일어났다. 지역을 떠돌아다니는 부랑자들이 한 부유한 과부의 집에 들어가 물건을 훔친 것이다. 과부는 범인이 누군지 알았으므로 바로 관아에 알렸다. 사건의 증거도 확실하고 정황도 분명해서 처리하는 데 딱히 어려울 것이 없었다. 하지만 장링현 현령은 사건을 조사하기가 귀찮아 용의자를 보호자에게 넘긴 뒤 일을 마무리지으려 했다. 나중에 10년간 새 현령이 네 명이나 왔지만 누구도 제대로 나서는 사람이 없었다. 결국 관리가 다섯 명이나 바뀌었음에도 사건은 해결되지 않았다. 건륭은 이 소식을 듣고 '후베이 관리들이 이렇게도 나태해졌다'며 크게 화를 냈다.[192]

두 번째로 나약해졌다. 게으름과 함께 건륭제 후기에 조정의 기강이 해이해지며 나타난 또 다른 특징이 바로 나약함이다. 건륭은 나이가 들수록 인자해지고 관리들에게도 너그러워져 탐관오리가 나타나도 별다른 처벌을 내리지 않았다. 한 대신은 열 번 넘게 파직을 당하고도 계속 조정에 나와 녹봉을 받았다. 건륭이 이렇게 관리들을 관대하게 대하자 자연히 전체 관료의 평균 연령도 높아졌다. 관리들은 안건을 처리할 때면 어떤 성질의 사건이든 모두 관대하게 처리했다.[193] 심지어 강도사건 같은 중범죄가 일어나도 범인에게 벌을 내리지 않았다.[194]

황제부터 관료들까지 모두 관대함을 핑계로 힘을 발휘하지 못
하면서 사회 하층계급에 대한 정부의 통제력은 크게 약해졌고, 치
안은 갈수록 불안해져 사회적 혼란이 다시 일어나기 시작했다. 이
는 나중에 일어난 백련교 봉기의 중요한 원인이 되기도 했다. 이 이
야기는 뒤에 하겠다.

세 번째로 뇌물을 주고받는 일이 흔해졌다. 뇌물은 중국 정치
의 오랜 고질병이다. 건륭은 즉위한 뒤 관리들이 '특산품'이라는 이
름으로 상급 관리에게 선물을 보내는 행위를 금했다. 그의 엄격한
관리 덕분에 중기까지 청나라에서 뇌물은 거의 찾아볼 수 없었다.

그러나 말년이 되자 뇌물을 주고받는 분위기가 만연했다. 건
륭 60년, 큰 사건이 하나 벌어졌다. 푸젠의 순무 포림浦霖이 횡령죄
를 저질렀다 발각된 것이다. 사건을 조사하기 위해 포림 집을 뒤졌
을 때 그곳에서 여의如意, 옥, 대나무, 뼈 등으로 만든 상서로움을 상징하는 장식
품가 여러 개 나왔는데, 그중에는 '삼양옥여의三鑲玉如意'가 크기별로
157개나 있었다. 옥으로 만든 여의는 매우 진귀한 물건으로 가격도
상당히 비쌌다. 한꺼번에 이렇게 많은 여의가 나온 것을 본 건륭 역
시 크게 놀랐다. 그는 포림에게 무슨 여의를 이렇게 많이 갖고 있었
느냐고 물었다. 대답은 간단했다. 일부는 뇌물로 받았고 일부는 뇌
물로 주려고 했다는 것이다. 당시 뇌물의 정도가 얼마나 심각했는
지를 보여주는 사건이었다.

뇌물은 사치로 이어졌다. 건륭제 말년이 되자 관리들은 이제
일상생활에서도 사치를 부리기 시작했다. 가장 대표적인 예가 탐관
오리로 유명한 왕단망王亶望이다. 왕단망은 산시 린펀 사람으로 젊

어서 향시에 합격했다가 나중에 돈을 주고 관직을 사 벼슬길에 올랐다. 권력에 빌붙길 잘했던 그는 빠르게 승진하여 10년 뒤 저장 순무 자리에까지 올랐다. 그는 순무 자리에 있을 때 먹는 것에 매우 신경을 썼다. 다른 식재료는 일반적인 것을 먹었지만 당나귀와 오리고기만큼은 먹는 방법이 독특했다. 그는 특히 신선도를 중요시했다.[195] 그래서 그는 평소 당나귀 고기를 즐겨 먹어서 집에서 따로 당나귀를 길렀다. 가장 좋은 사료를 먹여 살을 찌웠다가 고기가 먹고 싶다고 하면 바로 당나귀 몸에서 가장 살찐 부위를 골라 베어냈는데 산 채로 살을 베었다. 당연히 당나귀는 고통스러워하며 피를 흘렸고 인두로 그 부분을 지져서 피를 멎게 했다. 왕단망이 살아 있는 당나귀의 고기만 먹고 죽은 당나귀의 고기는 먹지 않았기 때문에 주방장은 이런 방법을 썼다.

그는 오리도 강제로 살을 찌운 오리만 먹었다. 오리 역시 주방장이 따로 길렀는데 어떻게 길렀을까? 큰 술 단지 안에 넣어 몸은 움직이지 못하고 머리만 밖으로 나와 움직일 수 있도록 했다. 이렇게 기르면 육질이 마치 두부처럼 부드러웠다고 한다. 문제는 이런 생활습관을 지닌 사람이 왕단망 한 사람만 있었던 것이 아니라는 점이다. 건륭제 말년이 되면 대신들의 사치가 극에 달해 왕단망보다 더 유난을 부리는 사람도 한둘이 아니었다. 그렇다면 청나라 조정은 왜 건륭제 초기의 모습을 잃어버리고 말기에 이렇게까지 부패했을까?

사실 이런 변화는 건륭제 본인이 만든 것이라 할 수 있다. 먼저 뇌물이 퍼진 것은 건륭이 공물을 닥치는 대로 거둬들이기 시작하면서 생겨난 일이었다. 공물이 무엇인가? 각 지방의 신하들이 자신이 다스리는 지역의 특산품을 천자에게 바치는 것이다. 『상서』「우공禹貢」서문에서 공안국孔安國이 '임토작공任土作貢'자신이 다스리는 지역에서 생산된 것을 공물로 바친다는 의미이라는 말을 쓴 것으로 보아 이는 아주 오래전부터 이어져온 풍습으로 볼 수 있다.

건륭제는 초기만 해도 근검절약을 강조하며 공물을 받지 않는 것으로 유명했다. 자신이 부친상 중이라 다른 것을 즐길 마음이 없으니 공물을 바칠 필요가 없다는 것이었다. 이는 건륭이 절제되고 소박한 생활을 했음을 말해준다.

하지만 중기가 되자 그는 공물을 받기 시작했다. 건륭 16년에 처음으로 공물 바치는 것을 허락했다. 그 이유는 그해에 건륭이 처음으로 순행을 마쳤고 또 황태후의 60번째 생일을 축하하는 연회도 있었기 때문이다. 건륭은 대신들이 경사스러운 일이 두 가지 겹친 해이니만큼 작은 성의라도 표시할 수 있게 공물을 허락해달라고 요청했다고 말했다. 만일 계속 거절한다면 그 역시 지나치게 매정한 일이 될 수 있었다. 그래서 건륭은 어쩔 수 없이 공물 중 몇 가지를 골라 받았다.[196]

공물에 대한 건륭의 생각이 바뀐 이유는 무엇일까? 정말 경사스러운 일이 겹친 해였기 때문에 어쩔 수 없이 받았을까? 사실은 아니다. 공물을 받기 시작한 것은 자신이 이룬 정치적 업적에 만족했음을 의미했다. 이 정도 위치에 올랐으니 이제 즐기며 살아도 크게 문제될 것이 없다고 생각한 것이다.

그래서 건륭 16년부터 건륭 45년까지 그는 공물을 받았다. 하지만 이 시기에 그가 받은 공물은 역대 관례에 따른 것이었고, 대부분 시간을 정무에 쏟았다. 즉 향락과 사치가 비교적 심하지 않았다.

그러나 건륭 45년 황제의 고희연이 있던 해부터 상황은 크게 달라졌다. 앞서 말했듯이 일흔이 되자 건륭은 자신에게 시간이 많이 남지 않았다고 느꼈다. 그래서 이제 닥치는 대로 공물을 거둬들이기 시작했다. 조선 사신이 기록한 바에 따르면, 건륭 45년 고희연이 있을 때 공물을 바치기 위해 모여든 사람들을 보고 그와 일행이 모두 크게 놀랐다. 베이징 부근 각 지방에서 공물을 싣고 온 마차가 어림잡아 3만 대는 되었던 것이다. 마차는 노새 예닐곱 마리가 끌어야 할 정도로 컸고 황금색 깃발이 꽂혀 있었으며 위에는 크게 '공貢'자라 쓰여 있었다.197 마차가 너무 많아 길이 꽉 막히는 바람에 저녁까지 길에서 쉴 수밖에 없었다.198 수십 리에 달하는 길이 모두 공물을 실은 마차에 달린 불빛으로 가득했는데 끝이 보이지 않을 정도로 그 수가 엄청났다. 청나라 조정도 공물을 준비하는 일로 정신이 없었다. 고희연 때 건륭이 받은 금불상만도 1000여 개나 되었다.

생일이 지난 뒤부터 건륭의 욕심은 더욱 커져서 거의 병적인 수준에 이르렀다. 본래 조공은 바칠 수 있는 사람과 때가 엄격하게 정해져 있었다. 청나라 때는 오직 총독과 순무만이 공물을 바칠 수 있었고, 시기 역시 일 년에 세 번만 가능했다. 바로 동지와 정월초하루 그리고 황제의 생일이다. 고대 중국에서는 동지를 매우 중요한 명절로 여겼다.

그러나 건륭 말년이 되면서 이런 규율은 모두 깨졌다. 건륭은 더 많은 공물을 받기 위해 일반 관리도 3품 이상만 되면 조공할 수 있도록 허락했다. 또 시기도 늘어나서 단오와 정월대보름, 중양절重陽節, 음력 9월 9일을 가리킴에도 공물을 바칠 수 있었다. 대신들은 황제의 비위를 맞추기 위해 둘러앉아 머리를 맞대고 조공을 바쳐야 할 수많은 이유를 만들어냈다. 황제가 순행하다가 지방에 들르면 그 지방의 대신이 나와 '영란공迎鑾貢'을 바쳤고, 황제가 매년 피서 산장을 찾아 사냥에 나설 때면 '목란공木蘭貢'을 바쳤다. 신하가 황제를 알현하기 위해 베이징으로 올 때에는 '폐견공陛見貢'을 바쳤으며, 황제가 인재를 등용하면 감사의 의미로 '사은공謝恩貢'을 올렸으며……. 가끔 황제가 원하는 물건이 있는데 이를 받아낼 명분이 없을 때를 위해 아예 '전판공傳辦貢'이라는 것도 만들었다. 황제가 명을 내리면 신하들이 준비하도록 하는 것이었다.

나이 든 황제가 조공에 집착할수록 관리들은 너나할 것 없이 업무는 뒤로 미뤄두고 황제에게 바칠 사치품을 사들이는 데만 열중했다. 후기로 갈수록 조공 횟수도 늘었고, 공물의 값도 비싸졌다. 이런 '조공 붐'은 조정의 부패를 앞당기는 역할을 했다.

건륭에게 바치는 공물은 모두 값비싼 것들이었다. 예를 들어 건륭은 진주로 장식한 옥여의를 매우 좋아해서 대신들은 명절마다 그것을 황제께 바쳤다. 그렇다면 옥여의는 도대체 값이 얼마나 나갔을까? 기록에 따르면 세공하지 않은 진주가 달린 옥여의 하나가 당시에 은자 4000냥에 달했다고 한다. 그때 광둥 진주의 가격이 작은 것은 은자 5000냥에서 7000냥 정도이고, 용의 눈처럼 큰 것은 2만 냥이 넘었다. 그렇다면 옥여의 하나가 1만 냥에서 3만 냥 정도

였다는 의미다. 건륭제 때 일반 관리들의 연봉은 300~500냥 정도
밖에 되지 않았는데, 황제에게 조공을 바치는 돈은 다 어디서 났을
까? 당연히 백성 주머니에서 나왔다.

조공이 유행하면서 관료들 사이에는 '방공幫貢'이라는 신조어
가 생겨났다. 조공할 자격이 있는 신하들이 부하들에게 구매과정
을 돕도록 하여 황제에게 성의를 표현할 기회를 주는 것이었다. 이
단어만 놓고 본다면 관리들이 황제에게 충성심과 사랑을 표현하기
위해 참으로 애를 썼다고 생각할 수 있으나 사실 이는 당시 관리들
이 부정부패로 재산을 축적하는 새로운 방법이었다. 왜냐하면 황제
에게 조공을 바칠 때 어떻게 그것을 구입하고 운반하는지, 이 과정
에 얼마나 많은 사람이 관여하는지가 투명하지 않았기 때문이다.
만일 황제 손에 1만 냥이 들어간다면 이는 순무가 지방 관리들에
게 10만 냥을 받았다는 의미고, 지방 관리들은 백성들 주머니에서
100만 냥을 빼앗았다는 뜻이 되었다. '조공'이란 실로 짜인 거대한
그물이 청나라 전체를 뒤덮은 것이다.

건륭의 사치와 욕심은 이렇게 관료사회 전체를 부정부패로 이
끌었다. 여기서 누군가는 이렇게 물을 수도 있겠다. 건륭이 탐욕을
채우는 방법이 꼭 조공뿐이었을까? 조공은 부작용이 너무 크지
않은가! 원하는 것이 있으면 스스로 구입하면 그만이지 않은가? 하
지만 스스로 사는 것은 불가능했다. 왜냐하면 그는 돈이 없었기 때
문이다. 청나라 황제에게는 재정상 제약이 많았다.

16강

화신의 등장

乾隆

황제가 어떻게 돈이 없을 수 있을까? 천하의 바다와 땅, 마차가 모두 황제 것이 아니던가!

청나라 시대 이전에는 아마 그랬을 테지만 청나라 때는 그렇지 않았다. 청대는 중국 역사상 비교적 특수한 시기에 속한다. 정치 수준도 높고 황제의 권한도 크지 않아 다른 시대에 비해 검소했다. 명 십삼릉성조 영락제永樂帝 이후 황제 13대의 능묘가 있는 곳과 청대 동릉, 서릉에 가보면 그 차이가 확연이 드러난다. 청나라 시기의 황릉은 명나라 것보다 규모도 적고 덜 화려하다. 또 명나라 시대에는 태감의 수가 10만 명이 넘었는데 청나라 때는 3000명에 그쳤다.

청대에는 순치제 초기부터 국가 수입과 황제 개인 수입이 엄격하게 나뉘어 있었다. 국가 수입은 국고로 들어가 호부에서 관리했으며, 황제의 개인 수입은 내무부에서 관리했다. 황제의 개인 생활을 보좌하는 내무부는 황실 집사들이 모인 곳이라 할 수 있다. 이는 황제가 일정한 봉급을 받았고, 수입이 고정되어 있었음을 의미한다.

그렇다면 황제는 어떻게 개인적으로 수입을 벌어들였을까? 주요 수입원은 세 가지였다. 첫째로 황제가 각 지역에 소유한 토지에서 해마다 생산되는 품목이 황제의 주요 수입원이 되었다. 청나라 황실의 토지는 주로 베이징 인근이나 동북 지방에 있었는데 이곳은 황실을 위한 '특별 농장'과 같았다. 무공해로 키운 농산물과 가축으로 기본적인 생활비를 충당했다. 둘째로 만일 농장의 수입이 부족하면 내무부를 통해 장사나 대출 같은 방법으로 생활비를 만들어 썼다. 청나라 황제는 내무부에서 상인들에게 고리 대출을 하거나 특정 상품의 판매권을 허락하는 방식으로 돈을 벌었다. 예를 들어 청나라 인삼과 담비가죽 교역권은 모두 황실에서 독점했는데, 이것이 내무부 수입의 상당 부분을 차지했다.

가끔은 수입을 늘리기 위해 황제가 직접 내무부의 신하를 보내 매매하여 돈을 벌기도 했다. 건륭은 새로운 수입을 만드는 방법을 깊이 고민했다. 기록에 따르면 그는 내무부 대신을 11차례 캬흐타Kyakhta, 러시아와 몽골 국경 사이에 있는 도시 지역으로 보내 러시아산 가죽을 대량 구매하도록 했는데 모두 담비와 해달, 다람쥐 가죽 등 값비싼 것들이었다. 물건을 사온 뒤에는 남쪽지방으로 보내 판매하거나 베이징에 가죽상점을 열고 직접 장사하여 돈을 벌 계획이었다. 하지만 비싼 돈을 주고 사온 가죽들은 중국 소비자들 취향과 전혀 맞지 않았다. 무능한 내무부 관리들이 시장을 제대로 파악하지 못한 것이다. 게다가 수요도 예전 같지 않고 베이징에서는 가죽 가격이 점점 떨어지는 추세라 결국 돈을 벌기는커녕 빚만 지고 말았다. 이는 『청대내무부당안淸代內務府檔案』에 분명하게 기록되어 있는 일이다.

상황이 이렇다보니 황제로서는 관리들이 바치는 공물이 너무나 중요했다. 이것이 청나라 황제의 개인 수입원 중 세 번째다. 이전 왕조에서는 관리들이 공물을 얼마나 바치든 황제의 생활에 직접적인 영향을 미치지 않았다. 하지만 개인 수입이 정해져 있던 청나라 황제에게는 공물의 양과 개인의 생활이 밀접한 관련이 있었다. 건륭이 왜 이렇게 공물에 집착했는지 이해할 수 있는 부분이다.

엄청난 공물이 궁으로 쏟아져 들어왔지만 건륭은 여전히 돈이 부족하다고 느꼈다. 나이가 들수록 씀씀이가 커졌기 때문이다. 그는 중국 역사에서 손꼽히는 수집가로 서예와 그림, 골동품, 보석 등을 모았다. 그런데 이런 골동품은 대부분 백성의 집 안에 숨겨져 있었기 때문에 신하들의 공물에만 의존할 수는 없었다. 그래서 가끔 사람을 보내 민간에서 골동품을 사오도록 했는데 이때마다 많은 돈이 필요했다. 하지만 내무부에서 쓸 수 있는 돈에는 한계가 있었다. 그러다보니 나이가 들수록 건륭은 주머니가 텅 빈 듯한 느낌을 받았고, 유능한 재정전문가가 절실히 필요했다. 바로 그때 화신이 나타났다.

건륭 40년 가을, 건륭제는 산둥 지역을 살펴보려고 길을 나섰다. 교통이 불편하던 시대에 황제의 순행이란 그다지 재미있는 활동이 아니었다. 오늘날처럼 국가원수를 위한 전용차나 전용기가 있는 것도 아니고 가마 위에서는 할 수 있는 일이 아무것도 없었다. 그저 앉은 채 하루를 보내야 했다. 무료해진 건륭은 밖을 보려고 발을 거두었다. 주변을 살펴보니 말을 타고 가마를 따르는 호위병 중 젊은 얼굴 하나가 눈에 띄었다. 흰 피부와 준수한 외모에 말을 타는 자세도 제법 호젓했다. 건륭은 그를 곁으로 불렀다. 그리고 나이는 몇인지, 성과 이름은 무엇인지, 언제 궁에 들어왔는지, 어디서 일을 했었는지 등을 물었다. 그는 현재 나이는 스물여섯이고, 성은 유호록, 이름은 화신이라 답했다. 궁에 들어온 지는 3년이 되었고 올해부터 건청문乾淸門을 지키는 호위병으로 뽑혀 일하게 되었으며 황제를 모시고 떠나는 시찰은 처음이라 했다.

대답을 들은 건륭은 호기심이 일었다. 그가 대답한 내용에 특별한 것이 있어서가 아니라 그 청년의 자세가 남달랐기 때문이다. 보통 사람은 황제와 처음으로 마주하면 몹시 긴장해서 말 한마디도 제대로 못하는 경우가 허다했다. 하지만 화신은 유창한 말투에 겸손한 태도까지 보이며 조금도 긴장하거나 당황하지 않았다. 건륭을 글을 배운 적이 있느냐고 물었다. 화신은 열여덟에 향시에 응한 적이 있으나 급제하진 못했다고 말했다.

"그렇다면 그때 쓴 답안을 외워볼 수 있겠느냐?"

화신은 그러겠다고 대답했다. 그러고는 가마를 따라 말을 타며 단숨에 8년 전 쓴 답안을 처음부터 끝까지 줄줄 외웠다.[199]

건륭제는 크게 놀랐다. 마치 『홍루몽』에서 왕희봉王熙鳳이 시녀 소홍小紅을 처음 만났을 때와 같은 느낌이었다. 그는 사람을 시켜 화신의 출신과 배경을 알아보라고 명했다. 화신은 팔기군 중 정홍기 사람으로 명문가 출신이었다. 그의 아버지는 푸젠의 도통都統으로 오늘날 군사령관에 해당하는 직책을 지낸 '상보常保' 관리였다. 그래서 어려서부터 함안궁학咸安宮學이라는 귀족학교에 다녔는데, 이곳은 황제가 관리의 후손을 위해 특별히 세운 학교였다. 아버지가 비교적 일찍 세상을 떠나고 가세가 기울며 형편이 어려워지자 건륭 37년 화신은 친척을 통해 궁에 들어가 호위병으로 일하게 되었다. 올해로 들어온 지 3년째 되었다.

건륭은 화신의 집안과 배경이 마음에 들었다. 그래서 그에게 자기 일을 몇 가지 맡겨보았다. 예를 들면 지방으로 시찰 갈 때 지방 관리들과 연락하고 숙소를 배정하며 필요한 물품을 구입하는 일을 책임지도록 한 것이다. 그 결과 화신은 황제가 맡긴 일을 모두 잘해냈다. 건륭이 보기에 화신은 사람의 뜻을 잘 파악하고 치밀하며 세심했다. 그는 예상외의 결과에 무척 기뻤다.

그해 말, 즉 건륭과 화신이 처음 만난 지 석 달 만에 건륭은 화신을 어전시위御前侍衛, 황제를 측근에서 모시는 정예무사로 임명했으며, 부도통의 지위도 함께 주었다. 이는 흔히 있는 일이 아니었다. 화신은 원래 삼등 호위병으로 종5품이었는데 석 달 만에 일등 어전시위에 부도통 지위까지 오른 것이었다. 앞서 말했듯이 그의 아버지는 상보로 푸젠에서 도통을 맡은 일이 있었다. 도통이 군사령관에 속하니 부도통은 군부사령관에 해당하는 정3품의 높은 관직이었다. 종5품에서 정3품까지 화신은 한번에 다섯 단계나 승진한 것이다.

여기서 끝이 아니었다. 그다음 해인 건륭 41년 정월에는 당시 스물일곱 살이었던 화신을 호부의 우시랑右侍郞으로 임명했는데, 이는 지금의 재정부차관에 해당하는 정2품 벼슬이었다. 3월에는 정부부총리에 해당하는 군기대신이 되었고, 4월에는 내무부 최고 지위인 내무부대신에 임명되어 황제의 최측근이 되었다. 화신은 마치 날아가는 화살처럼 빠른 속도로 승진했다. 중국 고대 역사상 이렇게 빠르게 승진한 인물은 없었다.

그렇다면 화신은 어떻게 건륭에게 인정을 받아 1년 만에 아홉 단계나 올라갈 수 있었을까? 이 부분을 두고 야사에는 수많은 설이 존재한다. 그중에는 화신이 죽은 건륭의 첩과 너무 닮아서 특별히 황제의 총애를 받았다는 설이 있다. 첩이 죽은 뒤에도 그녀를 잊지 못하던 건륭 앞에 화신이 나타났고, 건륭은 그가 그녀의 환생이라 믿고 가까이했다는 것이다. 이는 건륭과 화신이 동성애 관계였다는 의미이기도 하다.

그 밖에 화신이 어려서부터 건륭에게 가까이 가려 노력했다는 설도 있다. 글을 배울 때부터 일부러 그의 필체를 따랐고, 나중에는 완벽히 모방할 수 있게 되어 건륭의 환심을 샀다는 것이다. 물론 이런 야사는 아무렇게나 만들어진 터무니없는 소문에 불과하다.

정치심리학의 관점에서 보면, 건륭이 화신을 좋아한 이유는 매우 간단하다. 바로 자신의 특수한 상황 때문이었다. 화신은 건륭이 상황을 개선하고자 만들어낸 '산물'에 불과했다. 그렇다면 어떤 특수한 상황에 놓여 있었을까? 당시 건륭은 두 가지 모순에 휩싸여 있었다. 하나는 모든 권력을 독점했지만 갈수록 건강상태가 나빠진다는 점, 또 하나는 물욕은 갈수록 강해지는데 백성에게 부담은 주고 싶지 않다는 점이었다.

첫 번째 모순부터 살펴보자. 건륭 정치철학의 기본은 '모든 권력은 황제가 독점하며 어느 누구도 그 권력을 나눠가질 수 없다'는 것이다. 비록 건륭의 건강이 갈수록 나빠져 일상적인 업무도 처리하기 힘들 정도였지만, 그는 결코 자기 권력을 조정 대신이나 군기대신 등 중신에게 넘길 생각이 없었다. 왜냐하면 그들은 오랫동안 조정에서 일하며 깊이 뿌리박힌 사회적 인맥을 형성했기 때문에 한번 권력이 넘어가면 바로 당파를 만들어 정국을 혼란에 빠뜨릴 수 있었기 때문이다. 그래서 노년에도 권력을 공고히 하기 위해서는 자기 뜻대로 다룰 수 있는 '지팡이'가 필요했다. 즉, 일상적 업무를 돕고 구체적인 정책결정 과정을 돌볼 유능한 비서가 필요했던 것이다. 비서는 반드시 두 가지 조건을 갖추어야 했다. 하나는 조정에 뿌리나 당파가 없어야 했다. 그래야 황제에게 충성을 다할 수 있다. 더 중요한 것은 일을 처리하는 능력이 뛰어나서 황제를 대신해 복잡한 사무를 맡을 수 있어야 했다. 화신은 바로 이 조건에 가장 부합하는 인물이었다.

알려진 대로 화신은 건륭이 죽은 뒤 가경제에게 붙잡혀 자결을 명받았다. 세상을 뜨기 사흘 전 화신은 감옥에서 자기 생을 되돌아보며 이런 시를 남겼다.

"하늘에는 차갑게 얼어붙은 달 곁에 별이 함께하는데 땅에서는 나 홀로 차가운 감옥에 있구나. 처량한 신세가 되어 일생을 되돌아보니 아, 내 재능이 화가 되었도다."200

시 마지막 행의 '회재오차신懷才誤此身' 다섯 자는 화신이 괜한 핑계를 대려고 쓴 말이 아니다. 화신은 '재능이 넘치다'라는 말에 정말 딱 맞는 인물이었다. 그에게는 건륭이 등용할 수밖에 없는 세 가지 이유가 있었다. 첫 번째로 학문적 소양이 뛰어났다. 앞서 말했듯이 화신은 어려서 함안궁학에서 공부했는데, 이 학교는 당시 최고의 귀족학교로 입학조건도 까다롭고 교육환경도 수준급인 것으로 유명했다. 청나라『문헌통고文獻通考』를 보면 함안궁학은 옹정 7년에 황제가 직접 세운 학교로 규모가 작아 학생 수는 90명밖에 되지 않았다. 학생을 가르치는 선생님은 9명이었는데 모두 한림원 출신으로 실력이 뛰어났다. 한림원의 학사 한 사람이 학생 10명을 가르치니 교육 수준이 낮을 리가 있겠는가? 그래서 이런 학교에 들어갔다는 것은 화신의 재능이 그만큼 뛰어났다는 것을 증명하는 일이기도 했다. 함안궁학을 세운 목적은 조정에 고급인재를 공급하기 위해서였다. 그래서 교육과정이 역사와 소수민족의 언어, 서예, 그림, 무예와 궁술 등 관료로서 갖춰야 할 부분으로 이루어져 있었다. 화신은 그곳에서 품행과 학문이 모두 우수한 학생이었으며, 다른 누구보다 성실하게 공부했다. 그의 아버지는 비록 도통 자리에까지 올랐지만 일찍 세상을 뜨는 바람에 유년에는 힘든 시절을 보내야 했다. 그래서 그는 공부를 해야만 성공해서 집안을 다시 일으킬 수 있다고 믿었다. 이런 노력으로 그는 졸업한 뒤 만주어와 한어, 몽골어, 티베트어를 구사하며 역사에도 능통한 인재가 되었다. 또 문과 능력뿐만 아니라 무예와 궁술도 기초가 탄탄했다.

말하자면, 화신의 능력은 건륭의 필요에 정확히 맞아떨어졌다. 이렇게 해서 그는 각종 사무를 대신 맡아 처리하는 건륭의 최측근 비서가 될 수 있었다. 건륭 53년, 청나라 군대가 타이완에서 일어난 임상문林爽文의 봉기를 진압하는 과정에서 화신은 건륭에게 유용한 정책을 건의하며 비서로서 역할을 톡톡히 했다. 사태가 진정된 뒤 건륭은 특별히 화신에게 자신의 비서가 되어 사건을 처리하는 데 큰 힘을 썼으며 특히 만주어에 정통해서 군사 관련 문건을 처리하기가 매우 수월했다[201]는 내용의 시를 지어주었다. 만주어와 한어를 모두 구사하는 언어능력은 화신에게 정치적 무기와 같았다. 청나라 시대에는 중요한 정치 문서들, 특히 군사기밀과 관련한 문서는 모두 만주어로 적었다. 그래서 한족 출신 대신들은 정책에 대한 결정권을 가진 지위까지 오르기가 힘들었다. 유일하게 최고기밀회의에 참석한 한족 출신 대신 장정옥 역시 만주어를 배워 구사할 줄 알았지만, 당시 한어와 만주어를 자유자재로 쓰며 정치적 안목과 식견까지 갖춘 자는 화신이 유일했다.

그래서 건륭 56년 또 한 차례 전쟁, 곽이객廓爾喀(네팔)과 전쟁을 끝낸 뒤 건륭은 다시 한번 화신을 크게 칭찬했다. 작년에 건륭이 군대를 지휘할 때 어떤 것은 한어로 또 어떤 것은 만주어로 교지를 내렸으며, 달라이라마 등 다른 지역 수장에게 보낸 조서 역시 티베트어와 몽골어로 썼다. 한어와 만주어, 티베트어, 몽골어에 모두 능통한 사람은 찾기가 정말로 어려운데, 오직 화신에게 이런 능력이 있어 자신을 도와 일을 잘 처리했다[202]는 것이다. 즉, 화신은 인맥이나 아부가 아니라 진짜 실력으로 그 자리에 올랐다.

화신은 또한 건륭이 필요로 하는 지적 능력을 갖추었다. 지적 능력 외에 예술적 능력도 남들보다 뛰어났다. 임기응변에 능하며 여러 분야에 재능을 보였고, 다양한 취미를 즐겼다. 가야금과 장기, 서예, 그림 등 못하는 게 없었으며, 특히 시를 짓는 솜씨가 일품이었다. 청나라 시대의 유명한 시인 원매袁枚는 화신에 대해 문무에 모두 뛰어났으며 특히 시를 짓는 재주가 좋아 건륭과 시를 주고받기도 했다[203]고 말한 적이 있다. 건륭이 더욱 화신을 가까이한 이유는 그가 사교성이 좋아 같이 있으면 상대방을 즐겁게 해주었기 때문이다. 역사서의 기록에 따르면 화신은 지식인들에게서 느껴지는 '책벌레' 같은 느낌이 없고 성격이 외향적이며 활발하고 농담을 아주 잘했다[204]고 한다.

마지막으로, 화신은 일처리가 능수능란하며 황제의 뜻을 잘 파악해서 일을 그르치는 법이 없었다. 건륭 45년, 화신은 흠차대신 자리에 올라 윈난 총독 이시요李侍堯의 비리를 조사하기 위해 떠났다. 그는 도착하자마자 조금도 망설임 없이 신속하게 조사에 착수하여 죄를 밝혀내고 주변으로 영향이 미치는 것을 줄여 지역의 혼란을 막았다. 건륭은 화신의 깔끔한 일처리 방식이 매우 마음에 들었다.

화신은 보통 인물이 아니었다. 지금은 그를 '대탐관'으로만 기억하는 사람이 많지만 그는 자기 능력을 살려 여러 분야에서 다양한 업적을 많이 세웠다. 건륭제 후기에『사고전서』와『대청일통지』및 '삼통三通'중국 역대 왕조의 제도에 관한 세 가지 책 등 대형서적을 편찬하는 일을 주관했으며, 여러 언어에 능통하여 당시 외교부장관 역할도 맡았다. 영국 사신 스턴튼George Leonard Staunton이 기록한 바에 따르면, 화신은 '언제나 존엄을 잃지 않는' 사람이었고 친절하고 따뜻하면서도 문제에 대해서는 예리하고 '노련한 정치가'였다.[205]

그러므로 일부 야사에서 그를 익살꾼으로 묘사한 것은 사실과 전혀 다르다. 화신은 정치가로서 깊이를 지닌 인물이었다. 화신은 건륭제가 세상을 떠난 뒤 가경 4년 정월 18일 스스로 목숨을 끊으라는 명을 받았을 때 흔들림 없는 자세로 시 한 수를 남겼다.

오십 년 인생이 한바탕 꿈과 같구나. 나는 이제 이 복잡한 세상에 작별을 고하려 하네.
태양이 강물을 비출 때, 강 위에 안개가 피어오른다면 그것이 나의 화신化身이로다.[206]

죽음을 앞에 두고 이런 시를 써낼 수 있는 인물이라면 깨달음이 깊고 필력과 배포가 대단한 사람임이 틀림없다. 위에서 우리는 화신의 정치적 능력을 이야기했다. 바로 이런 능력 때문에 건륭은 절대로 화신을 버릴 수 없었다. 게다가 정치적 능력 외에 그는 재정 관리 분야에도 천부적인 재능을 보였다.

앞에서 말했듯 건륭은 두 가지 모순에 휩싸여 있었는데, 그 두 번째가 물욕은 갈수록 강해지는데 백성에게 부담은 주고 싶지 않 다는 점이었다. 또한 현재 재정관리 제도를 바꾸고 싶지도 않았다.

화신은 바로 그런 문제를 해결하는 데 꼭 필요한 재정관리 전 문가였다. 중국 고대 역사에서 손에 꼽히는 '천재'였다고 해도 지나 친 말이 아니다.

일반적으로 과거 중국의 사대부는 돈 관리에 서툴고 심지어 금전 이야기를 꺼내는 것을 부끄러워했다. 그에 비해 화신은 타고 난 '사업가'였다. 전통사회의 '재테크'는 정적인 편이었다. 사람들은 돈이 생기면 가장 먼저 땅을 샀다. 유동자산을 고정자산으로 바꾸 는 것이다. 하지만 화신은 달랐다. 그는 돈을 굴리는 방법을 알았 고, 돈은 굴려야만 힘이 된다는 사실도 잘 알았다. 그래서 만일 부 동산과 현금이 눈앞에 있다면 화신의 선택은 언제나 현금이었다.

건륭 57년, 소작인들의 우두머리인 허오덕許五德이 다른 사람 과 갈등이 생겨 화신에게 도움을 청하며 사건이 해결되면 땅 60경 頃, 논밭의 면적단위로 1경은 100묘에 해당함 또는 은자 1만 냥을 주겠다고 했다. 그러자 화신은 자신은 땅은 필요 없고 은자 1만 냥을 달라는 뜻을 분명히 했다. 화신은 횡령과 뇌물로 벌어들인 재물 중 일부분 만 부동산을 사는 데 쓰고 거의 대부분을 시장에 투자했는데, 금

융과 토지, 광산, 물류, 의약, 상업 등 여러 분야였다.[207]

관련 자료의 통계에 따르면 당시 화신이 베이징에서 운영하는
전당포만 12곳이었는데 영경당永慶當, 경여당慶余當, 항흥당恒興當, 항
취당恒聚當 등 모두 규모가 상당한 곳이었다. 그 밖에도 인쇄소, 약
국, 술집, 가마터도 운영하고 도자기, 골동품, 무기, 가구, 말안장,
곡식을 팔며 현재로 보면 저축은행과 상조회사 같은 개념의 사업
도 함께 했다. 그의 가족들은 마차 80여 대를 사서 운수업을 하기
도 했다. 이런 사업으로 벌어들이는 돈이 땅으로 버는 돈보다 훨씬
많았다. 당시 돈이 되는 사업이면 어디든 화신이 발을 담그고 있다
고 할 수 있을 정도였다. 이중 놀라운 것은 당시 광업은 위험이 크
고 관리하기가 복잡한데다 투자금이 많이 드는 데 비해 수익을 얻
기까지 시간이 오래 걸려 보통 사람들은 감히 도전할 용기를 내지
못했다. 하지만 화신은 광업에 도전했다. 그는 탄광을 미래 유망산
업이라 여기고 큰돈을 들여 베이징과 샹산 두 곳에 광산을 열었다.
화신의 막대한 재산에서 횡령과 뇌물은 그가 투자한 사업에서 벌
어들인 수익에 비하면 새발의 피나 마찬가지였다.

사대부들은 돈 이야기를 꺼내는 것을 부끄러워했지만 화신은
계약서를 쓰는 일도 마다하지 않았다. 돈 문제에서만큼은 형제 사
이라 해도 계산을 분명히 했고 친한 친구라도 허투루 넘어가는 법
이 없었다. 한 번은 그의 외조부인 오미태伍彌泰가 화신에게 은자
2000냥을 빌린 적이 있다. 외조부는 대학사 자리에까지 올랐던 인
물이지만 화신은 제때 돈을 받지 못할까 걱정이 되어 땅문서를 담
보로 요구하기까지 했다. 중국의 최고 역사기록 보관소에 있는 『내

무부내문內務府來文』에 따르면 화신은 아내의 외조부인 영렴英廉의 손자가 돈을 빌리러 왔을 때도 땅문서를 받고 돈을 내어주었다고 한다.

건륭제의 도움을 받은 그는 경영능력을 마음껏 펼쳤다. 건륭 41년, 그는 내무부대신에 임명되었다. 이전에 내무부는 늘 수입보다 지출이 많았는데 그가 맡은 후로는 이전의 적자를 메우고 오히려 잉여자금이 생기는 등 새로운 모습으로 탈바꿈했다. 건륭 43년, 황제는 그를 숭문문崇文門으로 보내 세금관리를 감독하도록 했다. 그가 일을 시작하자 세관 수입이 갑자기 늘어나며 전국의 30곳이 넘는 세관 중 손에 꼽힐 정도가 되었다. 이 두 가지 일로 건륭은 화신의 능력을 더욱 신뢰하게 되었다. 건륭의 눈에 그는 마술사와 같았다. 언제나 생각지 못한 재물을 만들어냈으니 말이다. 그래서 건륭은 재정과 관련된 모든 일을 점차 화신 한 사람에게 맡기기 시작했다. 그는 호부의 삼고를 관리하다가 호부시랑을 거쳐 내무부대신, 호부상서 등을 역임했다.

그렇다면 이렇게도 능력 있는 신하였던 화신은 왜 마지막에 감옥에서 쓸쓸한 죽음을 맞이했을까? 그에게 한 가지 치명적 단점이 있었다. 그것은 바로 신념도 원칙도 없는 삶을 살았다는 점이다. 만일 그의 인생에도 신념이 있었다면 그것은 '현재 삶을 즐기자'였을 것이다. 가장 높은 관직에 오르고 가장 화려한 생활을 하는 것이다. 이것이 그의 원칙이나 마찬가지였다. 그에게는 전통적으로 사대부들이 지녀온 국가와 민족을 위해 헌신하려는 충성심도 없었고, 요순시대를 그리는 이상주의적인 마음도 없었다.[208]

왜 그랬을까? 첫 번째 이유는 화신이 어려서부터 돈을 지나치게 중시했기 때문이다. 화신은 열 살이 조금 넘은 나이에 아버지를 여의었다. 부친이 떠난 뒤 집안의 주요 수입원이 사라지는 바람에 『청사고』 기록에 따르면 그는 어려서부터 가난하게 생활했다. 그래서 어린 나이에 돈의 중요성을 일찍 깨달았고 벼슬길에 오른 뒤에도 돈에 집착했다.

이런 인성적 부분 외에도 그가 원칙 없는 관직생활을 한 이유는 건륭제의 통치방식과 연관이 있다. 건륭은 중기에 들어서 사회 안정을 유지하기 위해 억울한 사건을 다수 만들어냈고 백성의 사상을 통제하여 자유롭게 말하고 행동할 수 없도록 했다. 그 결과 청나라는 어떻게 되었을까? 비록 일시적으로 안정되었지만 전보다 심각한 문제가 발생했다. 후기로 갈수록 청나라 사대부들의 도덕정신과 절개가 무너지기 시작한 것이었다.

말하자면 건륭은 예부터 내려오던 관리와 선비들의 정신을 끊어버리고 말았다. 그는 대신들에게 개인의 인격과 존엄은 신경 쓰지 말고 그저 자신을 위한 순종적인 노예가 되라고 명했다. 그래서 건륭제 중기부터 대신들은 갈수록 평범해지고 원칙과 기개는 더욱 찾아볼 수 없게 되었다. 화신이 바로 그 대표적인 예라 할 수 있다. 화신의 모든 행동은 청나라 왕조의 발전을 위한 것이 아니라 황제의 만족을 당장 채워주기 위한 것이었다. 그런 행동이 나중에 무서운 결과를 가져왔다. 예를 들어 '의죄은議罪銀'을 제도화한 것은 화신이 재물을 늘리기 위해 만들어낸 기발하고 천재적인 '발명품'이었다. 하지만 이는 청나라 왕조의 멸망을 앞당기는 역할을 했다.

'의죄은'은 감봉을 확대해서 적용한 제도라 할 수 있다. 감봉은 고대부터 존재했다. 보통 몇 개월 또는 몇 년간 녹봉을 주지 않는 방법으로 관리들의 작은 실수를 벌하기 위해 자주 행해졌다. 하지만 중기가 되자 건륭은 얼마 되지 않는 녹봉을 조금 주지 않는 것은 별다른 의미도 없고 벌을 주는 역할도 하지 못한다는 생각이 들었다. 그래서 원래 법으로 정해진 감봉 외에 벌금을 더 내렸는데 1만 냥이 넘어갈 때가 많았다. 그래서 이것을 벌을 내린다는 뜻의 '의죄'에 은자를 뜻하는 '은'을 붙여 '의죄은'이라 부르기 시작했다. 처음에 건륭제는 대신들에게 조금 더 무거운 벌을 주고자 한 것이지 이를 수입원으로 삼을 생각은 전혀 하지 않았다.

하지만 화신이 권력을 잡은 뒤 그는 '의죄은'을 이용해 돈을 벌 묘안을 하나 생각해냈다. 원래 감봉을 결정하는 권리는 이부에 있고 돈은 호부에서 조사해서 국고로 넘기기 때문에 과정이 매우 투명했다. 하지만 의죄은은 법에 의해 걷은 돈이 아니었기 때문에 돈이 국고가 아닌 황제의 개인 금고로 들어갔고, 액수와 과정도 공개되지 않았다. 그래서 화신은 건륭제에게 의죄은을 제도화하자고 건의했다. 그리고 감봉 범위를 크게 늘려 재정을 낭비한 큰 죄부터 상소에서 글자를 잘못 쓴 작은 실수까지 모두 벌을 내리도록 했다.

이 제도가 시행되자 영리한 대신들은 자신들에게 이익이 될 부분을 바로 찾아냈다. 그들은 의죄은을 내면 황제의 환심을 살 수 있음을 잘 알았다. 그래서 작은 실수를 저질러도 죄를 청하며 한편으로는 업무에 대한 진정성을 보이고 또 한편으로는 황제의 개인 금고를 채워주는 '공'까지 쌓는 일석이조의 효과를 누리려 했다. 적지 않은 대신들이 앞 다투어 황제에게 의죄은을 바쳤다. 예를 들어 허난 순무 졸원卒沅은 '범인을 빨리 붙잡지 못했다'며 스스로 은자 2만 냥의 처분을 내려달라 청했고, 산시陝西와 간쑤의 총독 늑이근 勒爾謹은 상인들이 옥을 밀수하는 것을 제대로 관리하지 못했다며 4만 냥을 내게 해달라고 했다. 허난 순무 하유성何裕城은 실수로 황제께 올릴 상소에 재를 떨어뜨렸다며 '불안해서 견딜 수 없다'는 이유로 벌금 3만 냥을 내게 해달라고 청했는데 건륭은 갑자기 이런 일이 연이어 일어나자 스스로 멋쩍게 느껴 죄가 크지 않으니 2만 냥을 줄여 1만 냥만 내라고 말하기도 했다.

화신의 묘안으로 의죄은 제도는 건륭제 말년에 주머니를 가장 두둑이 채워주는 수입원이 되었다. 현재 남아 있는『밀기당密記檔』의 통계에 따르면 13년간 일어난 의죄은 사건 중 규모가 큰 것은 예순여덟 건으로 한 해에 평균 다섯 건이 발생했다. 금액은 적게는 1만 냥에서 일반적으로 3만 냥 이하였지만 가장 많이 냈을 때에는 한 번에 38만4000냥까지 낸 기록도 있었다.

이 제도는 나중에 더욱 심각한 결과를 가져왔다. 부패정치가 있는 곳이면 어디든 적용되는 사실 중 하나는 바로 개인이 부정부패로 벌어들인 돈은 나라에 입힌 손해에 비하면 세발의 피도 되지 않는다는 것이다. 건륭제는 노년에 의죄은으로 돈을 수백만 냥이나 벌어들였지만 동시에 청나라 왕조에 수억만 냥의 피해를 끼쳤다. 게다가 받는 돈이 많아질수록 관리들에 대한 엄격함도 사라져 건륭이 부유해지는 동시에 의죄은을 바친 관리들을 더욱 통제할 수 없게 되었다. 따라서 의죄은은 실질적으로는 어떤 처벌 기능도 갖지 못했고 오히려 범죄를 보호해주는 우산이자 '면책권' 역할을 했다. 탐관오리들은 이를 이용해 더 많은 부정부패를 저지르며 '못된 짓'을 일삼는 데만 도가 텄다. 마치 불법으로 영업하던 가게가 벌금형을 받으면 오히려 영업 규모를 늘려 벌어들인 돈으로 벌금을 내는 것과 같은 상황이었다. 의죄은 제도는 건륭제의 대신들이 부정을 저지르도록 부추겼다. 화신이 만들어낸 이 제도 때문에 결국 청나라에 커다란 사건이 벌어지고 말았다.

乾隆

17강

부정부패에 물든 관료들

건륭제 말년이 되자 청나라 조정 분위기는 크게 변했는데 이 때 청나라 왕조 역사상 한 번도 일어난 적이 없었던 대규모 횡령사건이 발생했다.

건륭 39년, 중국의 서북쪽 오지에 위치한 간쑤성에서 건륭제에게 상소가 올라왔다. 간쑤에 연이어 가뭄이 들어 백성의 삶이 어려워졌으니 이곳에서 이재민을 구제할 기부금을 모으고, 기부를 많이 한 자에게는 '감생' 자격을 주면 어떻겠는지를 조정에 묻는 것이었다. '감생'이란 무엇일까? 청나라 최고 학부는 국자감이었다. 지금으로 치면 중국의 유일한 국립대학교나 같으니 이곳의 졸업장을 받는다는 것은 더할 나위 없이 명예로운 일이었다. 가끔 조정에서 돈이 필요할 때면 백성의 기부를 장려하기 위해 기부한 자에게 국자감 졸업생이라는 '감생' 자격을 주었다.

여러 차례 이야기한 대로 건륭은 이재민을 구제하는 일을 매우 중요하게 여겼다. 그래서 당연히 좋은 취지이니 그렇게 해도 좋다고 허락했다. 그때 건륭은 알지 못했다. 이것이 나중에 역사상 최대 규모의 횡령사건에서 통행증 같은 역할을 하리라는 사실을 말이다.

당시 간쑤에서 재정을 담당했던 포정사는 앞서 살아 있는 당나귀 고기를 좋아한다고 말한 탐관오리 왕단망이었다. 그는 돈으로 관직을 사서 벼슬길에 올랐으며 특히 권력을 좇고 비리를 저지르는 데는 남다른 능력이 있었다. 기부금으로 백성을 구제하자는 것도 그가 생각해낸 일이었다. 하지만 이 일은 정말 이재민을 위한 것이 아니었다. 그는 '감생'이라는 이름을 이용해 돈을 거둬들여 폭리를 취하려는 계획이었다.

그래서 그는 건륭의 허락이 떨어지자마자 기다렸다는 듯이 행동에 나섰다. 그는 백성에게 52냥을 기부하면 졸업장을 주겠다고 했다. 가격이 비싸지 않고 과정도 간단해서 순식간에 엄청난 돈이 모였다. 하지만 그는 돈으로 양식을 사서 이재민에게 나눠주지 않았다. 그러면 무엇을 했을까? 다른 관리들과 나눠가졌다. 채 3년도 안 되는 기간에 간쑤에서 거둬들인 기부금은 총 600만 냥이나 되었다. 왕단망은 이중 절반인 300만 냥을 갖고, 남은 300만 냥은 이 일에 참여한 다른 관리들에게 나눠주었다.

물론 왕단망과 관리들은 이 돈을 바로 집으로 가져가지 않았다. 당시 청나라 조정은 기부금으로 얻은 수입을 엄격하게 관리했다. 그래서 왕단망은 간쑤성의 모든 현에 해마다 재난상황에 대한 보고서를 올리라고 요구했다. 간쑤는 비교적 건조한 편인 서쪽에 있었으므로 가뭄이 발생했다는 보고서를 올리게 하고 따로 도표를 만들어 한 해 얼마씩을 이재민 구제에 사용한 것처럼 꾸미도록 했던 것이다. 그는 자신이 있는 현에도 가뭄이 발생해 10만 냥을 썼다고 적었다. 간쑤성에 있는 현 전체가 힘을 합쳐 재난을 만들어내고 거짓 장부를 작성한 것이다. 장부에는 각 현에서 어느 백성의 집에 얼마큼을 주었는지 이름과 함께 서명도 거짓으로 적어 넣었다. 이렇게 보고서를 작성해 호부에 올렸으니 건륭을 포함한 누구도 의심하지 않은 것이 당연했다.

그렇다면 이렇게 완벽하게 조정의 눈을 속인 계획이 나중에 어떻게 들통이 났을까? 이는 왕단망이 욕심이 지나친 탓이었다. 좀

352

더 자세히 살펴보자. 왕단망은 영리한 사람이었다. 일부러 재난을
꾸며내 기부금을 받은 덕분에 그는 재산도 불리고 승진도 하는 '일
석이조'의 효과를 보았다. 그렇다면 어떻게 승진을 했을까? 그는 이
번 일을 자기 공적인 양 포장했다. 실제로는 막대한 폭리를 취하면
서 한편으로는 끊임없이 조정에 상소를 올려 자신이 기부금으로
수많은 이재민을 구했고, 그들이 눈물을 흘리며 황제와 조정에 감
사 인사를 전했다고 보고했다. 상소를 본 건륭은 매우 흡족했다. 그
래서 건륭 42년 5월 기부금으로 재난 상황을 해결한 '공'을 인정해
왕단망을 간쑤에서 저장의 순무로 임명했다. 황량한 서북쪽 오지
에서 동부의 가장 번화한 성의 수장으로 가게 된 왕단망은 너무 기
뻐 날아갈 것만 같았다. 그는 스스로에게 감탄하며 자신이 능력이
충분하니 이대로만 간다면 몇 년 뒤 베이징으로 가서 대학사와 군
기대신에 오를 일만 남았다고 여겼다.

그래서 그는 쉴 틈 없이 바로 다음 일을 준비했다. 자신의 돈
을 써서라도 조금 더 빨리 승진할 수 있는 길을 만들고 싶었던 것
이다. 건륭 45년, 다섯 번째 순행길에 오른 건륭은 저장에 다다르
자 방파제 쌓는 일을 서둘러 바닷물이 넘쳐 들어오는 것을 막으라
고 지시했다. 저장성은 바다와 가까이 있고 땅 대부분이 지대가 낮
아 바닷물이 흘러 들어오는 일이 잦았다. 그래서 조정에서는 백성
을 보호하기 위해 해변에 돌로 방파제를 쌓았다. 건륭제에게 잘 보
일 기회를 찾던 왕단망은 방파제 건설을 앞당기려고 자신의 돈 50
만 냥을 공사비용으로 내놓았다.

그런데 이 돈이 '총명한 황제' 건륭의 의심을 샀다. 비록 이때

건륭은 이미 예전처럼 성실하고 진취적인 모습을 잃어버린 지 오래였지만 일부 무지몽매한 황제들처럼 정사에 아무런 관심이 없는 사람은 결코 아니었다. 따라서 왕단망의 행동은 건륭의 의심을 샀다. 건륭이 생각하기에 일개 순무가 일 년간 벌어들일 수 있는 돈은 연봉에 특별 봉급을 합한다 해도 은자 2만 냥 정도밖에 되지 않는데 어떻게 저장으로 온 지 3년 만에 50만 냥을 내놓을 수 있단 말인가? 분명 수상한 구석이 있었다. 그래서 대신 아계阿桂를 보내 왕단망에 대해 조사하라고 했다.

조사에 들어간 지 얼마 되지 않아 바로 사실이 드러났다. 아계는 보고서에서 이번 사건은 왕단망 개인뿐만 아니라 간쑤성 전체, 즉 위로는 총독에서 순무까지, 아래로는 관아의 관리들까지 모두 관련되어 있다고 말했다. 예를 들어 산시와 간쑤의 총독 늑이근은 왕단망의 사수로 그가 하는 일을 전부 알면서도 보고를 올리지 않고 뇌물을 챙겼다. 간쑤의 각 현에서는 더욱 적극적으로 거짓 장부를 작성했으며 한 현도 빠진 곳이 없었다. 즉 집단 횡령사건이 일어난 것이다.[209]

보고서를 본 건륭은 큰 충격을 받았다. 성의 관리 전체가 함께 모의해 횡령한 금액이 600만 냥이나 되니, 이렇게 큰 사건은 청나라 왕조가 세워진 이래로 100여 년 동안 한 번도 일어난 적이 없었다.

건륭은 즉시 명을 내려 왕단망을 처벌하라고 했다. 왕단망 외에 관련된 이들도 전부 처벌했다. 산시와 간쑤의 총독 늑이근에게는 자결을 명했다. 이번 사건에 개입한 관리는 모두 102명이었는데 이들은 청나라 법에 따라 마땅히 처벌해야 했다. 하지만 현실적인 문제가 하나 있었다. 이들을 전부 처벌한다면 간쑤성의 관리가 한순간 전부 사라지게 되어 당장 지역을 다스릴 수 없었다. 그래서 건륭은 결국 긴 한숨을 내뱉으며 그중 횡령한 금액이 비교적 많은 56명만 목을 베라고 명했다. 이 사건은 나중에 '간쑤성 기부금 횡령사건'으로 불렸는데, 횡령한 액수가 많고 지속 시간도 길었으며 관여한 관리와 처벌받은 자도 많아 '청나라 최대 횡령사건'이라 불리기도 했다.

위의 사건을 이렇게 자세하고 길게 이야기한 이유는 이것이 건륭제 말기를 대표하는 사건이기 때문이다. 또 이 사건이 발생한 것은 건륭제의 태도 변화와 직접 관련이 있었다.

중국 전통사회에서 비리와 횡령을 뿌리 뽑는다는 것은 바다에서 파도를 없애는 것처럼 근본적으로 불가능한 일이었다. 그 이유는 무엇일까? 당시 재정제도에 두 가지 단점이 있었기 때문이다. 하나는 엄격한 심사감독기구가 없어서 어디서든 돈을 몰래 가로챌 수 있었다. 보통의 지적 수준이라면 누구에게나 횡령은 어려운 일이 아니었다. 또 하나는 역대 대부분 왕조에서, 특히 명나라와 청나라 때 관리들의 월급이 매우 적었다. 심지어 기본적인 생활도 유지할 수 없을 정도인 경우도 있었다. 예를 들어 명나라에서 청렴한 관리로 유명했던 해서海瑞는 조정의 규정에 따라 월급 외에는 절대 한 푼도 돈을 받지 않았다. 그 결과 어떻게 되었을까? 그는 관아 한편에 밭을 일궈 농사를 지을 수밖에 없었다. 그렇지 않으면 먹고살 것이 없었기 때문이다. 이런 이유로 관리들은 적든 많든 횡령을 할 수밖에 없었고, 명나라와 청나라 시대에 횡령은 관료들 사이에서 흔한 일이 되었다.

하지만 이런 횡령에도 더 심한 방향으로 나아가지 않도록 제동을 거는 '힘'이 있었다. 첫 번째는 유교적 가치관이다. 전통사회의 관료들은 어려서부터 사서오경을 배우는데, 어려서 받은 교육이 인생 전체에 큰 영향을 미쳐 관료들의 인격과 일상생활에도 기본적으로 지켜야 할 선을 만들어주었다. 두 번째는 황제의 경계심으로, 관리들은 이를 피하기 위해 대놓고 대담하게 횡령을 할 수 없었다.

건륭제 중기만 해도 횡령과 부패는 결코 심각하지 않았다. 이는 이 두 가지 '힘'이 제 기능을 했다는 의미이기도 했다. 하지만 후기가 되자 이런 힘은 효력을 잃고 말았다. 우선 건륭 본인이 신하들을 압박하며 자신의 충실한 노예로 살기만을 강요했기 때문에 대신들은 이제 더는 인격적인 이상과 원칙을 추구하지 않게 되었다. 그리고 건륭제는 말년에 모든 일에 관대하고 관리들에게도 엄하게 하지 않았다. 부패와 횡령을 가로막을 방법이 이제는 사라져버린 것이다.

건륭제 말년에 일어난 부정부패가 역사적 기록을 남기게 된 데에는 또 한 가지 중요한 이유가 있다. 바로 건륭제 전성기에 경제가 크게 발전하면서 부정부패를 저지를 수 있는 부분도 많아졌다는 것이다. 건륭제 중기까지 청나라 경제는 빠른 속도로 발전했고 인구도 1억 명에서 3억 명으로 늘어났으며 GDP 역시 세계 최대를 기록했다. 경제 규모가 커지자 관리들이 중간에서 빼돌릴 수 있는 돈도 예전에 비해 몇 배나 늘어났다. 지방 관리들은 부유해질수록 더 많은 돈을 탐했다.

이런 요소들이 한꺼번에 합쳐지자 부정부패는 마치 적당한 온도와 습도를 만나면 엄청난 속도로 번식하는 세균처럼 무섭게 늘어났다. 건륭 30년이 조금 넘었을 때부터 건륭 40년 후까지 10여 년 동안 건륭왕조는 기강이 엄격한 '모범 정부'에서 부패의 온상으로 변했다.

'간쑤성 사건'은 건륭제 중후기에 일어난 부패사건에서 나타나는 몇 가지 새로운 특징을 말해준다. 하나는 부패가 조정 전체로 확대되었다는 것이다. 이전에 건륭제가 처리했던 횡령사건을 살펴보면 대부분 중하층 관리들 사이에서 일어났지만 후기가 되면 고위관리들에게 부패가 확대된다. 건륭제 전기에 부패로 처벌을 받은 3품 이상 관리는 4, 5명에 불과했다. 하지만 중후기 20여 년 동안은 처벌받은 3품 이상 지방 관리가 20명에 달한다. 그래서 건륭제는 자리에서 물러나기 1년 전 각 성의 총독과 순무 중 진정 청렴한 관리는 10명 중 두세 명도 되지 않는다며 화를 내기도 했다.[210] 고위관리들 중 왕단망처럼 최소한의 양심도 없는 사람이 나온 것은 당시 조정의 부패가 그만큼 만연했다는 점을 보여준다. 이것이 첫 번째 새로운 특징이다.

두 번째는 부패가 무리를 지어 공개적으로 일어나는 경향을 보이며 '집단 사건'이 빠르게 늘어났다. 건륭제 초기의 관리들은 돈을 조금만 횡령해도 누가 눈치챌까 전전긍긍하며 숨기고 감추기 급급했다. 하지만 말기가 되자 부패는 이제 부끄러운 일이 아닌 일상이 되었다. 일을 처리하고 승진하기 위해 법을 어기는 데 돈이 얼마나 필요한지 관리들 머릿속에는 이미 '가격표'가 붙어 있었다. 관리들은 자신을 보호하기 위해 다른 관리들과 동맹을 만들었는데, 이 때문에 '집단 사건' '연쇄 사건'이 많아졌다. 건륭 46년에서 건륭 49년까지 '간쑤성 사건' 말고도 총 5번 큰 횡령사건이 일어났다. 예를 들어 산둥 순무 국태國泰가 공금을 횡령하고, 푸젠과 저장의 총독 부늑혼富勒渾이 재물을 강탈한 사건 등이 있는데 이를 모두 중국 역사에서는 건륭제 후기의 6대 사건이라 칭한다. 이 사건들도 간쑤성 사건과 마찬가지로 '하나를 처리하면 또 하나가 딸려 나오고, 하나를 조사하면 떼로 몰려나오는', 즉 한 사람을 조사하면 수십 명에서 수백 명이 공범으로 나왔다.

그런 점에서 '간쑤성 사건'은 건륭제 정치의 치명적인 문제를 여실히 보여주는 확실한 사례라 할 수 있다. 우선 관리감독 기구는 형식상 존재할 뿐 아무런 기능도 하지 못했다. 원래 청나라에는 이재민을 구제하는 과정에 대한 엄격하고 세밀한 규정이 있었다. 조정에서는 관리들이 함부로 구제금에 손을 대지 못하도록 이재민에게 곡식을 나눠줄 때 담당관리가 직접 현장에 가서 매일 일이 끝난 뒤 장부를 작성하고 서명을 하도록 했다. 동시에 구제작업이 모두 끝난 뒤에는 총 얼마만큼의 곡식을 몇 명에게 주었는지, 받아간 백성 이름까지 전부 적어 공고를 붙여 백성과 함께 보도록 했다. 하지만 간쑤성 사건에서 보듯 이미 이런 규정은 유명무실해져 최소한의 기능도 하지 못했다.

더욱 중요한 것은 왕단망이 탐관오리라는 사실을 예전부터 모두 알았지만 누구도 위에 보고하지 않았다는 것이다. 당시 간쑤성 백성 사이에는 이런 말이 있었다. (왕단망에게) 1000냥을 보내면 얼굴을 한 번 볼 수 있고, 2000냥을 보내면 체면을 생각해주어 밥을 한 끼 같이 먹을 수 있으며, 3000냥을 보내면 기뻐하며 친근함을 표시하기 위해 직접 돈을 보낸 사람과 함께 활을 쏘며 시간을 보냈다[211]는 것이다.

이렇듯 왕단망의 비리는 민간에서 유행하는 노래의 소재가 될 정도로 유명했다. 그가 탐관오리라는 사실은 관리들뿐만 아니라 백성도 모두 아는 사실이었지만 수년간 누구도 이를 황제에게 보고하지 않았다. 사실 이유는 간단했다. 당시 지방 관리들은 자기 지역에서 손으로 하늘도 가릴 만큼 엄청난 세력을 형성했고, 또 건륭이 백성에게 함부로 계급이 높은 관리를 고발하는 '하극상'을 벌이지 않도록 철저히 관리했기 때문이다. 그래서 만일 왕단망이 권력욕에 눈이 멀어 자기 돈을 내놓는 일만 하지 않았다면 아마 그는 이후에도 순조롭게 관직을 이어가며, 이 사건의 진상이 드러나는 일도 영원히 없었을 것이다.

이른바 성세라 불리는 와중에 이런 일이 일어났으니 건륭의 체면도 말이 아니었다. 하지만 사건은 여기서 그치지 않았다. 간쑤성 사건으로 체면을 구긴 건륭을 더욱 창피하게 만든 일이 또 일어났기 때문이다.

건륭은 예전 같았다면 왕단망을 처리한 뒤 무척 화를 내며 스스로 반성했을 것이다. 하지만 나이 든 건륭은 이미 모든 면에서 의욕을 잃어버린 지 오래였다. 그는 이번 사건이 간쑤성에서 일어난 특수한 상황일 뿐, 이것이 청나라 전체 상황을 대변하는 것은 아니라며 스스로를 안심시켰다.

그래서 건륭은 사건을 해결한 뒤에도 관료들의 기강을 바로잡기는커녕 오히려 다른 일에 관심을 기울였다. 어떤 일이었을까? 원래 왕단망은 공물을 잘 바치기로 유명한 사람이었다. 그는 해마다 건륭에게 엄청난 조공을 바쳤다. 간쑤성 사건이 터지기 1년 전, 바로 건륭제의 고희연 때 그는 황제에게 수만 가지 선물을 보냈다. 선물은 모두 정교하고 아름다웠는데 그중 옥화병 한 쌍과 옥산자玉山子, 옥석에 산림경관을 조각한 장식품가 건륭의 눈을 사로잡았다. 새하얗게 빛나는 순수 백옥을 사용해 재료의 값이 워낙 비싸고, 모양도 독특한 데다 조각도 매우 섬세했다. 하지만 당시에는 황제가 선물을 받으면 일부는 돌려주는 관례가 있었다. 아홉 가지를 받으면 전부 받아들이지 않고 세 가지 정도는 돌려주는 것이다. 그래서 건륭은 이리저리 고민한 끝에 마음은 아프지만 그 두 가지를 왕단망에게 돌려보냈다. 하지만 건륭은 그 일을 몹시 후회하며 종종 그 옥화병과 옥산자를 떠올렸다.

이번에 왕단망과 관련된 사건이 벌어지자 건륭제는 제일 먼저 그 선물을 떠올렸다. 그는 왕단망 집을 조사하면 그 두 가지를 자기 손에 넣을 수 있으리라 기대했다. 그래서 건륭은 서둘러 지방 관리에게 왕단망 집을 수색하라고 명했다. 수색에 들어가자 역시 적지 않은 물건이 쏟아져 나왔다. 진주와 옥으로 된 것이 셀 수 없을 정도로 많았는데 모두 560여 상자나 되었다. 관리들이 황제의 명에 따라 그 상자를 바로 베이징으로 보냈다.

건륭제는 기쁨을 주체할 수 없었다. 어서 상자를 자신에게 가져오라 명한 뒤 뚜껑을 열고 속에 담긴 물건을 일일이 확인했다. 그런데 아무리 찾아도 그 옥화병과 옥산자는 그림자도 보이지 않았다. 게다가 이상하게도 그 안에 있는 물건들은 대부분 구식이거나 일반적인 수준의 작품이었다. 황제는 몹시 실망했다. 이게 도대체 어떻게 된 일일까? 건륭은 상황을 파악하기 위해 저장성에서 왕단망 집을 수색한 관리가 처음 작성한 장부를 가지고 와서 상자 안의 물건과 일일이 대조하게 했다. 그 결과는 놀라웠다. 장부에 쓰여 있는 100여 가지 진귀한 물건은 애초에 베이징으로 오지 않은 것이다. 그 대신 장부에 쓰여 있지도 않은 89가지 물건이 황제 눈앞에 있었다. 누군가 황제 물건에 손을 댄 것이다! 이는 정말이지 역사에서 한 번도 벌어진 적이 없는 일이었다!

화가 머리끝까지 솟은 건륭은 자신이 신임하는 신하 아계를 밤중에 급히 저장으로 보내 그곳의 최고 관리이자 푸젠과 저장의 총독인 진휘조陳輝祖와 함께 이 사건을 조사해 진상을 밝혀내라고 명했다. 건륭은 이 황당한 일이 분명 말단 관리들이나 그들의 하인 같은 자들이 조정의 엄격한 규율을 잘 알지 못하고 순간 욕심에 눈이 멀어 벌인 일이리라 생각했다. 만일 일반 관리라면 이런 일을 했다가 목이 날아갈 수 있음을 잘 알 텐데 누가 감히 이런 일을 저지르겠는가?

그러나 아계의 조사 결과를 본 건륭은 큰 충격을 받았다. 황제에게로 갈 물건에 손을 댄 사람은 다름이 아닌 총독 진휘조였다! 왕단망 집에서 나온 보물들은 정말 하나같이 아름다웠다. 그것을 본 진휘조는 뒷일을 잊어버릴만큼 눈이 멀어버린 것이다. 진휘조는 평소에도 각종 비리를 저지르며 담력 하나만큼은 누구보다 컸는데 이번 사건으로 건륭의 눈에 걸리고 말았다. 그는 대담하게도 낡은 물건들은 전부 황제에게 보내 눈속임을 하고 좋은 물건은 자신이 챙겼다. 하지만 일처리가 치밀하지 못하고 빈틈이 많아 장부를 고치는 일을 깜빡하는 바람에 덜미가 잡히고 만 것이다.

진휘조는 명문가 출신으로 부친은 양광兩廣, 광둥과 광시에서 총독을 지낸 인물이다. 건륭은 그를 매우 신임해 일찍이 등용했다. 그런데 '황제의 은혜를 받은' 지방 관리가 이런 일을 저지를 것이라고는 꿈에도 생각지 못했다. 건륭은 교지에서 이렇게 말했다.

"왕단망의 행동은 공공연하게 이루어졌으니 우리 애신각라 가문의 재산을 공개적으로 훔친 것과 같고, 진휘조는 살그머니 몰래 빼돌렸으니 우리 애신각라 가문의 재산을 몰래 훔친 것과 같다. 짐이 그렇게 고르고 골라 너희 같은 것들을 등용했단 말이냐? 화가 나서 참을 수 없구나!"212

건륭 48년, 건륭은 진휘조에게 자결하라는 명을 내렸다.

위에서 말한 사건들이 보여주듯, 건륭제 말년에 조정에는 이렇게 전에는 볼 수 없었던 사건들이 차례로 일어났다. 그때마다 건륭제는 탄식을 금치 못했다. 그는 최선을 다해 모든 사건을 조사하고 처리하는 과정에서 죄질이 나쁠 경우 한꺼번에 수십 명의 목을 베기도 했다. 하지만 건륭은 결코 제도적으로 이런 문제의 원인을 파악해보려는 노력은 하지 않았고, 여전히 이런 사건들은 모두 특수한 경우며 잘 해결하고 나면 청나라는 다시 예전 모습을 회복할 거라고 생각했다. 건륭은 왜 이렇게 생각했을까? 간단하다. 사람이 의욕을 잃고 향락에 빠져 스스로 벗어나지 못하는 상황이 되면 마음속에 '자기합리화'라는 것이 자꾸만 생겨난다. 제대로 현실을 바라보기보다 지금과 같은 향락을 계속 유지할 만한 이유를 찾고 그것을 무조건 믿으려는 것이다.

그래서 건륭이 스스로 이미 탐관오리를 모두 처벌했다고 믿은 순간 청나라 역사상 가장 강력한 탐관이 그의 곁에서 빠른 속도로 성장했다. 이 탐관은 청나라 이전에도 이후에도 존재한 적이 없는 인물이었다. 왕단망, 진휘조 같은 인물과는 비교도 되지 않았다. 그가 바로 화신이었다.

화신의 부정부패는 건륭조차 전혀 눈치채지 못했다. 어떻게 그럴 수 있었을까? 우선 화신의 수법이 매우 은밀했고, 건륭제를 속이는 재주도 너무나 뛰어났다. 또 건륭이 자신의 능력을 과신했다. 그는 자신의 능력이면 화신과 같이 특별한 세력도 가문도 없는 인물 정도는 충분히 통제하고 관리할 수 있으리라 믿었다. 하지만 실상은 화신의 손에서 놀아나고 있었다. 화신은 건륭제의 신임을 이용해 사사로이 이익을 챙겼고, 황제를 설득해 자기 생각을 거의 모두 실현했다.

그렇다면 화신은 어떻게 청나라의 '대탐관'이 되었을까? 화신의 재산만 8~9억 냥이 되었다는 기록이 있는데, 그게 모두 사실이었을까? 화신은 건륭 41년 호부의 우시랑과 군기대신에 임명되었고 내무부대신도 겸했다. 그 후에도 그는 여전히 계속 승진했다. 건륭 45년 호부상서와 의정대신議政大臣을 겸했고, 『사고전서』를 담당하는 총재 자리도 맡았다. 그리고 같은 해에 건륭과 사돈관계가 되었다. 건륭제는 가장 총애하던 딸 고륜화효공주固倫和孝公主를 화신의 아들 풍신은덕豊紳殷德에게 시집보냈다. 건륭 49년 화신은 협판 대학사에 올랐고, 건륭 51년 진문화전晉文華殿 대학사가 되었다. 이렇게 그는 문신이 오를 수 있는 가장 높은 자리에까지 올랐다. 건륭은 나중에 몇 차례 일어난 봉기를 진압하는 과정에서 쌓은 공을 인정해 그를 공작에 봉했다. 이전에 설명했듯이 중국 전통사회에서 귀족은 공·후·백·자·남 다섯 등급으로 나뉘었는데 공작은 그중 가장 높은 자리였다. 친왕과 군왕은 황족만이 가질 수 있는 이름이었으니 공작은 황족 출신이 아닌 사람이 오를 수 있는 최고 작위였다. 청나라 말기의 신하 증국번曾國藩의 경우 태평천국을 무찌르고 청나라 황실을 다시 세웠다고 해도 무방할 정도로 큰 공을 쌓았어도 겨우 후작 지위에 오르는 데 그쳤다. 따라서 공작에 올랐다는 것은 건륭이 그만큼 화신을 중요하게 생각했다는 의미로 볼 수 있다.

　지위가 계속 올라감에 따라 화신의 집안 역시 청나라의 일반 가문에서 최고 명문가로 성장했다. 역사서의 기록을 살펴보면 건륭 50년 이후 화신의 집안은 '시장'이 되었다고 한다. 어떤 '시장'을 말할까? 권력과 돈이 오가는 '암시장'이었다. 화신이 매일 아침 조회에 나가기 위해 집을 나서면 황궁으로 가는 길 양쪽에 전국 각지에서 올라온 관리들이 그를 만나려고 빼곡히 서 있었기 때문이다.213 이런 관리들에게서 관직을 사고 되파는 과정에서 화신은 엄청난 재물을 손에 넣었다. 역사서에 기록된 '양준염정兩準鹽政 징서徵瑞 뇌물사건'을 보면 당시 관직의 가격을 알 수 있다. 소금판매를 담당하는 양준염정은 당시 부수입이 많은 자리로 유명했다. 이 관직을 오래 유지하기 위해 징서는 가경제 원년 화신의 처가 사망했을 때 그에게 조의금으로 은자 20만 냥을 보냈지만 화신은 받지 않았다. 왜 그랬을까? 화신이 보기에 20만 냥은 액수가 너무 적고 그 관직을 유지하려면 최소 40만 냥을 보내야 한다[214]며 받지 않은 것이다. 승진을 부탁하는 것도 아니고 자리를 유지하는 데만도 40만 냥이라는 큰돈이 필요했다.

바로 이런 과정을 거쳐 화신은 청나라의 두 번째 황제로 군림하며 중국 역사상 최대 탐관이 되었다. 화신의 재산이 얼마나 되었는지에 대해 '8~9억 냥'이라는 설이 가장 널리 퍼져 있다. 예를 들어 서가가 지은 『청패류초』에서는 화신의 재산이 8억 냥이 넘었다[215]는 말이 있다. 이외에도 지나치게 비현실적인 주장도 있다. 청나라 말기의 학자 정국균丁國均은 『하향관쇄언荷香館瑣言』에서 100억 냥에 달했다[216]고 말하기도 했다.

하지만 상식적으로 볼 때 이는 불가능한 일이다. 경제학자로 유명한 펑신웨이彭信威의 저작 『중국 화폐의 역사中國貨幣史』를 살펴보면 청나라 건륭제 때 화폐의 총 유통량은 3억6000만 냥이었다고 한다. 즉 당시 중국 전역에서 화폐로 사용되는 은자가 총 3억6000만 냥이었다는 뜻이다. 화신 한 사람이 어떻게 전국 화폐 총 유통량보다 3배에서 심지어 30배까지 많은 재산을 가질 수 있겠는가? 화신이 청나라 최대의 탐관이었던 것은 맞지만 그가 비리와 횡령으로 모은 돈은 생각만큼 많지 않았다. 역사학자들의 연구에 따르면 1000만~2000만 냥 정도였을 것이며 억대는 터무니없는 소리에 지나지 않는다.

그렇다면 '8~9억 냥'이라는 비현실적인 주장은 과연 어디서 나왔을까? 이런 소문은 주로 『화신범죄전안당和珅犯罪全案檔』이라는 야사에서 퍼지기 시작했다. 청나라 역사에 관심은 있지만 전문가는 아닌 사람들이 이 『전안당』을 화신의 재산을 연구한 정사이자 기초자료로 여겼기 때문이다. 또 이 책은 중국 제일의 역사자료 보관소에 있었다. 역사자료 보관소는 명나라와 청나라 두 왕조의 조정 문건과 황제의 문건 등을 보관하고 관리하는 국가급 연구소로, 그곳에 있는 자료들 대부분이 청나라 때 궁에 있던 것들이었다. 그래서 그곳의 자료는 모두 권위 있는 자료로 평가된다.

하지만 『전안당』은 역사적 지식이 있는 사람이라면 조금만 살펴봐도 조정에서 만들어진 기록물이 아니라는 것을 알 수 있다. 잘못된 부분도 많고 내용도 난잡하기 때문이다. 그 안에는 가경제의 조서에서부터 화신의 첩이 쓴 시문까지 온갖 '잡동사니'가 다 모여 있다. 서체 역시 조악하고 용어와 호칭도 전문적이지 못한 부분이 많다. 예를 들어 기록 중에는 관리 이름을 팔왕야八王爺, 십일왕야十一王爺 등으로 적은 경우가 있는데 청나라 조정의 공문서를 살펴보면 친왕이나 군왕을 부를 때는 그 작위까지 함께 붙이지 절대 이렇게 민간에서 부르는 대로 적지 않는다. 게다가 기록을 살펴보면 '영寧'자가 나올 때마다 아래 부분에 흰 획을 빼고 글자를 적어 넣었다는 것을 쉽게 발견할 수 있다. 이는 무엇을 의미할까? 이 책이 가경제가 화신을 조사하면서 만든 문건이 아니라 도광제 때 만들어진 야사라는 것을 뜻한다. 그 이유는 무엇일까? 도광제 이름이 민녕旻寧이기 때문에 황제의 이름과 같은 글자를 쓰지 않기 위해

'영'자를 쓸 때 한 획을 뺀 것이라 볼 수 있다. 따라서 이 책은 도광제 때 나타난 야사라는 결론이 나온다.

야사이다보니 안에 실린 내용 역시 상식적으로 말이 되지 않는 부분이 많다. 예를 들어 야사에는 화신의 집에 황금이 얼마나 있었다고 적었을까? 현대의 단위로 말하면 200여 톤이다. 그런데 건륭제 때 청나라의 연간 황금 생산량은 10톤이 넘지 않았다. 한 사람 집에 어떻게 전국에서 20년간 생산하는 양과 맞먹는 금이 있을 수 있겠는가? 이게 가능한 일이겠는가? 게다가 화신 집을 수색할 때 명주明珠가 60여 개나 나왔는데 한 알의 무게가 2냥이나 되었다고 적혀 있다. 무게가 2냥이나 되는 진주라면 크기가 달걀만큼 커야 할 텐데 어떤 보석상을 잡고 물어봐도 그런 진주는 본 적이 없다고 할 것이다. 따라서 지름이 11밀리미터가 되는 진주도 보기 어려운데 2냥이나 되는 진주가 있다는 것은 애초에 불가능한 이야기다. 그러므로 『화신범죄전안당』은 민간에서 떠도는 소문과 자료를 베껴 만든 '잡동사니' 야사에 불과하다고 볼 수 있다.

그렇다면 이런 책이 왜 역사자료 보관소처럼 중요한 곳에 있느냐고 묻는 사람도 있겠다. 가장 가능성 있는 추측은 도광제 시절 한 호기심 많은 태감이 민간에 떠도는 이 야사를 가져와 돌려본 뒤 궁에 남겨둔 것이 나중에 보관소로 가게 되었다는 것이다.

그래서 화신에 대해 전문적으로 연구해온 역사학자 펑줴저는 수년간 연구한 끝에 『청실록』과 『청사고』 및 기타 정사와 문건의 기록을 종합해 이렇게 결론을 내렸다. 화신이 소유하고 있던 현금과 토지, 가옥의 총 가치는 1000만 냥에서 2000만 냥 사이라는 것이다. 물론 골동품과 서예, 그림은 포함하지 않았다. 이는 가격을 정확하게 매기기가 어렵다.

앞서 이야기한 건륭제 시대에 만들어진 수많은 역사적 기록에서 이제 또 한 가지 기록을 추가해야겠다. 건륭제 시대에 존재했던 탐관의 수와 그들이 횡령한 재물의 수 역시 청나라 역사상 최고였다. 예상치 못한 부정과 비리가 연이어 발생했음에도 건륭제는 여전히 현실을 직시하려 들지 않았다. 결국 대신들 중 한 명이 이를 참지 못하고 일어나 황제에게 맞서기 시작했다. 그렇게 건륭제 말년에 청나라에서는 조정과 백성의 이목이 집중된 '군신간의 대결'이 벌어졌다.

황제와 신하의 대결

건륭제 후기가 되자 조정의 기강이 무너지며 큰 사건이 연이어 터졌다. 하지만 황제 자신은 문제의 심각성을 전혀 인식하지 못하고 엉뚱한 놀이 하나에 심취해 있었다. 무슨 놀이였을까? 바로 '중국 황제 기네스 만들기'였다. 이게 도대체 무엇일까? 중국 역사에 존재했던 모든 황제를 여러 방면에서 비교하여 자신의 위대함을 증명하는 놀이였다.

예를 들어 건륭제는 건륭 45년에 「고희설古稀說」을 써서 자신이 청나라가 세워진 이후 처음으로 고희를 맞은 황제임을 밝혔다. 누르하치는 예순여덟, 홍타이지는 쉰둘, 순치제는 스물넷, 강희제는 예순아홉, 옹정제는 쉰여덟까지 살았으니 청나라의 모든 황제 중 가장 장수한 사람은 자신이었다.

범위를 중국 역사 전체로 확대해도 그는 여전히 선두에 있었다. 건륭제 이전에 일흔까지 살았던 황제는 총 6명이었다. 한나라 무제, 양나라 무제, 당나라 현종, 송나라 고종, 원나라 세조, 명나라 태조다. 이들은 건륭과 비교했을 때 통치에 문제가 많아 완벽한 황제라 할 수 없었다. 송나라 고종은 땅을 빼앗겼고, 당나라 현종 말년에는 안사의 난이 일어났다. 따라서 그중 모든 면에서 완벽하게 나라를 이끈 사람은 자신뿐이니 중국의 황제들 중 종합점수를 따져본다면 단연 일등이었다.

건륭 49년이 되자 건륭제는 자신이 새로운 역사적 기록을 만들었다고 발표했다. 어떤 기록일까? 그해에 건륭의 첫 번째 고손자가 태어나 5대가 함께 살게 된 것이었다. 그래서 건륭은 역사상 살아서 자손을 5대나 본 황제는 자신밖에 없다고 말했다. 건륭제는 기뻐하며 바로 시를 지었다.

기쁜 소식이 궁으로 전해지고, 이 놀라운 소식은 중원뿐만 아니라 주변국으로까지 퍼져나가는구나. 짐은 5대와 함께 살게 되었으니 선대의 모든 황제들 중 가장 복이 있는 황제가 되었도다.[217]

건륭 50년이 되면 건륭은 자신이 또 한 가지 역사적 기록을 세웠다고 발표했다. 바로 일흔까지 산 황제 일곱 명 중 자신의 재위 기간이 50년으로 가장 길다는 것이었다.[218] 건륭 55년, 팔순을 맞은 건륭은 나이와 자손, 통치 기간 세 부분에서 이제 누구도 부정할 수 없는 역사 속 최고가 되었음에 더욱 기뻤다.

"역사상 고희를 넘긴 황제 여섯 명 중 세 명만이 팔순을 맞았지. 그 셋 중 송나라 고종과 양나라 무제는 형편없는 인물이니 말할 것도 없고, 오직 원나라 세조만이 뛰어난 무공으로 나라를 다스렸네. 하지만 원나라 세조도 짐에게는 미치지 못하는구나. 짐은 5대와 함께하는데 그는 그러지 못했으니."[219]

그래서 건륭 45년부터 건륭 55년까지 10년 동안 청나라 왕조에서 일어난 가장 중요한 일은 오직 건륭의 일흔, 일흔다섯, 여든번째 생일 세 가지다. 생일 연회는 갈수록 성대하고 화려해졌으며 건륭의 자신감과 오만함도 해를 거듭할수록 정도가 심해졌다.

팔순을 축하하는 연회가 막 끝난 건륭 55년 8월 22일, 건륭은 가만히 앉아 조정에서 올라온 상소를 살펴보았다. 생일 연회가 있었던 터라 건륭의 팔순을 축하하는 글이 줄기차게 올라왔다. 내용은 모두 황제의 은덕을 칭송하고 백성 역시 그 은혜에 감사한다는 것이었다. 모두 비슷한 글이었지만 건륭은 상소를 하나하나 곱씹으며 읽어 내려갔다. 이런 글은 아무리 봐도 질리지 않았다.

즐거운 마음으로 다음 상소를 펼친 순간 건륭의 표정이 굳어졌다. 그는 바로 자세를 고쳐 앉아 심각한 표정으로 상소를 바라보았다. 어떤 상소가 황제의 심기를 건드렸을까? 그 상소는 내각학사 윤장도尹壯圖가 올린 것이었다. 윤장도는 윈난 멍즈현 사람으로 건륭 31년 진사에 합격하고 건륭 39년 내각학사가 되어 줄곧 베이징에서 관리로 일해왔다. 그가 올린 상소에는 의죄은 제도에 문제가 많으니 이를 폐지해야 한다고 적혀 있었다.

앞서 말했듯이 의죄은 제도는 화신이 만들어낸 것으로 대신들이 잘못을 저질렀을 때 황제에게 자신을 내치지 말고 계속 등용해달라는 의미로 벌금을 바치는 제도였다. 윤장도는 이 제도가 오히려 관리들이 법을 어기고 비리를 저지르도록 부추긴다고 지적했다. 현재 여러 지방에서 거액의 재정 손실이 발생했는데 이것이 의죄은 제도와 관련이 있다는 주장이었다. 지방 관리들이 갈수록 대담해져 마음대로 공금을 사용하여 엄청난 적자를 만들어내면서도 이 일을 심각하게 여기기보다 나중에 발각되면 벌금만 내면 된다고 생각하니 갈수록 지방 관아의 손실이 커지고 청나라 국고도 이미 텅 빈 상태나 마찬가지라는 것이었다. 그래서 윤장도는 황제에게 '이 제도를 영원히 중단시킬 것'을 건의했다.

대신이 황제에게 부정적인 의견을 내비치는 일은 건륭제 전기만 해도 자주 볼 수 있었다. 하지만 중기를 지나 청나라가 태평성세에 접어들면서 이런 '귀에 거슬리는 말'은 거의 자취를 감춘 듯했다. 그래서 윤장도의 상소를 본 건륭은 낯설고 불편한 느낌을 지울 수 없었다. 그래도 건륭은 어디까지나 자신을 '현명한 군주'라 여겼다. 그래서 다른 황제들처럼 이런 상소를 보고 바로 불같이 화를 내기보다는 신하의 말을 받아들일 줄 아는 군주처럼 보이기 위해 조용히 붓을 들었다. 그리고 윤장도의 상소 아래에 우선 이렇게 적었다. '불위무견不爲無見', 그렇게 생각할 수도 있다는 뜻이다.

사실 건륭 역시 의죄은 제도의 폐단을 잘 알았다. 모든 일을 벌금으로만 처리한다면 그중 마땅히 엄벌을 받아야 하는 죄인도 돈으로 법의 그물을 빠져나갈 수 있었다. 그렇다면 건륭은 왜 문제를 알면서도 이 제도를 유지했을까? 건륭에게도 자신만의 고충이 있었다. 황제의 개인 수입에서 가장 큰 부분을 차지하는 것이 바로 의죄은으로 거둬들인 돈이었기 때문이다. 지방을 순행할 때와 평소 신하들에게 상을 내릴 때 쓰는 돈 등이 모두 의죄은에서 나왔다. 만일 이 돈이 없다면 황제의 주머니사정은 매우 곤란해질 게 뻔했다. 게다가 제도의 성패는 실행방법과 과정에 달린 게 아니던가? 건륭제는 자기 능력이라면 이 제도의 문제점을 최소로 줄일 수 있다고 믿었다.

그래서 바로 그 아래에 감독할 인재를 구하기 어려워 이런 방법을 채택했으며 어쩔 수 없는 부분이 있었다고 적었다.[220] 건륭은 이렇게 자기변명을 늘어놓은 뒤 한 가지 문제를 제기했다. 대신들이 상소를 올릴 땐 반드시 이유와 근거가 명확해야 한다는 것이었다.

"네가 올린 상소를 보면 각 지방에 재정 손실이 발생했다고 적혀 있는데 이는 너의 주관적인 억측이지 확실한 증거가 없지 않느냐? 지금 청나라 전체가 태평성세에 있는데 어떻게 지방마다 적자가 발생할 수 있단 말이냐? 지금 짐과 농을 하자는 것이냐?"

건륭은 연이어 자신에게 올린 상소가 괜한 헛소리인지 아니면 진짜 근거가 있는 말인지 한번 증명해보라고 적었다.[221] 건륭이 이렇게 교지를 내리면서 조정 안팎이 모두 주목하는 '황제와 신하의 대결'이 시작되었다. 이 대결은 정계 인사들의 관심을 받았을 뿐만 아니라 일정 부분 청나라 정치의 방향을 결정짓기도 했다.

황제의 교지는 그날 바로 윤장도에게 전해졌다. 이튿날 건륭은 윤장도의 회신을 받았다. 그런데 회신을 받은 건륭은 더욱 화가 났다. 글을 읽으며 손을 부르르 떨 정도였다. 윤장도가 도대체 무슨 내용을 썼기에 건륭이 이렇게 화가 났을까?

보통 사람 같으면 황제의 교지를 보는 순간 자신이 황제의 심기를 어지럽혔다는 것을 눈치챘을 것이다. 이때 가장 좋은 방법은 한 발 물러나는 것이다. 자신에게 특별한 증거는 없고, 폐하의 가르침으로 제 상소가 얼마나 터무니없는지 알게 되었다는 등의 내용을 써서 회신하면 된다. 그러면 체면은 좀 깎이겠지만 자리는 보존할 수 있다. 하지만 윤장도는 보통 관리들과 달랐다. 그는 회신에서 자신이 이런 상소를 올린 것은 그만한 이유가 있기 때문이라고 했다. 그는 일전에 고향 원난을 다녀왔는데, 오고 가는 길이 수천 리나 되어 거의 중국 영토 대부분을 통과한다 해도 지나친 말이 아니었다. 그런데 그 길에 심각한 문제를 하나 발견했다. 그가 성을 지나칠 때마다 상황을 보니 전국의 모든 성에서 재정 적자가 발생하고 있었던 것이다. 성의 재물창고와 양식창고는 모두 텅텅 비어 있었고, 장부에 적힌 수와 실제 수가 전혀 일치하지 않았다. 이런 상황에서 일단 재난이나 전쟁이 일어난다면 나라가 조달할 수 있는 물자가 없으니 심각한 상황에 처하게 될 게 분명했다.

게다가 더 중요한 것은 당시 청나라 관료사회가 아래에서 위까지 모두 심각하게 부패했다는 점이다. 자신이 길에서 만난 사람들은 하나같이 자신이 사는 지방의 관리들이 얼마나 부패한지 하소연을 늘어놨다는 것이다. 모든 성이 그러했다. 청나라는 이미 위험한 상태였다![222] 하지만 자신은 일개 관리로 시간도 권력도 없었기 때문에 각 지방을 모두 조사하여 증거를 가져올 수는 없었다. 관리들이 뇌물을 주고받아도 자신은 현장에 없고, 구체적인 장부 역시 그곳 관리가 아니면 일일이 볼 수 없었기 때문이다.[223] 그래서 윤장도는 만일 황제께서 자기 말을 믿지 못하겠다면 믿을 수 있는 만주족 대신을 보내 자신과 함께 각 지방을 돌아다니며 조사할 수 있게 해달라고 했다. 그러면 반드시 진상을 알 수 있을 것이라 적었다.

이 글을 본 건륭은 몸 전체가 떨려왔다. 그는 흔들리는 손으로 붓을 들어 이렇게 적었다. "청나라 전체가 짐이 만든 태평성세 안에 있는데, 백성이 살기가 힘들다니! 지금 무슨 헛소리를 지껄이는 것이야!"[224]

물론 건륭이 화를 내는 것을 무조건 탓할 수만은 없다. 그는 즉위한 뒤 55년 동안 매일 열심히 일하며 하루도 상소 보는 것을 미룬 적이 없었다. 청나라 발전을 위해 '전심전력'한 덕분에 나라를 태평성세로 끌어올릴 수 있었다. 그래서 만일 한두 개 성에서 재정 적자가 나거나 관리 한두 명이 뇌물을 받았다면 그것은 이해할 수 있었다. 세상에 완벽한 것은 없고 어디나 예외가 있는 것이 아닌가. 이는 확률로 따지면 1:9 정도로 소수의 일이지 절대 전체의 일은 아니라 여겼다. 하지만 윤장도는 상소에서 청나라 전체를 거론하며 모든 지방에서 부정과 비리가 일어나고 있다고 했다. 이는 1:9가 아니라 10:0이 되는 것이고 청나라 전체가 진흙탕이 되었다는 뜻이니 이는 자신이 그동안 쌓은 정치적 업적을 부정하는 것이 아닌가?

몹시 흥분한 건륭은 회신을 받은 날 바로 긴 교지를 내렸다. 윤장도의 말을 결코 믿을 수 없으며, 자신이 지난 55년간 성실함과 자애심으로 최선을 다해 나라를 다스렸으니 모든 백성이 자신을 존경하면 했지 절대 원망하는 사람은 없다고 했다.[225]

건륭은 원래 윤장도를 좋게 생각했다. 그는 윤장도가 특별한 재능은 없어도 성실하고 책임감 있는 사람이라 여겼다. 다만 조금 고지식하고 처세에 약해 진사에 합격한 뒤에도 예부주사禮部主事와 낭중郎中 자리에만 머물렀다. 그래서 건륭은 특별히 몇 년 전 그를 내각학사 겸 예부시랑 자리에 등용해 높은 대우를 받을 수 있도록 해주었다. 상식대로라면 그는 감격해 눈물을 흘려도 충분치 않은데 어떻게 팔순 연회가 지난 지 얼마 되지 않아 청나라 정치 전체를 비판하고 나설 수 있단 말인가? 건륭은 정말로 이해할 수 없었다.

건륭은 교지에 윤장도의 상소에 대한 자기 생각을 가감 없이 적었다. 그는 윤장도가 이렇게 황당한 일을 벌인 것은 스스로 짐작하기에 자기 학문이 뛰어나지 않아 앞으로 더 승진하기 어렵겠다는 생각이 들어 이번 상소로 백성을 위하는 관리라는 명예도 얻고 지방의 창고를 조사하는 일을 빌미로 관리들에게 재물을 얻어내 실리까지 챙기려 한 것이라고 말이다.

건륭은 윤장도의 주장에 따라 정말로 사람을 보내 지방의 창고를 조사하기로 결정했다. 그는 호부에서 각지의 창고 상황을 관리하는 대신인 호부시랑 경성慶成에게 윤장도와 함께 허베이, 산둥 등의 성으로 가서 창고를 조사하라고 명했다. 공개적으로 윤장도와 대결을 선포하여 함께 청나라 창고가 가득 차 있는지 비어 있는지 한번 보자는 것이었다. 만일 윤장도 말처럼 창고가 비어 있다면, 자신은 그동안 나라를 잘못 다스린 어리석은 황제이며 대신들이 지금까지 자신을 속였음을 인정하겠다고 했다. 하지만 만일 곳간이 가득 차 있다면 윤장도 말은 거짓이 되니 황제를 농락한 죄를 피할 수 없을 것이라 말했다.

교지가 내려지자 청나라 조정이 발칵 뒤집혔다. 관리들은 모두 눈을 크게 뜨고 황제와 윤장도의 이번 대결에서 어떤 결과가 나올지 숨죽여 지켜보았다.

건륭은 스스로 자신을 낮춰 윤장도와 함께 모두가 지켜보는 '링'에 올랐다. 굳이 이런 결정을 내린 이유는 무엇일까? 나이가 들어 판단력이 흐려졌을까? 아니다. 윤장도의 상소는 청나라 제국의 정치와 건륭이 그동안 쌓아온 정치적 업적을 어떻게 판단할 것인가 하는 근본적인 문제와 관련이 있었다. 건륭과 윤장도는 같은 시대를 살지만 당시 상황에 대해서는 전혀 다른 평가를 내렸다. 그렇다면 건륭 55년의 정치 상황은 과연 어떠했을까?

사실 윤장도 말은 결코 거짓이 아니었다. 건륭 45년 이전의 청나라 왕조는 건륭 말대로 성세의 전성기를 누렸다. 사회가 안정되고 정치는 투명했으며 경제가 발전하여 백성의 삶이 편안해졌다. 인구도 두 배로 늘어나 나라 전체 상황이 모두 크게 좋아졌다. 하지만 건륭 55년이 되자 상황은 전혀 달라졌다.

먼저 당시 외국에서 청나라 상황을 어떻게 바라보았는지 살펴보자. 건륭 55년, 조선의 사신 일행이 중국을 방문하고 돌아간 뒤 국왕에게 청나라 상황을 보고했으며 건륭 60년에는 청나라를 이렇게 평가했다. 청나라 왕조 전체가 부패할 대로 부패해서 관리들에게선 염치를 찾아볼 수 없고 오직 관직을 사고파는 데만 관심이 있으며 모든 관직에 공공연한 가격이 매겨져 있을 정도였다[226]고 말이다.

이는 외국인이 바라본 중국의 모습이고, 건륭과 같은 시대에 살았던 사람의 말은 더욱 구체적이다. 학자 홍량길洪亮吉은 건륭제 말년의 부패 상황을 이렇게 묘사했다. 당시 대신들 중 속세에 물들지 않고 청렴함을 지키는 사람과 부정부패에 물든 사람의 비율은 1:9 또는 2:8 정도였으며 소수의 청렴한 관리는 웃음거리가 되어 시대에 뒤떨어진 어리석은 사람, 시대에 어울리지 않는 사람 취급을 받았다. 그래서 이들도 결국 어쩔 수 없이 다른 관리들처럼 부정을 저지르게 되었다는 것이다.[227]

따라서 윤장도의 상소는 정말로 군주와 나라를 생각하는 간절한 마음으로 올린 것이었다. 그는 베이징에서 20년 동안 일하며 조정에서 늘 외치는 '청나라는 하루가 다르게 발전하며 지금이 역사상 가장 융성한 시절'이라는 말을 굳게 믿어왔다. 비록 화신이 권력을 장악하고 뇌물을 받는다는 소문을 들은 적이 있지만 이는 일시적이거나 예외적인 일일 것이라 생각했다. 하지만 이번 고향에 다녀오는 길에 수많은 사람을 만나고 이야기를 들으며 그의 믿음은 완전히 무너졌다. 주막에서 술을 마시는 퇴직한 관리들부터 길거리에서 잡담을 나누는 병졸들까지 모두 조정을 욕하고 관리들을 비난했다. 그래서 그는 베이징에 돌아오자마자 바로 상소를 올렸다. 상황이 이렇게 심각하니 황제께서 반드시 이를 바로잡아야 한다고 말하고 싶었다.

건륭제 말년의 부패상황이 이렇게 심각한 수준에 이르렀지만 건륭은 이를 정확히 인지하지 못했다. 그 이유는 무엇이었을까? 나이가 들수록 자신에 대한 믿음이 더욱 강해졌기 때문이다. 그는 자신이 청나라를 다스렸기에 나라가 이만큼 발전하고 여러 업적도 쌓을 수 있었으며 문제는 일부분에 불과하다고 믿었다. 그의 눈에 자신이 55년간 다스린 청나라는 결코 어떤 것에도 무너질 리 없었다. 비록 건륭제 말년에 커다란 횡령사건이 여러 건 벌어졌지만 이는 특수한 경우일 뿐 전체 상황에 영향을 미칠 정도는 아니라고 생각했다.

그렇다 해도 어려서부터 유달리 총명하고 눈치도 보통이 아니었던 그가 왜 이렇게 상황을 제대로 파악하지 못하고 오히려 보고도 못 본 척했을까? 가장 중요한 이유는 건륭제가 나이가 들면서 완전한 '동굴인'이 되었기 때문이다. '동굴인'이란 무엇일까? 어느 학자가 쓴 글에 따르면, '오랜 기간 정권을 잡고 있는 사람일수록 쉽게 권력의 환각에 빠진다……. 권력이 동굴이 되고 권력자는 바로 그 동굴에 숨은 사람이 되는 것이다. 즉 그들은 자기 권력의 포로라 할 수 있다. 그들이 보고 듣는 것은 모두 권력을 지탱해주는 긍정적인 소식뿐이며 부정적인 소식은 잘못된 정보로 인식해 아예 없애버린다. 그들 주변에는 이미 이런 잘못된 정보는 걸러내고 좋은 정보만 받아들이는 시스템이 마련되어 있다. 그런 상황에서 권력자는 자신과 나라의 상황을 제대로 인식하지 못하고, 심지어 스스로의 힘으로 현실상황을 판단하는 능력마저 잃고 만다.'[228]

특히 중국의 고대 황제들은 쉽게 '동굴인'이 되었는데, 이는 주변에 황제 눈치를 보며 비위를 맞추려는 사람이 그만큼 많았기 때문이다. 즉위 초만 해도 건륭은 영리하고 날카로워 대신들이 감히 거짓말을 하지 못했다. 하지만 나이가 들면서 점점 좋은 소식과 칭찬만 들으려 하자 대신들도 자연스럽게 그런 분위기를 맞춰 나쁜 소식은 보고하지 않았다. '긍정적인 정보'에만 둘러싸여 있다가 갑자기 윤장도가 나타나 '부정적인 정보'를 던졌으니 당황스러워서 더욱 화가 났던 것이다. 그래서 건륭은 대결을 펼쳐 자신의 청나라가 지금 역사에서 가장 태평한 시절, 그것도 그냥 태평한 것이 아니라 태평성세의 절정이라는 것과 이 형세가 갈수록 좋아질 것이고 이보다 더 좋을 수 없다는 것을 증명하고 싶었다.

대결은 이미 시작되었고, 청나라 전체의 눈이 황제와 윤장도를 향했다. 하지만 이 대결에는 근본적인 문제가 있었다. 바로 건륭이 만든 대결의 규칙이 불공평하다는 것이었다. 만일 '성세의 절정'이라는 겉옷을 벗겨내고 실체를 보고 싶다면 방법은 간단하다. 몰래

사람을 보내 각 성의 창고 안에 은자와 식량이 얼마나 보관되어 있
는지 조사해보면 금방 알 수 있다. 윤장도 역시 그렇게 생각했다.

하지만 건륭은 건륭에게 이런 기회를 주지 않았다. 그는 윤
장도의 '비밀 수사' 요구를 완전히 거절했다. 이유가 무엇이었을까?
'선례가 없다無此政體'는 것이 그 이유였다. 건륭은 비밀리에 수사하
는 것을 허락하지 않았을 뿐만 아니라 윤장도가 가는 지역에는 미
리 사람을 보내 관리들에게 자료를 준비하게 하는 규정을 만들기
까지 했다.

도대체 건륭은 왜 이렇게까지 했을까? 건륭은 비난을 듣고 싶
지는 않았지만 현재 전국의 모든 성에서 적자가 하나도 발생하지
않았을 거라 확신할 수도 없었다. 만일 윤장도를 보내 비밀리에 수
사했다가 정말 적자가 난 곳이 나온다면 자기 체면은 어떻게 되겠
는가? 건륭제와 윤장도의 대결은 창고의 적자 유무에서 승패가 갈
리는 것이었다. 게다가 건륭은 이런 현상이 일부분이고 관리할 수
있다고 생각했지만 윤장도는 보편적인 현상이라 주장했다. 그래서
건륭은 윤장도의 '비밀 수사'를 거절했던 것이다.

이렇게 공개적으로 수사한다면 결과는 뻔했다. 윤장도는 출발
하기도 전에 승패가 이미 나왔다는 것을 잘 알았다. 하지만 모두의
이목이 쏠린 일이고 황제의 명도 떨어졌으니 대결하지 않을 수도
없었다. 그래서 이튿날 그는 호부시랑 경성을 따라 길을 나섰다.

이번 일로 신경이 날카로워진 건륭은 교지에 따로 이런 조항
을 달았다. 호부시랑 경성은 명을 받고 공무를 위해 출장 가는 것이
니 모든 비용을 국가에서 대고, 윤장도는 스스로 나서서 일을 만들

었으니 모든 여비를 스스로 부담하라는 것이었다. 건륭은 그래야 공평하다고 말했다. 그래서 경성은 큰 가마에 앉아 길을 나서고 윤장도는 노새를 타고 홀로 그 뒤를 따랐다. 처음 간 곳은 산시성 다퉁이었다.

산시 관리들은 며칠 전 이미 통지를 받고 준비를 마쳤기 때문에 조사 결과는 뻔했다. 그들은 두 조사관을 데리고 다니며 창고를 일일이 열고 장부를 모두 보여주었다. 과연 창고 안은 가득 차 있었고, 쌓아둔 양식의 수와 장부의 수가 정확히 일치했다.

아무리 눈치 없는 사람이라 해도 상황이 이쯤 되면 어떻게 해야 하는지 알 수밖에 없다. 정직한 관리였던 윤장도는 결국 거짓말을 했다. 그는 조사 과정과 결과를 상세히 적어서 보고서를 만든 뒤 침통한 표정으로 이렇게 결론을 맺었다. 자신이 길에서 주워들은 말을 근거로 폐하의 심기를 어지럽혔는데 이는 정말 어리석고 잘못된 행동이었다는 것이다. 이번에 황제의 명으로 조사를 하며 청나라에 대한 자기 생각이 틀렸다는 것을 확실히 알게 되었고, 현재 청나라 창고는 모두 가득 차 있고 정치 역시 투명하여 모든 상황이 안정적이라고 적었다. 나아가 당장 베이징으로 돌아가 죄를 빌겠으니 감옥에 넣어달라고 간청도 했다.

윤장도의 보고를 들은 건륭은 그제야 만족스러워했다. 건륭 56년 정월 10일, 황제는 조사결과에 따라 윤장도의 판단이 틀렸다는 것이 증명되었고, 윤장도 스스로 죄를 인정했다는 내용의 교지를 발표했다.[229] 건륭은 이에 덧붙여 윤장도가 이런 일을 벌인 것은 명예를 얻기 위해 수단방법을 가리지 않았기 때문임이 밝혀졌다고도 말했다.[230] 윤장도의 배 속에 들어 있는 작은 저울이 자기 눈에는 훤히 들여다보인다는 것이다. 윤장도는 나라 전체를 모욕한 꼴이 되었으니 그 죄가 너무나 무거웠다. 하지만 건륭은 물론 윤장도의 죄가 크기는 하지만 이것만으로는 신하와 백성 모두가 그를 나쁜 사람이라 생각하기에 부족하다는 느낌이 들었다. 그래서 그는 윤장도의 다른 잘못을 더 찾아내려 했다.

세세한 부분까지 파헤친 결과 건륭은 윤장도의 또 다른 잘못을 찾아냈다. 윤장도에게는 일흔이 넘은 노모가 있었는데 베이징으로 어머니를 모시고 와서 부양하지 않았다는 것이다. 건륭은 효도는 사람의 도리 중 첫 번째라고 말했다. 노모를 모셔올 수 없다면 관직을 그만두고 내려가 부모를 봉양해야 하는데 윤장도는 두 가지 다 하지 않았다고 했다. 자신은 베이징에 있고 노모는 고향인 윈난에 두었으니 '군주도 섬기지 않고 부모도 섬기지 않는 것을 인간이라 할 수 있겠는가? 이는 더 큰 죄가 아닌가?'[231]라고 했다. 이렇게 큰 죄는 어떻게 처리해야 할까? 대신들은 몇 차례 회의를 거쳐 '挾詐欺公, 妄生異議律'했다며 윤장도에게 사형을 내리고 당장 집행해야 한다고 결론 내렸다.(『청고종실록』)

건륭 56년 2월, 황제는 이번 안건에 대한 최종 판결을 내렸다. 그런데 놀라운 일이 일어났다. 건륭이 말하길, 비록 모두가 윤장도의 죄를 정확히 알고 있고 그 죄가 너무 커서 사형이 아니면 반드시 노역을 해야 하지만 자신이 은혜를 베풀겠다고 말한 것이다. 그 이유는 자신은 도량이 넓고 품격이 있는 황제라 부정적인 의견을 들어도 잘못된 부분이 있으면 고치고 없으면 더욱 노력하는 사람이기 때문이라는 것이었다.

건륭이 이런 결정을 내린 이유는 자신이 언제나 정확하다는 것을 증명하고 싶었기 때문이다. 즉, 모두의 인정을 받기 위해 건륭은 이런 '고자세'를 보인 것이다. 그는 윤장도의 죄질이 나쁘지만 특별히 은혜를 베풀어 그를 내각시독內閣侍讀으로 임명하겠다고 밝혔다.[232]

하지만 세상에 완벽한 것은 없듯 건륭 역시 한 가지 사실을 잊고 있었다. 건륭이 윤장도의 죄목으로 추가한 것이 바로 고향으로 돌아가 부모를 모시지 않는다는 점이었다. 그런데 결과적으로 황제가 윤장도를 내각시독으로 임명하여 베이징에 남아 있도록 했으니 이는 '자기모순'이나 다름없었다. 오히려 눈치 빠른 윤장도가 이 결과를 듣자마자 노모를 모셔야 한다며 관직을 그만두고 고향으로 돌아가게 해달라고 요청했다. 건륭은 반박할 방법이 없어 할 수 없이 윤장도를 고향으로 보내주었다. 건륭 57년 8월, 윤장도는 황제의 명을 받아 짐을 정리해 고향에 계신 노모에게로 돌아갔다.

역사상 유례를 찾아볼 수 없는 군신간의 한바탕 대결이 이렇게 끝나면서 건륭은 말년에 현실을 직시하고 문제를 해결할 기회를 날려버렸다. 만일 건륭이 조금만 겸손했다면 윤장도의 상소로 자신을 둘러싼 향락에서 벗어나 다시 청나라에 빛나는 태평성세를 선물할 수 있었을 것이다. 하지만 안타깝게도 당시 건륭은 이미 가장 기본적인 성찰능력조차 잃어버린 상태였다.

건륭의 일생을 되돌아보면 지혜로운 황제에서 흐리멍덩한 황제로, 부지런한 황제에서 해이한 황제로, 겸손한 황제에서 오만한 황제로 초년과 노년 사이에 깜짝 놀랄 만큼 급격한 변화를 보였다. 하지만 다시 살펴보면 건륭은 즉위한 해부터 건륭 45년까지 근면하게 꾸준히 정사를 돌봐왔다. 건륭 45년 이후에도 여전히 매일 일에 집중하고 엄청난 양의 상소를 모두 처리했으니 이 정도면 일반적으로 이미 의지의 한계에 부딪혔을 정도였다고 할 수 있다. 역사상 이런 황제는 찾아보기 어려웠다. 건륭은 황제 자리에 오른 지 45년이 지나서야 해이한 모습을 보이며 대신들의 달콤한 말에 홀려 현실을 잊었고, 노년이 되어서야 부족한 모습을 보이기 시작했으니 사실 이것도 대단한 것이라 할 수 있다. 그래서 건륭의 이런 변화는 제도상 제약 없이 한 사람에게만 오랫동안 황제 자리를 맡기다보면 누구나 보일 수 있는 모습이라 할 수 있겠다.

따라서 건륭제 말년의 이른바 '건강성세'는 이미 화려한 껍데기만 남은 상태로 안은 텅 빈 것이나 마찬가지였다. 그렇다면 당시 백성의 생활을 어떠했을까? 교묘하게도 윤장도가 고향 윈난으로 돌아간 그달인 건륭 57년 8월 영국의 한 함대가 포츠머스항을 출발해 중국에 도착했다. 이 영국인은 중국에서 무엇을 보았을까? 그리고 건륭성세에 어떤 인상을 받았을까?

19
강

청나라를 찾아온 영국인

지금까지 말한 내용은 모두 내정에 속한다. 내정과 외교는 통치의 양대 축으로 어느 한쪽도 소홀히 해서는 안 된다. 그래서 외교를 이야기하지 않고는 건륭제 시대를 완전히 이해했다고 할 수 없다. 그렇다면 건륭은 외교에서 어떤 성공과 실패를 맛보았을까? 19강부터는 영국 사신 매카트니가 중국을 방문한 사건을 기점으로 건륭제 시기의 국제 형세에 대해 자세히 이야기해보자.

건륭 57년인 1792년 가을, 건륭제는 양광 총독 곽세훈郭世勛이 보낸 긴급 상소를 받았다. 내용은 '영길리英吉利잉글랜드의 음역어라는 나라에서 사신을 보내 조공을 바치고 싶어한다는 것이었다. 그는 이 이야기가 광저우에 있는 영길리 '상업총관'의 '백령百靈'이라는 사람이 전한 것이라고 했다. 상소 뒷면에는 백령이 쓴 '상신서上申書'를 중문으로 옮긴 번역문이 붙어 있었다.233 이 번역문에 나오는 영국 대신 '마알이니嗎嘎爾呢'는 나중에 우리가 말하는 매카트니馬戛爾尼를 가리킨다. 두 이름의 차이는 하나는 글자 앞에 입구口 변이 붙었고 다른 하나는 붙지 않았다는 것이다. 외국인 이름 또는 나라 명을 쓸 때 앞에 입구 변을 붙이는 것은 청나라 시대의 관례로, 이는 야만족은 먹는 것에만 욕심이 있는 '금수'라는 뜻을 내포했다. 청나라 시대의 오만한 문화적 심리상태를 보여주는 예라 할 수 있다.

건륭은 이 번역문을 읽고 매우 기뻤다. 우선 영길리라는 나라의 태도가 너무나 '공손'했다! 그 내용은 작년 건륭제의 팔순 연회 소식을 늦게 알아 때에 맞춰 선물을 보내지 못해 자신의 국왕이 매우 '걱정'했고, 그래서 이번에는 일부러 건륭제의 생일에 맞춰 선물을 가져왔으니 황제께서 만나주신다면 자신의 국왕도 매우 '기뻐할' 것이라고 했다. 정말 예의바른 태도였다.

또한 건륭은 이전에 영길리라는 나라 이름을 한 번도 들어본 적이 없었다. 잘 알지 못하는 나라에서 직접 사람을 보내 조공을 바친다는 것은 청나라 속국의 명단에 새 이름이 추가된다는 것이니 건륭은 더욱 즐겁지 않을 수 없었다.

당시 영국 국왕은 조지 3세였다. 비록 역사에서는 엘리자베스 여왕만큼 유명하지 않지만 7년전쟁에서 영국군을 이끌고 프랑스에 승리를 거둔 꽤 능력 있는 군주였다. 7년전쟁은 유럽 역사에서 매우 중요한 의미가 있다. 영국이 프로이센과 손잡고 프랑스와 오스트리아 등 연합군과 벌인 전쟁으로 1756년에서 1763년까지 벌어졌다. 건륭 21년에서 건륭 28년에 해당하는 시기다. 전쟁 목적이 식민지를 빼앗고 전 세계 패권을 차지하는 것이었기 때문에 전쟁은 유럽 내륙뿐만 아니라 북미와 중남미, 인도, 필리핀 등지까지 번지며 치열하게 벌어졌다. 그래서 영국 수상 처칠은 7년전쟁이야말로 진정한 제1차 세계대전이었다고 말하기도 했다.

전쟁 결과 영국이 승리를 거뒀다. 영국은 프랑스로부터 캐나다와 플로리다 그리고 인도 영토 대부분을 빼앗았다. 이로써 영국은 바다 위를 호령하는 식민대국이 되었고 해가 지지 않는 나라라는 칭호도 얻었다. 말하자면 7년전쟁으로 영국은 세계 제일의 군사강국이 된 것이다.

그렇다면 이런 신흥강국인 영국이 사신을 보내 건륭의 생일을 축하한 것을 두고 건륭은 왜 그들이 청나라 속국이 되려는 것이라고 이해했을까?

　과거에 중국의 왕조와 주변 국가의 관계는 기본적으로 '조공
관계'였다. 중국은 스스로를 세상의 중심이자 문명의 나라인 '천조
상국天朝上國'이라 여기고, 주변국은 모두 야만족의 나라로 보았다.
야만족의 나라는 두 부류로 나뉘었는데, 첫 번째는 자신들의 처
지를 인정하고 중국에 조공을 바치며 신하의 예를 보여 선진문화
를 배우려는 나라였다. 이런 나라를 속국 또는 번속국藩屬國, 조공
국이라 불렀다. 두 번째는 아직 개화되지 않아 '천조상국'을 따르는
일의 중요성을 모르고 조공도 바치지 않는 나라였다. 이런 나라는
'화외지국化外之國'이라 불렀다. 즉 고대 중국인의 눈에 세상은 셋으
로 나뉘었다. 중국은 유일한 제1세계였고, 속국은 제2세계였다. 그
리고 조공을 바치지 않는 나라는 제3세계였다. 현대의 관점에서 보
면 이런 세계관은 너무나 주관적이고 시대착오적이지만 당시에는
진리나 마찬가지로 여겨졌다.

　그래서 청나라를 포함한 중국의 모든 왕조에서 '평등한 외교'
라는 개념은 결코 찾아볼 수 없었다. 오늘날의 외교부와 같은 기구
도 존재하지 않았다. 고대인이 볼 때 중국과 속국의 관계는 군신관
계이자 예법으로 맺어진 관계였다. 그래서 외교와 관련된 일은 주
로 예부에서 관리했다. 당시에는 중국에 와서 선물만 건네면 모두
속국이 되고 싶어하는 것이라고 생각했다. 이 때문에 청나라 속국
의 명단을 보면 재미있는 부분을 찾아볼 수 있는데 중국에 사신을
보낸 유럽의 국가들, 예를 들어 강희제 때부터 청나라 정부와 왕래
가 있었던 러시아 역시 서북쪽 내륙의 속국으로 적혀 있다. 해상으

로 건너와 중국과 외교관계를 맺은 네덜란드, 포르투갈, 스페인, 로마교황청(이탈리아)은 모두 해상속국으로 분류되었다. 물론 이런 국가들은 자신들이 청나라 속국 명단에 올라 있다는 사실을 꿈에도 알지 못했을 테지만 말이다.

중국의 역대 왕조에서는 모두 속국의 수를 특히 중요하게 생각했다. 왜냐하면 '찾아와 머리를 조아리는 나라의 수'는 그 황제의 통치가 성공했는지를 판단하는 중요한 기준이 되었기 때문이다. 건륭제를 자만심에 빠지게 만든 가장 큰 업적 역시 그의 통치 기간에 청나라 속국의 수가 20여 국으로 최대를 기록했다는 점이었다. 그리고 또 영길리라는 새로운 나라에서 제 발로 찾아와 조공을 바치겠다고 하니 정말 엄청난 일이 아닌가? 그래서 건륭은 더욱 기뻤다.

하지만 기쁨도 잠시 건륭은 의심이 들었다. 영길리라는 나라는 지금까지 한 번도 들어본 적이 없는데 도대체 어디에 있는 나라일까? 중국과 얼마나 떨어져 있을까? 그리고 어떤 나라일까?

건륭제는 당장 세계지도를 가져오라고 명한 뒤 영길리라는 이름을 찾아보았다. 선교사들이 자주 말하는 프랑스와 로마교황청은 찾을 수 있었지만 아무리 자세히 보아도 영길리는 그림자도 보이지 않았다. 그래서 건륭은 궁에 있는 서양 선교사들을 불러서 영길리라는 나라에 대해 물었다. 선교사들은 당연히 알고 있다며 프랑스와 비슷한 방향에 있고 기계를 만드는 기술이 매우 뛰어나 이전에 건륭이 가지고 놀던 자명종 등 많은 물건이 바로 이곳에서 생산되었다고 말했다. 이 말을 들은 건륭은 더욱 기분이 좋아졌다. 동서양의 분위기가 뒤섞인 서양 시계를 수집하는 것을 매우 좋아했기 때문이다.

여기서 독자들 마음에 의심이 들 수도 있겠다. 건륭제가 영길리라는 나라를 모른다면 이는 영국이 건륭제 이전에는 중국과 교역한 적이 없다는 뜻인가? 물론 아니다. 사실 건륭이 황제가 되기 이전에 영국은 이미 중국과 200년 가까이 교역을 해왔다. 그러다 건륭제 때 영국은 중국의 최대 교역상대가 되었다.

『폐쇄와 개방: 중국 봉건시대 말기의 대외관계에 대한 연구閉關與開放: 中國封建晩期對外關係研究』라는 책을 보면 18세기 말 영국이 중국을 상대로 벌어들이는 돈은 서양 국가 전체 총액의 90퍼센트를 차지했고, 수입액은 70퍼센트 이상이었다고 한다. 영국은 이미 중국의 최대 수입국이자 수출국이었던 것이다.

말하자면 중국에서 나와 유럽으로 가는 물건 중 70퍼센트가 영국으로 들어갔고, 유럽에서 중국으로 가는 물건 중 90퍼센트는 영국에서 생산되었다는 뜻이다. 그렇다면 건륭이 어떻게 영국의 존재를 모른단 말인가? 영국과 중국의 교역이 명나라 말기에 시작되었는데 당시 명나라 관리들이 세계지리를 잘 알지 못해 유럽에는 네덜란드만 있는 줄 알았다. 중국과 가장 오래 교역한 나라가 네덜란드였기 때문이다. 그들은 네덜란드인을 '붉은 수염이 난 민족'이라 불렀다. 그런데 영국인을 보니 붉은 머리칼에 눈이 푸른 것이 네덜란드인과 흡사했다. 그래서 영국인 역시 같은 이름으로 불렀다. 그 이름이 청나라 때까지 전해지다보니 건륭제가 영길리라는 이름을 들어본 적이 없었던 것이다.

그렇다면 영국은 중국과 200년 가까이 교역하면서도 왜 외교관계를 맺을 생각은 하지 못했을까? 그리고 왜 건륭제 말년이 되어서야 갑자기 사람을 보냈을까? 왜냐하면 당시 영국은 이미 200년 전의 유명하지도 않고 네덜란드보다 한참 뒤처지던 그 영국이 아니었기 때문이다. 영국은 이미 네덜란드와 스페인, 프랑스 등 이전의 해상강국을 모두 무찌르고 새로운 맹주가 되었다. 그들은 이제 자신들이 세상에서 가장 강한 나라가 되었으니 동방의 거인인 청나라와 정식으로 외교관계를 맺고자 했다.

사실, 사신을 보내기 전에 영국에서는 한 장군이 자국 왕에게 이런 건의를 한 적이 있었다. 북미와 인도를 손에 넣었으니 이 기회에 중국까지 점령해버리자는 것이었다. 그는 7년전쟁에서 영국군을 이끌고 프랑스를 격파한 뒤 인도를 모두 점령한 클라이브Robert Clive 장군이었다. 하지만 당시 수상이었던 피트William Pitt the Elder, 대大피트는 신중한 태도를 보이며 중국은 영국보다 강한 아시아 제일의 강국이니 일단 수교를 맺은 뒤 다시 생각해보자고 말했다.

그렇다면 영국은 사신을 보내 중국과 무슨 이야기를 하려고 했을까? 대외무역을 확대해달라는 것이었다. 영국은 중국과 교역량을 늘리고 싶어했다. 과거 100년 동안 영국의 경제는 급속도로 발전했다. 1698년에서 1775년까지 영국의 수입량은 5배, 수출량은 6배나 증가했다. 특히 1733년, 즉 건륭이 즉위하기 2년 전 영국에서는 산업혁명이 시작되었다. 이로써 섬유와 철강제품은 물론 기타 상품의 질이 크게 좋아지면서 전 세계로 물건을 판매했다. 하지만 이런 물건이 무슨 이유에서인지 중국에서는 전혀 팔리지 않았다. 영국이 중국에서 수입하는 양은 빠르게 늘어 50년 만에 중국

산 찻잎 수입량이 3배나 증가한 데 반해 수출량에는 아무런 변화가 없었다. 청나라 황실에서 사는 자명종 등을 제외하면 영국 본토에서 생산되는 물건은 중국에서 전혀 판로를 찾지 못했다. 그래서 당시 광둥으로 들어오는 영국 상선에는 10퍼센트만 화물이 실려 있고 나머지 90퍼센트는 은자가 실려 있었다. 그 돈으로 중국 찻잎을 사가야 했기 때문이다. 즉 중국과 영국 사이의 무역은 평등하지 못했다.

그렇다면 전 세계에서 환영받는 영국 제품이 왜 중국에서만 팔리지 않았을까? 영국인은 이것이 청나라가 영국 상인들을 지나치게 규제하기 때문이라 여겼다. 영국 상인들은 청나라에서 어떤 규제를 받았을까? 대표적으로 세 가지를 들 수 있다.

첫째로 생활이 너무나 불편했다. 청나라는 일구통상―口通商, 무역항을 한곳으로만 제한하는 것 정책을 펼쳐 전국에서 유일하게 광저우에서만 외국 상인들을 받았다. 상인들은 해마다 무역이 허락된 때인 5월에서 10월까지만 광저우에 머물 수 있었으며, 그 외의 시간에는 본국으로 돌아가든 마카오에 머물든 상관없지만 광저우에 있는 것은 허락되지 않았다. 게다가 광저우에 가족을 데리고 올 수 없었다.

광저우에서도 그들은 성안으로 들어가지 못하고 성 밖에 있는 '십삼행가十三行街'라는 거리에 모여 살았다. 거리 양쪽 끝에는 사람들이 서서 외국 상인들이 성안으로 들어가지 못하도록 감시했다. 외국 상인들은 매월 3회, 즉 8일, 18일, 28일에만 거리 밖으로 나가 청나라 조정에서 지정한 곳을 한 차례 둘러볼 수 있었고 평소에는 계속 '십삼행가' 안에 머물러야 했다.

게다가 밖을 나설 때는 가마를 탈 수 없고 무조건 걸어야 했다. 외국 상인들을 사회의 하층민과 같은 계급으로 보이도록 한 것이다. 청나라 조정은 특히 외국 상인이 일반 백성과 교제하며 중국어를 배우는 것을 금했다. 중국인이 그들에게 글을 가르치는 것은 머리가 날아갈 일이었다. 그 예로 건륭 22년, 양광 총독 이시요는 플린트James Flint라는 영국 상인이 청나라 조정의 명을 어기고 제멋대로 저장성 닝보에 가서 장사한 사실을 알아챘다. 그래서 그를 붙잡아 조사했더니 중국어를 할 줄 알 뿐만 아니라 글도 읽을 수 있었다. 깜짝 놀란 이시요는 사건을 더 깊이 조사했고, 마지막에 류아변劉亞匾이라는 중국인이 그에게 중국어를 가르쳤다는 사실을 밝혀냈다. 그래서 그는 '오랑캐에게 글을 가르친 죄'를 물어 류아변의 머리를 베고 플린트는 감옥에 3년간 가두었다가 만기를 다 채운 뒤 청나라 밖으로 추방했다. 그래서 가경제 때 광저우에 온 영국 선교사 모리슨Robert Morrison은 중국어를 가르쳐줄 사람을 찾은 뒤 이불로 집 안의 창문을 막고 촛불로 가려 그를 보호하며 중국어를 배워야 했다. 외국 상인들의 생활에는 이런 제한이 있었다.

그런데 생활보다 무역 자체에 불편한 부분이 더 많았다. 청나라 조정에는 외교부가 없었고 대외무역과 관련한 사무를 담당하는 정부부처도 없었다. 청나라의 모든 대외무역은 '십삼행十三行'이라는 민간조직이 맡아 처리했다. '십삼행'이 무엇이었을까? 청나라 조정에서 지정한 중국 상사 13곳으로 이들이 외국과 교역을 책임지고 관리했다. 외국 상인들은 중국에 오면 모든 화물을 십삼행에 먼저 넘겨야 했다. 그러면 십삼행이 그 물건을 받아 중국 본토에서 판매했다. 십삼행이 얼마나 터무니없이 가격을 제시하든 외국 상인들은 물건을 팔 수밖에 없었다. 물건을 살 때도 역시 십삼행을 반드시 거쳐야 했기 때문에 가격을 얼마로 제시하든 줄 수밖에 없었다. 만일 중국에서 무슨 문제가 생겨도 상인들은 바로 청나라 조정에 문제를 알릴 수 없고 역시 십삼행에 먼저 이야기해야 했다. 광저우에 있는 외국 상인들의 일거수일투족이 모두 십삼행의 관리를 받았다. 가경 21년 한 영국 상인이 답답한 광저우 생활을 참지 못해 몰래 성으로 들어가 지방 관리에게 이런 사실을 토로한 적이 있다. 하지만 관리는 바로 그를 붙잡아 십삼행에 넘겨주었다. 십삼행은 이렇게 관리도 상인도 아닌 모호한 조직이 되어 외국 상인들을 괴롭혔다.

이와 동시에 광저우 세관에서도 외국 상인들에 대한 사기와 갈취가 벌어졌다. 앞서 말했듯이 청나라 조정은 외국 상인들과 관계를 맺는 것에 관심이 없었다. 그들은 오로지 배에 실린 돈에만 관심이 많았다. 당시 광저우 세관은 천하에서 알아주는 '돈방석'이었다. 그 이유는 그들의 횡령과 비리가 엄청났기 때문이다. 광저우에 정박하는 모든 외국 상선은 세관의 각급 관리에게 '사례금'을 주어야 했다. 광저우 세관감독이었던 우발세尤拔世가 엮은 『광둥성 세관의 규율 개정 보고서粵海關改正歸公規例冊』에 따르면 배가 한 번 들어올 때마다 상인들은 은자 1950냥 정도를 바쳤다고 한다.

광저우 세관의 관리들은 어떻게 이렇게 뻔뻔하게 돈을 뜯어낼 수 있었을까? 이유는 간단하다. 외국 상인들은 직접 청나라 조정과 연락을 할 수 없고 무조건 십삼행을 통해야 했기 때문이다. 말하자면 상인들에게는 자신들의 문제를 말할 권리가 없었다. 그래서 청나라 세관 관리들의 눈에 상인들은 아무 때나 잡아먹을 수 있는 살찐 양으로밖에 보이지 않았다. 아무리 고통스럽게 죽는다 해도 그들은 소리조차 낼 수 없었다.

도대체 청나라 조정은 왜 외국 상인들을 이렇게 관리했을까? 그 이유는 두 가지로 살펴볼 수 있는데, 하나는 상인을 경시하는 오래된 풍습 때문이었다. 과거 중국인은 상인을 사회계급 중 가장 아래로 보았고, 외국 상인은 오랑캐와 마찬가지로 여겼다. 그래서 관리들이 그들과 직접 친분관계를 맺는 것은 '천조상국'의 체면을 떨어뜨리는 일이었다.

또 하나는 더욱 근본적인 이유다. 청나라의 대외무역은 경제 발전을 위한 것이 아니라 정치적 목적을 위한 것이었기 때문이다. 그래서 청나라 조정은 외국과 교역을 허락하면서도 한편으로는 그들의 권리는 최소한으로 축소해서 중국에서 함부로 말썽을 일으키지 못하도록 단속했다.

외세에 대한 청나라 조정의 이런 방어심리는 중국에서 '홍계참안紅溪慘案'이라 부르는 '화교 대학살'에서 여실히 드러났다. 건륭 5년, 당시 인도네시아를 식민지로 삼고 있던 네덜란드인이 바타비아Batavia, 즉 지금의 자카르타에서 중국 화교를 학살하는 사건이 일어났다. 그해 9월 네덜란드 병사들은 미친 듯이 화교들의 집을 태우고 재산을 모두 빼앗았으며 보름 넘게 학살을 이어갔다. 1만 명이 넘는 사람이 무고하게 희생당했는데 그때 흘린 피로 바타비아의 모든 개울이 붉게 물들어 그 후 사람들은 그 사건을 '붉은 개울 사건'이라 부르게 되었다.

이듬해 푸젠 순무가 이 사건을 조정에 보고하고 황제의 지시를 기다렸다. 그렇다면 건륭제는 보고를 받고 어떤 태도를 보였을까? 건륭은 유지를 내렸다. "그 화교들은 청나라 통치에 만족하지 못하고 법을 어기면서 나라를 떠난 자들이다. 원래 처벌을 받았어야 할 자들이 외국에 나가 화를 당한 것은 자업자득이니 짐은 상관하지 않겠다."[234]

청나라 조정은 이런 태도를 계속 이어나가며 외국 상인들이 국내 상황에 영향을 미치지 못하도록 엄격히 관리했다. 그러나 새롭게 군사강국이 된 영국은 청나라와 생각이 달랐다. 영국 정부는 바로 이런 상황에서 중국에 사신을 보냈다. 영국인은 건륭제가 동양의 위대한 군주로 알려져 있으니 분명 사리에 밝고 합리적인 사람일 것이라 생각했다. 아마 그동안 광저우 세관에서 일어난 일을 알게 되면 반드시 무역체제 자체를 손보려 할 것이라 믿었다.

그래서 영국이 사신을 보낸 첫 번째 목적은 바로 청나라 조정의 대외무역 체제를 개혁하는 것이었다. 두 번째 목적은 건륭제를 설득해 광저우보다 더 편리한 곳에 더 많은 항구를 개방해서 무역을 하도록 허락받는 것이었다. 예를 들면 주산장시섬, 닝보, 톈진 등이다. 세 번째는 만일 앞의 두 목적이 순조롭게 이루어진다면 한 발 더 나아가 조금은 무리한 요구를 해보려 했다. 청나라 조정이 예전 명나라가 마카오를 포르투갈에 준 것처럼 영국에도 작은 섬을 하나 내주어 영국 상인들이 그곳에 짐도 보관하고 장기간 거주도 할 수 있게 해달라는 것이었다. 그외에 매카트니에게는 또 한 가지 비밀 임무가 있었다. "의심을 받지 않도록 주의하며 중국의 현재 상황을 정확히 파악하라."[235] 즉 중국의 국력을 살펴보라는 이야기였다.

그렇다면 영국 사신은 문제없이 중국을 방문했을까? 영국은 세 가지 목적을 모두 실현했을까? 그들은 목표를 실현하기 위해 충분히 준비했다. 오랜 기간 중국과 교류했기에 청나라 왕조의 오만함은 이미 잘 알았다. 만일 외교회담 형식으로 사신을 중국에 보낸다면 문전박대당할 가능성이 컸다. 그래서 그들은 아주 좋은 핑계거리를 하나 찾아냈다. 바로 건륭의 생일이다. 바다 건너 먼 곳에서 황제 생일을 축하하기 위해 왔다고 하면 분명 건륭을 직접 만날 수 있을 것이다.

생일을 축하하려면 당연히 선물이 필요했다. 순조롭게 목적을 이루기 위해 그들은 선물을 준비하는 과정에도 심혈을 기울여 고민을 거듭했다. 수많은 자료와 조사 결과를 검토한 끝에 건륭이 어려서부터 자명종 같은 서양의 기계제품을 매우 좋아했다는 사실을 발견했다.

많은 사람이 청나라는 폐쇄적이었으니 황제 역시 외국 문물과는 거리가 있을 거라고 오해한다. 물론 청나라가 외국과 많이 접촉하지 않은 것은 사실이지만 사치품에서만큼은 청나라 황실도 세계 '트렌드'에 뒤처지지 않았다. 청나라 중기에 파리나 런던에서 어떤 제품이 유행하면 얼마 뒤 그 제품은 상선이나 선교사들의 손에 들려 베이징에 들어왔다. 청나라 황제가 서양의 장식품을 매우 좋아했기 때문이다. 예를 들어 옹정제는 알려진 대로 엄청난 일벌레여서 매일 밤낮으로 일에 매진했지만 가끔 여유시간이 생기면 '모던'

한 황제로 변했다. 현재 자금성에는 그가 양복을 입고 가발을 쓴 그림이 여러 장 남아 있다.

건륭제 역시 부친의 영향을 받아 어려서부터 다양한 부품으로 조립된 서양의 장난감을 매우 좋아했다. 건륭이 황제가 된 뒤 서양 선교사 서징원西澄元이 특별히 그를 위해 '태엽사자'를 만들었다. 이 사자는 몸집이 진짜 사자와 비슷했고 배 안에 태엽이 들어 있어서 태엽을 모두 감으면 100보 정도를 움직였다. 건륭은 이 장난감을 매우 좋아해서 특별한 일이 없을 때면 가져다가 즐기곤 했다.[236]

영국인은 이 정보를 근거로 건륭제가 과학기술과 기계제품에 관심이 많다고 판단했다. 이 두 가지는 영국의 강점이 아니던가! 그들이 알기에 다른 나라 선교사들이 중국에 전한 유럽의 기술은 이미 100년도 더 된 구식 기술이었다. 그래서 영국은 최신 기술이 들어간 제품들을 골라 건륭제를 놀라게 할 준비를 마쳤다. 그다음 선물목록 첫머리에 이렇게 적었다.

"만일 순간적인 호기심만을 만족시키는 최신식 물건을 보내드린다면 이는 결례가 될 것입니다. 그래서 영국의 국왕폐하께서는 유럽의 선진 과학기술을 알리면서 청나라 황제폐하의 숭고한 사상에 새로운 영감을 줄 수 있는 제품을 택하기로 결정하셨습니다."[237]

그렇다면 과연 영국인은 건륭제를 위해 어떤 선물을 준비했을까?

첫 번째는 태양계 모형으로 '천체운행의'라 불리는 것이었다. 이 기구는 태양의 운행궤도뿐만 아니라 네 위성을 거느리고 태양 주변을 도는 목성과 띠를 두르고 위성과 함께 도는 토성 모습까지

재현했다. 지구의 움직임과 지구 옆을 도는 달의 운행궤도를 매우
정확하게 모방하여 앞으로 1000년 이내에 발생할 일식을 모두 예
측해볼 수 있었다. 이 '천체운행의'는 당시 최고 수준을 자랑하는
유럽의 천문학과 기계학을 대표하는 작품이라 할 수 있었다. 그래
서 그들은 그 물건을 매우 자랑스럽게 여겼고 분명 건륭의 관심을
살 수 있으리라 기대했다.

두 번째는 '허셜Friedrich William Herschel'의 반사망원경반사경을
통해 물체에서 오는 빛을 모으고, 맺힌 상을 접안경으로 확대하여 관찰하는 망원경이
었다. 1668년 청나라 강희제 즉위 초기에 스물여섯이었던 뉴턴은
인류 역사상 최초로 반사망원경을 발명했다. 18세기 후기가 되자
또 다른 영국의 과학자 허셜이 이 반사망원경을 한 단계 발전시켜
역사상 처음으로 천왕성이라는 새로운 행성을 발견했다. 그는 대
형 반사망원경으로 은하계의 존재를 입증하기도 했다. 이 발견으
로 유럽 전체가 들썩였다. 유럽 각국의 국왕은 허셜의 망원경을 보
기 위해 영국으로 왔다. 그래서 영국인은 망원경 두 개를 두 번째
선물로 준비했다. 영국인이 건륭의 선물로 고른 것들은 모두 자신
들이 기초과학 방면에서 세계 선두에 있다는 사실을 보여주는 것
들이었다.

세 번째 선물은 건륭제를 위해 특별히 제작한 거대한 지구본
이었다. 각 대륙의 이름과 그곳의 나라가 표기되어 있었다. 흥미로
운 것은 영국이 지구본에 자신들의 식민지와 바다를 항해한 항로
를 모두 표시해놓았다는 점이다. 건륭에게 자신들의 군사적 능력
을 보이기 위한 의도가 분명했다. 영국은 지구본과 함께 전함 모형

도 보냈다. 그들은 이 선물에 대해 이렇게 설명했다.

"유럽의 다른 나라들은 모두 영국을 세계 최고 해상강국으로 인정합니다. 그래서 저희 국왕폐하께서는 건륭제폐하께 사신을 보낼 때 가장 큰 선박에 태워 경의를 표하고 싶어하셨습니다. 하지만 황해는 암초가 많고 유럽의 항해 전문가들에게 익숙지 않은 곳이라 할 수 없이 조금 규모가 작은 선박을 보낼 수밖에 없으셨습니다. 전함 크기를 줄인 대신 폐하께 영국에서 규모가 가장 크고 최대 크기의 화포 110여 개가 달린 '군주호' 모형을 선물하셨습니다."[238]

이 선물 역시 건륭에게 영국의 해군력을 보이기 위한 것이었다. 이외에도 영국은 선물로 무기도 보냈는데 유탄포와 박격포, 카빈총, 보병총, 연발총 등이 있었다. 건륭에게 이런 선물을 한 것은 영국의 무기 제조 능력이 절대적으로 우수하다는 것을 자랑하기 위해서였다.

영국은 인류 문명의 빛나는 성과라 할 이런 물건들을 선물했으니 분명 건륭제가 깜짝 놀라 입을 다물지 못하고 대영제국의 힘을 깨닫게 되리라 믿었다. 이런 목적을 이루기 위해 그들은 사신 규모도 최대로 조직했다. 사신 일행의 단장은 영국 국왕의 친척이자 저명한 외교가인 매카트니 경이 맡았다. 그는 영국의 베테랑 외교가로 주러시아 공사와 카리브 총독, 인도 마드라스첸나이의 옛 이름 총독을 지내며 전 세계를 무대로 일했다. 부단장을 맡은 스턴튼 역시 노련한 외교가로 쭉 매카트니 곁에서 일해왔다. 사신 일행은 선원들까지 포함해 총 700명으로 이는 영국 역사상 한 번도 없었던 최대 규모였다. 외교관 외에 사신 중에는 학자, 의사, 화가, 음악가, 기술자도 있었다. 심지어 열기구 조종사도 있었는데, 만일 건륭제가 관심을 보이면 영국의 열기구를 타고 하늘을 한 바퀴 돌 수 있게 하기 위해서였다. 정말 그랬다면 건륭은 동양에서 처음으로 하늘을 난 사람이 되었을 것이다.

1792년 9월, 매카트니 일행은 이 모든 선물을 실은 라이언호와 힌두스탄호 그리고 호위선인 재칼호에 나눠 탄 뒤 영국의 포츠머스항을 출발했다. 출반 전에 영국은 우선 십삼행을 거쳐 양광 총독에게 공문을 보냈다. 그 공문이 바로 앞에서 우리가 살펴본 백령의 '상신서'다. 상신서에는 마지막에 이런 문장이 있었다. 매카트니는 광저우가 아닌 톈진으로 향하는데, 이는 귀한 선물 중 크기가 큰 것이 있어 빨리 베이징으로 옮기기 위해서이니 조정에서 허락해 달라는 것이었다.[239]

영국인은 청나라 조정이 만든 규정에 따라 바다로 들어오는 외국 사신은 반드시 광저우에 배를 대야 한다는 것을 알았다. 그런데도 이번에 관례를 깨고 톈진으로 향한 것은 화물 수가 너무 많고 그중 크기가 매우 큰 물건도 있어 만일 광저우에서 내린다면 베이징으로 가는 데 시간이 많이 걸리고 도중에 파손될 수 있었기 때문이다.

말년에 건륭은 향락에 빠져 갈수록 사치품에 대한 욕심이 커졌다. 특히 새롭고 신기한 물건을 좋아해서 이 말을 보자 더욱 기뻤다. 영국이 건륭의 입맛을 제대로 맞춘 셈이었다. 그래서 건륭은 양광 총독 곽세훈에게 관례를 깨고 영국인이 톈진에 정박하는 것을 허락한다고 명했다.

"영국인이 이렇게 공손하게 간청하니 이번만 관례를 깨고 그들이 열성적으로 준비한 마음을 보일 수 있도록 허락하겠다."[240]

매카트니 일행 700명과 대형 선박 세 척은 9개월간 이어진 긴 항해를 마치고 마침내 중국에 도착했다. 1793년 7월 말, 그들은 톈진에 닻을 내렸다. 영국은 이번 여정에서 자신들의 목표를 달성했을까? 그들이 가져온 선물을 본 건륭은 어떤 반응을 보였을까?

20강
——
——
영국의 선물

1793년, 영국 사신이 엄청난 양의 선물을 가지고 청나라 땅을 밟았다. 영국이 건륭의 비위를 제대로 맞춰놓은 덕분에 매카트니 일행이 톈진에 도착했을 때 건륭이 보낸 사람들이 먼저 나와 그들을 맞아주었다. 청나라 관리들은 영국 선박에 올라 어떤 물건들을 가지고 왔는지 물었다. 매카트니는 미리 준비한 선물목록과 상세한 설명서를 관리 둘에게 건네며 황제에게 전해달라고 말했다.

이때 건륭제는 청더에 있었다. 그는 청더의 피서산장에서 피서를 즐기고 있었다. 생일 연회 역시 청더에서 열 계획이었다. 톈진 관리들은 서둘러 선물목록과 설명서를 청더로 보냈다. 물론 통역관은 이 목록을 '공물목록'으로 번역했다. 건륭은 이 '공물목록'을 정확히 이해할 순 없었지만 어쨌든 새롭고 신기한 물건이 올 것이라는 생각에 들떴다. 그는 공물의 크기가 모두 달라 운송하기 편한 것과 어려운 것이 있을 테니 비교적 큰 여덟 개는 베이징에 보관하도록 했다. 운송 과정에서 흠집이 날 수 있으니 돌아가서 보겠다는 것이었다. 그 밖에 작은 것들은 먼저 볼 수 있도록 '공물사신'이 올 때 함께 청더로 가지고 오라고 명했다. 건륭은 이에 덧붙여 영국 사신들이 먼 곳에서 자기 생일을 축하하러 왔으니 불편하지 않도록 최고 대우를 해주라고 지시했다.

관리들은 건륭의 지시를 바로 매카트니에게 전했다. 매카트니 역시 건륭의 반응을 듣고 매우 기뻤다. 그래서 베이징에서 잠시 휴식을 취한 뒤 밤낮없이 걸음을 재촉해 청더로 향했다. 하루 빨리 건륭제를 만나고 싶었다.

영국 사신 일행은 먼 길을 걸어 드디어 청더에 도착했다. 동방의 최고 통치자인 건륭제를 만날 수 있다는 생각에 영국인은 모두 기대가 가득했다. 하지만 이들 중 누구도 앞으로 중국과 영국 사이에 일어날 엄청난 충돌을 예상하지 못했다. 특히 사전에 충분한 연구와 조사를 통해 철저히 준비했다고 확신했던 매카트니에게도 앞으로 일어날 일은 정말 예상 밖이었다. 도대체 어떤 일이 벌어졌을까?

청나라 관리들은 영국 일행 모두에게 숙소를 알려준 뒤 이렇게 말했다.

"며칠 후면 우리 황제폐하를 만나뵙게 될 것입니다. 폐하를 뵈면 '삼궤구고三跪九叩', 세 번 무릎을 꿇고 아홉 번 절하는 것를 하셔야 합니다. 삼궤구고를 어떻게 하는지, 혹시 할 줄 아십니까? 모른다면 저희가 며칠간 먼저 보여드릴 테니 따라서 연습하십시오!"

매카트니는 이 말을 듣고 어안이 벙벙했다. 이게 무슨 소리인가? 삼궤구고라니? 우리 영국인을 도대체 뭘로 보는 것인가? 우리가 여기 온 것은 청나라와 평등한 외교관계를 맺고 싶어서인데 왜 삼궤구고를 해야 한단 말인가?

청나라 관리는 매카트니 말을 듣고 똑같이 어안이 벙벙했다. 평등한 외교관계라니? 우리 천조국이 어떻게 너희 나라와 평등한 관계를 맺을 수 있단 말이냐? 너희는 우리 황제폐하께 조공을 바치러 온 신하들이 아니더냐?

매카트니는 화가 났다. 조공을 바치러 온 신하라니 도대체 무슨 말을 하는 것인가? 우리 영국은 세계에서 가장 강력한 나라로 여러 대륙에 식민지를 거느리고 있다. 그런 우리가 왜 너희에게 조공을 바치고 신하 역할을 한단 말이냐?

청나라 관리들은 매카트니 말을 듣고 일전에 영국 상업총관의 백령이 쓴 상신서를 가지고 왔다. 보거라! 이것이 너희가 쓴 상신서가 아니냐? 상신서에서는 그렇게 공손한 태도를 보이더니 왜 지금은 이렇게도 말을 듣지 않는 것이냐?

우리가 앞서 살펴본 그 상신서의 어투는 확실히 공손했다. 여기서 상신서는 영문을 중문으로 옮긴 번역본을 이야기한다. 사신 일행의 단장인 매카트니는 바로 통역관을 불러 중국어로 쓰인 그 상신서의 내용을 분석하라고 했다. 그 결과 한 가지 문제점이 발견되었다. 원래 영국인이 보낸 상신서를 현대 중국어로 번역하면 다음과 같다.

> 인자하신 영국의 국왕폐하께서는 귀국 황제의 팔순 축하 연회 소식을 듣고 광저우에 있는 신하를 대표로 보내 축하의 의미를 표하려 하셨지만 시기가 조금 늦어 때에 맞추지 못한 점을 무척 유감스럽게 생각하셨습니다. 그래서 귀국 황제와 우애를 맺고 베이징과 런던의 두 왕조가 우호적으로 교류하며 양국 간의 상업 관계를 증진하기 위해 국왕폐하께서 특별히 사신을 파견하기로 결정하셨습니다. (…) 국왕폐하를 대표하는 전권을 가진 사신이 중국의 황제폐하를 알현하는 기회를 계기로 양국의 우애가 오래 지속되길 희망합니다.241

예의바르고 격식을 갖춘 내용에 어조는 비굴하지도 거만하지도 않았다. 하지만 청나라 때 모든 외국 문서는 조정 통역관의 손을 거쳤다. 그들은 황제와 조정 관리들의 생각을 잘 알았기 때문에 번역할 때면 늘 내용을 조금 각색해서 어조를 매우 '공손'하게 만들었다. 그래서 번역문에서는 원문에서 전혀 찾아볼 수 없는 천조상국의 황제폐하를 만나뵙기를 청한다느니 만나주신다면 크게 감격하겠다느니 하는 '관용구'가 들어가게 된 것이다. 동시에 '베이징과 런던의 두 왕조가 우호적으로 교류한다'는 등 평등한 관계를 뜻하는 문구는 모두 삭제했다. 그래서 건륭은 이 공문을 보고 영국이 조공을 바치러 온다고 오해한 것이다.

매카트니는 이 사실을 알고 불같이 화를 냈다. 그리고 우리는 이런 뜻으로 공문을 보낸 것이 아니며, 우리 영국인은 국왕폐하를 뵐 때가 아니고는 절대 무릎을 꿇지 않는다고 했다.

"우리 대영제국의 사신에게 삼궤구고라니, 절대 안 될 말이지!"

청나라 관리들 역시 화가 났다. 이전에 만났던 사신들은 서양에서 온 이들도 결코 무릎 꿇기를 거절하는 법이 없었는데 영길리 사신들은 어떻게 이럴 수 있단 말인가?

양국은 서로 한 걸음도 물러서지 않았다. 이 일로 나라 전체가 발칵 뒤집혔다. 중국은 예법을 매우 중시하는 나라였다. 중국 전통 사회에서 예의란 질서이자 유교의 중심인 삼강오륜이고 절대 양보할 수 없는 진리와 같았다. 그래서 건륭은 바로 가장 능력 있는 신하인 화신을 보내 이 문제를 해결하도록 했다.

영국의 기록에 따르면 이 일을 논의하기 위해 모인 곳에서 청나라 관리들은 매우 화가 나 있었다. "관리들을 만나러 들어가니 양쪽에 대신 네 명이 비단이 깔린 높은 의자에 앉아 있었다." "그들은 우리를 보고도 일어나지 않고 냉정한 태도에 어투도 오만하기 짝이 없었다."242

무릎을 꿇을지 꿇지 않을지 하는 문제를 두고 화신과 매카트니는 수없이 협상을 계속했다. 양쪽 중 어느 쪽도 물러설 생각이 없었다. 청나라에 이는 천조상국의 지위와 관련된 문제였고, 영국에 이는 대영제국의 존엄과 관련된 문제였으니 양측 모두 절대 양보할 수가 없었다. 하지만 두 나라 모두 관계를 깨는 것은 원치 않았다. 영국은 먼 길을 마다않고 동양에 사신을 보냈는데 이런 문제로 건륭을 만나지 못하게 된다면 모든 게 헛수고가 되는 것이다. 건륭 역시 영국에서 조공을 바친다는 소식이 이미 나라 전체에 퍼졌는데 이렇게 가버린다면 체면이 말이 아니었다. 그래서 노련하고 능숙한 화신이 마지막에 이런 방안을 내놓았다. 양국이 한 걸음만 물러서자는 것이었다. 영국은 다른 나라 사신들이 모두 함께 예를 갖출 때 그 틈에 섞여 무릎은 한쪽만 꿇고 머리를 숙이는데 무릎은 세 번, 머리는 아홉 번 조아리기로 했다. 그 대신 중국 역시 꼭 두 무릎을 땅에 대거나 머리를 땅에 대야 한다고 강요하지 않기로 했다. 이렇게 한다면 영국은 어쨌든 최대한 형식을 갖춰 삼궤구고를 한 셈이니 그 정도면 큰 문제없이 연회를 이어갈 수 있었다.

1793년, 건륭 58년 8월 13일 아침 건륭의 장수를 기원하는 성대한 '만수萬壽' 연회가 청더의 피서산장에서 열렸다. 이날 이른 아침 영국 사신 일행은 다른 나라 사신들과 함께 커다란 장막 안으로 들어갔다. 그리고 드디어 지구상에서 가장 많은 백성을 거느린 유명한 황제를 만나게 되었다. 사신 단장 매카트니는 그때를 이렇게 회상했다.

"나는 건륭제 모습을 자세히 살피며 그의 강인한 정신력을 느낄 수 있었다. 그는 마치 영국의 노신사처럼 강인하고 건강해 보였다. 여든이 넘었지만 겉모습은 이제 막 예순을 넘긴 것 같았다."[243]

일행 중 물품관리 총담당을 맡은 배로John Barrow가 남긴 기록은 더 자세하고 생생하다.

"올해 여든셋이 되었지만 건륭제는 조금도 휘청거리거나 흐트러진 모습을 보이지 않았고 정정하고 건강한 모습이 예순 정도로 보였다. 검은 눈동자에 예리한 눈빛, 매부리코로 고령임에도 얼굴에 생기가 돌았다. 내 예상에 키는 약 5피트9인치 정도이며 허리가 굽지 않고 곧았다. 혈기왕성한 모습이 평생 큰 책임감을 지고 있었음에도 조금도 지친 기색이 없었다."[244]

일행은 약속에 따라 건륭의 생일을 축하하기 위해 모인 사신들 틈에서 예를 갖춰 인사를 올렸다. 누구도 이상한 점을 발견하지 못했고, 건륭도 당시에는 불쾌한 감정을 드러내지 않았다. 하지만 연회가 끝난 뒤 매카트니는 자신들을 대하는 청나라 조정의 태도가 달라졌음을 발견했다. 매일 가져다주던 식사와 요리의 수가 이전의 3분의 1 수준으로 줄어들고 맛도 예전 같지 않았다. 청나라 관리들은 이런 방식으로 '버릇없는 영국 오랑캐들'에 대한 분노를 표현했다. 매카트니는 이번 일로 자신들의 목표를 이룰 가능성이 줄어들었다는 것을 직감했다.

하지만 여전히 희망은 남아 있었다. 왜냐하면 생일 연회가 끝난 다음 날 건륭제가 자신들이 가져온 선물 중 일부를 볼 것이기 때문이었다. 전쟁으로 나라의 부흥을 경험한 영국인은 국가의 힘은 군사와 물질에서 나온다고 믿었다. 비록 청더로 가지고 온 선물은 일부분에 불과했지만 그중에는 무기가 포함되어 있었다. 이는 영국의 군사무기 제조기술이 청나라보다 훨씬 앞서 있음을 보여주기 위한 것이었다.

매카트니 예상대로 그들의 태도와 관련 없이 건륭은 여전히 영국이 보낸 선물에 큰 관심을 보였다. 연회가 끝난 다음 날 건륭은 영국에서 가져온 선물을 보겠다고 했다. 하지만 안타깝게도 선물은 별다른 효과를 발휘하지 못했다. 영국이 심혈을 기울여 고른 선물을 본 건륭이 별다른 감흥을 느끼지 못했기 때문이다. 왜 이런 결과가 나왔을까?

우선 청더로 가져온 선물에 어떤 것이 있었는지부터 살펴보자. 건륭제가 본 선물은 크기가 비교적 작았다. 모직 200필, 망원경 2대, 공기총 2자루, 장식이 된 엽총 2자루(하나는 금장식, 또 하나는 은장식이 되어 있음), 보병총처럼 길게 만들어놓은 카빈 총 2세트(한 번에 여덟 발을 발사할 수 있음), 아일랜드 특산품인 물결무늬 비단 2상자(1상자당 일곱 필), 영국의 고급 수제 양탄자 2상자 그리고 영국의 귀족과 유명 인사들의 초상화였다.

건륭은 '공물'을 자세히 살펴보고는 조금 실망했다. 태엽으로 움직이는 사람이나 부품을 조립해서 만든 강아지 등 기묘하고 재미난 장난감은 하나도 없었기 때문이다. 건륭에게 모직은 필요하지 않았다. 모직은 모자를 만들 때 빼고는 별다른 쓸모가 없었다. 영국인이 자랑하는 무기에서도 대단한 점을 찾을 수 없었다. 생김새가

독특하긴 했지만 손으로 집었을 때 어색한 느낌이 들었다. 영국인
은 건륭이 총을 손에 쥐고 한 번만 사용해본다면 바로 영국 무기의
정확성이 청나라에서 생산된 것보다 훨씬 뛰어나다는 것을 알 수
있으리라 기대했다. 하지만 건륭은 생일 연회가 끝난 다음 날 총을
쏘는 것은 맞지 않다고 생각하여 사용해보지 않았다. 영국이 강조
했던 허셜의 망원경 역시 건륭 눈에는 전혀 신기하지 않았다. 영국
이 그렇게 자랑하던 것이 결국 '천리경千里鏡'이었단 말인가? 천리경
은 강희제 때 이미 중국으로 전해졌다. 건륭은 반나절 동안 망원경
2대를 직접 관찰했다. 다른 망원경이 정면으로 보는 것에 비해 이
것은 측면으로 본다는 것을 제외하고는 본질적 차이점은 찾을 수
없었다. 영국인은 선물 설명서에서 이 망원경의 특징을 자세히 설명
하며 특히 위대한 과학자 뉴턴의 발명품임을 강조했다. 하지만 청
나라 통역관은 이 내용을 매우 단순하게 번역했다. 설명서의 원문
은 이렇다.

"허셜의 반사망원경은 일반 망원경과는 다릅니다. 일반 망원
경은 거울을 통해 직접적으로 상을 관찰하는 방식이라 볼 수 있는
거리에 제한이 있습니다. 반면 반사망원경은 측면의 거울을 통해
상을 반사시켜 관찰합니다. 이는 영국의 과학자 뉴턴이 발명하고
나중에 천문학자인 허셜이 조금 더 발전시킨 제품입니다. 이 두 사
람은 과학계에서 매우 중요한 발명품을 만들어냈기 때문에 건륭제
께 특별히 소개해드리고자 함께 이름을 적었습니다."

이 원문을 청나라 통역관은 어떻게 번역했을까? 번역본을 살
펴보면 이렇다.

"이 망원경은 정면이 아닌 측면으로 보는 새로운 방식입니다. 허셜이라는 천문학자가 발명했습니다. 이 사람의 이름을 함께 적어 올리겠습니다."[245]

어떤가? 이런 번역으로 영국이 말하고자 하는 요점은 전달될 수 없다. 그래서 건륭은 선물을 받고도 따분하게 느낄 수밖에 없었다.

건륭제의 흥미를 불러일으킨 선물은 뜻밖에도 영국 귀족들의 초상화였다. 건륭은 초상화를 보고 참으로 사실적이라 느꼈다. 그런데 서양의 화법은 이미 궁중에 있는 서양화가 카스틸리오네를 통해 본 적이 있었다. 그래서 건륭은 흥미는 느꼈지만 신기하다고까지 생각하지는 않았다. 결국 청더로 온 선물은 모두 건륭에게 실망을 안겨주었다. 하지만 베이징에 남아 있는 여덟 가지 선물에 대해서는 여전히 기대가 컸다.

'좋은 선물은 모두 베이징에 있겠지?'

그래서 건륭은 조금 빨리 그 선물을 보기 위해 해마다 생일 후에 하던 사냥도 마다하고 서둘러 베이징으로 향했다. 그리고 베이징에 닿자마자 궁으로 가지 않고 원명원으로 가서 '공물'을 구경했다. 하지만 베이징에서도 선물을 본 건륭의 반응은 좋지 않았다. 영국이 보낸 '천체운행의'가 가장 실망스러웠다. 당시 청나라 우주관은 여전히 '하늘은 둥글고 땅은 네모나다天圓地方, 중국 진나라 때 『여씨춘추』에 나오는 말'는 수준에 머물러 있는 데 반해 영국은 '천체운행의'를 통해 태양을 도는 지구의 궤도와 움직임을 모두 이해하고 있었다. 아쉽게도 청나라 통역관은 이 '천체운행의'의 쓰임새를 정확히 번역하지 못하고, 이름을 '천문지리대표天文地理大表'로 옮긴 뒤 절기를 예측하는 데 사용한다고 적었다. 건륭은 이를 보고 중국은 이미 수천 년 전부터 절기를 예측했으니 영국이 보낸 이 무거운 물건은 전혀 필요가 없다고 여겼다. 건륭은 대신 이것을 분해해서 이전에 자신이 보았던 자명종과 다른 점이 무엇인지 살펴보라고 명했다.

관리들은 장인을 불러 기계를 분해해본 뒤 건륭에게 보고를 올렸다. 기계 속 태엽의 움직임을 살펴보았지만 별다른 부분은 없고 자명종에 있는 것과 같은 방법으로 움직인다는 것이었다.[246]

결과적으로 건륭은 아무런 흥미도 느끼지 못했다. 지구본은 더욱 눈에 들지도 않았다. 왜냐하면 지구본은 이미 강희제 때 중국으로 전해졌기 때문이다. 영수궁寧壽宮과 낙수당樂壽堂에 있는 지구본은 100년도 넘은 것이었다. 앞서 말했듯이 영국은 지구본 위에 자신들의 해외 식민지와 군사 목적으로 사용한 항로를 표기하여 영국 해군의 힘을 보이려고 했다. 하지만 통역관을 거치자 설명서 내용은 이렇게 변했다.

"천하의 모든 나라와 대륙, 산과 강, 섬이 모두 그려져 있습니다. 또 서양인들의 항로인 해양선도 함께 표기했습니다."[247]

그래서 건륭은 영국이 이 선물을 보낸 뜻을 전혀 이해할 수 없었다. 영국 사신 일행이 수많은 선물 중 건륭제의 눈을 사로잡을 것이라 가장 기대한 것은 '군주호' 전함의 모형이었다. 대포를 110문이나 장착한 영국 최고 전함이었다. 건륭 역시 그 앞을 지나치다 잠시 멈춰 섰다. 하지만 이런 모형은 자세한 설명이 있어야만 그 진가를 알 수 있는 법이다. 비록 매카트니는 건륭을 따라 베이징에 왔지만 건륭제 앞에서 무릎 꿇기를 거부했기 때문에 건륭은 그와 함께 선물을 살펴보며 설명을 들을 수 없었다. 그래서 건륭은 혼자서 전함을 살펴보아야 했고 앞서와 마찬가지로 영국이 그 선물을 보낸 의미는 전혀 이해하지 못했다.

건륭은 기분이 잔뜩 상한 채 궁으로 돌아갔다. 나중에 영국의 박격포를 다시 한번 살펴보고는 영국 대포에 어떤 특징이 있는지 궁금한 마음이 들었다. 하지만 영국에서 보낸 포수를 직접 만나지는 않았다. 그 역시 자신에게 무릎을 꿇지 않겠다고 할까봐 걱정되었기 때문이다. 그 대신 청나라 포수를 불렀다. 하지만 그는 영국 신식 화포의 작동 과정을 전혀 이해하지 못했다. 박격포를 시험하려고 청나라에 있는 포탄을 가져왔는데 영국 신식 화포에는 맞지 않아 발사하자 얼마 날아가지 못하고 땅으로 떨어져버렸다. 이를 본 건륭은 영국이 자신을 속였다며 분노했다. 그리고 마지막에는 영국을 허풍을 좋아하는 나라라고 단정지었다. 영국이 보낸 설명서와 실제 제품이 전혀 다르니 내가 괜한 기대를 했구나!

이런 결과가 벌어진 데에는 물론 다양한 이유가 있었다. 건륭은 경사스러운 날을 맞았기 때문에 영국에서 보낸 총기를 사용하는 게 적합하지 않다고 여겼고, 선물을 볼 때도 영국에서 온 전문가와 대동하며 자세한 설명을 듣지도 않았다. 하지만 가장 중요한 이유는 건륭제 자신이 과학에 대한 기본 소양이 부족했다는 것이다. 건륭은 시에서 스스로 이런 부족한 면을 드러냈다.

"조부인 강희제께서는 기하학에 매우 정통했는데 안타깝게도 나는 어려서 이런 지식을 배우지 못했다. 이제는 나이가 들어 배워도 머리에 들어오지 않으니 이런 점을 생각하면 아쉬운 마음이 드는구나."248

강희제는 확실히 서양에 대한 이해도가 높은 황제였다. 당시 이미 서양 사람들이 지구를 탐험하고 세계 지도를 완성했다는 사실을 알았다. 그래서 "서양의 과학기술이 이렇게 빠른 속도로 발전하니 아마 천백 년 후면 중국에 큰 위협이 될 수 있겠다"249는 유명한 말을 남기기도 했다.

하지만 건륭에게는 강희제와 같은 식견이 없었다. 비록 서양의 자명종 같은 기계에 관심이 많았지만 그것을 단지 오락거리로만 여길 뿐 그 기계에 숨어 있는 과학적 가치는 전혀 이해하지 못했다. 따라서 건륭이 영국의 선물을 보고 이런 반응을 보인 것은 어쩌면 당연한 일이었다.

자신들이 준비한 선물이 황제 마음에 들지 않았다는 소식을 들은 매카트니 역시 실망이 컸다. 그는 도대체 왜 이런 일이 벌어졌는지 이해할 수 없었다. 하지만 그에게는 마지막 희망이 남아 있었다. 영국이 준비한 마지막 선물이 하나 남아 있었기 때문이다. 이 선물은 정밀한 기계제품은 아니었지만 중국에서 판로를 개척하고 최대 수출품으로 삼기에 손색이 없는 것이었다. 그것은 바로 영국의 마차였다.

영국인은 중국에 왔을 때 중국식 마차가 매우 불편하다는 것을 발견했다. 중국 마차는 한나라 때 만들어진 것을 그대로 사용했다. 바퀴는 나무로 만들고, 앉는 부분이 바퀴 위에 있었는데 진동을 흡수하는 용수철 같은 것이 설치되어 있지 않아 위에 앉아 있으면 떨려서 몸이 힘들 정도였다. 심지어 황제가 타는 마차 역시 똑같은 모양으로 불편하기 그지없었다.[250] 때마침 영국이 마차를 잘 만들기로 유명했기 때문에 영국 국왕은 건륭제에게 보내는 선물에 마차를 한 대 추가했다. 영국인은 청나라 마차는 영국의 '편안하고 가벼우며 화려한' 마차와는 정말 비교도 되지 않는다고 생각했다.

매카트니는 이 마차에 마지막 희망을 걸었다. 하지만 이 역시 희망에서 그치고 말았다. 건륭은 영국에서 보낸 마차를 거들떠보지도 않았다. 왜냐하면 마차 형태가 청나라 규정에 맞지 않았기 때문이다. '수많은 선물 중 중국인을 가장 골치 아프게 만든 것이 바로 그 화려한 영국 마차였다.'

서양 마차는 마부 위치가 마차 앞쪽에 있고 앉는 자리도 높았다. 이렇게 되면 마부가 황제보다 높은 자리에서 등을 지고 앉아 있는 꼴이 되니 이는 청나라 예법에 전혀 맞지 않았다. 영국의 물품 관리 담당자인 배로는 당시를 이렇게 기록했다.

"그 나이 든 태감이 내게 와서 영국 마차는 장식이 들어간 높은 자리를 마부에게 주고 황제폐하가 타시는 칸은 뒤쪽에 있는 게 맞느냐고 물었다. 그러면서 청나라 황제께서 마부가 자신보다 높이 앞서 있는 것을 허락하시겠느냐며 비웃었다. 그들은 우리에게 마부가 앉는 자리를 떼어서 뒤쪽으로 옮길 수 없는지 알고 싶다고 했다."[251]

배로는 이 마차는 마부의 시야를 최대한 확보할 수 있도록 설계되었기 때문에 바꿀 수 없다고 대답했다. 그러자 태감은 그 마차는 그저 '보관용'으로 두어야지 황제께는 절대 보여드릴 수 없다고 했다. 그들의 마지막 희망도 이렇게 물거품이 되었다.

　마차 이야기를 하니 건륭의 증손자 며느리 자희태후慈禧太后, 서
태후와 관련된 일이 한 가지 떠오른다. 1898년, 외국에서 자희태후
에게 독일에서 만들어진 1세대 메르세데스벤츠 세단을 선물했다.
하지만 태후는 이 차를 딱 한 번 타보고는 다시는 타지 않았다. 차
에 타니 기사가 자신보다 앞에 앉아 있었기 때문이다. 태후는 매우
화가 나서 이 차를 이화원에 그냥 세워두었다. 그 후 10년 동안 나
라가 혼란에 휩싸이며 차는 결국 폐기되었다.

　영국인이 완전하게 무릎도 꿇지 않고 선물도 마음에 들지 않
자 건륭은 이제 사신들에게 반감을 느끼기 시작했다. 게다가 하필
이때 매카트니가 화신을 통해 건륭에게 편지를 한 통 보냈다. 영국
사신 일행이 청나라에 온 이유가 무엇인가? 정말 건륭제의 생일을
축하하기 위해 왔던가? 그들에게는 아직 해야 할 일이 남아 있었다.
매카트니는 편지에서 영국의 요구사항 몇 가지를 적었다.

　편지를 읽은 건륭은 그제야 영국의 진짜 속셈을 알아차렸다.
설령 영국인이 두말없이 그에게 무릎을 꿇었다 해도 이는 절대 들
어줄 수 없는 일이었다. 하물며 지금은 기분까지 상한 상태가 아닌
가. 건륭은 편지를 받은 당일 영국 사신 일행에게 긴 교지를 내려
그들 요구를 하나하나 반박하고 거절했다.

　영국이 청나라와 서로 외교사절을 교환하길 바란다는 점에
대해 건륭은 이렇게 답했다.

　"너희가 외교사절을 보내 청나라에 오랫동안 머물게 하며 자
국의 이익을 지키게 하고 싶다고 했는데 이는 천조상국의 규정과

맞지 않으니 절대 허락할 수 없다. 어찌 일국의 요청으로 지난 백여 년간 이어온 법제를 한번에 바꿀 수 있겠는가?"[252]

주산과 닝보, 톈진을 개방해달라는 요구에 대해서는 '일구통상' 정책이 지금까지 문제없이 이어져왔으니 바꿀 수 없다고 했다.[253] 청나라가 영국에 작은 섬을 하나 '주면' 그곳에 화물을 두고싶다는 말에 대해서도 청나라의 모든 땅에는 분명한 주권이 있으니 이 일은 특히 허락할 수 없다고 했다.[254]

광저우에서 생활하는 영국 상인들에게 자유를 조금 더 달라는 작은 요구 역시 건륭은 단칼에 거절했다. 영국 상인들은 광저우 성안으로 들어가 그곳에서 말도 타고 크리켓도 하며 운동을 즐기고 싶어했다. 하지만 건륭제는 이 문제는 이미 정해진 규정이 있으니 바꿀 수 없다고 답했다.

광저우의 대외무역 체제를 개선하고 관세율을 공개해 관리들이 뇌물을 받지 않게 해달라는 것 역시 기존의 규정이 있으므로 바꿀 수 없다고 했다. 결국 매카트니의 요구는 하나도 빠짐없이 모두 거절당했다.

건륭의 이 교지는 결국 평화적인 방법으로는 중국의 문을 열수 없음을 전 세계를 향해 선포한 것과 같았다. 그때 건륭은 자신이 얼마나 큰 실수를 저질렀는지 그리고 이것이 나중에 얼마나 무서운 결과를 가져오게 될지 전혀 알지 못했다.

건륭의 행동은 두 가지 관점에서 분석할 수 있다. 하나는 그가 영국이 작은 섬을 내어달라는 요구를 끝까지 거절한 것은 청나라의 주권을 온전히 지키려는 것으로 이는 명백히 나라의 이익을 보호한 일이라 할 수 있다. 하지만 다른 관점에서 본다면 이는 세계의 흐름을 전혀 이해하지 못했고 변화에 순응하는 융통성이 부족했던 것이라 할 수 있다. 건륭은 서양 국가들이 이미 모든 방면에서 중국을 앞섰으며 머지않아 이것이 중국에 엄청난 위협이 될 거라는 점을 까마득히 몰랐다. 영국이 보낸 선물은 사실 청나라에 대한 서양 세계의 경고이자 위협과 같았지만 총명한 황제께서는 그런 의도를 전혀 눈치채지 못했다.

건륭은 이미 수차례 전쟁을 경험한 군사가로 무기에 대한 지식이 비교적 많은 편이었다. 과학기술에 대한 지식이 부족한 부분은 어쩔 수 없다 해도 최소한 영국이 보낸 무기로 그들의 군사력은 짐작했어야 했다. 하지만 성세의 여유에 빠진 건륭은 그런 무기를 제대로 살펴보려고도 하지 않았다. 이 부분은 정확히 건륭의 실수라 할 수 있다. 오랫동안 이어진 성세와 빛나는 정치적 업적에 둘러싸인 건륭의 자만심은 갈수록 강해졌지만 그와 동시에 외부 세계에 대한 관찰력은 약해졌다. 그가 그동안 공들여 나라를 다스린 이유는 청나라의 기반을 공고히 하고 나라에 위협이 되는 요소를 없애기 위해서였다. 그런데 말년이 되자 그는 이전과 비교도 되지 않을만큼 큰 위협이 코앞에 다가왔는데도 알아채지 못했다.

매카트니가 이끄는 영국 사신 일행이 다녀간 뒤 청나라에서 가장 크게 달라진 점은 천조상국에 조공을 바치는 나라 명단에 영길리라는 해외 속국이 추가되었다는 것뿐이다. 역사서 기록에 따르면 가경 16년(1881) 수정을 시작한 『청대일통지』 제3부에 '영길리'라는 이름이 추가되었다.

영국인이 무릎을 꿇지 않은 일로 심기가 상한 것은 사실이지만 건륭은 영국 사신 일행에게 자기 업적과 통치능력을 자랑할 기회도 놓치고 말았다. 그래서 그는 영국이 보낸 선물을 궁궐 안에 진열해놓고 대신들을 불러 살펴보게 했다. 자신의 외교적 성과를 자랑하기 위해서였다.[255]

구경이 끝난 뒤에는 그것들을 모두 나누어 배치했다. 크기가 크고 외관이 아름다운 것들, 예를 들어 '천문지리대표'는 장식품으로 삼아 원명원과 궁궐 안에 놓았고, 크기가 작은 것은 아무데나 놓았다. 선물 중에는 '금속 칼'이 여러 자루 있었는데 영국 금속가공업의 수준을 보여주려고 보낸 것이었다. 날이 매우 잘 들고 품질도 우수해서 스턴튼은 '장래에 동인도회사 선박이 톈진에 오게 된다면 영국의 버밍엄과 셰필드에서 생산된 상품(철물)들이 베이징 한 곳에서만 상당한 판매량을 기록할 것'이라며 희망찬 전망을 내놓기도 했다. 그렇다면 건륭은 이 '금속 칼'을 어떻게 처리했을까? 『제일역사기록보관소의 기록』을 보면 그해 10월 29일 건륭은 그것을 '철공구'로 간주하고 내무부에서 일하는 기술공들에게 하사했다.

당시 최고 수준의 병기를 대표하는 박격포와 보병총 그리고 황제에게 제대로 보이지도 못한 마차는 1793년 말 창고 안으로 들어간 뒤 오랫동안 빛을 보지 못했다. 1860년 영국과 프랑스 연합군이 원명원에 불을 질렀을 때 안에서 보물을 약탈하던 영국인이 60여 년 전 그들이 선물로 보냈던 물건을 발견했다. "금고 옆에 창고가 또 하나 있었는데 그 안에는 마차와 대량의 무기가 쌓여 있었다. 모든 무기는 한 벌로 이루어져 있었고, 금 또는 은으로 도금한 것이

425

매우 아름다웠다. 몽토방Cousin de Montauban 장군이 둘러보더니 그 것들은 모두 유럽에서 생산된 것이라고 했다. 마차는 1793년 영국 사신 매카트니가 조지 3세의 명을 받아 당시 여든이 넘은 건륭제에 게 선물한 것이고, 나머지는 1792년 영국의 울위치Woolwich 왕실군 사학원에서 만든 정교하고 강력한 유탄포, 포탄과 대포, 견인마차 등 장비였으며 매카트니가 개인적으로 보낸 선물도 있었다. 더욱 놀 라운 것은 이런 선물들이 모두 원래 상태 그대로 남아 있었으며 누 구도 건드린 흔적이 없이 먼지만 가득 쌓여 있었다는 것이다."256

영국인은 청나라가 왜 이렇게 좋은 무기는 창고에 쌓아두고 여전히 무겁고 둔한 구식 무기로 그들과 전쟁을 했는지 이해할 수 없었다. 그리고 그것들을 다시 런던으로 가지고 돌아갔다.

청나라와 평등한 외교관계를 맺으려던 노력이 수포로 돌아가 면서 영국 사신단은 아무런 목적도 달성하지 못한 채 돌아갈 수밖 에 없었다. 하지만 완수한 임무가 하나 있었다. 바로, 청나라를 자 세히 조사하고 살펴보라는 임무였다. 그렇다면 영국인의 눈에 청나 라는 어떤 모습이었을까?

21
강

아편전쟁의 씨앗

영국은 계획한 목표를 하나도 이루지 못했다. 하지만 이번 여정에도 '수확'은 있었다. 바로 이번 방문을 계기로 청나라를 다각적으로 이해하고 분석할 수 있었다는 것이다. 이는 후에 벌어진 중국 침략을 위한 기초 자료가 되었다.

청나라를 언급할 때 사람들이 종종 가장 먼저 떠올리는 것은 '강희와 건륭 두 뛰어난 황제가 강건성세를 만들었다'는 것이다. 그리고 청나라 말기에 도광제, 함풍제, 광서제 등은 모두 별 볼일 없는 황제로 주권을 빼앗기고 나라에 치욕을 안겼다고 여긴다. 하지만 청나라 역사를 자세히 살펴보면 사실 아편전쟁의 씨앗은 건륭제 때 심어졌다는 것을 발견할 수 있다. 어째서 이렇게 말할 수 있을까? 매카트니의 방문은 다섯 가지 방면에서 나중에 일어난 아편전쟁의 복선이 되었다. 다섯 가지 방면을 하나씩 살펴보자.

첫 번째는 청나라 제국의 전체적인 국력을 심도 있게 평가하게 되었다. 영국인을 포함한 유럽인은 원래 청나라 왕조에 대단한 경외심을 갖고 있었다. 하지만 이번 방문으로 영국은 청나라 제국이 실은 자신들이 상상한 것만큼 강대하지 않다는 사실을 깨달았다. 그 이유가 무엇일까? 앞서 밝혔듯이 일행의 단장을 맡은 매카트니는 노련한 외교가였다. 그는 중국을 방문하기 전 전 세계를 돌아다니며 셀 수 없을 만큼 다양한 일을 접했기 때문에 이제는 자리에서 물러나 조용한 곳에서 평화롭게 노년을 보내고 싶어했다. 그래서 영국 국왕 조지 3세가 중요한 임무를 여러 차례 맡겼을 때도 전부 거절했다. 하지만 일행을 이끌고 중국에 사신으로 다녀오라는 임무가 주어지자 그는 바로 하겠다고 답했다. 그가 평생 가장 가보고 싶었던 나라가 바로 중국이었기 때문이다. 그는 중국광狂으로 중국의 모든 부분에 무척 관심이 많았다.

영국 사신들은 대부분 중국에 대해 호기심이 강한 중국광들이었다. 그들은 어떻게 중국광이 되었을까? 명나라 시대부터 유럽 선교사들이 연이어 중국을 찾으며 사서오경과 중국 역사를 자기 나라 언어로 번역해 유럽에 소개했다. 유럽인은 그 책을 보고 중국을 '수천 년 동안 공자의 위대한 사상에 따라 살아왔고, 인자한 황제가 통치하여 군신과 부자관계가 명확한 통일국가로, 사회는 풍요롭고 안정적이며 백성은 근면하고 예의바른' 나라라고 여겼다. 이와 비교해 유럽은 작은 나라들이 빽빽이 차 있어 전쟁이 쉴 새 없이 일어나니 중국에 비하면 한참 뒤떨어져 보였다. 그래서 유럽 전역으로 '중국 붐'이 빠르게 퍼져나갔다. 유럽 학자들 중에는 중국 문화에 심취한 이들이 많았고, 중국에서 유행하는 화제가 무엇인지 토론하곤 했다. 유명한 계몽사상가 볼테르Voltaire 역시 집 안에 공자 초상화를 걸어놓고 중국을 '전 세계에서 가장 우수하고 역사가 깊고 광대하고 인구가 많으며 통치 수준이 높은 나라'257라고 찬양하기도 했다. 매카트니 역시 그런 시대적 분위기에서 성장했기 때문에 중국 문화에 대한 숭배심이 강했다. 그래서 그는 꼭 중국에 사신으로 가보고 싶었다.

그렇다면 매카트니는 청나라에 도착해서 어떤 인상을 받았을까? 한마디로 책에서 본 것과 전혀 달랐다. 어떤 부분이 달랐을까? 먼저 사신 일행은 모두 청나라가 자신들이 들었던 것만큼 풍요롭지 않다는 것을 느꼈다. 마르코 폴로Marco Polo는 『동방견문록The

Travels of Marco Polo』에서 중국을 매우 풍요롭고 도처에 황금이 깔렸으며 '속세에서 볼 수 있는 가장 번화한 곳'이라고 말했다. 하지만 매카트니가 본 중국은 달랐다. 청나라의 시가는 확실히 번화했고 상류층의 생활도 호화스러웠지만 일반 백성의 삶은 너무나 빈곤했다.

그들이 톈진에 도착했을 때 청나라 관리들이 미리 나와 그들을 기다렸다. 청나라는 영국 사신을 극진히 대접했는데, 건륭은 지방 관리들에게 돼지와 닭, 양 등을 제공하라고 명했다. 하지만 양이 너무 많아 다 먹을 수 없었고, 운송 과정에서 죽은 개체도 많아 더운 날씨에 고기가 상해버렸다. 그래서 영국인은 썩은 고기를 바다에 버렸다. 바로 그때 그들이 상상도 하지 못한 일이 벌어졌다. 영국에서 온 배를 구경하려고 해안에 구름처럼 몰려 있던 백성들이 고기를 버리는 모습을 보더니 앞 다투어 바다로 뛰어든 것이다. 그들은 건진 고기를 집으로 가져가서 먹었다.

이것이 청나라 백성에 대한 영국인의 첫인상이었다. '생활이 풍족하지 않다.' 음식을 제공하는 것 외에도 청나라 조정은 백성을 여러 명 보내 차를 따르고 청소를 하는 등 사신들을 위해 일하게 했다. 그런데 그들은 하나같이 몹시 마르고 지쳐 있었다. 영국에서 흔히 볼 수 있는 '똥배'가 나온 시민이나 즐거움이 가득한 미소를 짓는 농민은 결코 찾아볼 수 없었다. 태평성세라는 나라에서 만난 가여운 백성의 모습은 영국인에게 적잖은 충격을 주었다.

톈진에 배를 댄 영국 사신 일행은 운하에서 다시 배를 타고 북쪽으로 향했다. 그들은 호기심 가득한 눈길로 창밖을 스쳐가는 모든 풍경을 하나하나 살폈다. 그곳에서 보니 강변에 거주하는 백성의 모습이 영국에 비해 너무 초라했다. 배로는 자신의 저서 『건륭성세를 만나다』에서 '집은 대부분 진흙으로 지어졌고 지푸라기로 지붕을 덮었다. (…) 눈길이 닿는 거의 모든 곳이 빈곤하고 낙후한 모습이었다'라고 당시를 회상했다. 이것이 청나라에 대한 영국인의 또 다른 인상이었다.

앞서 건륭제 당시 곡식 생산량이 역사상 최대를 기록했다고 하지 않았던가? 그런데도 왜 영국인은 이렇게도 가난한 모습을 보았을까? 이는 건륭성세가 중국 역사의 다른 성세와 달리 '가난한 성세'였기 때문이다. 다른 태평성대에는 백성이 먹을거리 걱정을 하지 않았다. 예를 들어 당나라 현종이 다스린 개원의 치 때는 '쌀에 윤기가 돌고 좁쌀도 희고 깨끗하며 관아와 백성의 곡물창고가 모두 가득 찼고', 한나라 문경의 치 때도 사회가 전체적으로 풍요로워 백성이 모두 집을 나설 때 수말을 탔으며 암말이나 작은 말을 타는 사람은 비웃음을 당할 정도였다고 한다. 하지만 건륭성세에는 이와 비슷한 기록을 전혀 찾아볼 수 없었다.

왜 그랬을까? 청나라 백성과 관리들이 한나라나 당나라 때보다 게을렀을까? 아니다. 매카트니가 중국에서 받은 첫인상은 중국인이 매우 성실하고 유럽 농민들보다 훨씬 부지런하다는 것이었다. '어디를 가든 농민은 최대한 땅을 경작하여 키울 수 있는 각종 곡식과 채소를 생산해내려 했다.' '중국 농민은 분명 세상에서 가장 부지런할 것이다.'[258]

이와 동시에 건륭제 역시 중국의 역대 제왕들 중 농업을 가장 잘 이해하고 중시한 황제였다. 학자들의 연구에 따르면 한 묘당 평균 양식 생산량은 진·한 때는 264근, 당나라 때는 344근, 명나라 때는 346근이었는데 청나라 때는 374근으로 역사상 최대치를 기록했다.[259] 이렇게 생산량이 높았는데도 왜 건륭제의 백성은 가난했을까? 인구 증가가 농업 발전의 성과를 집어삼킨 탓이었다. 건륭제 통치 기간에 인구수는 역대 최고치를 기록했다. 하지만 인구가 두 배 이상 늘어나자 결과적으로 일인당 평균 생산량은 최저수준으로 떨어지고 말았다.

관련 분야 학자의 연구에 따르면 중국 역대 왕조에서 일인당 차지한 평균 식량의 양은 진·한시대 985근, 수·당시대 988근, 송나라 시대 1457근, 명나라 시대 1192근이었지만 건륭제 때는 780근으로 진시황 이래 역사상 최저를 기록했다.[260] 그래서 건륭성세는 '가난한 성세'의 모습을 벗어날 수 없었다.

그렇다면 당시 유럽인의 생활수준은 어떠했을까? 1808년 영국 일반 농민가정의 세끼 식단표를 살펴보자.

아침은 우유와 빵, 베이컨을 먹고 점심에는 빵과 버터, 소량의 맥주와 절인 돼지고기를 먹으며 저녁에는 빵과 버터를 먹었다. 일요일에는 생돼지고기를 먹었으며, 이외에도 매일 탈지분유에 버터와 설탕, 영국 홍차 잎을 넣은 차를 마셨다.

18세기 영국 서민가정의 연 수익은 137파운드로 청나라 시대 은자로는 472냥 정도였다. 여기서 각종 생활비를 빼고 나면 해마다 11파운드 정도, 약 38냥이 남았다. 건륭제 시대 일반 백성의 연 수익은 얼마나 되었을까? 전체 수익이 32냥도 되지 않았으니 영국의

10분의 1 수준이다. 게다가 한 해 쓰는 평균 지출액은 35냥으로 이는 1년 내내 힘들게 일해도 3냥을 빚져야만 살 수 있다는 뜻이었다. 그래서 일단 자연재해나 기근이 닥치면 백성은 자식을 내다 팔아야 했다.

지금까지 이야기한 것은 경제적 빈곤이다. 비록 건륭제는 자신이 농업 발전에 기여한 성과를 매우 자랑스럽게 여겼지만 유럽의 생산 수준과 비교하면 너무 뒤떨어진다는 사실을 결코 알지 못했다.

경제적 빈곤보다 영국인을 더 놀라게 한 것은 청나라 통치방식 역시 너무 '구시대적'이었다는 점이다. 당시 유럽의 학자들은 모두 중화제국을 평화롭고 안정적이며 합리적인 나라라고 찬미했다. 중국에 도착한 영국인은 정말 학자들 말처럼 청나라의 사회질서가 매우 잘 유지되고 있음을 발견했다. 스턴튼은 '중국에 와보니 이렇게 큰 나라에서 모든 일이 질서정연하게 이루어지는 것이 전 세계 어느 곳도 여기와는 비교가 되지 않을 것'이라 말하기도 했다.[261]

영국인은 사회적 치안도 유럽보다 청나라가 낫다고 여겼다. '청나라는 강력한 황권으로 사회 무질서와 위법행위를 엄하게 단속해서 사신 일행은 모두 중국에 있는 동안 온전한 보호를 받고 있다고 느꼈다.'[262] 그들은 처음에 자신들이 가지고 온 선물의 수가 많고 부피가 커서 분명 운송과정에서 망가지는 것이 있을 거라고 걱정했다. 그러나 청나라 관리들이 적극적으로 협조해준 덕분에 운송과정은 문제없이 진행되었다. 600개가 넘는 선물을 여러 차례 나눠 하역하고 옮긴 덕분에 베이징에 도착할 때까지 어느 것도 흠집이 나지 않았다. 영국인은 이를 보고 과연 청나라는 모든 일이 조정의 명령만 있으면 그대로 되고, 아무리 어려운 일도 언제든 실행 가능하다며 놀라움을 감추지 못했다.[263]

그런데 청나라가 이런 사회질서를 만들어낸 방식이 영국인이 생각한 것과는 완전히 달랐다. 영국인은 중국을 공자 사상에 따라 나라를 통치하는 곳이라 여겼다. 즉 황제는 한 나라의 아버지로 나라 전체를 자상하게 돌보고, 각 성의 총독은 백성의 아버지가 되어 그들 생활에 관심을 갖는다는 것이다. 그래서 볼테르는 이런 동방의 '부권父權'남자인 가장에게 가족을 통제하기 위하여 부여된 권리 통치는 자연의 이치에 부합하며 그 안에는 인자함과 효심이 가득해서 곤장이나 감옥이 필요하지 않다고 말하기도 했다.

하지만 직접 중국을 방문한 일행은 현실은 그와 다를 뿐만 아니라 완전히 동떨어져 있다는 사실을 깨달았다. 영국 일행이 중국에 올 때 처음 도착한 곳은 톈진이 아니었다. 항로가 익숙하지 않아 그들은 우선 바다와 맞닿은 저장성 연안지역인 딩하이에 내렸다. 그들은 자신들을 톈진까지 안내해줄 항로를 잘 아는 항해사가 필요했다. 그래서 관아를 찾아가 항해사를 구해달라고 부탁했다. 딩하이 관리들은 건륭제가 영국 사신의 방문을 목이 빠져라 기다린다는 사실을 잘 알았기 때문에 흔쾌히 그들 부탁을 들어주겠다고 나섰다. 영국인은 이제 관리들이 적당한 보수를 주고 항해사를 고용해줄 것이라 생각했다. 그런데 그 예상은 완전히 빗나갔다. 관리들은 바로 사병을 풀어 배로 톈진까지 가본 적이 있는 사람들을 모두 잡아들였다.

배로는 당시를 이렇게 회상했다. '사병들은 눈 깜짝할 새 여러 사람을 관아로 잡아왔다. 잡혀온 사람들은 모두 무릎을 꿇고 온몸을 벌벌 떨었다. 총독은 한 사람씩 조사한 끝에 톈진에 가본 적이 있는 두 사람을 골랐다. 그런데 그 둘은 이번 일을 맡고 싶어하지 않았다. 왜냐하면 한 사람은 이미 배를 타지 않은 지 오래되었고 또 하나는 지금은 다른 장사를 해서 이제 다시 목숨을 걸고 항해에 나서고 싶지 않았기 때문이다. 그래서 그들은 땅바닥에 엎드려 제발 이번 일에서 빼달라며 애걸복걸했다. 하지만 총독은 조금의 망설임도 없이 강제로 그들을 배에 태웠다.'

사실 이런 일은 중국 역사에서 심심치 않게 등장한다. 하지만 영국인에게는 상상도 할 수 없는 일이었다. "선량하고 부지런한 백성과 장사로 기반을 잡은 상인에게 강제로 집을 떠나 아무런 이득도 없는 노역에 참여하도록 하는 것은 불공정한 일이자 폭력행위라 할 수 있다."264 영국인은 이때 청나라의 통치방식이 지나치게 보수적이라는 점을 깨달았다.

결국 이번 방문으로 그동안 선교사들이 만들어낸 중국에 대한 환상은 모두 산산조각 났다. 영국 사신 일행은 유럽에서 처음으로 청나라 왕조를 자세히 살펴본 사람들이었다. 이제 더는 그들 마음속에 중국에 대한 경외심은 존재하지 않았다. 그래서 매카트니는 이번 방문을 나중에 중국을 침략하기 위한 준비 작업으로 삼고 청나라 사회와 국력에 대한 전반적인 조사에 나섰다.

중국 침략전쟁의 두 번째 복선이 된 것이 바로 군사력에 대한 조사였다. 영국 사신이 방문한다는 소식에 건륭제는 철저하고 꼼꼼한 준비를 지시했다. 그는 영국인을 맞을 때는 친절하고 세심하게 배려하라고 했을 뿐만 아니라 각 지방 관리들에게 영국 사신이 오면 사병들을 모아 대열을 만들어 맞이하게 하라고 지시했다. 건륭 58년 정월, 건륭제는 각 성의 총독과 순무에게 영국 사신이 가는 곳마다 완전 무장을 하고 가장 좋은 무기를 든 건장한 사병들을 보내 맞이하게 하여 청조상국의 강대함을 보이라는 교지를 내렸다.[265]

건륭이 이런 지시를 내린 까닭은 무엇이었을까? 비록 나이는 들었지만 그는 영리한 통치자였다. 그는 서양 오랑캐들이 온다고 하니 그 안에 분명 다른 꿍꿍이를 품는 자가 있을 것이라 예상했다. 그래서 그들에게 천조상국의 강대함을 확실히 보여줘 두려움을 갖게 해야 한다고 생각했다.

건륭은 자신이 거느린 군대에 매우 큰 자신감이 있었다. 그가 가장 자랑스럽게 여기는 통치 업적 중 하나가 바로 '십전무공十全武功', 즉 직접 대규모 전쟁을 열 번 지휘했다는 사실이다. 그래서 건륭은 계속해서 무장한 사병들 모습을 보여주면 영국인이 청나라 군대가 얼마나 기강이 엄격하고 훌륭한 장비를 갖추었는지 알게 될 것이라 믿었다. 지방 관리들은 황제 지시에 따라 영국인이 올 때마다 최상의 사병을 조직해서 맞이하도록 했다. 그렇다면 청나라 군대는 영국인에게 어떤 인상을 남겼을까?

영국인의 기록을 보면, 그들이 어디를 가든 늘 사병들이 있었는데 그들은 활이나 화승총불을 붙이는 노끈으로 발사약에 점화해 탄환을 발사하는 초기의 소총 또는 큰 칼을 차고 있었다. 그들은 모두 체구가 건장했으며 영국인에게 동양의 무공을 최대한 보이려고 애썼다. 하지만 영국인은 그들에게서 아무런 느낌도 받지 못했다. 오히려 그들 눈에 청나라 군대는 가소로워보였다. 왜냐하면 서양에서는 이미 총과 대포 등 화력 무기를 사용하는 것이 보편화되는 추세였는데 청나라는 여전히 구식 무기를 휘둘렀기 때문이다. 그들의 전차전법과 사고방식은 중세 시기에 머물러 있었다. 배로는 이런 청나라 군대 모습을 이렇게 묘사했다.

"우리 일행이 방문한 일부 지역에서 사병들은 대열을 맞춰 나와 사신을 맞았다. (…) 우리가 예정과 다른 시각에 찾아가면 그곳에 있는 사병들은 한바탕 혼란스러운 일이라도 벌어진 듯 허겁지겁 군영 안에서 예복을 입고 나왔다. 그런데 그들 모습은 군인이라기보다 마치 연극배우를 보는 것 같았다. 자수가 놓인 조끼와 견직물로 만든 신발과 부채는 불편하기 그지없어 보이고 또 여성스럽기까지 해서 군인의 모습과는 전혀 어울리지 않았다."266

영국인은 청나라 무기에 대해서는 더욱 무시하는 듯한 어조를 보였다.

"청나라는 대포수가 너무 적고, 어떤 것은 이미 오래되어 부서지기 일보직전이었다."267

그렇다면 당시 유럽의 군대는 어떤 장비를 갖추었을까? 확실한 것은 청나라보다 몇 배는 더 선진화되었다는 것이다. 당시 청나라의 주요 무기는 활과 칼, 창이었고 화력 무기 중에서는 화승총을 주로 썼다. 그에 비해 유럽의 군대는 수발총화승총을 개량한 것으로 불씨를 갖고 다닐 필요 없이 부싯돌로 스파크를 일으키면 화약에 불이 옮겨 붙어 발사됨을 주로 썼으며 일부는 이미 활강총현대식 소총의 전신을 쓰기도 했다. 청나라의 군사 장비와 무기는 명나라 말기 이후 특별히 바뀐 것이 없었기 때문에 영국에 비해 거의 100년가량 뒤처져 있었다. 그래서 건륭이 자랑하고자 했던 청나라 군사력은 결국 영국인 눈에 웃음거리가 되고 말았다. 영국으로 돌아간 뒤 매카트니가 한 말이 전 세계로 빠르게 전해졌다.

> 중화제국은 그저 망가진 배에 불과하다. 운 좋게도 신중하고 능력 있는 선장이 있어 지금까지 침몰하지 않았을 뿐이다. 그 배는 몸체가 거대해서 주변국에 두려움을 주지만 일단 무능한 선장이 나타나면 그 배의 질서와 안전은 끝난 셈이나 같다. (…) 범선 몇 척만 있어도 해안의 부대를 격파할 수 있다.[268]

이번 중국 방문으로 영국인은 군사 방면에서 정말 큰 수익을 얻었다. 그들은 청나라 군대를 전체적으로 평가했을 뿐만 아니라 구체적인 국방 관련 일도 조사했는데, 매카트니는 측량과 각종 데이터 수집을 담당하는 전문가와 함께 다니며 성벽의 높이와 두께, 수로의 깊이 등을 조사했다. 저장성에서 베이징으로 가는 중에는 항로와 운하의 통로를 살피고 베이징과 퉁저우, 딩하이 등 중국 도시의 방어설비도 세밀하게 관찰했다. 나중에 베이징을 침략하기 위한 군사적 자료를 대량 획득한 셈이다.

매카트니의 이런 자료가 1840년 아편전쟁 때 정확히 어떤 역할을 했는지에 대한 직접적인 자료는 찾지 못했다. 하지만 주목해야 할 사실은 도광 20년 아편전쟁이 일어났을 때 영국군이 공격 대상으로 삼은 곳이 다른 곳도 아닌 눈에 띄지 않는 작은 도시 딩하이였다는 것이다. 매카트니가 중국을 방문할 때 처음 갔던 곳 역시 딩하이였다. 이것이 과연 우연이었을까? 그래서 군사력 조사는 아편전쟁의 두 번째 복선이 되었다고 할 수 있다.

세 번째 복선은 무엇일까? 아편전쟁이 아편전쟁이라 불리는 이유는 영국의 침략과 아편무역이 연관이 있기 때문이다. 과연 영국은 언제부터 아편을 대량으로 중국에 수출했을까? 바로 매카트니가 다녀간 후부터였다.

건륭제 시대 중국과 영국 간 무역은 거의 중국 쪽으로 쏠려 있었다. 영국 상품은 중국에서 이렇다 할 판매 실적을 올리지 못했으므로 영국인은 그저 은자를 싣고 와 중국 찻잎으로 바꿔가기만을 반복했다. 하지만 돈을 쓰는 데도 한계가 있었다. 은자가 거의 바닥날 상황에 이르자 마음이 급해진 영국인은 백방으로 중국 시장을 개척할 방법을 찾았다.

고민을 거듭한 끝에 그들은 '무서운' 물건을 하나 생각해냈다. 바로 아편이었다. '아편'이라는 단어는 어디서 왔을까? 영어로 아편을 뜻하는 Opium의 음역자다. 우리는 아편을 말하면 아편전쟁을 먼저 떠올리는데, 사실 중국인은 당나라 시대에 이미 아편을 약품으로 접했다. 당시 중국의 의정義淨이라는 고승이 인도에 불경을 구하러 갔다가 아편을 가지고 왔다. 따라서 중국인은 아주 오래전부터 아편을 사용했다고 할 수 있다. 하지만 청나라 중기 이전까지 아편은 큰 위험요소로 인식된 적이 한 번도 없었다. 왜냐하면 그때는 사람들이 아편을 주로 약재로 사용했기 때문이다.

옹정제 때 아편을 태워 연기를 빨아들이는 방법이 동남아에서 전해졌다. 이런 방법을 사용하면 쉽게 중독되었기 때문에 아편은 그때부터 '마약'이 되었다. 당시 이미 아편흡연관이 세워졌을 정도였다. 그래서 옹정제는 교지를 내려 아편을 태워 빨아들이는 행위를 금지했다. 다행히 그때는 아편 수입량이 적은 편이었기 때문에 심각한 사회문제로 번지지 않았다.

아편이 정말 심각한 위협이 된 것은 건륭제 때였다. 건륭제 초기에 영국인은 인도 아편을 몰래 광저우로 가지고 왔다. 그들은 인도에서 아편 한 상자를 250루피에 사왔는데 광저우에서는 1600루피에 팔 수 있었다. 가격이 다섯 배나 뛴 것이다. 영국인은 드디어 중국에서 은자를 회수해갈 방법을 찾았다며 뜻밖의 '발견'에 기뻐했다.

그래서 건륭 38년인 1773년부터 영국은 인도에서 '사악한' 계획을 실행하기 시작했다. 넓은 인도 땅에 아편을 심어 중국에 판매하는 것이었다. 물론 건륭은 영국의 이런 계획을 까맣게 몰랐다. 하지만 건륭제는 아편무역이 비정상적으로 커진다는 점을 눈치챘다. 건륭제 중기부터 아편을 피우는 사람이 늘어났기 때문이다. 영국 사신 일행도 중국에 온 뒤 바로 이 사실을 알아챘다. 배로는 건륭제 말기에 아편이 유행하던 상황을 이렇게 적었다.

"상류층 인사들은 집에서 아편을 피우는 데 빠져 있었다. (…) 광저우 관리들은 최근 붙인 공고에서 아편의 단점을 알렸다고 했다. (…) 하지만 이들 역시 매일 아무렇지도 않게 아편을 피웠다."**269**

물론 이렇게 함정과 같은 거래를 하는 영국인의 마음도 편치만은 않았다. 그들 역시 천성적으로 악한 사람들은 아니었다. 처음에는 병이 급하면 병원을 찾아가는 것처럼 은자를 회수할 마음으로 '응급처방'을 내렸지만 결코 오랫동안 이어갈 생각은 없었다. 그들은 오히려 매카트니의 방문이 성공하길 바랐다. 그래서 중국 시장이 더 개방된다면 정상적인 무역으로 다시 돈을 벌어들이면 됐다. 하지만 매카트니는 실패했고, 영국의 희망은 무너졌다. 난처한 상황에 처한 동인도회사는 일단 시작했으니 끝을 보겠다는 생각에 아예 아편 재배 면적을 넓혔다. 통계에 따르면 1775년에서 1797년까지 중국에서 해마다 밀거래로 수입하는 아편의 양은 평균 1824상자였다가 1798년에서 1799년 매카트니가 임무에 실패한 뒤로는 그 두 배가 넘는 4123상자로 늘어났다.

이렇게 해서 중국은 영국과 무역에서 적자를 기록하게 되었고, 다량의 은이 영국으로 흘러 들어갔다. 아편전쟁 직전 청나라의 연간 은자 유출량은 최소 1000만 냥에 달했는데, 이는 청나라 연간 재정수입의 4분의 1에 해당하는 엄청난 액수였다. 도광제는 이런 상황에서 만일 아편을 금지하지 않는다면 나라 재정이 모두 무너질 것이라 생각했다. 하지만 아편을 금지하자 생각지도 못한 아편전쟁이 일어났다. 그래서 매카트니의 임무 실패와 아편전쟁은 밀접한 관련이 있다고 할 수 있다.

지금까지 살펴본 세 방면 외에 네 번째 방면은 더욱 직접적인 복선 역할을 했다. 영국에서 아편전쟁을 시작하는 과정에서 한 사람이 결정적 역할을 했다. 그는 바로 스턴튼이었다.

1840년 4월 7일, 아편전쟁이 일어나기 약 두 달 전 영국 하원에서는 격렬한 토론이 벌어졌다. 토론 주제는 바로 아편전쟁을 일으키느냐, 중국을 침략하느냐에 관한 것이었다. 찬성하는 쪽과 반대하는 쪽이 첨예하게 대립했는데, 대세는 반대하는 쪽으로 기울었다. 그때 스턴튼이 나타나 대세를 돌려놓았다. 그가 발언할 때 회의장은 쥐 죽은 듯 조용했으며 사람들은 모두 진지하게 귀를 기울였다. 스턴튼은 중국 통치자에 대한 자신의 이해를 바탕으로 볼 때 중국 시장을 여는 유일한 방법은 전쟁이라고 주장했다.

"저는 중국 민족의 성격과 특히 그 민족을 다스리는 지배계급의 성격을 잘 압니다. 단언하건대 영국이 중국을 상대로 어떤 성과를 얻고 싶다면 협상과 동시에 무력을 사용해야만 합니다."[270]

스턴튼의 발언은 의원들의 판단에 결정적인 영향을 미쳤다. 그가 발언한 뒤 투표가 진행되었는데, 그 결과 찬성이 271표, 반대가 262표로 9표밖에 차이 나지 않았다. 즉 스턴튼이 발언하지 않았다면 아편전쟁은 아마 그때 일어나지 않았을 것이다.

그렇다면 스턴튼은 어떤 인물일까? 어떤 인물이기에 발언권이 이렇게 강력했을까? 재미있는 것은 그가 매카트니의 중국 방문 때 부단장을 맡았던 조지 스턴튼의 아들이라는 점이다. 그는 열두 살에 특사로 임명을 받아 부친을 따라 중국에 다녀왔고, 매카트니가 건륭을 알현하던 그날 일행 맨 뒤에서 망토를 입고 서 있었다. 그는 그때 건륭을 보았고, 중국어로 건륭과 담소를 나누기도 했다.

중국에서 보내는 일정 중 특별히 할 일이 없어 무료했던 스턴튼은 그 참에 중국어를 배웠다. 나이가 어릴수록 언어를 빨리 배우다보니 그 역시 짧은 기간에 중국어를 많이 익힐 수 있었다. 그래서 사신 일행이 건륭제를 알현할 때 화신은 건륭에게 영길리에서 온 아이가 중국어를 할 줄 안다고 소개했다. 건륭은 기뻐하며 스턴튼을 앞으로 불러 몇 마디 이야기를 나누고 작은 주머니를 선물로 주었다. 스턴튼은 영광스럽게 여기며 그 선물을 나중에도 계속 간직했다.

그 방문은 스턴튼에게 일생의 직업을 얻기 위한 기초를 닦는 기회이자 청나라에 반감을 갖는 계기가 되었다. 그는 영국으로 돌아간 뒤 중국어를 열심히 공부해 결국 '중국통中國通'이 되었다. 이런 사람이 중국과 관련된 사무에서 가장 강력한 발언권을 갖는 것은 당연했다. 그래서 영국 의원들은 그의 말을 존중했고, 결국 역사의 방향까지 바꾼 것이다.

마지막 복선은 매카트니가 건륭에게 보낸 편지에 적었던 요구사항과 아편전쟁이 끝난 뒤 영국이 제기한 요구사항이 완전히 똑같았다는 점이다. 바꿔 말하면 영국은 건륭 58년 무릎을 꿇고도 얻지 못한 것을 도광 20년 전쟁을 일으켜 하나도 빠짐없이 이루었다. 난징조약南京條約, 1842년 8월 아편전쟁을 종결하기 위하여 영국과 청나라가 체결한 강화조약과 매카트니가 보낸 편지 내용을 비교해보면 거의 일치한다는 사실을 알 수 있다.

우선, 1793년 매카트니는 중국이 무역항 수를 늘려달라고 요구했다. 청나라는 1842년 난징조약의 규정에 따라 다섯 도시를 통상 무역항으로 개방했다. 영국이 작은 섬을 사용할 수 있도록 내어달라고 요구한 데 대해 청나라 조정은 1842년 홍콩을 영국에 넘겨주었다. 무역체제를 개선하고 십삼행의 독단을 막아달라는 요구에 대해서는 난징조약에 따라 십삼행을 폐지했다.

관세율을 고정해 공개하고 기타 비용을 함부로 거둬들이지 못하도록 해달라는 요구에 대해서도 난징조약에 따라 관세가 정해지고 관세 외의 다른 비용은 모두 없앴다.

마지막으로 매카트니가 중국에 머무는 영국 상인들에 대한 대우를 개선해달라고 요구한 것 역시 실현되었다. 청나라 황제는 난징조약에서 '특별히 은혜를 베풀어' 영국인이 중국에서 상업 활동을 할 때 아내와 함께 거주할 수 있도록 허락했다. 이 조항의 경우 유일하게 도광제가 먼저 동의했다. 왜냐하면 협상을 책임진 청나라 관리 기영耆英이 황제에게 아편전쟁 이전에 외국 상인들이 가족과 함께 있지 못하도록 한 규정에 폐단이 있다고 설득했기 때문이다. 외국 상인들을 통제하기 힘든 이유는 그들이 중국에서 가정의 온기를 느끼지 못하고 외롭게 생활하여 성격이 난폭해진 탓이라는 것이었다. 그래서 만일 영국인에게 아내를 데리고 와서 살게 해준다면 지금보다 온순해질 것이라고 했다. "영국은 남자보다 여자를 우선으로 하고 집안에서도 여자 입김이 세다고 하니 부인들이 같이 살며 그들을 단속하면 관리하기가 더욱 편해질 것입니다."[271] 황제는 기영의 건의를 받아들여 이를 즉각 허락했다.

결국 건륭제가 중국을 방문한 영국 사신의 목적을 제대로 꿰뚫어보지 못한 것이 나중에 일어난 엄청난 전쟁을 위한 복선을 깔아둔 셈이 되었다. 만일 아편전쟁이 건륭제 말년에 일어났다 해도 결과는 크게 달라지지 않았을 것이다. 왜냐하면 그때 건륭은 지나치게 보수적이고 물질에 너무 취해서 자기성찰 능력을 잃어버린 지 오래였기 때문이다. 그에게 청년 시절의 모습은 이미 사라지고 없었다.

그리고 말년에 건륭은 한 가지 현실적인 문제에 직면해 있었다. 바로 후계자를 고르는 일이었다. 그는 후계자를 고르는 데 상당히 복잡한 과정을 거쳤다. 그리고 여러 차례 비밀 책봉을 한 끝에 결국 가경을 후계자로 정했다. 그 후에는 청나라 역사에서 유례가 없는 일을 실행했다. 생전에 황위를 아들에게 물려준 것이다. 그는 왜 생전에 황위를 물려주었을까? 그리고 황제 자리에서 물러난 뒤 어떤 생활을 했을까?

22강
———
———
물려주고 물려받기

말년이 되자, 건륭제는 매우 현실적인 문제를 마주하게 되었는데 바로 황위를 계승하는 일이었다. 건륭 43년, 동북 지방 순행을 마치고 진현을 지나 돌아올 때였다. 김종선金從善이라는 선비가 달려 나와 길옆에서 황제에게 자신이 쓴 글을 올렸다. 바로 건륭에게 태자 책봉을 청하는 글이었다.

그해 건륭의 나이는 예순여덟로 고희를 바라보았다. 당시에는 일흔이라면 정말 나이가 많이 든 편에 속했다. 하지만 이때까지 아무도 누가 건륭의 뒤를 이을지 알지 못했다. 옛날부터 태자를 정하는 일은 국가의 안위와 관련된 중대한 문제였지만 이에 관해 황제의 계획을 들어본 사람은 없었다. 만일 계획이 없다면 천하는 어찌한단 말인가? 그래서 김종선은 사람들의 궁금증과 조급함을 대신해 글을 올린 것이다.

글을 읽은 건륭은 매우 화가 났다. 후계자를 정하는 문제를 어떻게 일개 백성이 나서서 황제에게 건의할 수 있단 말인가? 그래서 건륭은 즉시 김종선을 '오만방자하게 반역을 범한 죄'로 처결했다.

김종선을 처단한 건륭은 이제 천하의 백성에게 후계자 선정에 대한 자기 생각을 설명할 때가 되었다는 느낌이 들었다. 그래서 교지를 내려 태자 책봉 원칙은 지금까지와는 다를 것이라 밝혔다. 건륭은 역사를 통해 살펴보면 공개적으로 태자를 세우는 방법이 꼭 좋은 것은 아니라고 했다. 왜냐하면 태자를 세우면 다른 형제들이 그를 깎아내리기 위해 수단과 방법을 가리지 않았으며 그로 인해 나라 전체가 혼란스러워지는 경우가 많았기 때문이다. 또 무조건 적장자를 고집하는 것은 더 좋지 않은데 적장자가 꼭 가장 능력 있는 아들이라는 보장은 없었기 때문이다. 예를 들어 한나라 무제와 당나라 태종, 영락제는 모두 적장자는 아니지만 위대한 황제로 역사에 남았다고 했다.272

사실 이는 건륭이 나이가 든 후의 생각이다. 건륭도 즉위 초에는 서둘러 태자를 세우고 싶어했다. 건륭은 평생 수많은 방면에서 역사적 기록을 만들어냈다. 하지만 황자 수에서는 1등이 아니었다. 조부인 강희제가 아들 35명과 딸 20명을 두어 자녀수가 가장 많았고, 건륭은 자녀를 27명 두었다. 아들이 17명에 딸이 10명이었는데 그중 아들 다섯과 딸 다섯이 어려서 목숨을 잃었고 성인이 된 자녀는 17명이었다. 이는 청나라 역사상 '2등'이었다.

아들 17명 중 건륭이 가장 좋아한 아들은 조강지처인 효현황후의 두 아들이었다. 건륭과 효현황후의 사이가 매우 좋았다는 것은 앞에서 이미 자세히 이야기했다. 황후에 대한 사랑이 컸으니 그 사이에서 태어난 아들에게 유독 정이 가기도 했고, 또 두 아들이 유달리 출중하기도 했다. 건륭은 첫 번째 아들인 영련을 '귀하고 소중한 아이로 총명하며 기개와 도량이 남다르다'고 칭찬했고, 두 번째 아들인 영종永琮은 '남달리 영특하다'며 애정을 드러냈다.

건륭은 즉위 원년에 일곱 살이 된 첫 번째 아들 영련을 태자로 봉했다. 물론 옹정이 했던 비밀 책봉의 선례를 따라 친서를 만들어 황족과 대신들 앞에서 밀봉하여 건청궁의 '정대광명' 편액 뒤에 놓았다. 그러면 건륭은 왜 이렇게 일찍 태자를 정했을까? 그때 건륭은 성숙하다기보다는 젊고 혈기왕성해서 후계자 정하는 문제를 깊이 고민하지 않았다. 그는 청나라가 세워진 뒤 적장자가 황위를 이어받은 적이 없다는 것을 가장 유감스럽게 생각했다. 적장자를 귀하게 여기는 전통문화와 맞지 않기 때문이다. 주나라 이후 역대 왕조에서는 모두 태자를 책봉할 때 적장자를 우선했다. 그래서 모든 면에서 선조를 앞섰던 건륭은 마음속으로 후계자 문제는 반드시 선조들의 완벽한 전통을 따르겠다고 결심했다.[273]

그러나 세상일은 절대 마음대로 되지 않는 법이다. 밀지를 내리고 2년 후 영련이 병으로 세상을 떠나고 만 것이다. 건륭은 큰 충격을 받았다. 그래도 그는 낙심하지 않고 정실부인의 두 번째 아들인 영종을 태자로 봉할 준비를 했다. 그런데 친서를 만들기도 전에 두 살밖에 되지 않은 둘째 아들마저 하늘나라로 떠나고 말았다. 효현황후 역시 이 일로 비통함에 젖었다가 이듬해 세상을 떠났다. 적자를 태자로 세우려던 건륭의 바람은 이렇게 이룰 수 없는 꿈이 되었다.

아들과 아내가 연이어 세상을 떠난 일로 건륭은 마음에 큰 상처를 입었다. 하늘의 뜻을 믿었던 그는 이것이 자신이 하늘에 도전한 결과라고 믿었다. 그는 후에 이렇게 말했다.

"짐은 황제 자리에 오른 후로 하늘과 신령에게 죄를 범한 적이 없는데도 적자 둘이 모두 세상을 떠났으니 정말로 이해할 수 없는 일이다. 생각건대 아마 청나라 왕조는 서자가 적통을 잇는 것이 하늘이 정하신 가법으로 함부로 어겨서는 안 되는 것이었으리라. 선조를 뛰어넘고 싶은 마음에 하늘의 뜻을 어겨 이런 결과를 받게 된 것이구나."[274]

건륭의 이런 생각은 물론 미신이지만 그 뒤로 적자를 세워야 한다는 생각을 완전히 포기했다. 그렇다면 후계자를 세우는 문제는 어떻게 되었을까? 이 문제는 청나라의 모두가 관심을 갖는 문제였다. 적자가 아니라면 서자를 세워야 했다. 건륭 13년, 효현황후가 세상을 떠난 당시 서자들 중 비교적 나이가 많은 아들이 둘 있었다. 스물한 살인 황장자 영황永璜과 열네 살인 영장永璋이었다. 적자 두 명이 연이어 떠났으니 이제 황위를 이어받을 확률이 큰 사람은 당연히 두 서자였다.

건륭은 정치에서만큼은 누구보다 경계심이 강한 사람이라 황자들을 매우 엄격하게 단속했다. 건륭 31년 전까지 황자들은 나이와 결혼 유무에 상관없이 모두 규율에 따라 궁 안에서 하루 종일 공부를 해야 했다. 절대 궁 밖에 거주할 수 없으며 외부 인사들과 교류하는 것은 더욱 허락하지 않았다. 마치 감옥 생활과 같았다고 할 수 있다. 황자들은 이렇게 엄격히 제한된 생활을 하며 대우는 거의 받지 못했다. 중국 역사상 어느 왕조에서도 이런 일은 없었다. 그렇다면 건륭은 왜 이렇게까지 했을까? 앞서 여러 차례 언급했듯이 그의 정치원칙은 자기 권력에 위협이 되는 사람은 누구든 처리한다는 것이었다. 그래서 가끔 그는 신경과민이라 할 정도로 황자들을 경계했다. 이런 이유로 영황과 영장 두 아들은 비록 황후의 장례에서 예를 갖춰 행동하며 규율과 규정에 어긋나는 행동은 하나도 하지 않았지만 건륭에게는 눈에 차지 않았다. 그는 저 둘이 분명 적장자가 모두 죽었으니 황위를 이어받을 가능성이 가장 큰 사람은 자신들이라 생각하며 속으로는 기뻐할 것이라 여겼다. 그렇게 생각하니 아무리 잘 보려 해도 그들에게서 슬픔이 느껴지지 않았다.

황후의 장례를 치른 지 100일째 되던 날, 건륭은 만주족 대신들 앞에서 영황이 효현황후의 죽음에 '슬픈 기색이 전혀 없었고' 영장은 '아들의 도를 다하지 않았다'며 크게 질책했다. 그는 살기등등한 얼굴로 이 둘이 이렇게도 불효막심하니 절대 태자로 삼을 수 없다고 했다.

"영황과 영장이 이렇게도 효심이 없으니 아비의 정으로도 이 둘의 목을 베고 싶은 마음을 참을 수 없도다. 짐이 죽은 뒤에도 이 두 사람이 황통을 잇는 일은 결코 없을 것이다! 만일 영황과 영장이 오늘 일로 불만을 품는다면 반드시 형제 사이에 피를 본 다음에야 멈추게 될 테니 형제끼리 서로 칼을 겨누기 전에 차라리 내가 지금 이 둘을 죽이는 편이 낫겠구나!"

사실 건륭이 이렇게 화를 낸 것은 효현황후가 죽은 뒤 정서적으로 예민해진 탓이라 할 수 있다. 하지만 영황은 이 말을 듣고 몹시 놀란 나머지 몸져눕고 말았다. 그리고 건륭 15년 걱정과 두려움으로 시름시름 앓다가 그만 세상을 떠났다. 건륭이 화를 낸 지 1년 9개월 만이었다.

황후를 잃은 슬픔에서 조금 정신을 차린 건륭은 영황이 자기가 한 말에 크게 놀라 몸져누웠다는 소식을 듣자 너무 후회되었다. 황자의 임종이 가까웠을 때 건륭은 직접 침실로 황자를 찾아갔다. 그리고 영황을 안친왕安親王에 봉하며 위로를 해주었다. 비록 끝은 이렇게 되었지만 건륭은 평생 황장자였던 영황에게 특별한 사랑을 주었다.

하지만 지나친 경계심으로 아들을 잃은 뒤에도 황자와 황손에 대한 경계심은 조금도 풀지 않았고, 오히려 그런 경계심을 행동으로 옮기기까지 했다. 청나라에는 황족이 관리들과 교류해서는 안 된다는 규정이 있었다. 건륭 41년, 황장손 면덕綿德이 예부시중과 사적으로 선물을 주고받은 일이 있었다. 그저 잠시 얼굴을 보고 작은 선물을 받은 것으로 크게 문제될 것이 없었다. 하지만 건륭의 눈에 이는 절대 용서할 수 없는 '잘못'이었다. 건륭은 당장 면덕의 황족 지위를 폐하고 서민으로 강등했으며, 벌로 태릉을 지키는 일을 시켰다. 황제가 이렇게 엄하게 나오자 모든 황자와 황손도 행동에 각별히 신중을 기했고, 그 덕분에 건륭제 때는 태자 자리를 놓고 다투는 일이 벌어지지 않았다.

두 적자를 잃은 뒤 20년 동안 건륭은 다시 태자 책봉 이야기를 꺼내지 않았다. 그런데 황제가 말을 하지 않는다고 해서 백성도 이 일을 생각하지 않는 것은 아니었다. 천하의 일을 마치 자기 일처럼 여기는 선비들 눈에 태자 자리가 비어 있다는 것은 국가 안위에 대단히 영향을 미치는 일이었다. 이런 상황에서 황제에게 뜻밖의 일이 벌어진다면 나라는 혼란에 휩싸일 게 뻔했다. 그래서 김종선은 황제의 가마를 멈추고 글을 올려 문제를 제기한 것이다.

건륭 역시 이번 기회에 후계자 책봉에 대한 생각을 밝히기로 결심했다. 그는 교지를 내려 이 문제에 대해 이미 오래전에 방법을 마련해놓았다고 했다. 건륭 38년 말, 사실 그는 비밀리에 책봉을 마쳤다. 그런데 교지가 내려오자 이제 민간에서는 누가 후계자로 뽑혔을지를 두고 무수한 추측이 생겨났다. 건륭의 말이 마치 모든 사람에게 다음 황제는 누가 될지 한 번 맞혀보라는 수수께끼처럼 들렸기 때문이다. 시정잡배들에게 이는 너무나 좋은 가십거리였다. 그렇다면 이 수수께끼의 정답은 무엇일까? 어렵다면 어려울 수 있고, 쉽다면 쉬울 수도 있다.

건륭 38년, 건륭의 아들 17명 중 10명이 목숨을 잃고 남은 사람은 7명뿐이었다. 그 7명 중 나랍 씨의 아들인 열두 번째 아들은 생모가 폐위되었기 때문에 태자 자리에 오를 자격 자체가 없었다. 네 번째 아들과 여섯 번째 아들은 다른 황족에게 입양 갔으니 역시 태자에 오를 수 없었다. 이제 태자를 책봉하려면 여덟 번째, 열한번째, 열다섯 번째 그리고 열일곱 번째 넷 중 하나를 골라야 했다.

여덟 번째 아들 영선永璇은 이중 나이가 제일 많고 글재주가 뛰어났지만 성격이 조급하고 행동이 어수선해 태자에 오를 가능성은 크지 않았다. 열한번째 아들 영성永瑆은 문학적으로 천부적인 재능을 보였다. 그가 지은 시는 군더더기를 찾아볼 수 없었고, 특히 서예 실력이 뛰어나 청나라에서 철보鐵保, 옹방강翁方綱, 유용과 함께 4대가로 불릴 정도였다. 하지만 무공이 약했다. 건륭은 문무를 모두 겸비한 황자를 후계자로 삼고 싶어했다. 그는 만주족 대신들 중 한족 문화에 길들여진 이들을 극도로 싫어했다. 그래서 영성 역시 가능성이 적었다. 열일곱 번째 아들 영린永璘은 형제들 중 가장 '될성부르지' 못한 아들이었다. 어려서부터 공부하기를 싫어했고, 나이가 들면서는 종종 평상복 차림을 하고 황궁 밖으로 나가 골목을 돌아다니며 기생집에 드나들었다. 그래서 그는 전혀 가망이 없었다. 그렇다면 이제 희망이 가장 큰 사람은 마지막으로 남은 열다섯 번째 아들 영염永琰이었다.

영염은 건륭 25년인 1760년에 태어났다. 건륭의 나이 쉰이 되던 해였다. 그의 생모 위魏 씨는 한군기 출신으로 내무부에서 하인으로 일하는 지위가 낮은 인물이었다. 하지만 이 아이에게는 다른 황자들과 비교할 수 없는 우수한 점이 몇 가지 있었다. 영염은 공부를 특히 열심히 해서 추운 겨울 한밤중에도 손에서 책을 놓지 않았다. 품행은 단정하고 행동은 성실하며 생활습관은 겸손하고 주변 사람들을 따뜻하게 대했다. 조정 안팎에서 그에 대한 부정적 이야기는 찾아볼 수 없었다. 당시 청나라를 방문했던 조선 사신은 본국으로 돌아가 국왕에게 보고를 올리면서 여러 차례 영염 이야기를 꺼냈다. '열다섯 번째 황자 가경 영염왕은 총명하고 배움에 힘을 쏟아 주변의 기대가 큽니다.' '황자들 중 네 번째, 여덟 번째, 열한번째, 열일곱 번째에 대해서는 별다른 칭찬이 없지만 유일하게 열다섯 번째 황자에 대해서는 자기성찰이 강하고 공부에 열심이며 궁에서 규율을 지키며 자라 명성이 대단합니다.'[275]

그래서 환갑을 넘긴 건륭은 마지막에 그를 선택했다. 건륭 38년 말, 예순셋이 된 황제는 다시 한번 열세 살이 된 영염의 이름을 써 넣은 밀지를 만들었다. 비밀책봉을 한 건륭은 줄곧 영염을 관찰하며 그가 대업을 맡을 능력이 되는지 관찰했다. 시간이 갈수록 건륭은 영염의 모습과 행동에서 확신을 얻었다. 그가 보기에 후계자로 영염은 80점이었다. 건륭이 만족스러웠던 점은 네 가지였다.

첫 번째는 성격이었다. 어렸지만 성숙하고 자기절제력이 강하며 끈기와 의지가 강했다. 건륭은 이런 성격을 가장 높이 샀다.

두 번째는 성품이 바르고 순박하며 사람을 진심으로 대했다.

동정심과 배려심도 많았다.

세 번째는 학업에서 특출한 성적을 보였다. 무예에서는 비록 건륭과 강희를 따라갈 순 없었지만 형제들 중에서는 실력이 으뜸이었다.

네 번째는 외모였다. 영염은 청나라 황제들 중 외모가 가장 단정하고 준수했다. 그의 초상화를 보면 키가 크지도 작지도 않고, 몸역시 뚱뚱하지도 마르지도 않았다. 딱 중간키에 적당한 체구였다고 할 수 있다. 피부는 하얗고 이목구비는 가지런했으며 온화하고 점잖은 분위기를 풍겼다. 얼굴은 원형과 타원형의 중간으로 온순하고 이지적인 그의 성격이 그대로 그러났다. 어려서부터 예절교육과 훈련을 받아 큰 행사가 있을 때면 기품 있는 행동으로 침착한 모습을 보였다.

그래서 건륭은 영염을 관찰한 뒤 놀라운 결정을 하나 내렸다. 살아 있을 때 황위를 물려주겠다는 것이었다. 건륭은 자신이 막 황위에 올랐을 때 이미 하늘에 맹세했다고 했다. 60년 동안만 황제 자리에 머물러 '최장 기간 재위'라는 기록을 조부인 강희제께 남겨 드리겠다고 말이다.

"천하의 백성은 아마 짐이 보위에 미련이 많아 태자를 책봉하지 않았다며 몰래 수군거렸을 것이다. 그들이 어찌 알겠느냐. 즉위 초 짐이 향불을 켜고 하늘에 어떤 기도를 올렸는지. 조부인 강희제께서 61년간 자리에 머무셨는데 짐은 감히 그분과 비교도 되지 않으니 만일 60년 동안 나라를 다스리게 된다면 여든다섯이 되는 해에 황위를 물려주고 물러나겠다고 말이다."[276]

건륭의 이런 결정에 사람들은 모두 깜짝 놀랐다. 왜냐하면 청나라에서는 아직 '선양禪讓'을 한 황제가 없었기 때문이다. '선양'이란 매우 긍정적인 느낌을 주는 단어다. 요임금과 순임금이 선양으로 유명한 덕분이다. 고대 중국의 황제는 일반적으로 '종신제'였기 때문에 선양한다는 것은 매우 품격 있고 권력에 연연하지 않는다는 뜻과 같으니 분명 좋은 일이었다. 하지만 선양에도 위험요소가 있었다. 역사를 살펴보면 전설 속에 등장하는 요순 이외에 대부분 선양은 강압으로 이루어졌고, 물러난 태상황은 거의 모두 비참한 최후를 맞이했다.

당나라 고조 이연李淵은 황제 자리에 충분히 머무르지 못하고 아들 이세민의 칼에 황위를 내놓았다. 그 후 9년간 침묵 속에 태상황 자리에 앉아 있다가 소리 소문 없이 죽었다. 당나라 현종은 태상황이 된 뒤 매일 아들의 의심을 받으며 불안 속에서 살았다. 주변의 대신과 친구들은 모두 떠나가고 결국 감금되어 우울하게 생을 마감했다. 역사 속 또 다른 태상황인 송나라 휘종徽宗, 고종과 명나라 영종 역시 비극의 주인공이 되어 비참하게 눈을 감았다.

그렇다면 영리한 건륭은 왜 선양을 택했을까? 그는 두 가지 방면을 고려했다. 하나는 자신이 살아 있을 때 승계 문제를 끝내야만 권력 교체에 따르는 혼란을 최소화하고 청나라 왕조의 안정을 이어갈 수 있다는 것이었다. 중국의 전체주의 정치제도에서 권력 교체는 늘 해결하기 어려운 문제 중 하나였다. 종신제라는 틀 안에서 권력 교체는 통치자가 위급한 병에 걸리거나 사망했을 때만 일어났다. 임종을 앞둔 통치자에게는 이미 상황을 통솔할 힘이 없기 때문에 예상치 못한 일이 쉽게 일어났다. 그래서 중국 역사에서는 이 권력 교체 시기에 자주 피바람이 불었고, 옹정제가 황위를 이어받을 때도 그랬다. 그래서 건륭은 역대 왕조에서 권력을 넘겨줄 때 생겼던 위험을 최소한으로 줄이고 싶었다. 또 하나는 이렇게 하면 '전례가 없는 일'이라는 명성도 얻을 수 있었다.

선양은 모두 알다시피 요순시대에 일어났던 일이다. 또한 우리는 중국 역사에서 위대한 군주를 말할 때 '요순 같은 군주'라고 표현한다. 이는 무엇을 설명할까? 요순이 군주들 중 가장 모범이 되는 인물임을 뜻한다. 그래서 중국 역사상 가장 왕성하고 대단한 군주로 남고 싶은 마음이 컸던 건륭은 기회가 있을 때마다 새로운 기록을 만들어내며 자기 이름을 역사에 새기려 했다. 선위식이 열리기 전 건륭은 이런 심리를 당당하게 드러냈다. 진시황 이후 선양은 이름만 있을 뿐 제대로 실현된 적이 없으며 요임금과 순임금, 우임금은 3대에 걸쳐 선양했지만 각각 다른 성씨를 썼기 때문에 이는 '외선外禪'이라는 것이다. 오직 자신만이 선위식을 열어 전에 없었던 '내선內禪'을 행하게 되었으니 요순보다 더 대단한 일이라 했다. 건륭은 이번 일로 자신이 요순을 넘어섰다고 생각했다. 그래서 건륭은 자리를 넘겨줄 때 이 선위식은 자신이 중국 역사상, 아니 전 세계 역사에서 가장 위대하고 최고로 명예로우며 제일 복이 많은 황제이자 동서고금을 막론하고 유일무이한 '완벽한 군주'임을 보여주는 것이라고 말했다.[277]

그래서 원래 건륭 61년이 되었어야 할 해는 가경 원년으로 바뀌었다. 그해 정월 초하루 건륭은 선위식을 거행했다. 오전 9시 정각 머리에 여우 털로 만든 방한모를 쓰고 황색 곤룡포를 입고 검은 담비 가죽으로 만든 외투를 걸친 건륭이 태화전 보좌에 앉았다. 나이 든 황제는 자상하면서도 정정한 눈빛으로 앞마당을 훑어보았다. 깃털을 단 모자에 오색찬란한 예복을 갖춰 입은 왕공대신 수천 명이 기쁜 표정으로 마치 밀물처럼 건륭 앞으로 몰려와 무릎을 꿇었다. 9시 32분이 되자 건륭은 보좌에 앉아 미소를 지으며 손에 들고 있던 폭 3촌 9분약 10센티미터, 두께 1촌약 3센티미터의 청나라 황제 도장 '황제지보皇帝之寶'를 가경 손에 넘겨주었다. 중국 역사에서 새로운 기록이 탄생하는 순간이었다. 가장 안정적인 방식으로 권력을 순조롭게 넘겨주었다는 기록 말이다.

그렇다면 황제 자리에서 물러난 뒤 태상황 건륭은 어떤 생활을 했을까? 다른 황제들처럼 죄인이 되어 갇혀 지냈을까? 당연히 아니다. 물론 '선양'을 했지만 영리한 건륭은 사전에 미리 무수한 준비를 마쳤다. 퇴위 전 그는 이렇게 밝혔다. 접견과 회의, 제사 그리고 예법과 관련된 행사 등 일상 업무는 모두 황제에게 넘겨주고, '군사와 국정 관련 업무 및 임명권 등 주요 부분'에 대해서는 '어찌 신경 쓰지 않을 수 있겠느냐. 앞으로 친히 지도할 테니 가경이 내 지도를 존중하고 따른다면 실수를 줄일 수 있으리라. 이것이 천하의 복이 아니겠는가.'[278]

퇴위한 뒤 각국 사신을 만날 때도 그는 자신이 비록 태상황이 되었지만 나라의 대사는 여전히 직접 처리할 것임을 명확히 했다. 또 여전히 자신을 '짐'이라 칭했고, 자기 뜻을 '칙지勅旨'라 불렀다. 문무대신이 베이징으로 와서 황제를 알현할 때나 고위관리가 새로

부임할 때도 반드시 사전에 그의 지시를 따라야 했다……. 한마디로 황제는 아니지만 여전히 자신이 청나라 주인임을 선포한 것이라 할 수 있다.

60년 동안 병권을 손에 쥐고 살았던 나이 든 황제는 권력을 마치 자기 눈처럼 여기며 보호하려 들었다. 그러다보니 이런 '집착에 가까운' 모습까지 보이게 된 것이다. 그는 선양했다는 명성과 함께 권력까지 평생 쥐고 싶어했다. 역사적 사실이 증명하듯 권력에 대한 태상황 건륭의 걱정은 기우였다. 선양을 하고 황위에서 물러난 뒤 그는 자신이 선택한 후계자가 틀리지 않았음을 깨달았다.

왕성한 나이인 서른여섯에 황위에 오른 가경은 건륭이 생각한 것보다 훨씬 총명했고, 자기 지위와 역할을 아주 잘 이해했다. 그는 성실하게 청나라 황제 역할을 수행했다. 매일 아침 일찍 일어나 올라온 상소를 모두 찬찬히 살펴보고, 제시간에 조회에 나갔다 돌아오며, 참석해야 할 행사가 있으면 빠짐없이 참석했다. 그러면서도 어떤 결정이나 명령, 판단은 절대 내리지 않았다. 그는 마치 나이 든 황제를 모시는 측근 비서처럼 행동하며 모든 일을 한 가지 원칙에 따라 했다. 태상황의 처분에 따른다는 것이었다.

조선 사신이 남긴 기록을 보면 최대한 자신을 낮추고 때를 기다리는 가경의 모습이 생생하게 드러난다. '(가경제) 온화하고 소탈한 모습에 연회 내내 눈길을 돌리지 않고 태상황을 모시며, 태상황이 기뻐하면 기뻐하고 웃으면 따라 웃으니 여기서도 (이런 점을) 알 수 있다.' 연회가 열리면 가경은 '태상황 옆에 앉아 상황의 동정만 살피고 다른 곳은 쳐다보지 않았다.'279 『청사고』 「인종본기仁宗本

紀」에도 '처음부터 훈정訓政, 청나라 때의 제도로 천자가 있어도 태상황이나 황
태후가 정무를 재결하거나 수렴청정을 하는 일을 말함을 했지만 공손히 따르며
말을 거스르는 법이 없었다'라는 기록이 있다.

이렇게 '철든' 아들이 있으니 건륭도 곧 마음을 놓게 되었고,
청나라 전체도 '가경 원년'을 '건륭 61년'과 다를 바 없이 받아들이
게 되었다. 건륭태상황은 권력을 그대로 유지한 채 번잡한 일상 업
무는 처리하지 않게 되면서 예전보다 여유시간이 많아졌다. 그렇다
면 건륭은 이 시간을 어떻게 썼을까?

그는 자신이 좋아하는 물건 수집과 예술품 감상에 더욱 시간
을 쏟았다. 그는 문학과 예술에 관심이 아주 많았다. 열아홉 살 때
부터 그림을 배워 기초가 탄탄했고, 생모인 숭경황태후 생일에는
해마다 그림을 그려 선물하기도 했다. 막 나라를 다스리기 시작했
을 때인 건륭 원년, 그는 「송죽매松竹梅」「계국桂菊」「모란牡丹」「이화
백연梨花白燕」「치자화梔子花」「봉선석죽鳳仙石竹」이라는 제목의 화조
화花鳥畫, 꽃, 풀, 새를 주제로 하는 동양화 여섯 점을 그렸다. 이 그림들로 볼
때 그는 꽤 괜찮은 화가였다고 할 수 있다.

건륭은 서예에도 많은 공을 들였다. 그는 왕희지王羲之, 중국 동진
의 서예가로 중국 최고의 서성書聖으로 존경받는 인물 서체를 가장 좋아했는데,
『쾌설시청첩快雪時晴帖』을 '천고묘적千古妙迹'오랜 역사에서 보기 드문 오묘한
작품이라 칭하며 정사를 돌보는 시간 외에 여유가 생기면 그의 서체
를 1000번 이상 본떠 쓰기도 했다. 이와 함께 동기창董其昌, 중국 명나
라 말기의 문인, 화가 겸 서예가의 서법도 수없이 따라 썼다. 건륭의 서체에
도 그만의 품격이 있었다. 직선과 곡선이 어우러지고 강인함과 부

드러움이 함께 느껴졌다. 하지만 전체적으로 일반적인 수준에 머물렀고 서예가라고까지 말할 수는 없는 실력이었다. 그래도 건륭은 서예를 무척 좋아해서 우리가 현재 중국에서 만날 수 있는 수많은 유적에는 거의 모두 그의 글씨가 새겨져 있다.

비록 그가 걸출한 서예가나 화가는 아니었지만 청나라 최대 수집가임은 분명했다. 당시 경제가 크게 발전하며 황제의 주머니도 두둑해졌다. 그래서 그는 그 돈으로 평생에 걸쳐 진귀한 물건을 모았는데, 그 수가 다른 황제들과는 비교할 수 없을 정도였다. 말년에 건륭이 가장 좋아한 일은 서예와 그림을 감상하는 것이었다. 쉽게 볼 수 없는 귀한 작품을 일일이 펼쳐놓고 유심히 감상한 뒤 '건륭어상지보乾隆御賞之寶' 또는 '삼희당정감새三希堂精鑒璽' 등 도장을 찍었다. 어떤 것은 윗부분에 글을 써넣기도 했다. 그래서 현재 우리가 보는 고대 작품 위에는 '그다지 아름답지 않은' 건륭의 글씨가 새겨져 있는 것이 많다.

건륭은 소장품을 종류별로 분류한 뒤 목차를 만들어 책으로 엮었다. 수집가들이 경전처럼 여기는 책은 모두 그의 손에서 만들어졌다. 예를 들어 고대 청동기 유물의 목록을 정리한 『서청고감西淸古鑒』, 고대 벼루를 모아놓은 『서청연보西淸硯譜』, 역대 서예와 그림 작품을 적은 『석거보급石渠寶笈』이 모두 건륭이 편찬한 것이다. 건륭이 가장 자랑스럽게 생각한 것은 당시 서예작품 중 최고라 불리는 세 작품을 모은 일이었다. 바로 왕희지의 『쾌설시청첩』, 왕헌지王獻之, 중국 동진의 서예가로 왕희지의 일곱 번째 아들임의 『중추첩中秋帖』 그리고 왕순王珣, 동진 출신으로 호방한 필체를 구사함의 『백원첩伯遠帖』이었다. 그는 이 세 작품은 양심전養心殿 서난각西暖閣 안에 두고 그곳 이름을 '삼희당三希堂'으로 바꾸었다. 세 가지 희귀한 보물이 있다는 뜻이다. 그래서 건륭이 만든 유명 서예작품집의 제목 역시 『삼희당법첩三希堂法帖』이다.

건륭은 유물 감상에도 꽤 안목이 있었다. 자금성에는 옥으로 만든 오래된 공예품이 상당히 많아서 이전 황제와 전문가들이 이미 그런 유물에 갑, 을, 병으로 등급을 매겨놓았다. 어느 날 건륭이 공예품을 가지고 놀다가 창고 구석에서 흙과 먼지가 잔뜩 묻은 옥도끼를 하나 발견했다. 살펴보니 '병'으로 분류되어 있었다. 그런데 건륭이 볼 때 모양이 고풍스러운 것이 보통 물건이 아닌 듯했다. 그래서 그는 사람을 시켜 먼지 때를 모두 닦아내게 했다. 그리고 살펴보니 그것은 상고시대중국 역사에서 상, 주, 진, 한 시대를 일컬음에 만들어진 아름다운 옥기玉器 공예품이었다. 건륭에게 유물을 보는 안목이 있었음을 알 수 있는 부분이다.

수집한 것 외에 건륭제 때 황실의 조판처造辦處에서 만든 공예품 역시 지금까지도 매우 유명하다. 건륭조의 옥기와 도자기는 벌써 여러 차례 최고 판매가를 갱신했을 정도다. 당시 조판처에서 청나라 최고의 사치품을 만들어낼 수 있었던 것은 건륭제에게 예술적 안목이 있었고 또 물적 지원을 아끼지 않은 덕분이었다. 예를 들어 현재 자금성 낙수당樂壽堂 뒤쪽에 있는 '대우치수옥산大禹治水玉山'은 내무부에 속했던 양심전의 조판처와 궁정의 여의관如意館이 함께 설계한 뒤 밀랍과 옥을 양저우로 보내 제작한 것이다. 옥산의 무게는 1만700근이 넘으니 '옥기 중의 왕'이라 불러도 손색이 없다.

도자기 역시 매우 유명하다. 건륭제 때는 도자기 위에 형형색색의 찬란한 꽃을 그리는 것이 유행했다. 성세에 사람들이 화려하고 아름다운 것을 좋아하는 마음을 반영한 것이라 할 수 있다. 건륭조의 도자기 제조기술은 중국 역사상 최고 수준으로 도자기 중 작은 것은 2촌에서 3촌 정도도 있고, 큰 것은 5~6척 되는 화병도 있는데 크기가 크든 작든 아낌없이 돈을 지원하며 더 훌륭한 작품을 만들어내려고 애썼다. 건륭제 때 만들어진 도자기는 그 수나 품질 면에서 최고 가치를 지녀서 현대 수집가들에게 큰 사랑을 받고 있다.

건륭제의 엄청난 소장품과 제작에 대한 열정은 역사상 누구와도 비교할 수 없다. 그가 남긴 유물은 모두 건륭시대 특유의 산물로 당시 왕성한 국력과 함께 그의 웅대한 기상과 고금을 뛰어넘는 심미관을 보여준다고 할 수 있다. 하지만 이런 여유로운 생활과 예술품 감상이 건륭제 일상의 전부는 아니었다. 노년을 지나는 건륭에게도 수많은 후회와 고민이 있었다. 그가 가장 후회하는 일은 바로 이길 수 없는 전쟁에 몰두한 것이다. 어떤 전쟁이었을까? 바로 백련교의 난을 진압하는 전쟁이었다. 사실 백련교의 난은 건륭제 당시 사회가 안고 있던 각종 문제가 한꺼번에 터져 나온 사건이라고 할 수 있다.

산시陝西, 쓰촨, 후베이 경계에는 난바南巴라는 이름의 유명한 원시림이 있다. 건륭제 중기부터 수많은 유랑민이 그 숲에 들어가 집을 짓고 황무지를 일구었다. 이들은 대부분 쓰촨, 산시, 후베이 등에서 왔고, 광둥, 후난, 안후이, 장시 사람도 있었다. 이들의 출현은 당시 사회의 인구 압박이 심각한 상황이었음을 보여주는 일이었다.

유랑민이 모여 있는 곳은 예부터 신흥종교의 온상이 되기 마련이다. 그래서 다른 지역에서는 건륭의 탄압으로 세력을 펴지 못하던 백련교가 이곳에서 빠르게 확산되었다. 건륭이 가경 원년 정월 초하루에 선위식을 거행하며 자신을 '천고의 완벽한 군주'라 칭한 지 엿새 뒤인 초이레에 백련교의 난이 일어났다. 봉기는 산시와 쓰촨, 후베이 경계에서 시작되어 금세 허베이, 허난, 간쑤성과 그곳의 204개 주, 현 등으로 번져갔다. 그래서 태상황이 된 몇 년간 건륭은 예술품 감상과 사치스러운 생활을 하는 것 외에 모든 시간과 정신을 난을 진압하는 일에 쏟았다. 3년간 동원한 군대가 10만을 넘었고, 사용한 군비는 7000만 냥에 이르렀다. 하루가 멀다 하고 계속 군대를 보냈지만 반란의 불길은 사그라지기는커녕 갈수록 커졌다.

위로는 군기대신 화신부터 아래로는 하급 관리들까지 이번 전쟁과 관련이 있는 모든 사람은 전쟁을 그저 한몫 단단히 챙길 기회로만 여겼다. 군대 내 부정부패가 극에 달해 병사들도 전투력을 잃은 지 오래였다. 60년 동안 권력을 장악한 건륭은 이렇게 속수무책으로 당하긴 처음이었다. 야사를 기록한 『춘빙실야승春氷室野乘』에는 어느 날 아침 조회가 끝난 뒤 가경제와 화신이 건륭태상황을 만나는 이야기가 실려 있다.

상황(건륭태상황)은 남쪽에 앉고 인종(가경제)은 서쪽의 작은 의자에 앉아서 매일 신하들을 만났다. 화신이 꽤 오래 무릎을 꿇고 있었는데 상황은 눈을 감고 마치 잠꼬대하듯 중얼거렸다. 인종이 무슨 말인지 알아듣기 위해 귀를 기울였지만 하나도 알아들을 수 없었다. 오랜 시간이 지난 뒤 상황은 갑자기 눈을 뜨고 물었다.

"그들의 이름이 무엇이냐?"

화신이 대답했다.

"고천덕高天德과 구천명苟天明(백련교 수령 둘의 이름)입니다."

상황은 다시 눈을 감고 중얼거렸다. 시간이 흘러 군대가 출병할 때가 되자 상황은 갑자기 모두가 놀랄 만한 질문을 던졌다. 그는 화신에게 물었다.

"일전에 만났을 때 내게 알려준 말이 무엇이었느냐? 그 여섯 글자가 무슨 뜻이냐?"

"그것은 서역의 비밀 주문으로 자신이 싫어하는 사람이 아무리 천 리 밖에 있다 해도 질병이나 갑작스러운 사고를 당해 죽게 만드는 것이라 합니다. 태상황께서 그 주문을 계속 외우시면서 저주할 사람 이름에 그 둘 이름을 넣으시면 됩니다."

역사학자 다이이戴逸는 이 이야기를 다음과 같이 분석했다. 대단한 위세를 뽐내던 영리한 군주가 말년이 되자 농민 반란을 어쩌지 못하고 홀로 반란군을 없애기 위한 주문을 외우는 것은 의지를 상실한 고독한 노인의 심리상태를 반영하는 것으로 다른 사람은 절대 이해할 수 없다고 말이다.

백련교의 난은 그동안 '성세'를 뒤덮었던 마지막 베일을 완전히 걷어내고 청나라의 진짜 민낯을 만천하에 드러낸 사건으로 건륭성세의 종말을 의미하기도 했다. 청나라 왕조 역시 이 전쟁으로 심각한 타격을 입고 이후로는 다시 예전의 영광을 회복하지 못했다.

23강
————
————

건륭제 사후

건륭제가 태상황 자리에 머무는 동안 가장 골머리를 앓았던 일은 백련교의 난이 지지부진 해결되지 않았던 것이다. 그리고 이 전쟁을 치르는 동안 건륭의 생명도 마지막을 향해 달려갔다.

가경 3년 음력 12월 말, 여든아홉이 된 건륭은 가벼운 감기에 걸렸다. 감기는 사실 큰 병이 아니다. 게다가 당시 조정 안팎으로 새해를 맞이할 준비에 정신이 없어 누구도 건륭의 감기에 큰 관심을 두지 않았다. 가경 4년 정월 초하루, 가경제와 대신들이 건륭에게 새해인사를 드리려고 찾아갔을 때도 건륭은 예전과 다름없이 어좌에 앉아 인사를 받았다. 그런데 다음 날 갑자기 병세가 급격히 악화되어 정신이 혼미해졌다. 무한한 권력을 쥔 태상황이었지만 건륭도 하늘의 부름은 거절할 수 없었다. 그렇게 정월 초사흘 오전 7시, 태양이 막 떠오르는 시각에 건륭제는 숨을 거뒀다. 그는 숨이 멎기 하루 전 「망첩望捷」이라는 시를 지었는데, 백련교의 난을 하루빨리 진압하는 바람을 담은 시였다.

중국 역사상 가장 복이 있는 황제였던 건륭은 이렇게 이생에 작별을 고했다. 그는 역대 황제의 통치술을 집대성하여 죽는 순간까지 권력의 끈을 놓지 않았다. 그의 인생에는 빛나는 성공도 있었지만 큰 실수도 있었다. 중국 역사상 가장 번성한 성세를 만들고도 마지막에는 자기 손으로 그 성세를 무너뜨렸다. 또 청나라를 위해 위협이 되는 세력을 모두 제거한 뒤 후대에 새로운 우환을 심어주기도 했다. 건륭제는 '십전노인十全老人'열 번 전쟁에서 모두 승리한 위인이라는 칭호와 함께 역사 속으로 화려하게 사라졌지만 그가 남긴 여러 가지 구조적 모순은 마치 시한폭탄처럼 가경제 임기 동안 하나씩 연이어 폭발했다. 그렇다면 그 폭발 뒤 청나라의 모습은 어떠했을까? 이 문제에 답하려면 건륭제 사후 이야기를 하지 않을 수 없다.

솔직히 말해서 건륭의 죽음이 청나라에 큰 영향을 끼친 것은 아니었다. 당시 건륭은 아흔을 바라보는 노인이었기 때문에 언제든 떠날 수 있다는 생각에 사람들은 이를 특별한 일로 여기지 않았다. 정작 청나라 전체가 관심을 두고 호기심을 느낀 일은 따로 있었다. 바로 새 황제인 가경제가 어떤 사람인가 하는 점이었다.

건륭이 떠났을 때 가경은 이미 3년 이상 황제 자리에 있었다. 즉 3년간 나라의 원수로 있었으니 관리나 백성도 그에 대해 조금은 알 터였다. 그럼에도 모두의 눈에 그는 수수께끼 같은 인물이었다. 온화한 미소를 띤 얼굴로 공식적인 행사에 참여하고, 별다른 개성이 없는 교지를 내리는 것 외에 사람들은 그에 대해 어떤 것도 알 수 없었다. 도대체 속으로는 무슨 생각을 할까? 바보인 척하는 것일까, 아니면 정말 주관이 없는 것일까? 거대한 청나라를 이끌어갈 능력을 지닌 군주가 맞을까? 사람들은 그에 대한 궁금증이 가득했다. 이 가운데 한 가지 확실한 사실은 새 황제의 성격이 온화하고 차분했다는 것이었다. 그래서 사람들은 앞으로 몇 년 동안은 조정 안팎에 큰 변화가 생기지 않을 거라고 생각했다.

그러나 생각이란 종종 예상을 빗나가게 마련이다. 건륭이 떠난 바로 다음 날인 정월 초나흘 오전 가경제는 나라 전체가 들썩일만한 교지를 내렸다. 건륭이 가장 총애했던 신하 화신을 군기대신과 구문제독九門提督 자리에서 해임한다는 것이었다. 또 그에게 태상황 영전 앞에서 장례를 치르는 일에만 집중하고 함부로 궁에 출입하는 것을 금한다고 명했다. 그러자 조정 전체가 충격에 휩싸였다.

그날 오후 가경은 의미심장한 교지를 하나 더 내렸다. 태상황 말년에 백련교의 난이 끝나지 않고 계속 이어진 것은 간신들이 권력을 잡고 부패한 관리들의 뒤를 봐준 탓이라는 내용이었다. 그러자 이틀 간 유용 등 세 대신이 앞 다퉈 상소를 올렸다. 화신의 온갖 불법행위를 고발하는 내용이었다. 정월 초여드레, 가경제는 정식으로 화신을 체포하고 그의 집을 수색하라는 명령을 내렸다. 그 후 열흘 만에 화신에 대한 재판이 거의 마무리되었다. 정월 열여드레, 가경제는 화신에게 자결을 명했다.

이 모든 과정은 마치 긴장감 넘치는 영화를 보는 것처럼 눈을 뗄 사이도 없이 이루어졌다. 어떻게 보면 엄청난 정변이 될 수 있는 사건이었는데도 새 황제 가경은 미소를 지으며 조용히 일을 처리했다. 증조부인 강희제가 오배를 처리할 때도 준비기간이 49일이나 걸렸는데 가경은 화신을 처리하며 손가락만 몇 번 움직였을 뿐이었다. 새 황제의 이 '권력 전투'는 명료하다 못해 정갈하기까지 했다.

그때부터 나라 전체가 이전에는 소리 소문 없는 그림자 같았던 이 새 황제에게 관심을 갖기 시작했다. 이번 일로 가경제는 자신의 정치적 위기관리 능력을 성공적으로 나라 전체에 드러냈다고 할 수 있다.

그렇다면 가경제가 아버지 장례식이 채 끝나기도 전에 서둘러 화신을 처리한 까닭은 무엇일까? 가경과 화신 사이에는 사적인 감정과 공적인 원한이 있었다. 사적인 감정이란 무엇이었을까? 화신은 건륭이 태상황 자리에 있는 동안 권력을 독점하고 제멋대로 행동하며 가경을 황제처럼 보지 않았다. 익히 알려진 대로 화신의 별명은 '두 번째 황제'였다. 건륭은 대황제이고 화신은 두 번째 황제니 진짜 황제인 가경의 처지가 어떠했겠는가? 이 때문에 가경은 예전부터 화가 나 있었다. 게다가 화신은 치명적인 실수를 하나 저질렀다. 겉으로 유약해 보이는 가경제의 '머리'를 과소평가한 것이다. 가경은 즉위한 뒤 건륭이 살아 있는 동안 줄곧 수동적인 모습만 보였다. 그래서 화신은 가경을 진짜 '바보'로 생각하고 무슨 일이 있어도 보고를 올리지 않고 황제 의견도 묻지 않았다. 건륭이 떠난 뒤에도 그는 계속 가경을 자기 손바닥 위에서 가지고 놀려 했다. 가경으로서는 결코 참을 수 없는 일이었다. 만일 화신을 쳐내지 않는다면 그는 진정한 권력을 쥘 수 없었다. 그래서 가경제는 화신을 잡아들인 뒤 화신의 스무 가지 죄목을 밝히며 첫머리에 이렇게 적었다.

"짐이 태자로 책봉되기 하루 전 화신이 몰래 옥여의를 보내왔다. 이는 짐이 태자가 되었다는 사실을 알기도 전에 화신이 미리 알았다는 의미다. 이것이 무엇을 뜻하겠는가? 짐이 태자가 된 것은 자신의 추천 덕분이라는 것을 암시하는 것이었다. 즉 황제 자리는 건륭태상황께서 물려준 것이 아니라 자신이 준 것이라는 뜻이니 이것이 천하의 대역죄가 아니고 무엇이겠는가?"[280]

이것이 가경과 화신 사이의 사적인 감정이다. 사적인 감정보다 더 중요한 원인은 공적인 원한이다. 화신에게 느끼는 가경제의 분노는 건륭제 후기 정치상황에 대한 불만의 표현이기도 했다. 가경이 볼 때 건륭제 후기부터 조정이 엉망이 된 것은 모두 화신 때문이었다. 그가 권력을 잡은 10여 년 동안 본래 규율과 기강이 엄격했던 조정 곳곳에 부정부패가 파고들지 않은 곳이 없었다. 백련교의 난이 그때까지도 해결되지 않은 이유 역시 화신 때문이었다. 전쟁에서 화신은 건륭의 총애를 이용해 장군을 임명하고 군비를 횡령하며 거리낌 없이 돈을 긁어모았다. 화신의 수하에 있는 군관들 모두 이런 횡령에 동참했다. 그래서 가경은 건륭이 붕어한 다음 날 바로 이 같은 명을 내렸다.

"백련교를 진압하기 위해 수년 동안 군비를 수천만 냥 썼음에도 성과가 보이지 않는 이유는 군대를 이끄는 대신과 장군들이 모두 전쟁을 자기 일로 여기지 않고 오직 뇌물을 받아 돈을 모으는 생각만 하기 때문이다."281

건륭이 살아 있을 때는 화신이 어떤 행동을 해도 가경은 속으로만 분노를 참을 뿐 겉으로는 한마디도 할 수 없었다. 그래서 아버지가 돌아가시자마자 그를 잡아들인 것이다. 화신을 처단한 것은 당시 정국의 최고 실세를 처리하는 매우 위험하면서도 어려운 일이었다. 하지만 백련교가 난을 일으킨 이유가 무엇인가? 관리들의 부정부패가 너무 심각해 백성이 살 수 없었기 때문 아닌가? 이 부정부패의 바람을 잡기 위해서는 반드시 화신부터 잡아야 했다.

또 이는 가경제의 새로운 정치의 첫걸음이기도 했다. 그는 화신을 처단한 일을 시작으로 자신의 진짜 얼굴을 드러내고 청렴한 정치풍토를 만들려고 노력했다. 예를 들어 그는 직접 나라를 다스리게 된 후 황제가 동릉이나 서릉에 갈 때는 수행 인원을 대폭 줄이고 황후나 빈, 비를 동행하지 못하게 했다. 그러면 한 번 나갈 때마다 비용이 반이나 줄어들었다. 이는 건륭제가 툭하면 순행에 나서 백성의 세금을 낭비하던 것을 바로잡기 위한 조치였다.

　며칠 뒤 가경은 또다시 명을 내려 대신들이 황제에게 골동품이나 서화작품을 조공으로 바치는 것을 금했다. 이는 건륭제 말년에 조공으로 생겨난 폐단을 없애기 위한 결정이었다. 이 명이 떨어지자 신장 지역의 한 대신이 그에게 상소를 올렸다. 작년 말, 건륭태상황께서 살아 계실 때 신장에서 중량이 2톤이나 나가는 독특한 옥석을 발견하셨는데 가치가 상당한 물건이었다. 그래서 이를 바로 베이징으로 보내려고 옙이강에서 출발해 반 정도 왔는데 조공이 필요 없다면 이 물건을 어떻게 해야 할지 묻는 것이었다.

　가경은 상소를 읽고 필요 없으니 아무데나 버리라는 놀라운 답변을 내놓았다.[282] 옥석이 귀하다 해도 국가 재정과 민생에는 도움이 되지 않으니 자신은 그런 것을 결코 좋아하지 않는다는 의미다. 청나라 사회는 충격에 휩싸였다. 보아하니 새 황제는 참으로 소박하고 백성을 위하는 사람이 아닌가! 그래서 청나라 백성 전체가 가경제와 그의 새로운 정치에 호감을 보이고 지지하기 시작했다.

　이런 지지에 힘입어 가경도 더욱 부정부패 없애기에 속도를 올렸다. 화신이 살아 있을 때 각 성에서 고위관리를 맡았던 자들을 교체하고, 2년 동안 건륭제가 임명한 총독 11명 중 8명을 해임했다. 주요한 이유는 바로 그들의 비리였다.

　물론 가장 시급히 처리해야 할 '큰일'은 바로 백련교의 난이었다. 가경은 이 난이 지금까지 해결되지 못한 이유를 정확히 알았다. 군대의 부정부패 때문이었다. 병사를 통솔하는 장군 중 많든 적든 군비를 횡령하지 않은 자가 한 명도 없었다. 예를 들어 덕릉태德楞泰

장군은 병사 7000명을 데리고 있었는데, 매월 지급되는 9만 냥 중 4만 냥을 자기 주머니로 가져갔다. 군비의 상당 부분을 장군이 가져가다보니 일반 사병들은 제때 돈을 받지 못해 생활을 이어갈 수 없었다. 허난의 군대가 산시 전투지로 향할 때는 45일간 양식을 나눠주지 않은 일도 있었다. 그 결과 병사들이 무리를 지어 허난으로 돌아가버렸다.

가경은 이런 상황을 정확히 알았다. 그래서 그는 건륭이 떠난 즉시 최고 총사령관 대신인 늑보勒保를 해임하고 심문했다. 심문하지 않을 땐 몰랐지만 심문을 시작하자 밝혀지는 사실 하나하나가 놀랍고 충격적이었다. 그는 전장에 광대들을 데려가 전투를 하면서 한편에서 술을 마시며 연극을 즐겼다. 전투 결과는 신경도 쓰지 않았다. 가경은 화를 참지 못하고 늑보를 당장 처결한 뒤 그의 수하에 있던 장수들을 모두 해임했다. 군대 내 비리에 대한 수사와 인력 교체가 이루어지자 백련교를 진압하는 과정에도 드디어 새로운 전기가 마련되었다. 그리고 가경 7년 말, 청나라는 드디어 백련교와 벌인 전쟁에서 승리를 거두며 난을 끝냈다. 가경은 감격한 나머지 기쁨의 눈물을 흘렸다. 그의 새로운 정치가 성공적으로 첫걸음을 뗀 는 순간이었다. 건륭제 말년부터 끊임없이 악화되기만 했던 정국에도 변화의 흐름이 보이자 조정 대신들이 일제히 환호했다. 청나라 전체가 이 새로운 황제를 믿었고, 그가 다시 청나라를 태평성세로 이끌어주길 희망했다.

그렇다면 가경은 이런 그들의 희망을 이루어주었을까? 이는 정말 어렵고도 어려운 일이었다. 이렇게 말하는 이유는 무엇일까?

건륭제가 가경에게 물려준 부정적 '유산'은 백련교의 난만이 아니었기 때문이다. 백련교의 난은 청나라 왕조의 사회적 문제를 보여주는 대표적인 예였을 뿐이었다.

먼저 청나라 왕조는 전에 없던 인구 압박에 시달렸다. 건륭제 때 인구는 이미 1억 명을 넘어섰고, 건륭제 말년에는 3억 명에 가까워졌다. 가경 16년이 되자 이제 인구는 3억5000만 명까지 늘어났다. 중국 역사상 한 번도 이렇게 많은 인구의 식량문제를 걱정한 적이 없었다. 인구 증가로 농경지가 줄어드는 속도가 빨라지면서 고향을 떠나 떠도는 사람의 수도 많아졌다. 이들이 바로 백련교의 반란군이 되었다. 백련교의 난은 끝났지만 식량문제는 여전히 근본적인 해결책을 찾지 못했기 때문에 언제든 다음 농민봉기가 시작될 가능성이 있었다. 이것이 첫 번째 문제였다.

두 번째 문제는 청나라 왕조의 심각한 재정위기였다. 경제가 발전했지만 인구가 증가하면서 식량이 부족해졌다. 여기에 남아메리카에서 은광이 발견되면서 무역을 통해 은이 대량 쏟아져 들어왔다. 이로써 건륭제 때부터 가경제 때까지 청나라 물가는 지속적으로 올랐다. 가경제 때가 되면 전국 물가는 건륭제 때에 비해 세 배나 올랐다. 하지만 청나라 재정제도에는 '나라의 재정 수입은 고정되어 있으며 늘리지 않는다'[283]는 특징이 있었다. 물가가 세 배나 올랐지만 재정 수입은 한 푼도 늘지 않았으니 실질적으로 재정 수입이 건륭제 때에 비해 3분의 1로 줄어든 것과 마찬가지였다. 이는 심각한 위기를 불러왔다. 어떤 위기였을까? 각 성에서 사용하는 경비가 부족해 거액의 재정 손실이 발생한 것이다. 이런 상황은 모든 성과 현에서 벌어졌다. 성의 고위관리들은 경비를 충당하고 관리들의 월급을 주기 위해 할 수 없이 주변에서 돈을 빌리거나 심지어 고리대금업자에게까지 손을 내밀어야 했다.

재정 위기는 또 다른 문제를 불러왔다. 바로 백성에게 마구 세금을 거둬들이는 것이었다. 재정 적자를 메우기 위해 각 지방의 관리들은 필사적으로 온갖 기상천외한 이유를 만들어 백성에게서 세금을 거둬들이기 시작했다. 그들이 걷는 '특수' 세금은 농민들이 기존에 내던 세금의 적게는 몇 배, 많게는 수십 배나 되었다. 그러다보니 이를 감당하지 못하고 저항하는 사람이 생겨났다. 청나라의 사회적 모순이 격화되면서 크고 작은 충돌이 곳곳에서 일어났다.

그렇다면 이런 근본적인 문제를 가경제는 어떻게 처리했을까? 첫 번째 대책은 부패관리가 나타나면 즉시 해임하는 등 부정부패에 대한 처벌수위를 높이는 것이었다. 가경 7년부터 가경 10년까지 청나라 조정에는 거의 매월 인사조정이 있었고, 전국의 고위관리 역시 대부분 바뀌었다. 하지만 부정부패 문제는 결코 해결되지 않았다. 해결되지 않았을 뿐만 아니라 오히려 점차 악화되었다. 지방 관리들은 직급에 상관없이 여전히 뇌물을 주고받고 관직을 사고팔기를 계속했다. 지역의 관아는 나태하고 무능력했으며 자신들의 이익에 관련된 일이 아니면 백성의 어려움에는 관심이 없었다. 당시 청나라 관료집단에게 부정부패는 부끄러움이 아닌 일상이 된 지오래였다. 심지어 가경제가 직접 청렴한 관리로 칭찬했던 이들마저도 시간이 지나면서 하나둘 부패에 물들었다.

그중 가장 대표적인 예가 먼저 나서서 화신의 비리를 폭로했던 간관諫官 광흥廣興이었다. 그는 화신의 부정부패를 알린 공으로 가경의 신임을 얻어 쓰촨에서 군수를 담당하는 중책에 임명되었다. 그는 사명감을 갖고 정직하게 일하며 비리를 없애려 노력했고, 해마다 국고 수백 냥을 절약했다. 가경제가 여러 차례 전국 관리들에게 그를 본받으라고 말할 정도였다. 하지만 이랬던 그도 병부시랑에 임명된 지 얼마 되지 않아 탐욕의 늪에 빠져 1년 만에 4만 냥을 횡령하고 말았다.

직급에 상관없이 부패는 갈수록 대담해졌다. 허베이 포정사의 사서 왕여남王麗南은 재정청의 일반 관리로 지금의 '계係'조직의 부문 중 가장 낮은 단위에 해당하는 자리에 있어 별다른 권력이 없었다. 하지만 그는 가경 원년부터 수년 동안 31만 냥을 횡령했다. 그의 횡령 수법은 간단했는데, 몰래 재정청장(포정사)과 처장, 과장의 도장을 판 뒤 그들 이름을 도용해서 국고에서 돈을 빼내는 것이었다. 이 일은 10년 가까이 이어졌지만 그를 의심하거나 조사하는 사람은 아무도 없었다.

이 모든 상황은 가경제의 예상을 완전히 빗나가는 것이었다. 그는 화신을 처리하고 고위관리들을 교체하는 등 강력한 수단을 쓰면 부정부패를 해결할 수 있을 거라고 생각했다. 하지만 부패는 더욱 심해지기만 할 뿐이었다.

그럼 이제 어떻게 해야 할까? 가경제는 긴 시간 고민한 끝에 '보수적인 치료법'을 쓰기로 했다. 바로 '천천히' 하는 것이었다. 하루빨리 성과를 내려고 애썼지만 상황은 그가 생각한 만큼 간단하지 않았다. 그래서 그는 강력한 조치를 멈추고 '수성守成'이라는 통치전략을 선택했다. '수성'이란 무엇일까? 역대 왕조의 통치원칙에 따라 선조들이 남긴 교훈에서 방법을 찾는 것이었다. 가경제는 「수성론」이라는 글을 썼는데, 글에서 자신이 여러 차례 중국 역사를 읽으며 느낀 바가 많다고 적었다. 그는 한 왕조가 처음 세워질 때는 완벽한 제도와 규정을 만들지만 중엽에 이르면 치기어린 자손들이 나타나 자기 능력을 믿고 마음대로 법을 바꾸려 든다는 점을 발견했다. 선조가 세운 탑을 무너뜨리고 자신만의 새로운 탑을 쌓으려는 것이다. 하지만 결과적으로는 기존의 탑도 무너지고 새로운 탑도 쌓지 못한다. 이런 점이 나라를 멸망으로 이끄는 원인이 되기도 한다. '망국의 군주들은 모두 수성을 하려 하지 않았다.'

그래서 그는 만주 대신들에게 지금 청나라는 간신히 숨이 붙어 있는 환자와 같으니 절대 함부로 건드리거나 무턱대고 약을 쓰지 말라고 경고했다. 이렇게 위독한 환자에게 쓸 수 있는 유일한 치료법은 따뜻한 약물로 천천히 마른 몸을 적셔주는 것뿐이었다. 이 치료법에는 엄청난 인내심과 증상에 맞는 보양식이 필요했다. 가경이 보양식으로 여긴 것이 바로 '선조들의 깨달음'이었다.

가경은 지금 청나라가 위기에 처한 것은 선조들이 만든 법이 잘못되어서가 아니라 그 법을 실행하는 과정이 잘못되었기 때문이라고 했다. '일부 무능력한 관리들이 해이함과 나태함에 빠져 과거에서 이어져온 제도를 따르지 않고' '근정애민勤政愛民'성실하게 정무를 돌보고 백성을 사랑함의 사상을 잊은 채 기존 제도에 사욕을 더해 실행하니 정책의 본질이 변하고 결과 또한 달라졌다는 것이다.

수성으로 방향을 정하자 이에 따라 구체적인 조치도 만들어졌다. 가경제는 매일 아침 일어나 세수를 한 뒤 다른 일은 잠시 미뤄놓고 경건하게 앉아 선조들의 『실록』을 읽었다. 계절에 관계없이 매일 같은 일을 이어갔다. 그리고 부정부패와 재정 위기, 인구 압박 문제를 해결하기 위해 선조들의 교훈을 바탕으로 자신만의 방법을 만들었다. 가경은 목을 베는 방법만으로는 절대 부정부패를 뿌리 뽑을 수 없음을 깨달았다. 그래서 부패를 막을 방법으로 교육을 택했는데, 부정부패를 반대하고 청렴한 생활을 강조하는 글을 써서 관리들을 가르치려 했다.

재정문제에 대해서는 절약을 강조했다. 그는 돈이 모자란 것은 그만큼 많이 쓰기 때문이라고 했다. 모든 사람이 돈을 아낀다면 돈이 모자랄 일이 있겠는가? 인구와 식량문제는 공상업과 광산업으로 흘러간 인력을 다시 농촌으로 보내 농사를 짓게 했다. 인력이 풍부하니 모두 농사를 짓는다면 양식문제도 해결될 것이 아닌가?

하지만 이런 방법은 하나같이 잘못된 것이었다. 그 이유는 무엇일까? 먼저 당시 부패는 교육이 부족해서 벌어진 일이 아니었다. 부패의 근본 원인은 융통성 없는 재정제도와 힘을 잃은 관리감독 체계에 있었다. 건륭제 때부터 가경제 때까지 아메리카에서 은이 대량 흘러들어오며 청나라 물가가 세 배로 뛰었다. 물가가 올랐으면 관리들 녹봉도 당연히 최소 세 배는 올라야 했다. 하지만 건륭과 가경은 모두 '수성'을 내세우며 월급을 한 번도 올려주지 않았다.

건륭 58년 매카트니 사신 일행의 부단장이었던 스턴튼 역시 이런 문제를 발견하고 이렇게 말했다. '최근 한 세기 동안 엄청난 양의 은이 중국으로 흘러들어가 중국 물가는 엄청나게 비싸졌다. 물가는 올랐지만 관리들 월급은 예나 지금이나 똑같아 그들 수입으로는 생활을 하기가 힘들 정도였다.' '중국 관리들은 월급이 많지 않아 쉽게 뇌물의 유혹에 빠졌다.' 따라서 이 문제를 해결하려면 반드시 재정 개혁이 뒷받침되어야 했다. '세금 인상은 없다'는 기존의 제도를 깨고, 재정 수입을 늘리고 관리들 월급을 올려야만 검은 돈을 하얀 돈으로 바꿀 수 있었다.

그러나 가경제는 재정제도를 개혁하는 데 반대했다. 세금을 올렸다가 사회가 다시 불안정해질까 겁이 났던 것이다. 그는 역사를 공부하며 명나라 제13대 황제 만력제萬曆帝가 전쟁을 벌이기 위해 막대한 돈을 쏟아 부었다가 이를 메우려고 세금을 올린 것이 명나라 멸망의 원인이 되었다는 사실을 깨달았다. 그래서 청나라 황제들은 매번 절대로 세금을 인상해서는 안 된다고 강조했다.

그렇다면 인구문제를 해결하는 방법에는 무엇이 있을까? 현대의 시각에서 보면 농업 외에 공업과 상업을 발전시키는 것을 주요 방법으로 꼽을 수 있겠다. 당시 청나라 인구가 폭발적으로 늘어나면서 농업을 포기하고 공상업과 광산업으로 옮겨가는 백성이 꽤 많았고, 중국 전역에 광산이 생겨났다. 이는 농업 중심 사회였던 중국에 공업사회의 시작을 알리는 첫걸음과 같았다.

하지만 가경제는 광산을 금지했다. 가경 4년 4월 19일, 그는 교지에서 광산은 위험한 일이라고 말했다. 왜 그렇게 생각했을까? 광산에서 광물을 캐려면 엄청난 인원이 깊은 산속으로 들어가야 했기 때문이다. 전역에서 몰려든 백성이 한곳에 모여 있다보면 백련교 때처럼 사회 질서를 무너뜨리고 봉기를 일으킬 가능성이 있었다. 중국 역사에서 일어난 봉기 대부분이 이런 과정을 거쳤다. 그래서 가경은 백성이 광산업에 참여하는 것은 매우 위험한 일이라고 생각했다.

'짐이 이利보다 의義를 중시하는 풍토를 만든다면 어찌 백성이 산속까지 들어가 이를 꾀하려 하겠는가?'

가경의 이런 결정은 농촌의 잉여 노동력이 빠져나갈 출구를 막아 오히려 사회 불안을 더욱 심화시키고 말았다.

결과적으로 가경제는 역사의 흐름을 제대로 이해하지 못해 엄청난 실수를 범하고 말았다. 사실 건륭성세 막바지에 서 있는 가경이 직면한 모든 사회문제는 수천 년간 이어진 중국 정치의 범주를 이미 넘어선 지 오래였다. 폭발적으로 늘어난 경제 규모와 인구수가 전통사회의 구조로 감당하기에는 한계에 부딪혔다. 성세 마지막을 이어가는 유일한 방법은 기존의 정치제도를 벗어던지고 '선조들의 법' 밖에서 새로운 출구를 찾는 것뿐이었다.

언제든 위기는 동시에 기회이기도 했다. 예를 들어 인구문제의 경우, 세계 역사에서 살펴보면 인구와 자원의 부족이 농업문명에서 공업문명으로, 전통사회에서 현대사회로 가는 변화의 첫걸음이 되었다. 유럽 국가들은 공업과 상업을 확대해서 남는 인력을 흡수하는 방법으로 공업화와 도시화를 이뤄 인구문제를 해결하며 현대화의 길에 올라섰다. 만일 중국이 역사의 흐름에 따라 대외무역과 공상업을 확대하고 해외 영토를 확장하는 방식으로 인구문제를 해결하려고 했다면, 누구의 압박도 없이 스스로 막 시동을 걸기 시작한 세계화라는 자동차에 올라타 현대로 향하는 문을 통과했을 것이다.

따라서 가경제가 역사를 위해 해야 했던 일은 전통을 지키는 것이 아니라 과감하게 형식을 개혁하는 것이었다. 그렇다면 즉위 초에는 새롭고 참신한 모습을 보인 그가 갑자기 다른 황제들보다 더 보수적으로 변해 수성의 깃발을 든 이유는 무엇일까? 그 이유는 두 가지인데, 첫 번째는 그의 유약한 성격 탓이다.

가경제는 열세 살에 비밀리에 태자에 봉해진 뒤 서른여섯에 황제에 올랐으니 22년간 태자 자리에 있었던 셈이다. 가경은 중국 역사를 읽으며 태자라는 자리가 결코 좋은 자리가 아니라는 것을 알았다. 태자의 가장 중요한 임무는 바로 실수를 저지르지 않는 것이었다. 역사상 순조롭게 황위를 물려받은 태자가 적었고, 대부분 끝이 좋지 않았다.

당나라 태자들을 예로 살펴보자. 당나라의 첫 번째 태자 이건성李建成은 아우 이세민의 손에 죽었고, 이세민의 태자 이승건李承乾은 부친과 사이가 틀어져 모반을 꾀했지만 실패하고 폐위되어 감금되었다가 죽음을 맞았다. 고종과 무측천이 세운 태자 이충李忠, 이현李賢, 이홍李弘은 모두 무측천 손에 죽었다. 현종의 태자 이영선李瑛先은 폐위되어 서민이 된 뒤 자결을 명받았고, 헌종 이후 황제가 생전에 책봉한 태자 중 황제로 즉위한 사람이 없었다. 황제가 죽으면 태자는 환관이나 신하들 손에 죽음을 맞았다…….

태자라는 자리는 발을 한 번만 헛디뎌도 천 길 낭떠러지로 떨어질 수 있는 매우 위험한 자리였다. 그래서 가경은 22년간 그 자리에 머무르며 모든 일에 극도로 신중하고 걱정을 많이 하며 눈치를 보는 버릇이 들었다. 화신을 처단한 것은 백련교라는 급한 불을 끄

485

기 위한 비상대책이었다. 백련교의 난이 지나가자 그의 우유부단하고 소심한 성격이 다시 모습을 드러냈다. 이것이 그가 수성을 택한 첫 번째 이유였다.

두 번째는 그의 학습구조 때문이었다. 청나라 황자들은 사서오경 외에 중요한 내용을 하나 더 배우는데 바로 '선조들의 정치'였다. 황자의 스승은 선조들이 남긴 실록과 유훈은 언제 어디서나 통하는 진리이며 아무리 꺼내 써도 마르지 않는 지식의 보고라고 말했다. 따라서 모든 문제의 해답은 그 안에서 찾으면 된다는 것이었다.

가경이 즉위했을 때 나이가 이미 서른여섯이었다. 사람은 청소년기에 학습능력이 가장 강하고, 이 시기를 넘기면 아무리 공부하려는 열망이 강하고 외부에서 자극이 와도 새로운 것을 받아들이는 능력이 전보다 훨씬 떨어진다. 그래서 틀에 박힌 유가의 교육을 받고 자란 가경의 사고방식은 고정된 범위를 벗어나지 못했다. 전통사회에서 황실의 교육이란 이렇다. "도의 근원은 하늘이다. 하늘이 변하지 않으면 도 역시 변하지 않는다. 나라를 다스리는 과정에서 일어나는 모든 문제에 대해 선조들은 이미 성공적인 답안을 마련해놓으셨다. 살아가면서 성인과 선조가 지시하는 도리를 따르며 그대로 실천한다면 모든 문제가 해결될 것이다."

그렇다면 수성으로 나라를 다스린 결과는 어떻게 되었을까? 가경제는 진지하고 성실하게 자기 생각을 실행에 옮겼다.

종합적으로 본다면 가경제는 아마 청나라 황제들 중, 심지어 중국의 역대 모든 황제 중 가장 도덕적인 군주라 할 수 있다. 그는 금욕주의자였으며 스스로에게 조금의 향락도 허락하지 않았다. 일생 동안 그는 여색과 보물, 나쁜 습관에 빠진 적이 한 번도 없었다.

물론 가경제를 청나라 역사상 가장 성실한 황제라고 꼽을 수는 없지만 그런 황제들 중 하나라고는 할 수 있다. 그는 건륭제의 유전자를 물려받아 마치 시계처럼 정확하게 생활하고 행동했다. 22년 동안 한 번도 늦잠을 잔 적이 없으며, 가장 중요하게 여기는 일을 하루라도 하지 않거나 정사를 돌보지 않으면 몸이 편치 않을 정도였다. 다른 황제들은 '시작은 화려하나 마무리는 없는' 반면, 가경제는 일에 싫증을 내는 모습을 한 번도 보이지 않았다. 재위하는 동안 부친처럼 순행에 나서지 않았고, 사치품을 조달해 생일 연회를 열지도 않았다. 그가 신하와 백성에게 보인 모습은 오로지 사치를 배제하고 절약을 권하는 것뿐이었다. 가경제의 검소함은 역사에 기록될 정도였으며, 그 명성은 외국으로도 퍼져나갔다. 청나라를 방문했던 조선의 사신 서용보徐龍輔의 기록을 보면, 가경제는 '근검으로 정평이 나 있는 군주였다. 궁전을 둘러보면 소박하고 꾸밈이 없으니 정말 검소한 군주라 할 수 있다.'[284]

그러나 이렇게 인자하고 현명한 군주가 나라를 다스린 20여 년 동안 나라 상황은 더욱 혼란스러워졌다. 가경 18년 9월 16일 해가 질 무렵, 가경은 전통에 따라 여름 동안 피서산장에 머문 뒤 베이징으로 돌아오는 길이었다. 그가 베이징성 밖에 도착했을 때 충격적인 소식이 한 가지 전해졌다 200명이 넘는 천리교天理敎, 백련교의 한 분파로 가경제 때 중국 전체에 퍼져 가경 18년 반란을 일으켰다 사라짐 교도가 어제 오전 두 무리로 나누어 자금성을 공격했으며 황후의 침궁인 저수궁儲秀宮 부근까지 들어갔다는 것이었다. 다행히 훗날 도광제에 오르는 황자 면녕綿寧이 호위부대를 이끌고 전력을 다해 싸워 그들을 모두 사살했다고 했다.

가경제는 크게 놀랐다. 반란군이 황궁 내부로 침입해 황후 코앞까지 다다른 일은 중국 역사상 태평성대에 한 번도 벌어진 적이 없었다. 하지만 이는 가경제가 통치하는 동안 일어난 갖가지 놀라운 사건 중 하나였을 뿐이다.

가경제가 말년에 동릉에 가려고 길을 나섰을 때였다. 갑자기 병부상서가 헐레벌떡 다가와 병부의 도장을 누가 훔쳐갔는지 보이지 않는다고 말했다. 가경은 순간 얼굴이 하얗게 질렸다. 병부의 도장을 잃어버렸다는 것은 체통이 떨어지는 문제이자 심각한 상황을 초래할 수도 있는 일이었다. 황제가 외출한 동안 만일의 사태라도 일어난다면 군대를 보낼 방법이 없었기 때문이다. 가경은 당장 이 사건을 조사하라고 명했다. 조사 결과 더욱 놀라운 사실이 밝혀졌다. 도장은 이미 3년 전 없어졌던 것이다. 그런데도 병부 관리들은 그동안 이 사실을 보고하지 않았다가 이번에 병부상서가 갑자기 물어보면서 들통이 났다. 가경은 직접 나서서 사건을 조사했지만 결국 도장의 행방을 찾지 못했고, 이 일은 이렇게 흐지부지되고 말았다.

가경 23년, 무과시험이 끝난 뒤 관례에 따라 황제가 진사들을 위해 전려傳臚식중국에서 과거 때 무과시험 뒤 합격한 진사의 이름을 하나하나 부르던 일을 열어야 했다. 이날 가경은 일찍 일어나 준비를 마치고 시간에 맞춰 성대하게 꾸민 연회장에 도착했다. 그런데 어찌된 일인지 일등과 삼등을 차지한 장원과 탐화가 아무리 기다려도 오지 않았다. 점심이 되어도 두 사람이 나타나지 않자 연회는 취소되었다. 나중에 조사해보니 이날 태감이 궁문을 여는 것을 깜박하는 바람에 장원과 탐화가 한참을 헤매다 결국 문을 찾지 못했다는 사실이 밝혀졌다.

가경 18년 천리교 교도가 황궁을 습격하는 사건이 벌어졌지만 궁궐의 경비 태세는 조금도 나아지지 않았다. 가경 24년 4월에는 성덕成德이라는 이름의 백성이 하릴없이 돌아다니다가 자금성 안으로 들어와 황제가 있는 양심전 앞을 걸어 다니다가 태감에게 발견되는 일도 있었다.

또 한 번은 가경이 원명원에서 잠시 산책에 나섰을 때 궁궐 문 밖에서 누군가 양을 치는 모습을 보았다. 양들은 황제 눈앞에서 유유자적하게 '어초御草'를 뜯어먹었다. 문의 계단에는 한 남자가 웃통을 벗은 채 쉬고 있었고, 멀지 않은 숲에서는 사람들이 모여 자리를 펴고 술과 고기를 먹고 있었다. 가경이 조사해보니 이 양들은 태감들이 키워 밖으로 파는 것이었고, 술을 먹은 사람들은 태감들의 친구로 황제가 머무는 곳이 어떤지 구경하러 왔다고 했다.

이런 일이 연이어 벌어지자 가경은 정말로 이해할 수 없었다. 왜 자신이 이렇게 열심히 나라를 다스리는데 사회는 점점 더 혼란해진단 말인가? 그가 통치한 20여 년은 이렇게 당황스러움과 괴로움, 난처함 속에서 흘러갔다.

가경 24년, 공자 후손인 제73대 연성공이 황제를 알현하려고 베이징을 찾았다. 그는 집으로 돌아간 뒤 황제와 나눈 이야기를 한 자도 빠짐없이 기록했다. 그의 기록을 살펴보면 당시 가경제의 심리상태가 어떠했는지 정확히 알 수 있다. 가경은 연성공을 보자마자 홍수가 나서 지금까지 산둥에 제사를 지내러 가지 못하고 있다고 말했다.

"취푸에 가고 싶지만 갈 수 없었습니다. 산둥지방의 홍수가 린칭_{산둥성 서북부 도시}까지 번졌다는데 어떻게 해야 할지 정말 방법이 없습니다. 공자묘를 새로 지었는데 칠팔 년이 지나서야 간다면 묘가 또 낡아버릴 테니 어떻게 해야겠습니까?"

며칠 뒤 연성공이 떠나기 전 황제를 알현하고 인사를 올렸을 때 가경은 다시 예전 이야기를 꺼내며 하소연했다.

"이 자리에 오른 지 스물네 해가 되었는데 계속 공자묘에 가지 못하니 참으로 부끄러운 일입니다. 예전에 부친을 따라 두어 번 가 본 적이 있지만 그게 무어란 말입니까. 가는 것은 어렵지 않으나 길이 쉽지 않습니다. 수로도 어렵고 육로도 어렵고 (…) 강에 물이 저렇게 넘쳐나고 산둥의 민심 또한 좋지 않으니 어떻게 해야 좋겠습니까? 정말 방법이 없어 큰일입니다!"285

가경은 말끝마다 '정말 방법이 없다' '어떻게 해야 좋을지 모르겠다' '어떻게 해야 할까?' '큰일이다'라는 말을 빼놓지 않았다. 어쩔 줄 몰라 난처해하는 그의 속마음이 그대로 드러나는 말투였다. 나이 든 황제에게 황제 자리는 형벌과 같았다. 그는 세상에 작별을 고하는 마지막 순간까지도 홀가분한 기분이 아닌 걱정과 미련 속에 눈을 감았을 것이다.

건륭이 세상을 떠난 뒤 직접 나라를 다스리며 보였던 영민한 모습에서 이후 이러지도 저러지도 못하고 풀이 죽은 모습까지 그의 변화는 보는 사람마저 안타까울 따름이다. 가경제가 다스리는

490

동안 청나라는 예전 모습을 완전히 잃어버리고 쇠락의 길로 접어들었다. 그의 통치방법에 대해 조사하고 분석한 역사서에서 내린 결론 역시 '가경제 때 쇠락했다嘉慶中衰'다. 그가 청나라를 다스린 20년이라는 시간은 앞으로는 '강건성세'가 있고 뒤로는 바로 '아편전쟁'이 일어났다. 그래서 이 영민하고 인자한 황제는 나중에 철저한 실패자로 역사에 기록되었다.

따라서 가경제의 정치적 성공과 실패를 이야기한 다음에야 우리는 건륭제 일생의 공로와 과실을 정확히 분석할 수 있다. 그의 정치적 업적과 실수 그리고 성세의 발전과 붕괴에서 몇 가지 결론을 내릴 수 있다.

첫 번째는 중국 전통사회에서 성세는 지속하기 어려우며 결국 쇠락하고 만다는 것이다. 중국 역사에는 3대 성세가 있다. 당나라의 정관성세, 한나라의 문경지치부터 이어진 한무성세漢武盛世 그리고 청나라의 강희·옹정·건륭에 걸친 강건성세또는 강옹건성세다. 하지만 이 3대 성세는 모두 '성세가 극에 달한 뒤 쇠락'이라는 결말을 벗어나지 못했다. 당나라 현종은 개원 뒤 '전성'이라 말할 만큼 역사적으로 번영한 모습을 보였지만 안사의 난 이후 당나라는 국력이 약해지기 시작했고, 군웅할거群雄割據, 많은 영웅이 각각의 지방에서 세력을 과시하며 서로 다투는 상황까지 벌어지며 다시는 힘을 회복하지 못했다.

한나라 무제는 전기에 한나라 역사상 최고라 할 만큼 뛰어난 통치능력을 보였다. 그러나 말년에 나라에 큰 난이 일어나 그 세력이 관동산하이관 동쪽 지역까지 번졌고, 결국 반란군의 불길에 한나라는 멸망하고 말았다.

강옹건성세 역시 그 시작은 화려했지만 건륭이 죽기 3년 전 백련교의 난이 일어나며 청나라는 혼란에 휩싸였고 시대의 변화에 뒤처지며 예전 영광은 그렇게 역사 속으로 사라졌다.

두 번째는 인치를 기반으로 한 성세는 계속될 수 없다는 것이다. 3대 성세가 오래 이어지지 못한 이유는 바로 이런 성세가 인치를 기반으로 했기 때문이다. 새로운 제도를 바탕으로 한 것이 아니라 오로지 황제 개인의 능력으로 만들어진 것이었다. 중국 역사를 살펴보면 이런 성세 기간에는 군주의 통치능력과 인품을 찬양하는 말만 있고 제도적 성과는 찾아보기 어렵다.

비록 성세의 군주들은 다들 많든 적든 전제정치의 제도를 수정하고 개선하려 노력했지만 정작 제도의 틀을 깨는 과감한 결단력이 필요할 때는 보수적인 봉건주의에 갇혀 더는 앞으로 나아가지 못했다. 대개 한 왕조가 성세 단계에 이르고 나면 그 나라 통치계급은 진취적이고 적극적으로 무엇인가를 이루려는 정신을 잃어버리고 여유와 향락을 즐기는 일에 빠지고 만다. 눈앞의 성과에 도취되어 이성적인 판단력과 경계심을 잃어버리고, 잠재되어 있는 수많은 문제를 과소평가하게 되는 것이다. 그래서 성세가 되면 제도의 힘이 약해지면서 각종 사회문제가 발생하고 결국 그 문제들이 나라를 내리막길로 끌어내린다. 건륭제 말년의 상황이 바로 이런 결론을 설명해주는 대표적인 예라 할 수 있다.

1   生而神靈, 天挺奇表. 殊庭方廣, 隆准頎身, 發音鏗洪, 擧步岳重, 規度恢遠, 嶷然拔萃.

2   偶擧『愛蓮說』以試, 誦解融徹, 獎悅彌至.

3   或云太子之子甚賢, 故不忍立他子而尙爾貶處云矣.

4   余幼時, 日所授書, 每易成誦 (…) 吾弟和親王資性稍鈍, 日課恒落後. 先生 (…) 復令予加課.

5   康熙六十年, 予年十一, 隨皇考(雍正)至山莊內觀蓮所廊下, 皇考命予背誦所讀經書, 不遺一字. 時皇祖(康熙)近侍, 皆在旁環聽, 咸驚穎異.

6   『장고총편掌故叢編』「연갱요절年羹堯折」

7   『어제시전집』주석, 夙夜祗隨聖祖, 絲幾展書, 則親授章句, 批章引見, 則敬立座側. 至於傳餐侍膳, 曲承含飴依膝之歡.

8   一日, 望見御舟泊晴壁亭畔, 聞聖祖呼名, 卽趨岩壁而下, 顧謂勿疾行, 恐致蹉跌, 愛護殊常.

9   望見御舟泊亭畔, 呼名趨下層岩壁. 顧謂勿急恐蹉跌, 是卽初蒙恩眷日.

10   『청궁사속편淸宮史續編』4권, 昔年朕隨侍皇祖山莊閱射, 朕連中五矢, 仰蒙

天語褒嘉, 慈顏大悅, 蒙賜黃褂, 其時朕年十有二歲.

11 閱射門前却自思, 耆齡自此沐恩慈.

12 (乾隆)木蘭從獮, 入永安莽喀圍場, 命侍衛引射熊, 取初圍穫熊兆, 甫上馬, 熊突起, 控轡自若, 聖祖御槍殪之.

13 事後, 入武帳, 顧語溫惠皇貴太妃曰 : 是命貴重, 福將過予.

14 聖祖幸園中進膳, 特命孝敬憲皇后率孝聖憲皇后問安拜覲.

15 年十三賜侍世宗藩邸.

16 『건륭어제시집乾隆御制詩集』4집, 八旬五母仍康步, 六十六兒微白頭.

17 其王初嗣位, 便密選子才堪承統者, 書其名字, 封而藏之. 王死後, 大臣與王之群子共發封以視之.

18 本朝家法之嚴, 卽皇子讀書一事, 已逈絶千古. 余內直時, 屆早班之期, 率以五鼓入, 時部院百官未有至者, 惟內府蘇喇嘛數人往來. 黑暗中殘睡未醒, 時復倚柱假寐, 然已隱隱見有白紗燈一点入隆宗門, 則皇子進書房也.

19 『낙선당전집樂善堂全集』, 已乃精研『易』『春秋』, 戴氏禮, 宋儒性理諸書, 旁及『通鑑綱目』, 史漢八大之文, 莫不窮其旨趣, 探其精蘊.

20 (擁正十三年)八月二十日, 聖躬偶爾違和, 猶聽政如常. 廷玉每日進見, 未嘗有間. 二十二日漏將二鼓, 方就寢, 忽聞宣召甚急.

21 『장정옥연보張廷玉年譜』「옹정십삼년」, 廷玉與鄂爾泰告二王諸大臣曰, 大行皇帝因傳位大事親書密旨 (…) 應急請出以正大統. 總管(太監)曰, 大行皇帝未曾諭及我輩, 不知密旨之所在. 廷玉曰 (…) 密封之件, 諒亦無多, 外用黃紙固封, 背後寫一「封」字者卽是此旨.

22 皇四子寶親王弘曆, 秉性仁慈, 居心孝友, 聖祖仁皇帝於諸孫之中最爲鐘愛, 撫養宮中, 恩逾常格. (…) 今旣遭大事, 著繼朕登極, 卽皇帝位.

23 上伏地大慟良久, 王大臣等叩頭敦勸再三, 上始載拜受命.

24 自夜徹晝, 號哭不止.

25 『청고종실록』, 皇考萬幾余暇, 聞外省有爐火修煉之說, 聖心雖知其非, 聊欲試觀其術, 以爲遊戲消閑之具. 因將張太虛, 王定乾等數人置於西苑空閑之地. 聖心視之如俳優人等耳, 未曾聽其一言, 未曾用其一藥.

26 『청고종실록』, 凡慶雲, 嘉穀一切祥瑞之事, 皆不許陳奏.

494

건륭_63년 4개월의 절대 권력

27　『청고종실록』, 阿其那(允禩), 塞思黑(允禟)孽由自作, 萬無可矜, 而其子若孫
　　實聖祖仁皇帝之支派也, 若俱屛除宗牒之外, 與庶民無異. 當初辦理此事乃
　　諸王大臣再三固請, 實非我皇考本意. 其作何處理之處, 着諸王滿漢文武大
　　臣 (…) 各抒己見, 確議具奏.

28　凡造報開墾畝數, 務必詳加査核 (…) 不得絲毫假飾.

29　『낙선당전집』, 包荒納垢, 宥人細故, 成己大德.

30　睥睨千古, 無足當意者.

31　三代以下特出之賢君.

32　『낙선당전집』, 損己益人, 愛民從諫, 躬行仁義 (…) 君臣相得 (…) 用致貞觀
　　之盛. 令德善政, 不可殫述.

33　其情罪有一線可寬者, 悉予豁免, 卽已經入官之房産, 未曾變價者, 亦令該管
　　衙門査奏給還.

34　『청고종실록』

35　凡事皆以寬大爲政 (…) 萬民歡悅, 頌聲如雷.

36　乾隆寶, 增壽考, 乾隆錢, 萬萬年.

37　『조선왕조실록』, 新主政令無大疵, 或以柔弱爲病.

38　凡遇萬壽大典, 必躬自己舞, 以申愛敬.

39　『청고종실록』, 凡國家政事, 關繫重大, 不許聞風妄行傳說, 恐皇太后聞之必
　　煩. (…) 設或妄傳至皇太后前, 向朕說知其事, 如合皇考之心, 朕自然遵行, 若
　　少有違 (…) 重勞皇太后聖心, 於事無益. 嗣後 (…) 背法之人 (…) 定行正法.

40　『독통감론讀通鑑論』, 母后臨朝, 未有不亂者.

41　幾曾見寧壽宮太后當日令聖祖修盖多少廟宇? 朕禮隆養尊, 宮闈以內事務,
　　一切仰承懿旨, 豈有以順從盖廟修寺爲盡孝之理?

42　『청고종실록』, 嗣後如遇此等事務 (…) 朕斷不輕恕.

43　『청고종실록』, 盖權者, 上之所操, 不可太阿倒持.

44　『청고종실록』, 乾綱獨斷, 乃本朝家法.

45　『낙선당전집정본』, (弘晝)與吾自孩提以至於今, 且孺且耽, 恰恰如也. 吾二
　　人者 (…) 相得無間, 如是者垂二十年.

46　上卽位後, 優待和, 果二王, 每陪膳賜宴, 賦詩飮酒, 殆無虛日.

47 嘗監試八旗子弟於正大光明殿, 日晡, 弘畫請上退食, 上未許. 弘畫遽曰: "上

　　疑吾買囑士子耶?"明日, 弘畫入謝, 上曰: "使昨答一語, 汝齏粉矣!"

48 『청고종실록』

49 好言喪禮 (…) 嘗手訂喪儀, 坐庭際, 使家人祭奠哀泣, 岸然飲啖以爲樂.

50 病篤, 上往撫視. 弘瞻於臥榻間叩首引咎, 上執其手, 痛曰: "以汝年少, 故稍加

　　拂拭, 何愧恧, 若此?"

51 『청고종실록』

52 夜凉霜簟好安眠, 芭蕉響滴殘夢醒.

　　醒後悠悠動遠思, 思在龍堆連霜嶺.

　　如心居士*在軍營, 年來王事勞馳騁. (*복팽을 부르는 별칭)

　　卽此清凉夜雨秋, 行帳殘燈懸耿耿.

53 『청고종실록』, 朕心深爲軫悼. 特遣大阿哥携茶酒往奠, 幷輟朝二日.

54 乾隆初年, 奏事太監爲秦, 趙, 高三姓, 蓋高宗借此三字以字儆也.

55 元帝正會, 引王丞相登御床, 王公固辭, 中宗(元帝)引之彌苦.

56 天下治亂繫宰相.

57 『건륭어제시문전집』, 使爲宰相者居然以天下之治亂爲己任, 而目無其君,

　　此尤大不可也.

58 吾欲法堯袖舜, 何如?

59 『송사』 「이항전李沆傳」

60 三公坐以論道.

61 『청고종실록』, 乾綱獨斷, 乃本朝家法.

62 『청고종실록』, 我朝綱紀肅淸, 皇祖, 皇考至朕躬, 百余年來, 皆親攬庶務,

　　大權在握, 威福之柄, 皆不下移, 實無大臣敢於操窃.

63 『청고종실록』, 近日條陳, 惟在翻駁前案, 甚有大衆楊言, 只須將世宗時事翻

　　案, 卽繫好條陳之說.

64 將悖理之言, 妄行陳奏.

65 萬言萬當, 不如一黙.

66 一朝天子一朝臣.

67 該堂官等竟以朕爲不諳事務 (…) 任意飾詞朦混, 甚屬乖謬.

68 　正在繕疏間, 据兩司道府揭報前來, 與臣所訪無異.

69 　或千百中偶有一二, 安得事事如此?

70 　『청사고』, 愚臣管窺蠡測, 以爲自古人主患不明, 惟皇上患明之太過, 自古人
　　　主患不斷, 惟皇上患斷之太速.

71 　同事十余年, 往往竟日不交一語.

72 　以通草絨花爲飾, 不御珠翠.

73 　『청사고』「후비전」

74 　『청고종실록』, 爲人聰明貴重, 氣宇不凡.

75 　『청고종실록』, 性成夙慧, 歧嶷表異, 出自正嫡, 聰穎殊常.

76 　『청고종실록』, 客星見離宮, 占屬中宮有眚.

77 　駕至德州登舟. 亥刻, 皇后崩.

78 　二十二年以來 (…) 孝奉聖母, 事朕盡禮, 待下級仁, 此亦宮中府中所盡知者
　　　(…) 永失內佐, 痛何忍言!

79 　恩情廿二載, 內治十三年.
　　　忽作春風夢, 偏於旅岸邊.
　　　聖慈深憶孝, 宮壼盡欽賢.
　　　忍誦關雎什, 朱琴已斷弦.

80 　『건륭어제시집』2집.
　　　其來不告去無詞, 兩字平安報我知.
　　　只有叮嚀思聖母, 更敎顧復惜諸兒.
　　　醒看淋雨猶沾枕, 靜覺悲風乍拂帷.

81 　獨旦歌來三忌周, 心驚歲月信如流. (…) 豈必新琴終不及, 究輸舊劍久相投.

82 　有明貴人之兄陳濟自楊州來京, 具呈懇求當差. 看來此人繫不安分之人.

83 　同來侍宴承歡處, 爲憶前弦轉鼻辛.

84 　四度濟南不入城, 恐防一入百悲生.
　　　春三月昔分偏劇, 十七年過恨未平.

85 　三秋別忽爾, 一晌奠酸然. (…) 夏日冬之夜, 遠期只廿年.

86 　『청고종실록』, 朕御極之初, 嘗意至十三年時, 國家必有拂意之事, 非計料所
　　　及者.

87 『청고종실록』

88 收兌錢糧, 加平入己.

89 朕以至誠待天下 (…) 竟視朕爲無能而可欺之主乎?

90 其未完銀兩着落各家屬追繳, 幷查家産變抵.

91 『청고종실록』, 收受商人所繳銀兩至十三萬之多.

92 貪婪無忌, 罔顧法紀, 較其父高恒尤甚, 不能念爲慧賢皇貴妃侄而稍矜有也.

93 『청고종실록』, 看來宮兆麟之爲人, 應對是其所長, 而於辦事殊少實際, 是以
外間竟有鐵嘴之號.

94 『청사고』, 訥親勤敏當上意.

95 『청사고』, 尤以淸介自敕, 人不敢干以私, 其居第巨獒縛扉側, 絶無車馬之迹.

96 『청패류초』, 寬待下屬, 多謙和, 與共幾榻, 毫無驕狀.

97 『청고종실록』, 西師之役, 獨能與朕同志, 贊成大勛.

98 家故有田數十畝, 敝盧一區.

99 如劉統勛乃不愧眞宰相.

100 務得有猷有爲.

101 豈可加之皇后之尊.

102 『장정옥연보』

103 『장정옥연보』, 氣度端凝, 應對明晰.

104 朕前日向近侍曰, 朕連日臂痛, 汝等知之乎?

105 近侍驚問故, 朕曰, 大學士張廷玉患病, 非朕臂痛而何?

106 『장정옥연보』, 朕卽位十一年來, 在廷近內大臣一日不曾相離者, 惟卿一人.
義固君臣, 情同契友. 今相隔月余, 未免每每思念.

107 口授大意, (廷玉)或於御前伏地以書, 或隔帘授幾, 稿就卽呈御覽, 每日不下
十數次, 皆稱旨.

108 『장정옥연보』, 硏究淸書, 幾忘寢食, 館師每試, 輒取第一.

109 『징회원어澄懷園語』1권, 爾一日所辦, 在他人十日所不能也.

110 陰雖有美, 含之以從王事, 弗敢成也. 地道也, 妻道也, 臣道也.

111 『순자』「신도」편, 恭敬而遜, 聽從而敏, 不敢有以私決擇也, 不敢有以私取
與也, 以順上爲志, 是事聖君之義也.

498

112 『순자』「신도」편, 若馭朴馬, 若養赤子 (…) 故因其懼也而改其過, 因其憂也 而辨其故, 因其喜也而入其道, 因其怒也而除其怨, 曲得所謂焉.

113 帘前月色明如畫, 莫作人間幕夜看.

114 天下人才衆多, 三年大比莫不望爲鼎甲, 官宦之子不應占天下塞士之先.

115 『장정옥연보』

116 『청고종실록』, 爲臣不惟不可好利, 亦不可好名. 名之與利, 雖淸濁不同, 恩 是私心.

117 『청사고』, 萬言萬當, 不如一黙.

118 『청사고』, 無一字與督撫外吏接.

119 『청세종실록』, 大學士張廷玉器量純全, 抒誠供職 (…) 朕可保其始終不渝. 將來 (…) 着配享太廟, 以昭恩禮.

120 『장정옥묘지명張廷玉墓志銘』, 一門之內, 朝紳命服, 輝映閭里, 天下榮之.

121 『장정옥연보』, 今犬馬之齒六十有七, 自覺精神思慮逈不如前, 事多遺忘, 食 漸減少.

122 『청고종실록』, 大學士張廷玉服官數十年. 今年逾古稀, 每日晨興赴闕, 未免 過勞, 朕心軫念. 嗣後可仿此意, 不必向早入朝.

123 『낭잠기문郎潛紀聞』, 予在仕途久, 每見升遷罷斥, 衆心驚相告曰: 此中必有緣 故. 余笑曰: 天下事, 安得有許多緣故.

124 『장정옥연보』, 年近八旬, 請得榮歸故鄕.

125 卿受三朝厚恩, 且奉皇考遺命, 將來配享太廟, 豈有從祀元臣歸田終老之理?

126 爲人臣者, 當法始終如一之盡臣. 如諸葛亮, 盡忠一生, 此乃人臣之表率. 人 臣不可存圖逸之心.

127 親行廷鞫, 加以杖夾, 令其羞辱.

128 『청고종실록』, 免冠嗚咽, 請一辭以爲券.

129 『청고종실록』, 今日黎明, 張廷玉卽來內廷, 此必軍機處泄露消息之故 (…) 朕爲天下主, 而今在廷大臣因師生而成門戶, 在朝則倚恃眷注, 事事要被恩 典, 乃去位而又有得意門生留星替月, 此可姑容乎?

130 『청고종실록』, 試思太廟配享, 皆佐命元勳, 張廷玉有何功績勳猷而與之比 肩乎?

131 『청고종실록』, 臣老耄神昏, 不自度量, 於太廟配享大典, 妄行陳奏 (…) 敢懇
明示廷臣, 罷臣配享, 幷治臣罪.

132 張廷玉雖有過, 余仍不加重譴, 仍准以大學士銜休致, 及其旣卒, 仍令配享太
廟. 余於廷玉曲示保全, 使彼泉下有知, 當如何銜感乎?

133 流連經史, 坐以俟之.

134 凡朕御門聽政, 辨色而起. 每遣人詢問諸臣會齊集否. 數次之後, 始云齊集.
卽今日亦復如是.

135 육이첨陸以湉, 『냉려잡지冷盧雜識』, 此何時也! 猶拘泥於常法乎? (…) 數十萬
災民將成餓殍矣! 君等無須憂慮, 宜速開倉放賑, 以解倒懸. 如有議處, 吾子
功名可不必計較, 愿盡吾家所有, 查封以抵償.

136 汝爲封疆大吏, 有如此賢母良吏, 不保擧而反參劾耶?

137 곽성강郭成康, 『건륭황제전전乾隆皇帝全傳』

138 『청고종실록』, 擁正十三年之間, 江南賑項, 凡用一百四十三萬, 已不爲不多.
而乾隆元年至十八年, 用至二千四百八十余萬, 米稱是.

139 『청고종실록』, 前代所以亡國者, 曰强藩, 曰外患, 曰權臣, 曰外戚, 曰女謁,
曰宦寺, 曰奸臣, 曰佞幸, 今皆無一仿佛者.

140 『청고종실록』, '通譯四方, 擧踵來王'以亘古不通中國之地, 悉爲我大淸臣
僕, 稽之往牒, 實爲未有之盛事.'

141 『강건성세의 역사 보고서康乾盛世歷史報告』

142 왕선겸王先謙, 『동화록東華錄』, 比年以來西域大奏膚功, 國家勢當全盛.

143 오빈등吳賓等, 『고대 중국의 식량안전문제 및 영향을 미친 요소論中國古代
糧食安全問題及其影響因素』

144 곽성강, 『건륭황제전전』, 216쪽.

145 『청고종실록』, 結無賴子數十人, 屢與田主構難 (…) 人給一鐵尺, 號鐵尺會.

146 곽성강, 『건륭황제전전』, 刁徒七八百人各執木棍鐵杈等物, 幷挾有草束, 又
復前來, 公行叫喊, 奉旨不完錢糧, 不許差役催追舊欠.

147 不分首從, 卽行正法.

148 『청고종실록』, '群情洶湧之初''擒首惡以儆余凶.'

149 『청고종실록』, 此等刁民, 卽槍傷一二何妨.

150 『청고종실록』, 因近日聚衆之案甚多, 特命刑部定議, (…) 立卽正法.

151 『청고종실록』, 傳諭各百姓等 (…) 巡撫, 知縣之罷斥, 乃朕遣人密加訪察, 自爲整飭官方起見, 初不因彭家屛之奏, 亦不因一二刁民之遮道呈訴也. 若因此遂致增長刁風, 挾制官長, 則是自干罪戾, 不能承受國家惠養之恩矣.

152 『청고종실록』, 州縣乃民之父母, 以子民訐其父母, 朕豈肯聽一面之詞, 開挾制之風, 關如祖雖愛其孫, 必不使其恃恩反抗父母, 此等刁風斷不可長!

153 今種烟之家, 十居其半. 大家種烟一二萬株, 小家亦不減三千. 每萬株費人工十或七八, 灰糞二三百擔…….

154 『청고종실록』, 聖上遵太后之遺命, 命免各省稅粮, 其德非不弘也 (…) 聖上有萬斛之弘恩, 貧民不能盡沾其升斗.

155 『청대문자옥당』

156 嘗到臣張三姨母家, 見一女 (…) 名曰小女 (…) 又到臣杜五姨母家, 見一女, 可娶, 而恨力不足以辦此.

157 '若以陛下之力, 差干員一人, 選快馬一匹, 克日長驅到臨邑' 則此事皆矣 (…) 二事諧, 則臣之愿卒矣.'

158 皆天命之文, 性命之學.

159 『청대문자옥당』, 臣揆察其情形, 丁文彬乃一至貧極賤之人, 一旦稍習陳言, 遂自詡奇材異能, 無出其右. 因而妄想富貴美色, 痴心目識, 結爲幻影, 牢不可破.

160 聽其所言, 不論何人俱知其妄.

161 能行雲霧中, 三時可抵西洋. 幷稱西洋不日起事, 興復明朝.

162 『청나라 말기의 지방 문화晚清郷土意識』

163 以武開基, 右文致治.

164 『청대문자옥당』, 『康熙字典』所收四萬六千字有奇, 學者查此字遺彼字, 每每苦於找遍全書, 掩卷而仍茫然.

165 『청대문자옥당』, 此實大逆不法, 爲從來未有之事, 罪不容誅!

166 避名之說, 乃文字末節, 朕向來不以爲然.

167 無平不陂, 無往不復.

168 『청고종실록』, 文人著書立說 (…) 原不妨兼收幷蓄. 卽或字義觸碍 (…) 又何必過於畏首畏尾耶!

169 『청고종실록』, 各省進到遺書不下萬余種, 并不見奏及稍有忌諱之書. 豈有
   袞集如許遺書, 竟無一違碍字迹之理?

170 『청고종실록』, 再令誠妥之員前往明白傳諭, 如有不應存留之書, 卽速交出.

171 『청대문자옥당』

172 『청고종실록』, 各省地方官當共加感惕, 務須時刻留心査察, 倘所屬內或有
   不法書籍刊布流傳, 卽行稟報督撫, 嚴拿重治.

173 『군기처주절軍機處奏折』, 將來卽以繳書之多寡爲補用名次先後.

174 장타이옌章太炎, 『애분서哀焚書』, 將近三千余種, 六七萬卷以上, 種數幾與四
   庫現收書相埒.

175 『청대문자옥당』, 明朝期振翮, 一擧去淸都

176 『청대문자옥당』, 此句乃借'朝'夕之'朝'作'朝'代之'朝', 且不用'上''到'等字而用
   '去'淸都, 顯寓欲復興明朝之意, 大逆不道至此已極.

177 『청대문자옥당』, 大道日已沒, 誰與相維持.

178 『청대문자옥당』, 厮養功名何足異, 衣冠都作金銀氣.

179 『富勒渾奏呈詩正謹愼畏懼折』「繳回朱批檔」, 一切字迹最關緊要, 我在內廷
   時 (…) 從不以字迹與人交往, 卽偶有無用稿紙亦必焚毁.

180 紀文達體肥而畏暑 (…) 入直南書房 (…) 卽脫衣納凉. 高宗 (…) 某日欲有以
   戲之. 會紀與同僚數人方皆赤身談笑, 忽高宗自內出 (…) 時已不及着衣, 亟
   伏御座下, 喘息不敢動.

181 『국조한학사승기國朝漢學師承記』, 於書無所不通.

182 『사고전서총목제요四庫全書總目提要』, 巨目鴻綱, 皆由欽定, 每乙夜親觀, 厘訂
   魯魚, 典學之勤, 實爲自古帝王所未有.

183 『청대문자옥당』, 吾祖吾宗, 貽厥孫謀. 若裔若子, 增其式廓.

184 『청대문자옥당』, 此等扁對雜湊字句, 謂之文理不通則可, 指爲語句違碍則
   不可. 若如此吹求字句, 天下何人得自解免? (…) 斷不可因此施累無辜, 致長
   刁風!

185 『청고종어제시집전집』, 左耳重聽者四十年, 左目欠明者亦二十年.

186 『청고종어제시집』 5집, 寅初已懶睡, 寅正無不醒.

187 『조선왕조실록』, 皇帝早膳已供, 而不過寡時, 又索早膳. 宦侍不敢言已進,

而皇帝亦不覺悟.

188 人生七十古來稀.

189 三代以下, 爲天子而壽登古稀者, 才得六人, 已見之近作矣. 至乎得國之正,
擴土之廣, 臣服之普, 民庶之安, 雖非大當, 可謂小康······.

190 夫値此古稀者, 非上天所賜乎.

191 헤겔, 『역사철학강의The Philosophy of History』

192 『청고종실록』

193 『건륭성훈乾隆聖訓』, 於一切審擬案件, 有意寬減.

194 『건륭상유당乾隆上諭檔』, 多所遷就, 致凶頑不知懲創.

195 『청대술이淸代述異』, 廚中有專飼驢者, 蓄數驢, 肥而健. 中丞(순무)食時, 若傳
言炒驢肉絲, 則審視驢之腴處, 取一臠烹以獻······.

196 『청고종실록』, 不得不量存一二.

197 每車引馬騾六七頭 (⋯) 上揷小黃旗, 皆書進貢字.

198 박지원, 『만국진공기萬國進貢記』, 篝火相望, 鈴鐸動地, 鞭聲震野.

199 『귀운실견문잡기歸雲室見聞雜記』, 隨行隨背, 矯捷異常.

200 펑쥐저馮佐哲, 『화신평전和珅評傳』, 星辰環冷月, 縲絏泣孤臣. 對景傷前世, 懷
才誤此身.

201 『청고종실록』, 大學士三等忠襄伯和珅: 承訓書諭, 兼通淸漢. 旁午軍書, 惟
明且斷.

202 『청고종실록』, 去歲用兵之際, 所有指示機宜, 每兼用淸, 漢文. 此分頒給達
賴喇嘛及傳諭廓爾喀勑書, 幷兼用蒙古, 西番字者, 殊難其人, 惟和珅承旨書
諭, 俱能辦理秩如.

203 펑쥐저, 『화신평전』, 少小聞詩禮, 通侯卽冠軍; 彎弓朱雁落, 健筆李摩云.

204 『진환루담록秦鬟樓談錄』, 行止輕僄, 不矜咸儀, 言語便給, 喜歡詼諧, 然性機
敏, 過目輒能記誦.

205 조지 스턴튼, 『영국 사신의 건륭황제 알현 기록An Authentic Account of An
Embassy from the King of Great Britain to The Emperor of China』

206 五十年來夢幻眞, 今朝撒手謝紅塵.
他時水泛含龍日, 認取香烟是後身.

207 핑쥐저, 『화신평전』

208 致君堯舜上, 再使風俗淳.

209 『청고종실록』, 甘肅此案, 上下勾通, 侵帑剝民, 盈千累萬, 爲從來未有之奇
貪異事.

210 『건륭기거주』 60년 8월, 各省督撫中廉潔自愛者, 不過十之二三.

211 一千見面, 二千便飯, 三千射箭.

212 『청고종실록』, 是王亶望所爲, 繫明火執仗, 而陳輝祖竟同穿踰行徑矣 (…)
朕於此事不勝慚懣.

213 서기徐珂, 『청패류초』, 和珅當國, 一時朝士若鶩, 和每日入署, 士大夫之善奔
走者皆立伺道左, 惟恐後期, 時稱爲'裸子胡同.'

214 『국조기헌류정國朝耆獻類征』 96권, 彼時和珅意存見少, 欲伊增至四十萬, 是
以未收. 而從前曾送過和珅二十萬, 當經收受.

215 籍沒家産, 所得凡值八百兆有奇.

216 有數可稽者.

217 『어제시전집』, 飛章報喜達行軒, 歡動中朝及外藩, 曾以古稀數六帝, 何期今
復抱元孫.

218 『어제시전집』, 七旬登壽凡六帝, 五十紀年惟一人.

219 『어제시전집』, 八旬開袠春秋永, 五代同堂今古稀.
古稀六帝三登八, 所鄙宋梁所慕元.
惟至元稱一代杰, 遜乾隆看五世孫.

220 『청고종실록』, 朕以督撫一時不能得人, 棄瑕錄用, 酌示薄懲.

221 『청고종실록』, 壯圖卽爲此奏, 自必確有見聞 (…) 令尹壯圖指實覆奏.

222 臣經過直隷, 山東, 河南, 湖廣, 江浙, 廣西, 貴州, 雲南等省, 但見商民半皆蹙
額興嘆, 而各省風氣大抵皆然.

223 若問勒派逢迎之人, 彼上司屬員昏夜授受, 外人豈能得見? 臣自難於一一指實.

224 『청고종실록』, 竟似居今之世, 民不堪命矣!

225 『청고종실록』, 自謂勤政愛民, 可先無愧於天下, 而天下萬民亦斷無泯良怨
朕者.

226 『조선왕조실록』, (淸國)大抵爲官長者, 廉恥都喪, 貨利是趨, 知縣厚饋知府,

504

知府善事權要, 上下相蒙, 曲加庇護. 貨略公行, 庶官皆有定價.

227 『홍량길집』, 卽有稍知自愛及實能爲民計者, 十不能一二也, 此一二人者又常被七八人者笑以爲迂, 以爲拙 (…) 而大吏之視一二人者亦覺其不合時宜 (…) 是一二人之勢不至歸於七八人之所爲不止.

228 「'반反 사담 후세인 전쟁'과 사담 후세인의 최후'倒薩戰爭'與薩達姆的結局」

229 『청고종실록』, 慶成帶同赴山西, 直隸, 山東, 江南等省, 盤査倉庫, 俱無虧短, 是尹壯圖逞臆妄言, 其罪已無可逭.

230 『청고종실록』, 其希榮卑鄙之念, 朕早已灼見其肺肝.

231 『청고종실록』, 戀職忘親, 棄之不顧, 尙得謂之人類乎? 尹壯圖不但無君, 而且無親 (…) 立交刑部治罪.

232 『청고종실록』, 著加恩免治其罪, 以內閣侍讀用, 仍帶革職留任.

233 『장고총편』, 英吉利國總頭目官管理貿易事百靈, 謹呈天朝大人, 恭請鈞安. 我本國王 (…) 聞得天朝大皇帝八旬大萬壽, 本國未曾着人進京叩祝萬壽, 我國王心中十分不安. (…) 今本局王命本國官員, 公, 輔國大臣嗎嘎爾呢, 差往天津. 倘邀天朝大皇帝賞見此人, 我國王卽十分歡喜, 包管英吉利國人與天朝國人永遠相好.

234 內地違旨不聽召回, 甘心久住之輩, 在天朝本應正法之人, 其在外洋生事被害, 孽由自取.

235 페이르피트Alain Peyrefitte, 『멈춰선 제국: 두 세계의 충돌停滯的帝國: 兩介世界的撞擊』

236 『건륭황제대전乾隆皇帝大傳』

237 알랭 페이르피트, 『멈춰선 제국: 두 세계의 충돌』

238 같은 책.

239 『청고종실록』

240 『청고종실록』, 閱其情詞極爲恭順懇摯, 自應準其所請, 以邃其航海向化之誠.

241 조지 스턴튼, 『영국 사신의 건륭황제 알현 기록』

242 같은 책.

243 같은 책.

244 존 배로, 『건륭성세를 만나다我看乾隆盛世』

245 『제일역사기록보관소의 기록第一歷史檔案館檔案』

246 같은 책.

247 같은 책.

248 『어제시전집』, 皇朝精明勾股弦, 惜吾未習値髫年. 而今老固難爲學, 自畵追思每愧疴.

249 『청성조실록』, 千百年後, 中國恐受其累.

250 존 배로, 『건륭성세를 만나다』, 皇帝轎後有一輛二輪馬車, 式樣笨重, 又無彈簧座位, 同中國的普通馬車相差無幾.

251 존 배로, 『건륭성세를 만나다』

252 『청고종실록』, 至爾國王表內懇請派一爾國之人住居天朝, 照管爾國買賣一節, 此則與天朝體制不合, 斷不可行. (…) 豈能因爾國王一人之請, 以致更張天朝百余年法度?

253 『청고종실록』, 向來西洋各國, 前赴天朝地方貿易, 俱在澳門, 設有洋行收發各貨, 由來已久, 爾國亦一律遵行, 多年并無異語. (…) 皆不可行.

254 『청고종실록』, 天朝尺土皆歸版籍, 疆址森然, 卽島嶼沙洲, 亦必畵界分疆, 各有專屬 (…) 豈能各應所求. 且天朝亦無此體制, 此事尤不便準行.

255 『청고종실록』, 內外大臣共知聲敎覃敷之盛.

256 『고궁 내 국보의 외부 유실에 대한 기밀서古宮國寶宮外流失秘笈』

257 저우닝周寧, 『서양의 중국 이미지 역사 연구: 문제와 분야西洋的中國形象史硏究: 問題與領域』

258 『중영수교 이백주년 학술토론회 논문집中英通使二百年年學術討論會論文集』 발췌.

259 오후이吳慧, 『중국의 역대 평균 식량 생산량 연구中國歷代糧食畝産研究』

260 오빈 등, 『고대 중국의 식량안전문제 및 영향을 미친 요소』

261 조지 스턴튼, 『영국 사신의 건륭황제 알현 기록』

262 같은 책.

263 존 배로, 『건륭성세를 만나다』

264 같은 책.

265 『청고종실록』, 著傳諭各該督撫等, 如遇該國貢船進口時, 務先期派委大員

多帶員弁兵丁, 列營站隊, 務須旗幟鮮明, 甲仗精淬.

266 존 배로, 『건륭성세를 만나다』

267 같은 책.

268 조지 스턴튼, 『영국 사신의 건륭황제 알현 기록』

269 존 배로, 『건륭성세를 만나다』

270 알랭 페이르피트, 『멈춰선 제국: 두 세계의 충돌』

271 『아편전쟁에 대한 역사기록 자료鴉片戰爭檔案史料』 제6권.

272 『청고종실록』, 朕歷覽諸史, 今古異宜, 知入儲之不可行 (…) 盖一立太子, 衆見神器有屬, 幻起百端 (…) 至於立嫡立長, 尤非確論. 漢之文帝最賢, 幷非嫡子 (…) 唐太宗爲群雄所附 (…) 明永樂亦勇略著聞.

273 『청고종실록』, 必欲以嫡子承統, 行先人所未曾行之事, 邀先人所不能穫之福.

274 『청고종실록』, 復念朕卽位以來, 敬天勤民 (…) 未敢稍有得罪天地祖宗, 而嫡嗣再殤, 推求其故, 得非本朝自世祖章皇帝以至朕躬, 皆未有以元後正嫡紹承大統者 (…) 似此竟成家法. 乃朕立意私慶, 必欲以嫡子承統, 行先人所未曾行之事, 邀先人所不能穫之福, 此乃朕過耶!

275 『조선왕조실록』

276 『청고종실록』, 朕此擧天下臣民無由共聞, 未嘗無竊議朕爲貪戀寶位, 不肯立儲. 不知朕踐阼之初, 曾焚香告天云: 昔皇祖御極六十一年, 予不敢相比, 若邀穹蒼眷佑, 至乾隆六十年乙卯, 予壽躋八十有五, 卽當傳位皇子, 歸政退閑.

277 今明足授受, 爲千古第一全人.

278 『청고종실록』

279 『조선왕조실록』

280 『청인종실록』, 朕 (…) 蒙皇考冊封皇太子, 尙未宣布諭旨, 而和珅 (…) 卽在朕前遞如意, 漏泄機密, 居然以擁戴爲功.

281 『청인종실록』

282 『청인종실록』, 接擧此旨, 所解玉石, 行至何處, 卽行抛棄.

283 滋生人丁, 永不加賦.

284 『조선왕조실록』

285 『공부당안孔府檔案』

건륭

63년 4개월의 절대 권력

초판인쇄 2023년 11월 30일
초판발행 2023년 12월 8일

지은이 장훙제
옮긴이 조유리
펴낸이 강성민
편집장 이은혜
마케팅 정민호 박치우 한민아 이민경 박진희 정경주 정유선 김수인
브랜딩 함유지 함근아 박민재 김희숙 고보미 정승민 배진성
제작 강신은 김동욱 이순호

펴낸곳 (주)글항아리 | 출판등록 2009년 1월 19일 제406-2009-000002호

주소 10881 경기도 파주시 심학산로 10 3층
전자우편 bookpot@hanmail.net
전화번호 031-955-8869(마케팅) 031-941-5160(편집부)
팩스 031-941-5163

ISBN 979-11-6909-191-6 03990

www.geulhangari.com